능력 90%
전내수익 우량주 매매법 책이
귀하의 인생역전 필살기가 되어
부의 성을 쌓으시기 바랍니다?
2026 차은 억다

절대수익
우량주 매매법

주식투자 수익은 하나의 패턴이면 충분하다!

절대
수익
우량주 매매법

성경호(차트박사) 지음

이레미디어

을 세우는 데 훌륭한 출발점이 될 것이며, 운용 경험이 있는 투자자에게도 자신의 매매를 점검할 수 있는 프레임을 제공하는 책이라 판단합니다. "수익은 하나의 패턴이면 충분하다"라는 저자의 메시지는 장기적으로도 유효한 운용 철학으로 읽힙니다.

람다자산운용 본부장 박진수

수없이 많은 주식 매매 기법을 다루는 책을 읽어봤지만 단순 이론이 아닌 생존을 위한 실제 매매 기법을 알려주는 책은 많지 않습니다. 이 책은 저자가 직접 시장에서 검증한 매매 원칙이나 패턴, 진입 및 청산 타이밍을 구체적인 예시와 함께 설명해 초보 투자자에게 꼭 필요한 책으로 적극 추천합니다. 또한 독자들이 복잡한 주식시장에서 자신만의 기준을 세우는 데 큰 도움을 줍니다. 책에서 알려주는 노하우를 따라 하면 적어도 잃지는 않을 것입니다.

케이클라비스인베스트먼트 대표이사 김정국

"주식투자에도 길은 있다.
차가운 콘크리트 틈새에서도 피어나는 풀처럼."

안녕하세요. **차**트박사입니다. 오랜만에 책으로 인사드립니다. 2025년 4월부터 집필을 시작해 어느덧 해가 바뀌고 눈이 내리는 겨울이 됐네요. 제가 집필 중이던 시기에 국내 코스피 종합지수가 사상 최고치를 경신했습니다. 미국, 일본, 독일 등 글로벌 증시는 몇 년 전부터 사상 최고치를 계속 경신하며 질주했던 반면, 코스피는 '박스피'라고 불리며 박스권에 갇혀 상승과 하락을 반복하면서 지루한 흐름을 보였지만, 드디어 3,314포인트(2025년 9월 10일 기준) 전고점을 돌파하며 질주의 서막을 올렸고 현재는 4,000포인트 전후로 움직이고 있습니다. 오히려 미국 증시보다 안정적인 흐름을 보여 저평가돼 있던 국내 주식시장은 앞으로 재평가가 이뤄질 것으로 기대됩니다.

지수는 마냥 상승하기보다 상승과 하락을 반복합니다. 그래서 지수의 상승보다 더 높은 수익을 낼 수 있는 승률 80~90%의 매매법이 더 중요하다고 할 수 있습니다. 아무리 좋은 주식이라도 진입 시점에 따라 고수익을 낼 수도 있고 손실을 볼 수도 있습니다. 이 책은 주식투자가 익숙하지 않은 초보 투자자를 비롯해 전업 투자자, 그리고 직장인 투자자 등 모든 투자자가 손쉽게 배울 수 있으며 안정적인 수익을 낼 수 있는 매매법을 제시하는 책입니다.

저는 과거 20여 년간 해온 주식투자를 잠시 접고 2015년부터 신약 개발, 헬스 케어, AI, 엔터테인먼트 등의 공동 설립자로 다양한 분야에 도전했습니다. 인생에서 값진 경험이었던 것 같습니다. 네이버 카페 '주식차트 연구소'는 강사

님들과 스태프들이 잘 운영했기에 한발 떨어져 있었고, 간간히 시황과 흐름은 살펴봤지만 사업을 하는 동안에는 직접 주식투자를 하지는 않았습니다. 그리고 시도하던 사업들이 마무리된 1년여 전부터 시간이 더 지나기 전에 최근 트렌드를 적용한 주식 매매 기법에 대한 책을 집대성해보고 싶었습니다.

국내 주식시장은 상·하한가 폭이 15%에서 30%로 변경됐고, 넥스트레이드 거래소의 출현으로 저녁 8시까지 거래되고 있으며, 미국 주식의 급등과 ETF 활성화 등 다양한 트렌드의 변화가 있었습니다. 아울러 그동안 국내 지수는 여러 악재로 인해 지지부진한 흐름을 보인 가운데, 미국 주식은 계속해서 상승해 국내에서 미국 주식에 투자하는 투자액이 2025년 8월 기준 190조 원대로 급증한 상황입니다.

이처럼 거래 시간이 길어지다 보니 집중적인 매매가 힘들고 단기매매보다는 스윙매매의 흐름으로 이어지고 있는 것 같습니다. 물론 단기매매를 중점적으로 하는 투자자들은 계속하겠지만 제 주변의 이야기를 종합해보면 단기매매는 어려워졌다는 의견이 많습니다. 따라서 최근 트렌드에 맞춰 초보 투자자나 직장인 투자자가 스윙매매를 통해 낮은 리스크로 보통 투자보다 훨씬 높은 수익을 낼 수 있는 국내와 미국 주식의 매매 기법을 완성했습니다.

이 책에서 소개하는 매매 기법들은 모든 국가의 주식시장에 적용할 수 있지만 국내와 미국 주식에 한정해 '라운드넘버존'과 '33존50존' 신매매기법을 담았습니다. 아울러 국내 주식에만 적용되는 '급등존', '절대존' 신매매기법과 마지막으로 미국에만 적용되는 'ETF 라운드넘버존' 신매매기법 파트로 구성했습니다.

라운드넘버존 신매매기법은 신개념의 혁신적인 기법으로, 복잡한 차트가 아닌 차트 공백 상태에서 숫자만으로 거래합니다. 수익을 내는 확률 데이터는 80~90%에 달하며 이 확률은 조건에 해당되는 원칙 외에 보조지표나 뉴스 등 아무것도 참고하지 않고 순수하게 차트만 보고 나온 것입니다.

하지만 리스크를 더 줄이기 위해 기법의 매수 시점이 왔을 때 어닝쇼크 등의 뉴스가 있는 경우에는 한 템포 늦춰 다음 단계의 기법 자리나 1~2주 정도 상황을 지켜보고 천천히 매수하는 것이 90% 이상의 승률로 끌어올릴 수 있습니다.

저만의 노하우로 개발한 라운드넘버 가격선을 HTS 차트에 수식으로 자동 설정해 도식화함으로써 한눈에 매매 타이밍을 바로 알 수 있습니다. 아무것도 모르는 초보 투자자도 낮은 리스크로 국내와 미국 주식투자를 아주 쉽고 재미있게 할 수 있도록 개발했습니다.

주식투자를 처음 접하는 사람이나 기존에 주식투자 경험이 있는 사람에게도 어디서 매수할지가 가장 중요할 것입니다. 이 라운드넘버존 신매매기법은 시황이나 종목의 상승, 하락과 상관없이 매수 가격이 동일하게 다 지정돼 있어 조건에만 해당되면 그 가격에 매수하면 됩니다.

특정 가격대에 많은 투자자가 몰리면 어떻게 하는가에 대한 의구심이 들 수도 있지만 걱정하지 않아도 됩니다. 미국 주식은 시가총액 한화 50조 원 이상의 대형주를 대상으로 거래하며 국내 주식도 중대형주가 대상입니다. 아울러 국내 주식은 일 거래대금 1,500억 원 이상이 여러 번 출현한 종목이 대상입니다.

또한 책에서 소개하는 매매 기법들은 기존의 '몇 퍼센트 하락하면 손절한다'는 개념이 아니라 기법마다 주식의 보유 기간이 정해져 있습니다. 즉, 기간 익절이나 손절은 있어도 가격 손절은 없습니다. 그만큼 이 매매 기법들에 자신 있습니다.

이와 더불어 스윙매매 기법으로 33존50존 신매매기법이 있습니다. 선만 가지고 거래하는 기존의 것이 아니라 그물망, 즉 '매수존'을 수식으로 설정해 한눈에 매수 시점을 알 수 있게 자동 설정했습니다.

라운드넘버존과 33존50존 신매매기법을 함께 적용해 거래하면 더 많은 매매 횟수가 나오며, 국내와 미국 주식을 함께 거래한다면 이 2개의 기법만으로도 스윙매매는 충분하다고 생각합니다. 다만 거래하는 조건이 다르기 때문에 각각의 차트로 봐야 정확합니다.

절대존 신매매기법은 1개월 전후의 기간 동안 투자하는 개념이며 급등존 신매매기법은 말 그대로 10일 이내로 결정짓는 단기매매에 해당됩니다. 두 기법 모두 국내 주식에만 적용 가능합니다.

마지막으로 미국 ETF 라운드넘버존 신매매기법은 최근 트렌드에 맞춰 개발한 것입니다. 미국 증시의 거래대금과 거래량 상위인 S&P 500 지수 및 나스닥 100 지수 레버리지 ETF와 국내에서 주목받는 시가총액 상위 비트코인 등의 암호화폐 관련 2배 레버리지 ETF, 그리고 2, 3배 레버리지 위주의 종목과 섹터 관련 ETF가 거래 대상입니다. 미국 ETF 역시 탄력도가 좋아야 라운드넘버존 신매매기법으로 거래할 수 있는 ETF가 자주 출현하며 기법도 잘 맞습니다. 여기에 해당되는 저만의 ETF들을 선정했으니 참고하기 바랍니다.

모든 수식을 단 한 번만 설정하면 차트에 자동으로 반영되는 신개념의 매매법을 보게 될 것입니다. 설정법은 이 책에도 자세히 설명돼 있지만 유튜브 채널 '주식의 왕도를 걷는 사람들'에서도 자세히 설명할 예정입니다.

매매 기법을 배우고 터득한 후 전업 투자자의 경우에는 조건에 맞는 종목을 매일 찾을 시간이 충분합니다. 하지만 직장인 투자자나 초보 투자자의 경우에는 거래는 가능하겠지만 국내와 미국 주식 종목을 찾는 데 주기적인 시간 투자가 필요할 수 있습니다.

1년여 전부터 구상하던 것들을 이번 책을 통해 상세히 공개하게 되어 매우 기쁩니다. 독자들이 이 책을 통해 보다 나은 경제적 자유를 얻을 수 있다면 저로서는 가장 행복할 것입니다. 그리고 지금은 투자금이 적어도 천천히 복리식으로 돈을 불리다 보면 언젠가는 큰돈이 될 것입니다.

　이 책에서 소개하는 매매 기법들은 시간이 지나도 기본 원리나 원칙에서 크게 벗어나지 않습니다. 따라서 한 번 자세하게 배워두면 앞으로 큰 자산이 될 것이라고 자부합니다. 다만 매매 기법들은 80~90%의 확률 데이터로 승률이 높은 편이지만, 주식을 처음 접하거나 경험이 적은 투자자는 반드시 소액으로 충분한 경험을 쌓은 후 꾸준한 수익이 나기 시작하면 그때 본격적으로 투자를 시작해도 늦지 않습니다. 그러니 시간을 가지고 여유롭게 천천히 즐기면서 성공 투자하시기 바랍니다.

　끝으로 이 책을 만드는 데 도움을 준 확률승부, 나의 수제자 코어매매, RN최강에게 감사한 마음을 전합니다.

차트박사 **성경호**

차례

PART 1  국내 라운드넘버존 신매매기법

CHAPTER 1 국내 라운드넘버존 신매매기법 종목 선정 원칙

CHAPTER 2 국내 라운드넘버존 신매매기법 실전 투자 사례

CHAPTER 3 국내 라운드넘버존 신매매기법 설정 방법

PART 3

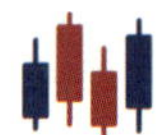

미국 ETF 라운드넘버존 신매매기법

PART 4

국내 급등존 신매매기법

PART 5

국내 절대존 신매매기법

PART 6 국내·미국 33존50존 신매매기법

PART

1

국내
라운드넘버존
신매매기법

CHAPTER

1

국내 라운드넘버존 신매매기법 종목 선정 원칙

1

라운드넘버존
신매매기법이란?

'라운드넘버Round Number, RN존Zone 신新매매기법'은 기존에 없던 새로운 개념의 매매 기법이다. 이 기법은 21개의 특정한 숫자를 가지고 거래하는 것으로, 여기에 내가 만든 조건을 정형화해 승률을 80~90%로 높인 매매 기법이다.

주로 시가총액 10조 원이 넘는 중대형주를 대상으로 거래하며, 한국거래소 KRX 기준 시가총액 3,000억 원 이상의 종목도 거래할 수 있으나 조건은 일 거래대금 1,500억 원 이상이 여러 번 출현하고 주가가 상승해 라운드넘버 가격선에 도달해야 한다.

이 기법은 초보 투자자나 직장인 투자자가 느긋하게 주식을 매수해 수익을 낼 수 있는 단순하면서도 강력한 매매법이다. 단기매매도 일부 가능하지만 2~3개월 동안 주식을 보유할 수 있는 스윙매매 투자자에게 적합하다. 아울러 시장 상황이 미치는 영향이 비교적 적으며 고정 가격을 정해두고 있어 기존의 다른 기법들과 다르게 매수 시점에 대한 고민이 줄어들기 때문에 초보 투자자나 직장인 투자자에게 적합한 매매법이라 할 수 있다.

라운드넘버존 수식 구성은 다음과 같다.

그리고 수식을 통해 이 21개의 평행선이 HTS 차트에 자동 생성되게 만들었다. 설정 방법은 챕터 3에 자세히 설명했다.

이제 라운드넘버존 신매매기법에 대해 하나씩 살펴보겠다. 주식투자를 경험해본 사람이라면 '라운드피겨Round Figure'라는 말을 들어본 적 있을 것이다. 2000년 초부터 주식시장에서 사용되던 용어로, 당시의 기준은 앞자리 숫자가 바뀌면서 끝자리가 00, 000, 0000, 00000 등으로 마감되는 금액의 숫자를 가리켰다.

라운드피겨는 주가가 특정 라운드넘버(둥근 숫자)에 집중되는 현상을 설명할 때 광범위하게 사용되어져 왔다. 이는 사람들이 인지하기 쉬운 숫자에 더 민감하게 반응한다는 사실이 알려지면서 심리적 기준점으로서 시장에서 하나의 패턴으로 자리 잡았다. 학문적 용어는 아니며 주식시장에서 흔히 언급되는 용어다. 따라서 사람들이 인지하기 쉬운 숫자의 이 가격대들이 주요한 저항과 지지가 된다는 의미로 많이 쓰인다. 매매 기법적인 관점에서 보면 '특정 가격에 지지되는 구간에서 사라', '라운드피겨 가격대를 돌파할 경우에 사라' 등 단순한 의미의 관점으로만 언급되는 정도였다.

이번 책에서는 라운드피겨 가격 중 나의 노하우와 필수 조건이 들어간 의미 있는 21개의 가격을 지정하고 여기에 수식을 만들고 적용해 승률을 80~90%까지 끌어올렸다. 신개념의 숫자들을 지정했기에 라운드피겨가 아닌 '라운드넘버'라 하였고 이 존에서 거래하는 것을 '라운드넘버존 신매매기법'이라고 이름 지었다.

일반적인 개인 투자자의 경우 종목 분석이나 계획적인 매수를 하기보다 감정적이고 즉흥적이며 근거 없는 소문에 휘둘려 주식을 매수하거나 매도하는 경향이 있다. 그래서 논리적이며 일정한 패턴을 통해 손쉽게 매수와 매도 시점을 알 수 있는 매매법이 필요했다.

50~60%의 승률은 익절과 손절을 반복함으로써 수수료를 제외하면 결국 필패할 수밖에 없다. 따라서 주식투자에서 80~90% 승률은 대단히 중요하며 이 기법은 정확한 매수와 매도 방법까지 제시한다.

80~90%라는 승률은 조건에 해당되는 원칙 외에 보조지표나 뉴스 등 아무것도 참고하지 않고 순수하게 차트만 보고 도출해낸 이 기법의 확률이다. 하지만 여기에 승률을 더 높이고 리스크를 더 줄이기 위해서는 기법에 따른 매수 시점이 왔을 때 어닝쇼크 등의 뉴스가 있는 경우에는 한 템포 늦춰 다음 단계의 매수 자리나 1~2주 정도 상황을 지켜본 후 천천히 매수하는 것이 승률을 90% 이상으로 끌어올리는 방법이라고 할 수 있다.

다음은 라운드넘버존 신매매기법의 예시 차트다. 일 거래대금 1,500억 원 이상이 출현하면 연두색 역삼각형 또는 화살표가 자동 생성되며 대라운드넘버 가격인 빨간색 선 8개, 대호가단위변경 라운드넘버 가격인 파란색 선 3개를 합한 11개와 이 11개 라운드넘버 가격 대비 +50% 상승 가격인 하늘색 선 10개를 합해 총 21개의 가격 평행선이 자동 수식 설정돼 있다. 거래량과 이동평균선 등의 보조지표들은 없다. 이 차트 하나만 가지고 매매하는 것이 바로 승률

80~90%의 라운드넘버존 신매매기법이다. 초보 투자자와 직장인 투자자의 매매법 '끝팥왕'이 될 것이다.

| 실전 차트 1-1 | 2001~2025년 SK하이닉스 일봉 차트

대라운드넘버 가격 구성은 다음과 같다.

- 대라운드넘버 가격: 500원, 1,000원, 5,000원, 10,000원, 50,000원, 100,000원, 500,000원, 1,000,000원, 총 8개

대부분은 1주당 액면가 500원을 시작으로 숫자 '0'이 하나씩 더 붙는 1,000, 10,000, 100,000, 1,000,000원 4개와 2배의 호가 단위 변경이 있는 5,000, 50,000, 500,000원 3개를 합해 총 8개의 대라운드넘버 가격을 지정했다.

그리고 대호가단위변경 라운드넘버 가격 구성은 다음과 같다.

- 대호가단위변경 라운드넘버 가격: 2,000원, 20,000원, 200,000원, 총 3개

24

국내 주식의 호가 단위는 2,000원 이하는 1원 단위로 거래되고 2,000~5,000원은 5원, 20,000~50,000원은 50원, 200,000~500,000원은 500원 단위로 거래되므로 의미 있는 5배의 호가 단위 변경이 있는 2,000, 20,000, 200,000원 3개를 대호가단위변경 라운드넘버로 지정했다.

| 표 1-1 | 국내 주식의 호가 단위

기준 가격	호가 단위
2,000원 이하	1원
2,000~5,000원	5원
5,000~20,000원	10원
20,000~50,000원	50원
50,000~200,000원	100원
200,000~500,000원	500원
500,000원 이상	1,000원

- 매수 기준이 되는 11개 라운드넘버 가격 대비 +50% 상승 가격: 1,500원, 3,000원, 7,500원, 15,000원, 30,000원, 75,000원, 150,000원, 300,000원, 750,000원, 1,500,000원, 총 10개

11개 라운드넘버 가격 대비 +50% 상승 가격에서 750원은 제외했다. 그 이유는 라운드넘버존 신매매기법의 종목 선정 조건인 시가총액 3,000억 원 이상인 종목 중에는 1주당 가격이 750원인 종목이 없기 때문이다.

라운드넘버존 신매매기법은 이렇게 총 21개의 라운드넘버 가격으로 구성돼 있으며 차트에는 각 라운드넘버 가격에 해당되는 수평의 가격선이 표시된다. 다만 이 기법의 하늘색 선은 이 책에서 소개하는 다른 기법들의 하늘색 선

과는 개념이 다르다.

시가총액이 높으면 높을수록 주가가 +50% 이상 상승하기 쉽지 않다. 즉, 외국인과 기관 투자자 등의 세력이 붙지 않으면 올라갈 수 없는 의미 있는 상승률이며 어떤 호재이든 실적이든 개인 투자자는 잘 모르는 정보를 내포할 수 있다. 따라서 의미 있는 라운드넘버 가격 11개와 이 11개 가격 대비 +50% 상승 가격 10개를 합해 총 21개의 라운드넘버 가격을 만들었다. 이 21개의 가격선은 저항의 의미도 일부 가지고 있지만 그보다는 강력한 지지의 의미를 가지고 있으며, 여기에 의미 있는 조건들을 각각 더해 라운드넘버존 신매매기법이라는 강력한 매매법이 탄생한 것이다.

앞서 라운드넘버 원리를 설명했지만 주식투자는 학문이나 이론의 영역이 아니라 데이터와 확률의 영역이다. 기업이나 언론, 그 어디에서 말하는 뉴스나 기사를 50% 이상 믿을 수 없다. 또한 그들은 우리의 수익과 손실을 책임지지 않는다. 세력이 만들어내는 차트에서도 약간의 속임수는 있을 수 있지만 데이터와 확률은 속일 수 없다.

따라서 이 기법의 80~90% 승률에 따라 복잡하게 생각하지 말고 단순하게 생각하고 기계적으로 거래하면 된다. 차트에는 모든 지표가 제거되고 단지 일 거래대금 1,500억 원 이상과 총 21개의 평행선만 수식으로 설정돼 있어 아주 단순하다. 그래서 어느 종목이든 정형화된 매수 시점을 바로 알 수 있으며 조건에 해당되는 종목만 거래하기에 명확한 기법이라고 할 수 있다.

2

종목 선정 조건

라운드넘버존 신매매기법의 국내 종목 선정 조건은 다음과 같다. 시가총액 10조 원 이상인 종목은 다음의 ③번 조건에만 부합하면 되지만, 10조 원 미만인 종목은 다음의 3가지 조건에 모두 부합해야 한다.

① 시가총액 3,000억 원 이상인 종목

국내 주식시장에 상장된 시가총액 3,000억 원 이상인 거래 대상 종목은 2025년 9월 말 기준 약 720개이며 이 기법의 적용 대상이 될 수 있다. 그리고 시가총액 3,000억 원 이상인 종목일지라도 주가가 라운드넘버 가격선에 도달할 때 일 거래대금 1,500억 원 이상이 여러 번 출현해야 한다. 시가총액이 낮으면서 일 거래대금도 적으면 소위 '작전주'에 걸리거나 시세 조정 행위 등이 빈번하게 일어나기 때문에 정보 습득에 약한 개인 투자자는 손실을 보기 쉽다. 따라서 시가총액도 낮고 일 거래대금도 적다면 80~90%의 승률

을 기대할 수 없다. 시가총액이 낮은 종목은 테마의 정확도가 높고 대장주
인 경우에만 거래할 수 있다.

② 일 거래대금 1,500억 원 이상이 여러 번 출현한 종목

일 거래대금 1,500억 원 이상이 여러 번 출현한 종목이 대상이다. 다만 시가
총액 5조 원 이상인 종목은 일 거래대금 1,000억 원 이상이면 대상이 된다.
그 이유는 시가총액 5조 원 이상인 종목 중에는 주가가 급하게 상승하지 않
고 천천히 조금씩 상승하는 경우가 있기 때문이다.

③ ①, ②번 조건에 해당되면서 주가가 21개의 라운드넘버 가격선 중 하나의
라운드넘버 가격선(상위가격선) -4% 이내에 도달한 종목

상위가격선에 도달한 후 주가가 하락해 그다음 아래 라운드넘버 가격선(하
위가격선) +4% 이내에 도달하면 매수(매수 방법은 32쪽 참고)가 가능하며 주가
가 라운드넘버 가격선에 도달할 때는 양봉이든 음봉이든 상관없다. 또한 차
트에 수식으로 설정해 도식화함으로써 아주 쉽게 확인할 수 있다.

[표 1-2]는 국내 라운드넘버 가격 대비 -4% 가격을 정리한 표다. 라운드넘버
가격 중 500원의 -4% 가격은 이 기법의 종목 선정 조건에 해당되지 않으므로
(하위가격선 없음) [표 1-2]에서 제외했다. 또한 2,000,000원과 3,000,000원은 이
책에서 지정한 라운드넘버 가격이 아님에도 [표 1-2]에 넣은 이유는 끝자리 다
수가 숫자 '0'으로 끝나는 라운드넘버이면서 국내 주식 중 주가가 상승해 1주당
가격이 될 수 있는 금액이기 때문이다.

| 표 1-2 | 국내 라운드넘버 가격 대비 조건 해당 -4% 가격표

RN 가격(원)	RN 가격 대비 -4% 가격(원)	RN 가격(원)	RN 가격 대비 -4% 가격(원)
500	—	75,000	72,000
1,000	960	100,000	96,000
1,500	1,440	150,000	144,000
2,000	1,920	200,000	192,000
3,000	2,880	300,000	288,000
5,000	4,800	500,000	480,000
7,500	7,200	750,000	720,000
10,000	9,600	1,000,000	960,000
15,000	14,400	1,500,000	1,440,000
20,000	19,200	2,000,000	1,920,000
30,000	28,800	3,000,000	2,880,000
50,000	48,000		

종목 검색 방법

키움증권의 '영웅문' HTS에서 ①, ②번의 종목 선정 조건에 해당되는 종목을 검색하는 방법은 다음과 같다. 이 책에서 소개하는 모든 기법에 동일하게 적용된다.

1. 시가총액 3,000억 원 이상인 종목 검색(0187 화면 `0187 ▾ Q`)

'시가총액상위' 창에서 '종목조건'의 'ETF+ETN+스팩 제외' 선택, '시가총액'의 '3천억이상'을 선택한 후 조회하면 조건에 해당되는 종목들이 나열된다.

2. 일 거래대금 1,500억 원 이상인 종목 검색(0186 화면 0186 ▾ Q)

'거래대금상위' 창에서 '종목조건'의 'ETF+ETN+스팩 제외' 선택, '시가총액'의 '3천억이상' 선택, '거래대금'의 '사용자설정'에서 1,000억 원 이상을 입력한 후 조회하면 조건에 해당되는 종목들이 나열된다. 나열된 종목들이 각 기법의 종목 선정 조건에 해당되는지 확인한 후 관심종목으로 등록한다. 참고로 ETF는 거래대금 상위 10위 이내 2배 레버리지 ETF만 라운드넘버존 기법을 적용할 수 있다.

3. 전일 대비 등락률 상위 종목 검색(0181 화면)

'전일대비등락률상위' 창에서 '종목조건'의 'ETF+ETN+스팩 제외' 선택, '시가총액'의 '3천억이상' 선택, '거래대금'의 '사용자설정'에서 1,000억 원 이상을 입력한 후 조회하면 조건에 해당되는 종목들이 나열된다. 나열된 종목들이 각 기법의 종목 선정 조건에 해당되는지 확인한 후 관심종목으로 등록한다.

순위	분	신	종목명	현재가	대비	등락률	매도잔량	매수잔량	거래량	체결강도	횟수	L일봉H
1			티엠씨	23,650	5,450	+29.95		492,388	10,087,168	101.15	1	
2			아크릴	46,700	7,950	+20.52	2,106	2,673	4,970,873	86.81	1	
3		신	한화오션	123,200	13,500	+12.31	21,835	12,382	15,429,945	134.76	1	
4		신	포스코DX	29,650	2,950	+11.05	35,446	36,888	8,631,321	121.88	2	
5		신	아이티센글	31,350	2,850	+10.00	12,221	3,099	3,254,238	116.67	3	
6			삼현	61,500	4,900	+8.66	2,071	3,618	4,078,216	103.84	4	
7	증		휴림로봇	6,230	410	+7.04	62,189	252,080	45,126,437	115.19	3	
8		신	레인보우로	501,000	28,500	+6.03	1,999	485	1,559,112	106.58	3	
9			테라뷰	9,620	450	+4.91	616	25,700	10,769,781	83.46	1	
10			알지노믹스	159,500	7,400	+4.87	14,666	7,667	7,788,875	92.03	4	
11		신	하이브	324,000	15,000	+4.85	5,881	715	541,483	204.07	1	
12		신	현대무벡스	16,910	780	+4.84	7,728	34,470	29,584,917	94.77	2	
13		신	원익홀딩스	35,050	1,350	+4.01	5,414	27,206	8,219,341	108.90	4	
14		신	미래에셋증	23,900	900	+3.91	55,116	48,932	17,252,365	106.95	4	
15		신	한화시스템	58,800	2,000	+3.52	16,427	40,861	6,869,265	108.15	3	

4. 관심종목 등록

위 3가지 방법으로 종목을 검색한 후 종목 선정 조건에 해당되는지 참고해서 관심종목으로 등록해 거래하면 된다. 관심종목으로 등록하는 자세한 방법은 유튜브 채널 '주식의 왕도를 걷는 사람들'과 네이버 카페 '주식차트 연구소'에서 확인할 수 있다.

3

매수 방법

라운드넘버존 신매매기법의 3가지 종목 선정 조건에 해당된 국내 종목을 매수
하는 방법은 다음과 같다.

① 특정 종목의 주가가 라운드넘버 가격선(상위가격선) -4% 이내 가격에 도달한
후 하락해 그다음 아래 라운드넘버 가격선(하위가격선) +4% 이내 가격에 도
달하면 5% 투자 비중으로 1차 매수를 한다.

② 1차 매수 후 주가가 매도(매도 방법은 36쪽 참고) 가능한 가격만큼 오르면 일시
또는 분할해 전량 매도한 후 동일한 종목의 주가가 다시 하락해 1차 매수가
대비 -20% 가격이 되면 10% 투자 비중 또는 1차 매수 금액의 2배에 해당하
는 금액으로 2차 매수를 한다.

③ 1차 매수 후 주가가 매도(매도 방법은 36쪽 참고) 가능한 가격만큼 오르지 않거
　나 하락하면 1차 매수가 대비 -20% 가격에서 10% 투자 비중 또는 1차 매수
　금액의 2배에 해당하는 금액으로 2차 매수를 한다. 즉, 1차 매수 후 매도 없
　이 연이어 2차 매수를 하는 것이다. 다만 1차 매수 후 45일 이내에 2차 매수
　를 해야 한다.

주가가 상위가격선에 도달한 후 빨리 하락해 하위가격선에 도달하는 것이
좋으며, 주가가 천천히 하락해 하위가격선에 도달하는 경우에는 곧바로 1차
매수를 하기보다 1~2주 전후의 기간을 두고 천천히 매수한다. 또한 추가로 같
은 테마에서 여러 종목이 동시에 조건에 해당되면 시가총액 상위 순으로 매수
한다.

종목당 투자 비중은 15%를 넘지 않는 것이 좋다. 조건에 해당되는 종목이
복수로 동시에 나올 수도 있고 매도 시점까지 2~3개월의 시간이 걸리는 경우
도 고려해야 하기 때문이다.

다음의 [표 1-3]은 국내 라운드넘버 가격 대비 변동 가격을 정리한 표다. 이
표에서 라운드넘버 기초 가격인 500원을 제외한 이유는 라운드넘버존 신매매
기법의 종목 선정 조건인 시가총액 3,000억 원 이상인 종목 중에는 1주당 가격
이 500원인 종목이 없기 때문이다. 또한 [표 1-3]의 '+4% 가격 대비 -20% 가격'
에서 상위 4개 가격(832→830원, 1,248→1,250원, 1,664→1,660원, 2,496→2,500원)은
사람들이 인지하고 기억하기 쉽도록 끝자리를 모두 숫자 '0'으로 맞췄다.

[표 1-4]는 국내 라운드넘버 가격에서 몇 퍼센트가 상승해 상위가격선에 도
달함으로써 종목 선정 조건에 해당됐는지, 그리고 라운드넘버 가격에서 1, 2차
에 걸쳐 몇 퍼센트가 하락했는지를 정리한 표다. 라운드넘버존 신매매기법으
로 매매 시 참고하면 된다.

상위 RN 가격(원) → 하위 RN 가격(원)	하위 RN 가격 대비 +4% 가격(원)	+4% 가격 대비 -20% 가격(원)
1,500 → 1,000	1,040	830
2,000 → 1,500	1,560	1,250
3,000 → 2,000	2,080	1,660
5,000 → 3,000	3,120	2,500
7,500 → 5,000	5,200	4,160
10,000 → 7,500	7,800	6,240
15,000 → 10,000	10,400	8,320
20,000 → 15,000	15,600	12,480
30,000 → 20,000	20,800	16,640
50,000 → 30,000	31,200	24,960
75,000 → 50,000	52,000	41,600
100,000 → 75,000	78,000	62,400
150,000 → 100,000	104,000	83,200
200,000 → 150,000	156,000	124,800
300,000 → 200,000	208,000	166,400
500,000 → 300,000	312,000	249,600
750,000 → 500,000	520,000	416,000
1,000,000 → 750,000	780,000	624,000
1,500,000 → 1,000,000	1,040,000	832,000
2,000,000 → 1,500,000	1,560,000	1,248,000
3,000,000 → 2,000,000	2,080,000	1,664,000

| 표 1-4 | 국내 라운드넘버 가격 대비 상승률 및 하락률 비교표

RN 가격(원)	상위 RN 가격(원)	RN 가격 대비 상승률(%)	RN 가격(원)	하위 RN 가격(원)	RN 가격 대비 1~2차 하락률(%)
1,000	1,500	50	1,500	1,000	-33~-47
1,500	2,000	33	2,000	1,500	-25~-40
2,000	3,000	50	3,000	2,000	-33~-47
3,000	5,000	66.7	5,000	3,000	-40~-52
5,000	7,500	50	7,500	5,000	-33~-47
7,500	10,000	33	10,000	7,500	-25~-40
10,000	15,000	50	15,000	10,000	-33~-47
15,000	20,000	33	20,000	15,000	-25~-40
20,000	30,000	50	30,000	20,000	-33~-47
30,000	50,000	66.7	50,000	30,000	-40~-52
50,000	75,000	50	75,000	50,000	-33~-47
75,000	100,000	33	100,000	75,000	-25~-40
100,000	150,000	50	150,000	100,000	-33~-47
150,000	200,000	33	200,000	150,000	-25~-40
200,000	300,000	50	300,000	200,000	-33~-47
300,000	500,000	66.7	500,000	300,000	-40~-52
500,000	750,000	50	750,000	500,000	-33~-47
750,000	1,000,000	33	1,000,000	750,000	-25~-40
1,000,000	1,500,000	50	1,500,000	1,000,000	-33~-47
1,500,000	2,000,000	33	2,000,000	1,500,000	-25~-40
2,000,000	3,000,000	50	3,000,000	2,000,000	-33~-47

4

매도 방법

라운드넘버존 신매매기법으로 1차 매수 또는 2차 매수해 보유하고 있는 국내 종목을 매도하는 방법은 다음과 같다.

① 1차 매수 후 주가가 상승해 매수가 대비 +7~+20% 이상이 되면 1차 매수한 주식은 일시 또는 임의의 비율로 분할해 전량 매도한다.

② 1차 매수한 주식을 ①번 방법으로 전량 매도한 후 주가가 다시 하락해 2차 매수한 주식은 매수가 대비 +7~+20% 이상이 되면 일시 또는 임의의 비율로 분할해 전량 매도한다.

③ 1차 매수 후 매도 없이 연이어 2차 매수한 경우에는 1, 2차 매수가의 평균 매수 단가 대비 +7~+20% 이상이 되면 주식을 일시 또는 임의의 비율로 분

할해 전량 매도한다.

매수한 주식의 총 보유 기간은 약 2~3개월로, 이 기법은 가격 손절은 없고 기간 손절만 있다. 즉, 주가가 매수 후 매도할 수 있는 가격만큼 상승하지 않으면 보유 기간 이내에 익절이나 손절을 한다. 그런데 매수한 주식이 주도테마나 대장주가 될 경우에는 수익을 길게 볼 수도 있다. 또한 시가총액 10조 원 이상인 종목의 주가가 최고점 대비 -75~-80% 전후로 하락하면 중장기 보유가 가능하다.

앞서 살펴본 매수 방법과 매도 방법으로 실제 HTS에서 주식을 주문하는 자세한 방법은 유튜브 채널 '주식의 왕도를 걷는 사람들'과 네이버 카페 '주식차트 연구소'에서 확인할 수 있다.

5

유의 사항

라운드넘버존 신매매기법을 실행할 때 다음의 사항들은 꼭 유의하길 바란다.

① 같은 테마에서 여러 종목이 동시에 매수 자리에 올 경우(주가가 비슷하게 상위 가격선에 도달한 후 비슷하게 하락해 하위가격선에 도달한 종목군)에는 그중 시가총액 상위 순의 종목을 매수하며 같은 테마로 2종목을 초과해 매수하지 않는 것이 좋다.

② 유동성 문제가 있는 종목은 매수하면 안 된다.

③ 대주주와 내부자의 대량 매도는 주의한다.

| 표 1-5 | 신매매기법별 정리

구분	국내 RN존	미국 (ETF) RN존	급등존	절대존	33존50존
시가총액	5조 원 이상	상위 500위 이내 (ETF는 상위 50위 이내)	5조 원 이상	5조 원 이상	5조 원 이상
	3,000억 원 이상		3,000억 원 이상	3,000억 원 이상	3,000억 원 이상
거래대금	1,000억 원 이상	1주당 1달러 이상	1,000억 원 이상	1,000억 원 이상	1,000억 원 이상
	1,500억 원 이상		1,500억 원 이상	1,500억 원 이상	1,500억 원 이상
매수 비중	1차 5%	1차 5%	1차 5%	1차 5%	1차 5%
	2차 10%	2차 10%	2차 5%	2차 5%	2차 5%
1차 매수 기준	라운드넘버선 -4% 이내	라운드넘버선 -4% 이내	급등존 상단	절대존 상단	33존50존 상단
2차 매수 기준	1차 매수가 대비 -20%	1차 매수가 대비 -20%	급등존 하단	절대존 하단	33존50존 하단
2차 매수 시기	1차 매수 후 45일 이내	1차 매수 후 45일 이내	1차 매수 후 5일 이내	1차 매수 후 15일 이내	1차 매수 후 30일 이내
매도 기준	매수가 대비 +7~+20% 상승 시 일시 또는 분할해 전량 매도	매수가 대비 +7~+20% 상승 시 일시 또는 분할해 전량 매도	매수가 대비 +5~+20% 상승 시 분할해 전량 매도	매수가 대비 +7~+20% 상승 시 분할해 전량 매도	매수가 대비 +7~+20% 상승 시 분할해 전량 매도
보유 기간	2~3개월 전후	2~3개월 전후	10일 전후	1개월 전후	2개월 전후
특이 사항	신매매기법별 기준은 승률이 높은 공통 사항이므로 단기매매와 중장기 투자 시 본인의 기준을 적용해 매매할 수 있다.				

CHAPTER

2

국내
라운드넘버존
신매매기법
실전 투자 사례

1

실전 사례

이번 챕터에서는 여러 종목 중 특히 중대형주 위주의 실전 종목의 차트 사례들을 보면서 배워보겠다. 이 책에서 소개하는 신매매기법들은 단순 명료하지만 주식시장은 역동적이다 보니 대응할 수 있는 세부 스킬에 대해 자세한 사례들과 함께 살펴볼 필요가 있다. 실전 투자 사례들의 차트에서 어떤 일이 있었는지, 어떻게 접근하는지 등을 상세하게 적어뒀으니 실제 거래 시 많은 도움이 될 것이다.

| 실전 차트 1-2 | 2007~2009년 삼성전자 일봉 차트

　　[실전 차트 1-2]의 기간은 2008년 서브프라임 모기지 사태로 촉발된 세계적 금융위기와 그 위기에서 막 벗어난 시기다. 라운드넘버존 신매매기법은 전 세계적인 금융위기나 코로나19 팬데믹 같은 시기에도 조건에만 해당되면 주식을 거래할 수 있는 매매법이다.

| 실전 차트 1-3 | 2021~2025년 삼성전자 일봉 차트

주가가 RN선 75,000원에 도달해 조건에 해당되었으며 이후 주가가 하락해 그다음 아래 RN선 50,000원 +4% 이내에 도달하자마자 모두 상승한 것을 볼 수 있다. 2025년 10월경 삼성전자 주가가 100,000원까지 상승하였는데, 이때는 78,000원(RN선 75,000원 대비 +4% 가격) 아래가 매수 자리다.

주가가 RN존 매수 자리에 오기 전에 매매할 수 있는 기법으로는 급등존, 절대존, 33존 신매매기법 등이 있을 수 있으며 기법들이 서로 겹칠 수도 있다. 이후 책에서 차례대로 살펴보겠다.

| 실전 차트 1-4 | 2020~2022년 두산에너빌리티 일봉 차트

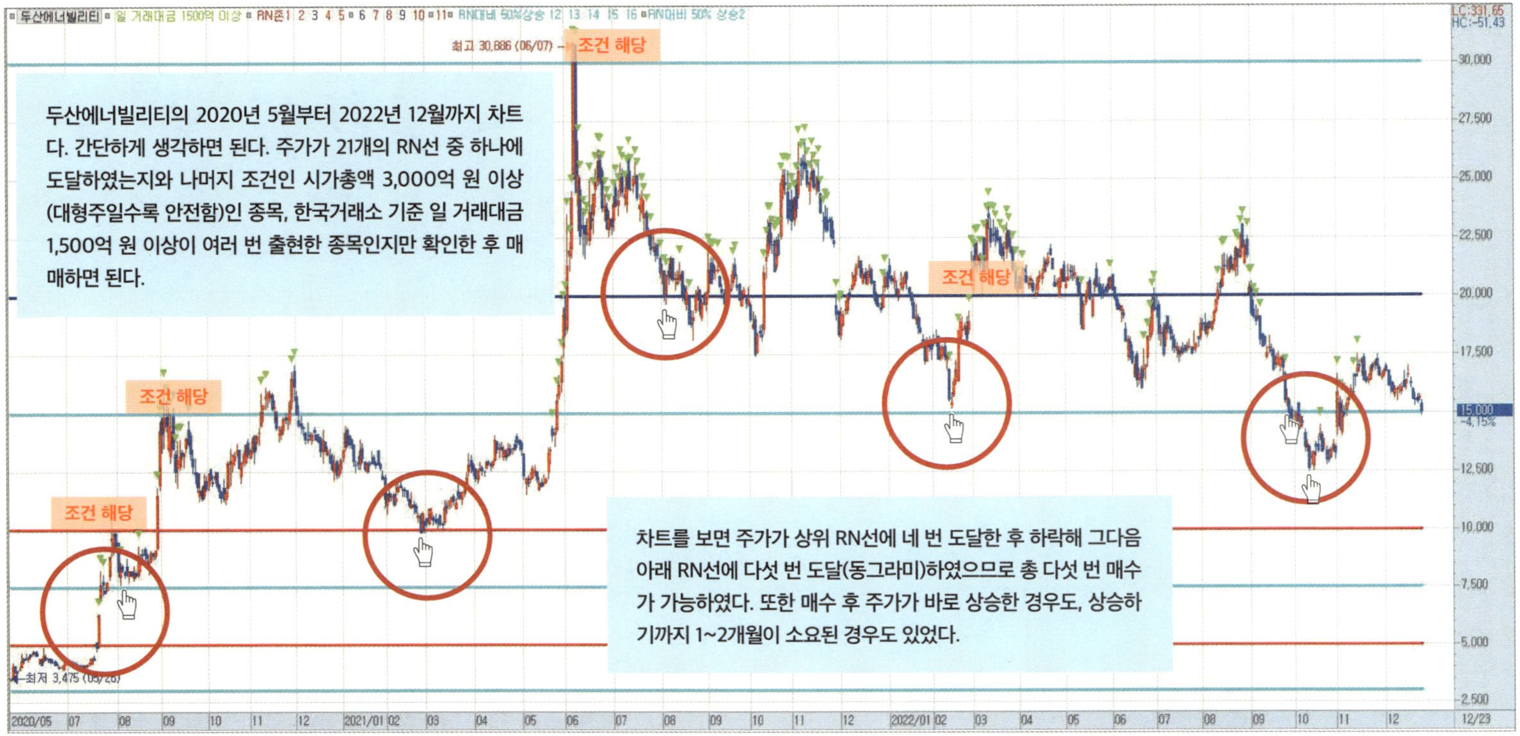

| 실전 차트 1-5 | 2023~2025년 두산에너빌리티 일봉 차트

두산에너빌리티의 2023년 2월부터 2025년 5월까지 차트로, 시가총액은 10~25조 원 전후였다. 차트를 보면 매수 후 세 번의 빠른 주가 반등이 있었다. 특징은 주가가 RN선에 도달하고 빠르게 하락해 그다음 아래 RN선에 도달한 후 바로 상승한 것이다.

초록색 동그라미를 보면 1차 매수 후 주가가 매수가 대비 -20%까지 하락하지 않아 2차 매수는 되지 않았으며 이후 반등할 때 익절이 가능하였다. 이 기법은 2~3개월 이내에 익절이든 손절이든 마무리한다.

| 실전 차트 1-6 | 2024~2025년 두산에너빌리티 일봉 차트

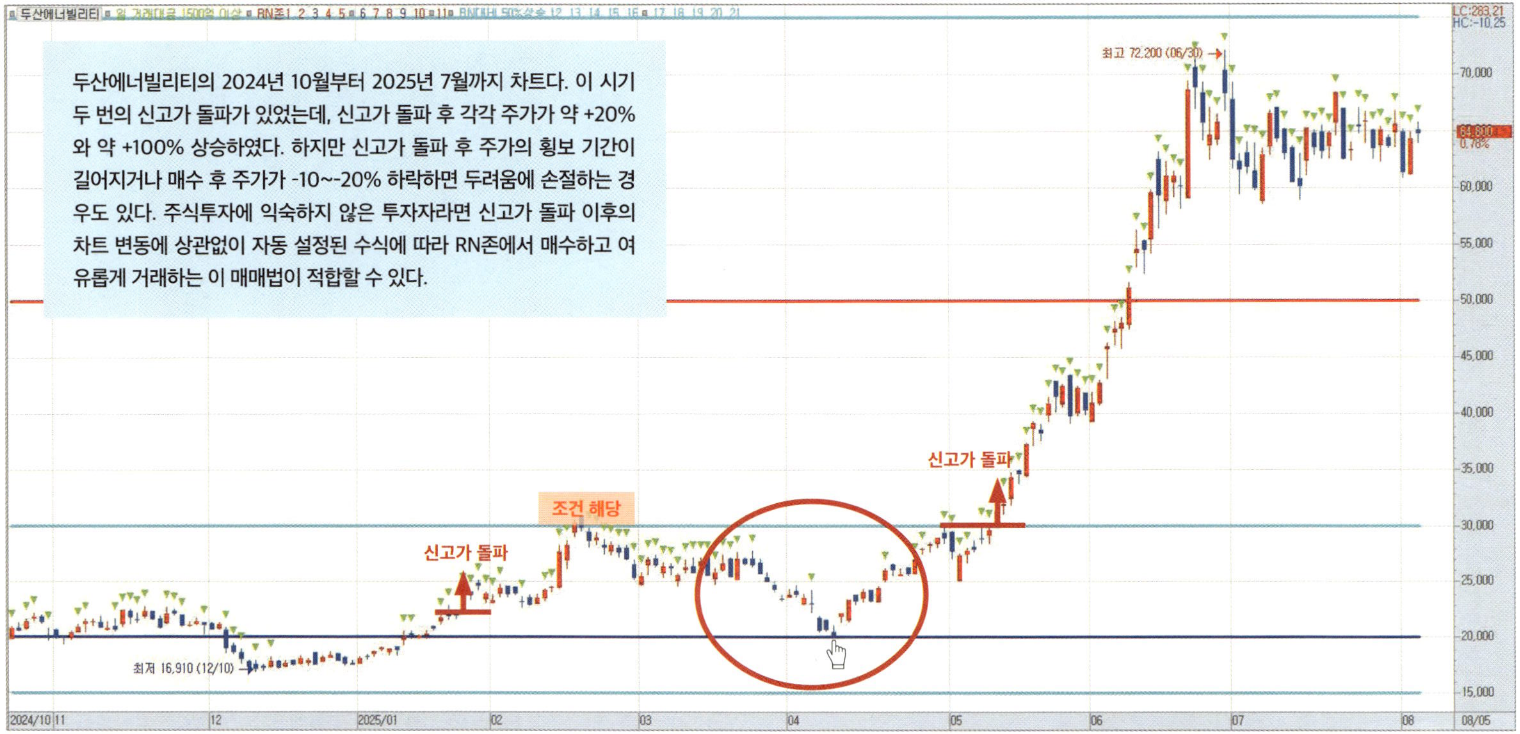

두산에너빌리티의 2024년 10월부터 2025년 7월까지 차트다. 이 시기 두 번의 신고가 돌파가 있었는데, 신고가 돌파 후 각각 주가가 약 +20%와 약 +100% 상승하였다. 하지만 신고가 돌파 후 주가의 횡보 기간이 길어지거나 매수 후 주가가 -10~-20% 하락하면 두려움에 손절하는 경우도 있다. 주식투자에 익숙하지 않은 투자자라면 신고가 돌파 이후의 차트 변동에 상관없이 자동 설정된 수식에 따라 RN존에서 매수하고 여유롭게 거래하는 이 매매법이 적합할 수 있다.

| 실전 차트 1-7 | 2025년 두산에너빌리티 일봉 차트

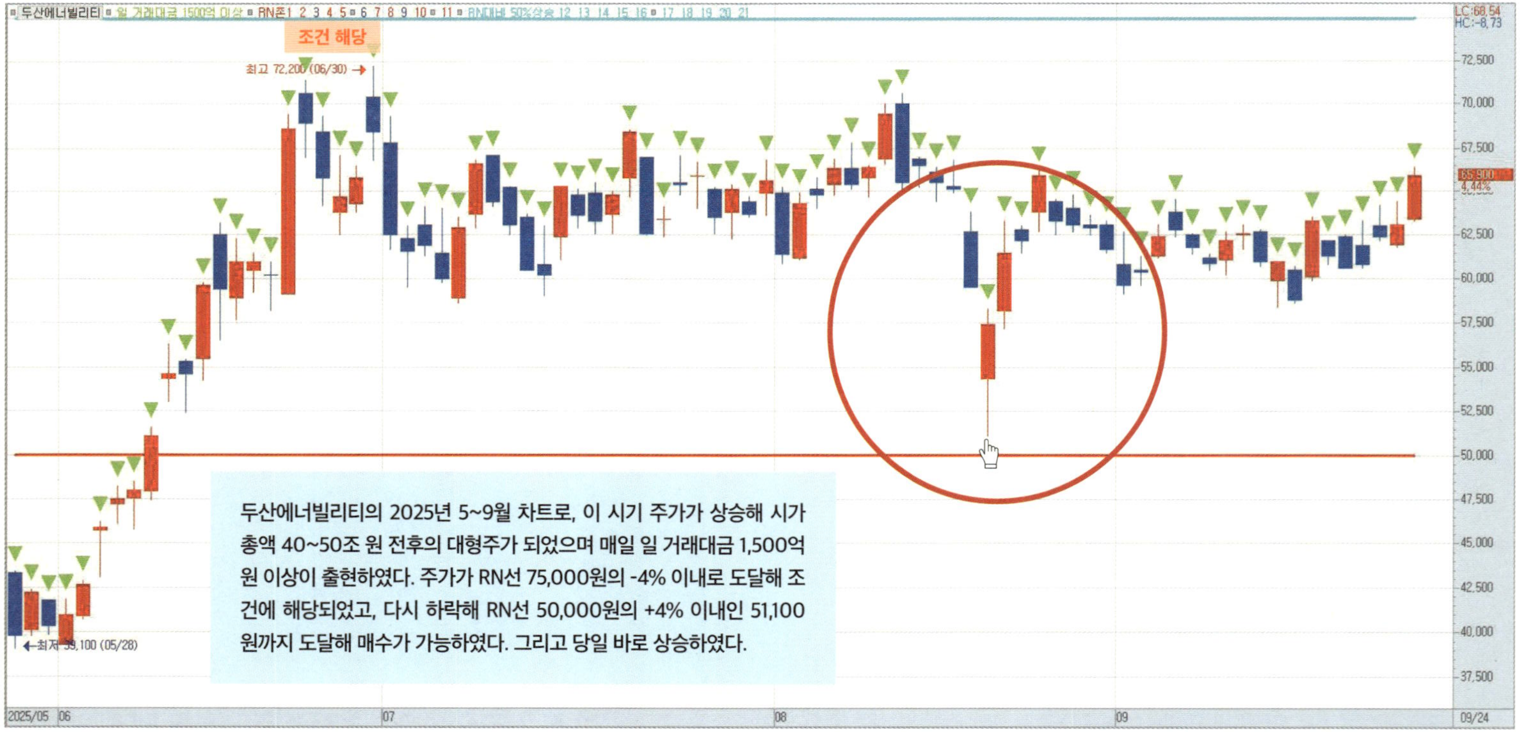

두산에너빌리티의 2025년 5~9월 차트로, 이 시기 주가가 상승해 시가 총액 40~50조 원 전후의 대형주가 되었으며 매일 일 거래대금 1,500억 원 이상이 출현하였다. 주가가 RN 선 75,000원의 -4% 이내로 도달해 조건에 해당되었고, 다시 하락해 RN 선 50,000원의 +4% 이내인 51,100원까지 도달해 매수가 가능하였다. 그리고 당일 바로 상승하였다.

실전 차트 1-8 | 2011~2020년 POSCO홀딩스 일봉 차트

[실전 차트 1-8]을 보면 주가가 전반적으로 하락하는 추세이지만 라운드넘버 가격선 사이를 맥동(맥박처럼 주기적으로 움직이는 것)하면서 매수 시점과 매도 시점을 반복적으로 보여주고 있다. 이처럼 라운드넘버존 신매매기법은 조건에만 한 번 해당되면 주가의 상승 구간뿐 아니라 지속적인 하락 구간에서도 각각의 라운드넘버 가격선에 도달할 때마다 매매할 수 있다.

시황이나 업종의 특성을 몰라도 조건에만 해당되면 지속적으로 거래가 가능하므로 주식에 대해 잘 모르는 초보 투자자에게 유익한 매매법이다. 또한 시가총액이 비교적 높은 종목을 대상으로 하기 때문에 리스크가 적다.

| 실전 차트 1-9 | 2023~2025년 POSCO홀딩스 일봉 차트

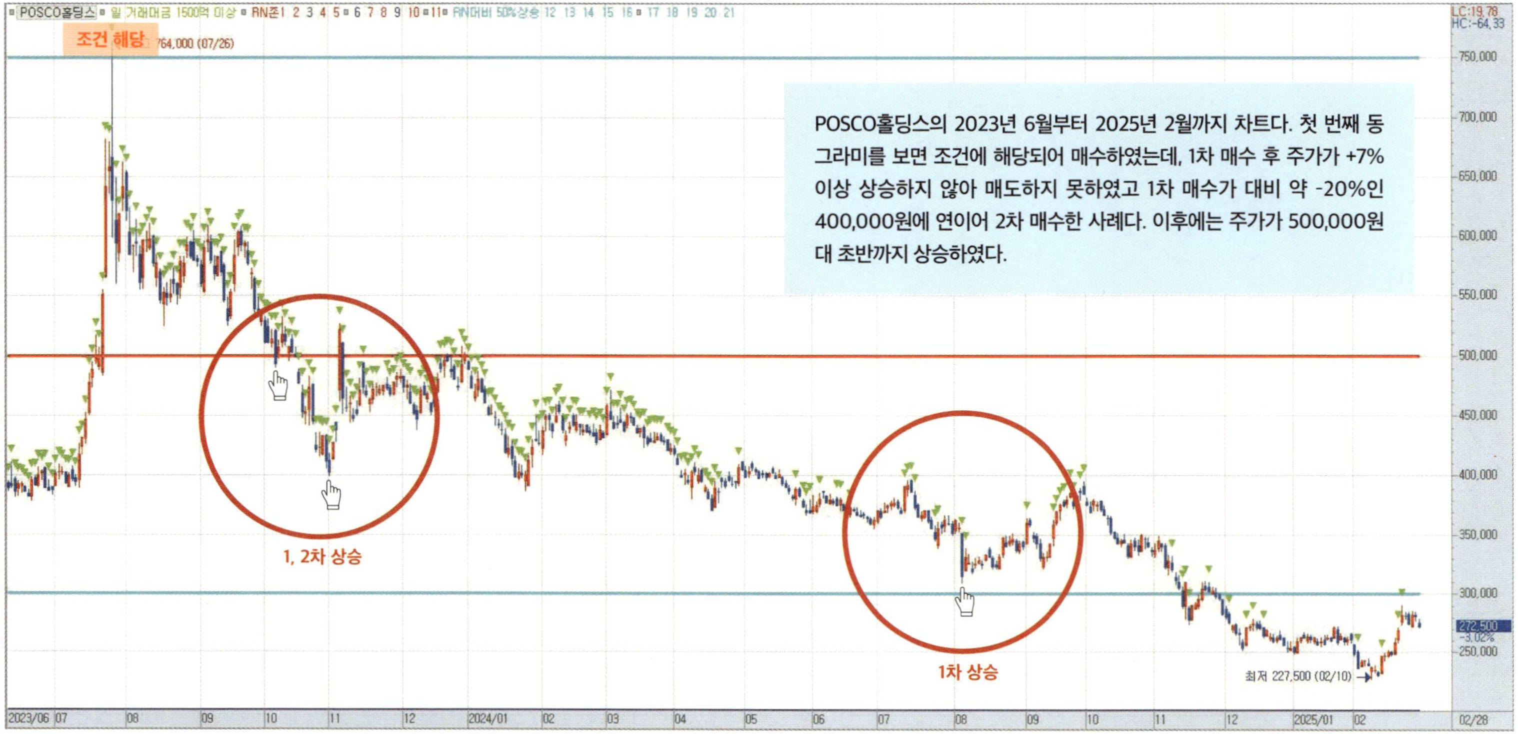
POSCO홀딩스
일 거래대금 1500억 이상
RN존1 2 3 4 5
6 7 8 9 10
11
RN대비 50%상승 12 13 14 15 16
17 18 19 20 21
조건 해당
764,000 (07/26)
POSCO홀딩스의 2023년 6월부터 2025년 2월까지 차트다. 첫 번째 동그라미를 보면 조건에 해당되어 매수하였는데, 1차 매수 후 주가가 +7% 이상 상승하지 않아 매도하지 못하였고 1차 매수가 대비 약 -20%인 400,000원에 연이어 2차 매수한 사례다. 이후에는 주가가 500,000원대 초반까지 상승하였다.
1, 2차 상승
1차 상승
최저 227,500 (02/10)
LC:19.78
HC:-64.33
750,000
700,000
650,000
600,000
550,000
500,000
450,000
400,000
350,000
300,000
272,500
-3.02%
250,000
2023/06 07 08 09 10 11 12 2024/01 02 03 04 05 06 07 08 09 10 11 12 2025/01 02
02/28

| 실전 차트 1-10 | 2024~2025년 SK스퀘어 일봉 차트

| 실전 차트 1-11 | 2025년 SK스퀘어 일봉 차트

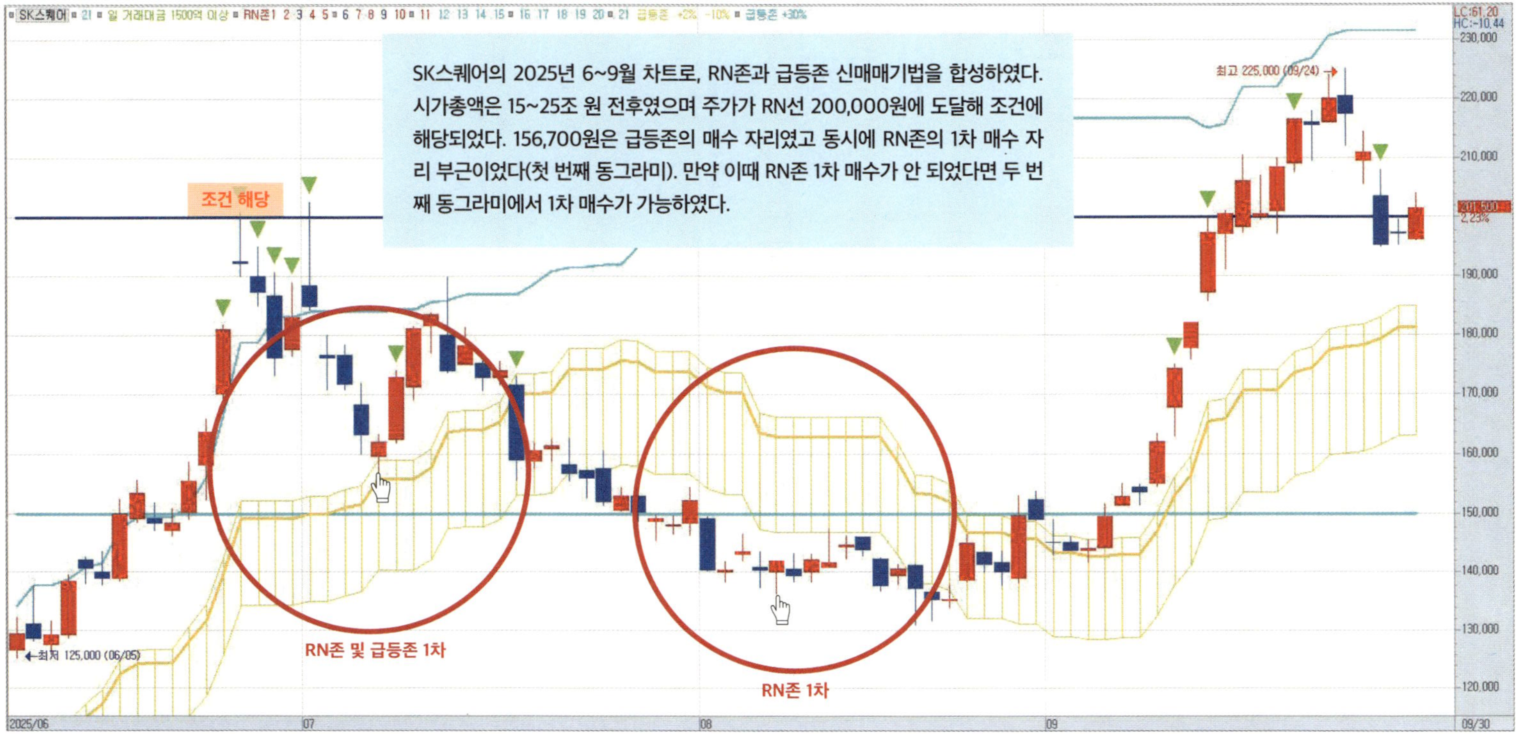

| 실전 차트 1-12 | 2021~2022년 카카오 일봉 차트

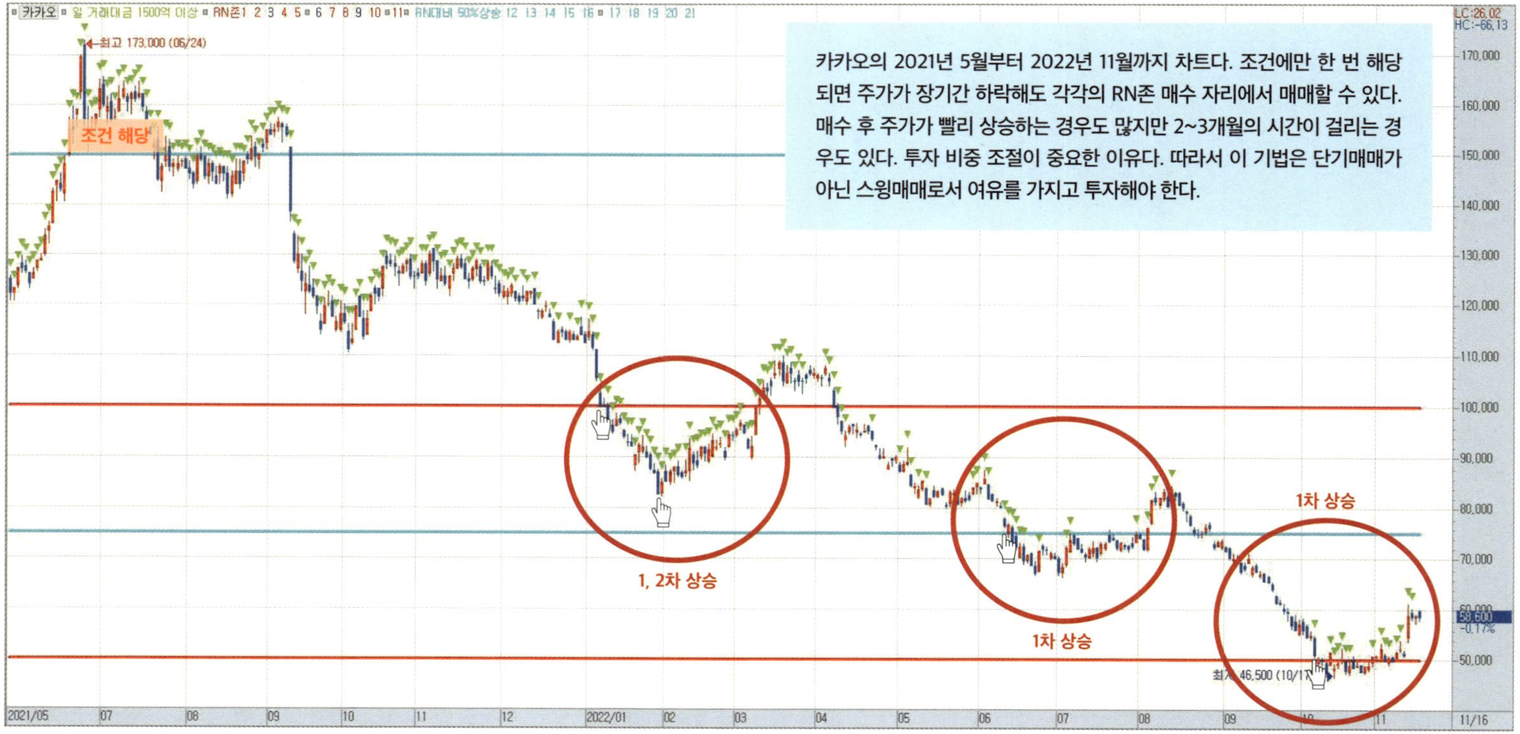
카카오의 2021년 5월부터 2022년 11월까지 차트다. 조건에만 한 번 해당되면 주가가 장기간 하락해도 각각의 RN존 매수 자리에서 매매할 수 있다. 매수 후 주가가 빨리 상승하는 경우도 많지만 2~3개월의 시간이 걸리는 경우도 있다. 투자 비중 조절이 중요한 이유다. 따라서 이 기법은 단기매매가 아닌 스윙매매로서 여유를 가지고 투자해야 한다.
최고 173,000 (06/24)
조건 해당
1, 2차 상승
1차 상승
1차 상승
최저 46,500 (10/17)
58,600
-0.17%
LC:26.02
HC:-66.13

| 실전 차트 1-13 | 2011~2022년 삼성SDI 일봉 차트

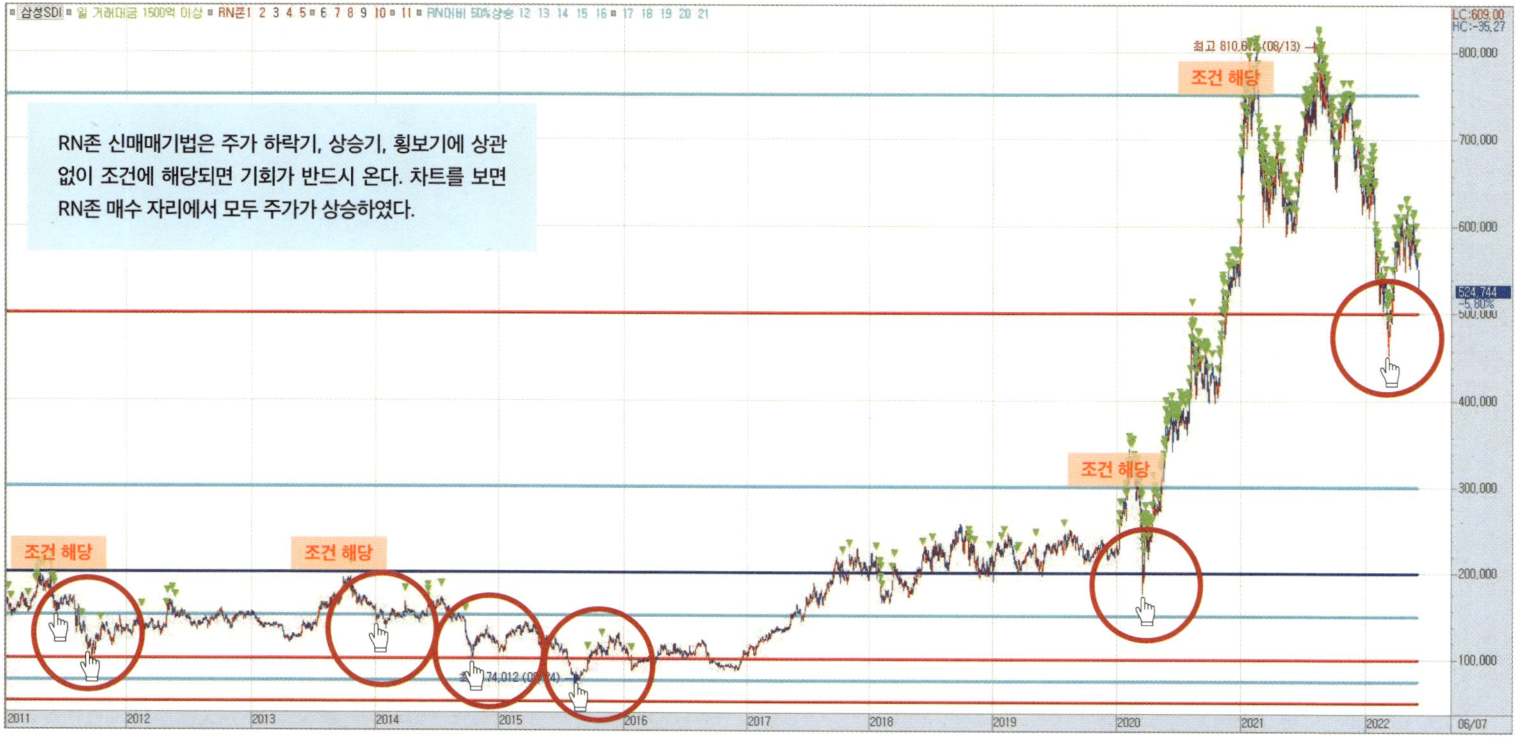

RN존 신매매기법은 주가 하락기, 상승기, 횡보기에 상관없이 조건에 해당되면 기회가 반드시 온다. 차트를 보면 RN존 매수 자리에서 모두 주가가 상승하였다.

| 실전 차트 1-14 | 2023~2025년 삼성SDI 일봉 차트

삼성SDI의 2023년 4월부터 2025년 4월까지 차트다. 이 시기 시가총액 50조 원이 넘었던 종목으로, 하락기에도 두려움 없이 과감하게 매수할 수 있었다. 차트를 보면 세 번의 RN존 매수 자리에서 주가가 모두 상승하였다.

| 실전 차트 1-15 | 2008~2013년 SK하이닉스 일봉 차트

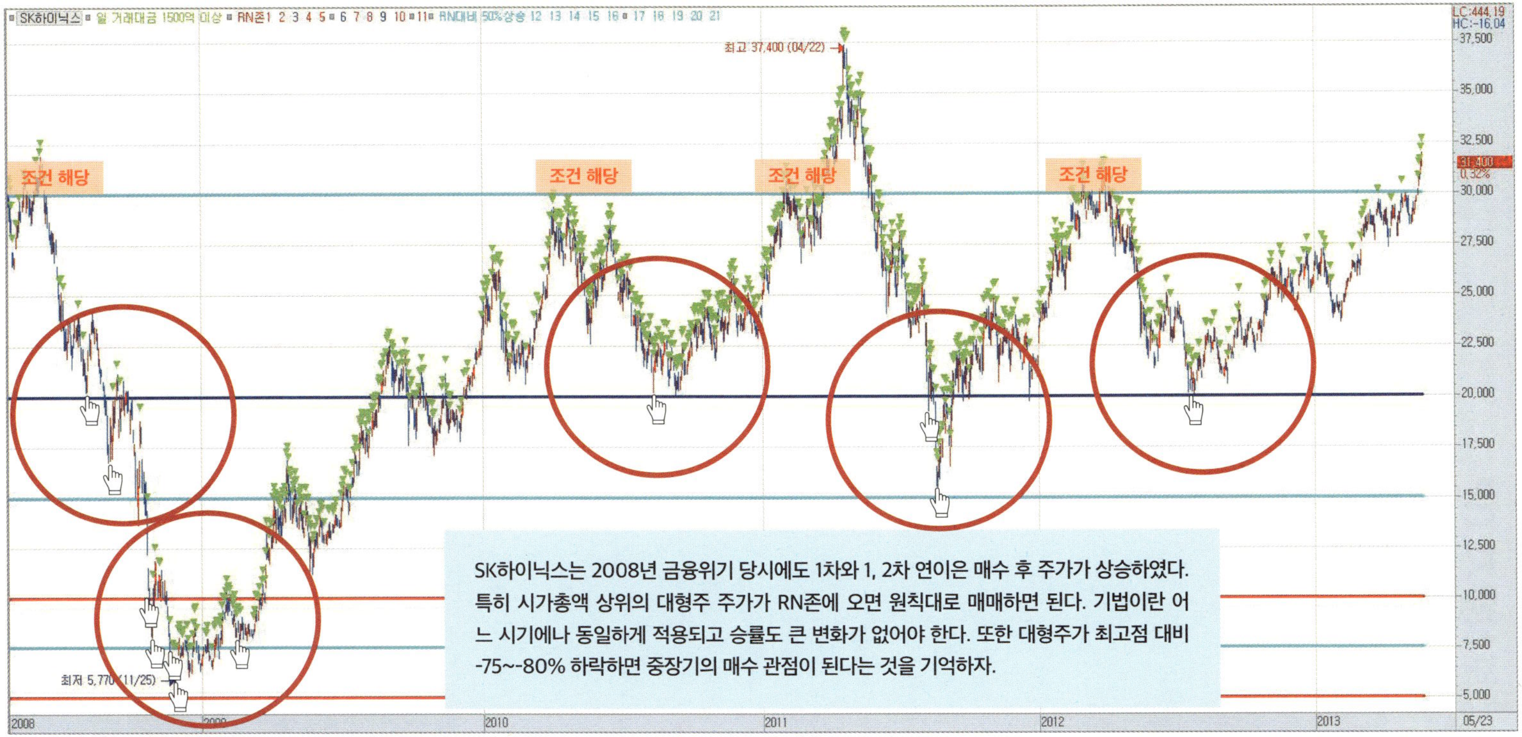

SK하이닉스는 2008년 금융위기 당시에도 1차와 1, 2차 연이은 매수 후 주가가 상승하였다. 특히 시가총액 상위의 대형주 주가가 RN존에 오면 원칙대로 매매하면 된다. 기법이란 어느 시기에나 동일하게 적용되고 승률도 큰 변화가 없어야 한다. 또한 대형주가 최고점 대비 -75~-80% 하락하면 중장기의 매수 관점이 된다는 것을 기억하자.

    SK하이닉스는 1990년대부터 지금까지 우리나라 주식시장의 대명사이자 역사이기에 잠시 소개하고자 한다. SK하이닉스는 삼성전자와 더불어 국내 주식시장의 초대형주다. 2025년 4분기 기준 시가총액은 400조 원 이상으로, 주가 탄력이 크며 매일 1,500억 원 이상의 거래대금을 유지하고 있다.

    SK하이닉스의 예전 이름은 '현대전자'로, 1983년 현대그룹 정주영 회장에 의해 반도체 제조업체로 출발해 1999년 LG반도체를 인수하면서 2000년 3월 사명을 '하이닉스반도체'로 변경했다. 이후 글로벌 수요 부진으로 인해 메모리 반도체(D램) 가격이 폭락하면서 위기에 빠져 워크아웃(채권단 주도 합의로 부도 없이 경영을 정상화하는 절차)을 신청하고 2002년 경영권이 채권단에 넘어가면서 현대그룹에서 이탈했다. 하지만 하이닉스반도체는 워크아웃에 들어간 지 불과 2년 만에 흑자 전환에 성공했고 채권단은 2012년 하이닉스반도체를 경매에 내놓았다. 이때 SK텔레콤이 단독 입찰하면서 SK그룹으로 넘어갔으며 지금의 'SK하이닉스'로 사명을 변경했다.

    SK하이닉스는 현대, LG, SK의 DNA가 녹아 있는 회사라 할 수 있다. 이후 혁신과 품질에 대한 실력을 인정받으면서 2025년 1분기에는 HBM 등 고부가 제품 판매 확대로 인해 메모리반도체 분야의 매출과 영업이익이 삼성전자를 제치고 1위를 차지했다. SK하이닉스의 주가는 현재까지 고공 행진 중이며 2000년부터 지금까지 라운드넘버존 신매매기법에서 벗어난 적이 없을 정도로 조건에만 해당되면 상승기와 하락기에도 주가 상승이 모두 나온 종목이다.

| 실전 차트 1-16 | 2018~2023년 SK하이닉스 일봉 차트

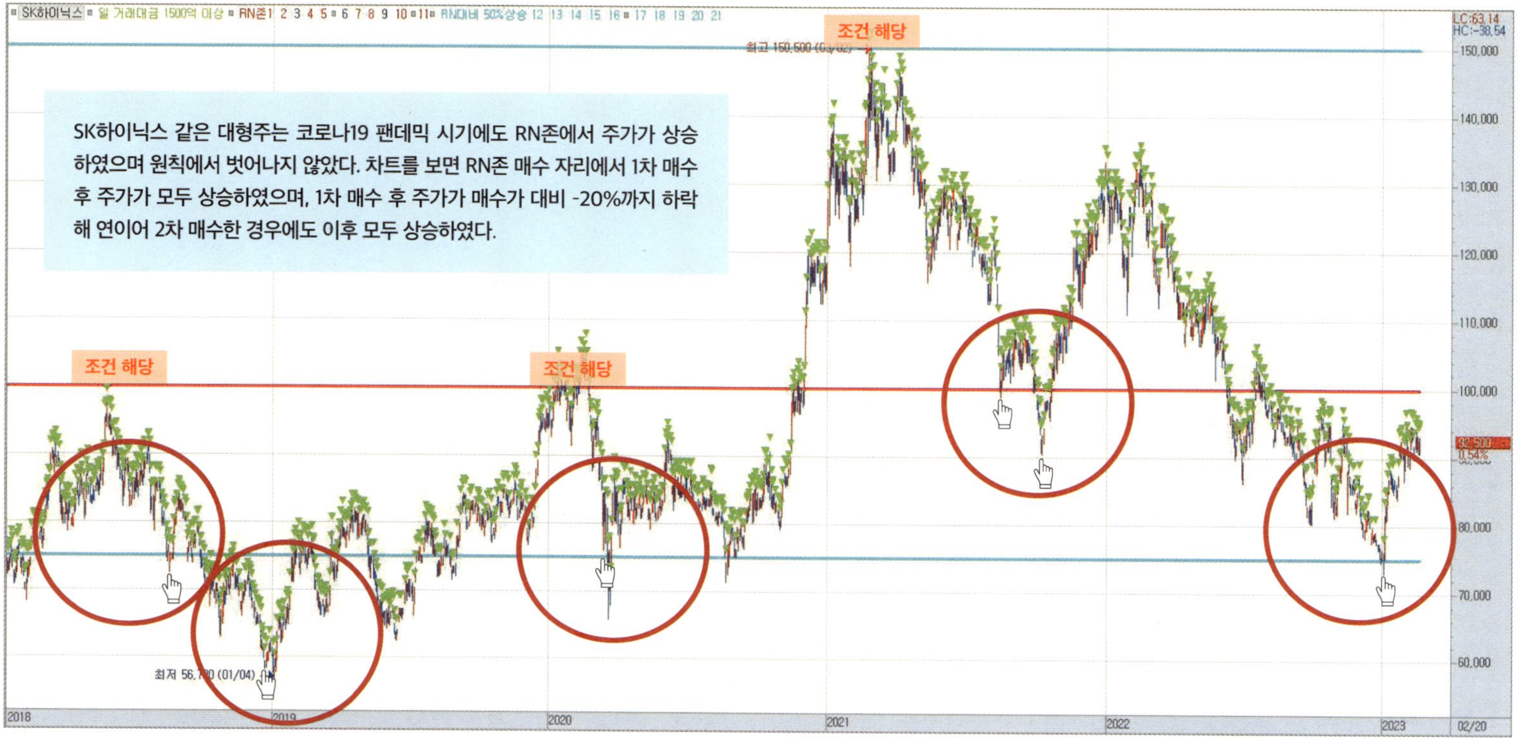

SK하이닉스 같은 대형주는 코로나19 팬데믹 시기에도 RN존에서 주가가 상승하였으며 원칙에서 벗어나지 않았다. 차트를 보면 RN존 매수 자리에서 1차 매수 후 주가가 모두 상승하였으며, 1차 매수 후 주가가 매수가 대비 -20%까지 하락해 연이어 2차 매수한 경우에도 이후 모두 상승하였다.

| 실전 차트 1-17 | 2024년 SK하이닉스 일봉 차트

삼성전자는 2024년 11월에 RN존 매수 시점이 있었고, SK하이닉스는 2024년 8~9월에 RN존에서 두 번의 매수 시점이 있었다. 이처럼 같은 업종이라도 종목마다 매수 시점이 다르다는 것을 알 수 있다. RN존 신매매기법은 단순하면서도 승률 높은 매매법이다.

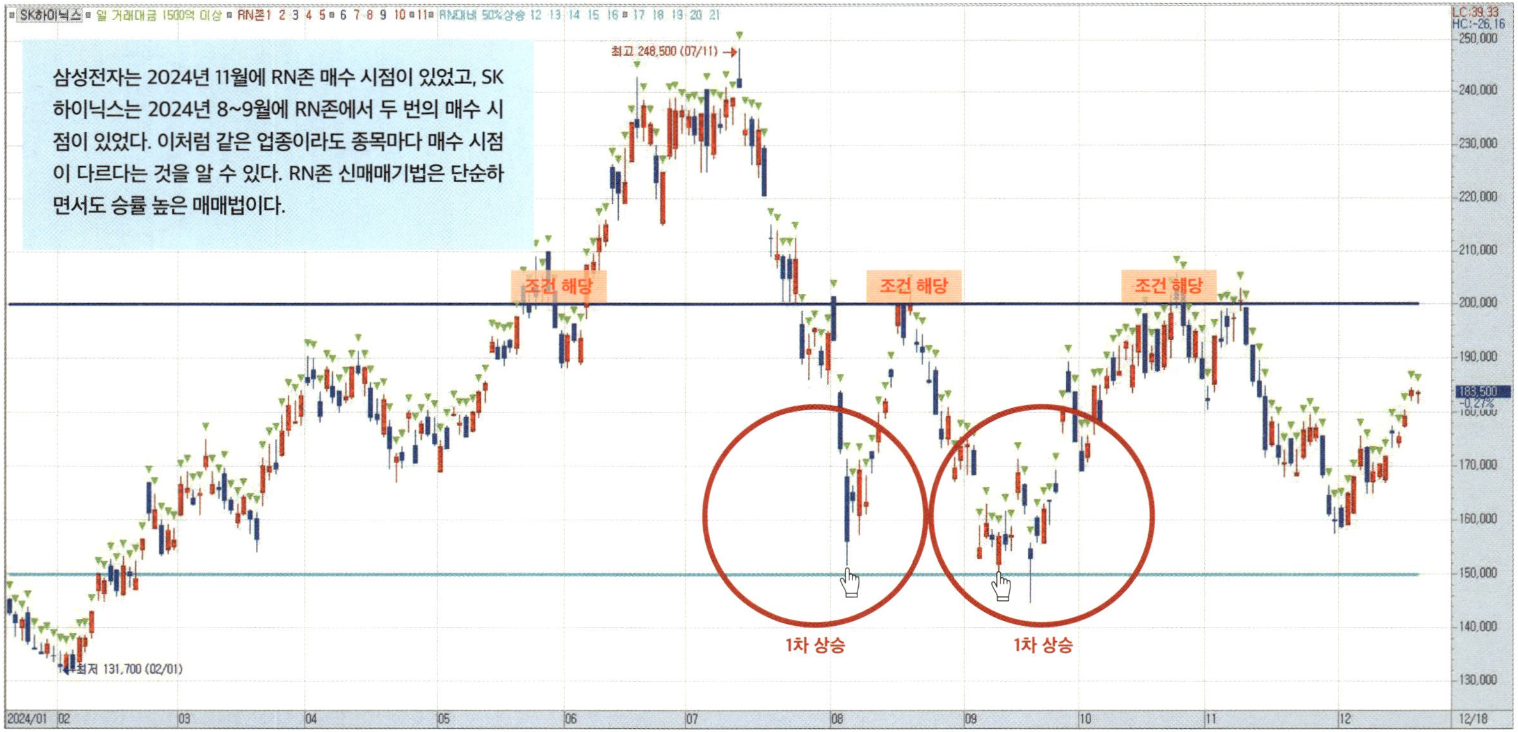

| 실전 차트 1-18 | 2025년 한화에어로스페이스 일봉 차트

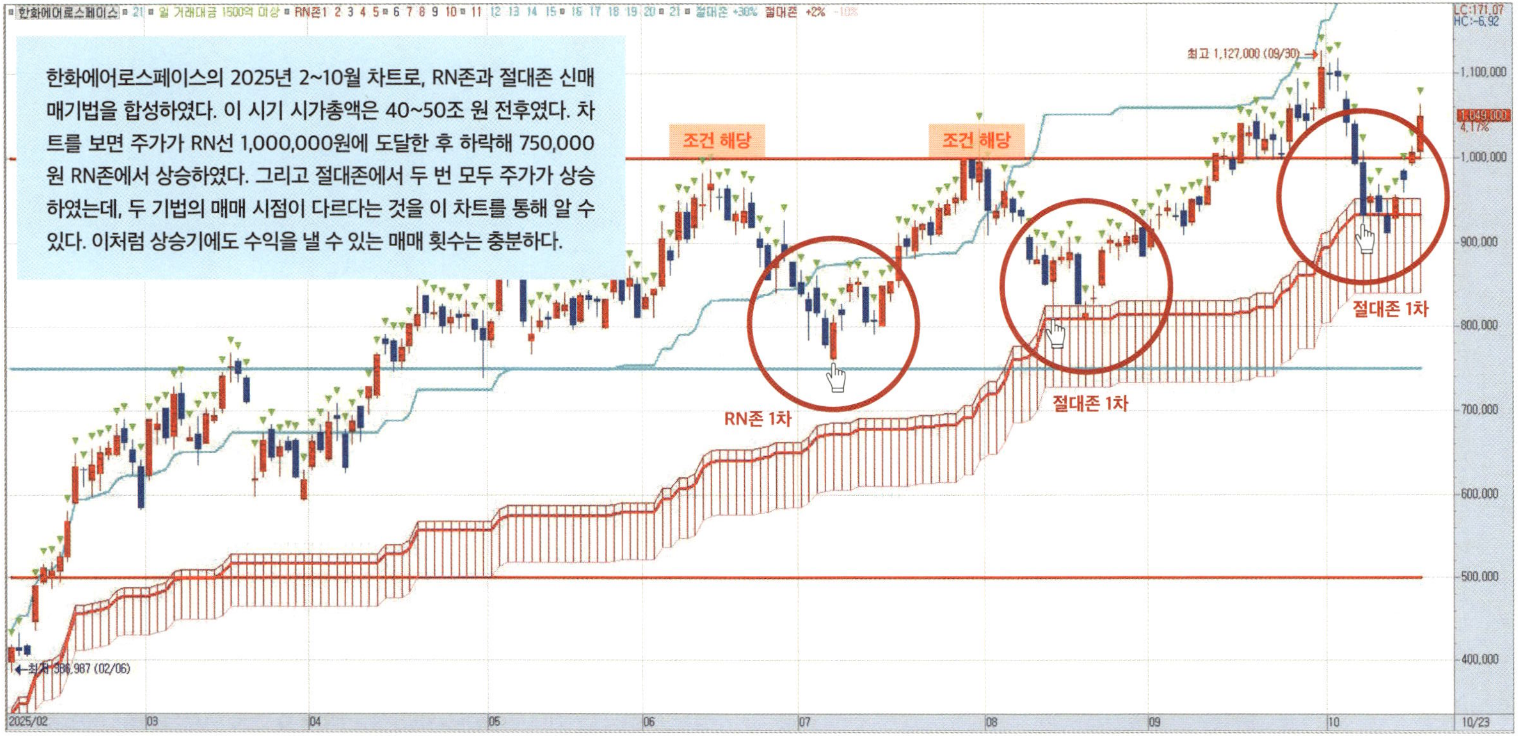

한화에어로스페이스의 2025년 2~10월 차트로, RN존과 절대존 신매매기법을 합성하였다. 이 시기 시가총액은 40~50조 원 전후였다. 차트를 보면 주가가 RN선 1,000,000원에 도달한 후 하락해 750,000원 RN존에서 상승하였다. 그리고 절대존에서 두 번 모두 주가가 상승하였는데, 두 기법의 매매 시점이 다르다는 것을 이 차트를 통해 알 수 있다. 이처럼 상승기에도 수익을 낼 수 있는 매매 횟수는 충분하다.

실전 차트 1-19 | 2020~2025년 LG화학 일봉 차트

62

"기법의 역사는 반복된다."

승률 80~90%의 라운드넘버존 신매매기법은 앞으로 주식시장에 엄청난 큰 변화가 있기 전까지는 바뀌지 않을 것이다. 또한 이 기법으로 투자 시 비중을 총 금액의 15%로 정한 이유는 100번을 거래하면 10번 정도는 기간 익절이나 손절을 해야 할 수도 있기 때문이다. 즉, 한 번에 큰 수익을 내기보다 리스크 없이 꾸준한 수익을 내기 위함이다. 물론 SK하이닉스 같은 시가총액 40~50조 원 이상의 대형주는 대부분 라운드넘버존 신매매기법에서 벗어난 적이 없기 때문에 투자 비중을 더 높일 수 있다.

"급할수록 돌아가라"라는 속담이 있다. 호수나 바다에서 배를 타고 빠르게 가려다 돌풍에 전복되는 사고를 막기 위해 멀지만 안전한 다리로 건너는 것이 결국 더 빠른 길임을 강조하는 말이다. 주식투자를 재미로 하는 투자자는 없을 것이다. 대부분이 경제적 자유를 얻기 위함이다.

주식투자에서는 본인이 투자를 그만둘 때 수익이 난 돈이 진짜 돈이다. 아무리 고수익을 낸다고 자랑해도 소위 '한 번의 몰빵투자'는 한두 번의 투자 실패로 모든 것을 날릴 수 있는 고위험 전략이다. 주식시장에서 영원히 살아남을 수 있는 본인만의 승률 높은 매매 원칙을 반드시 가지고 있어야 한다.

| 실전 차트 1-20 | 2023~2024년 현대차 일봉 차트

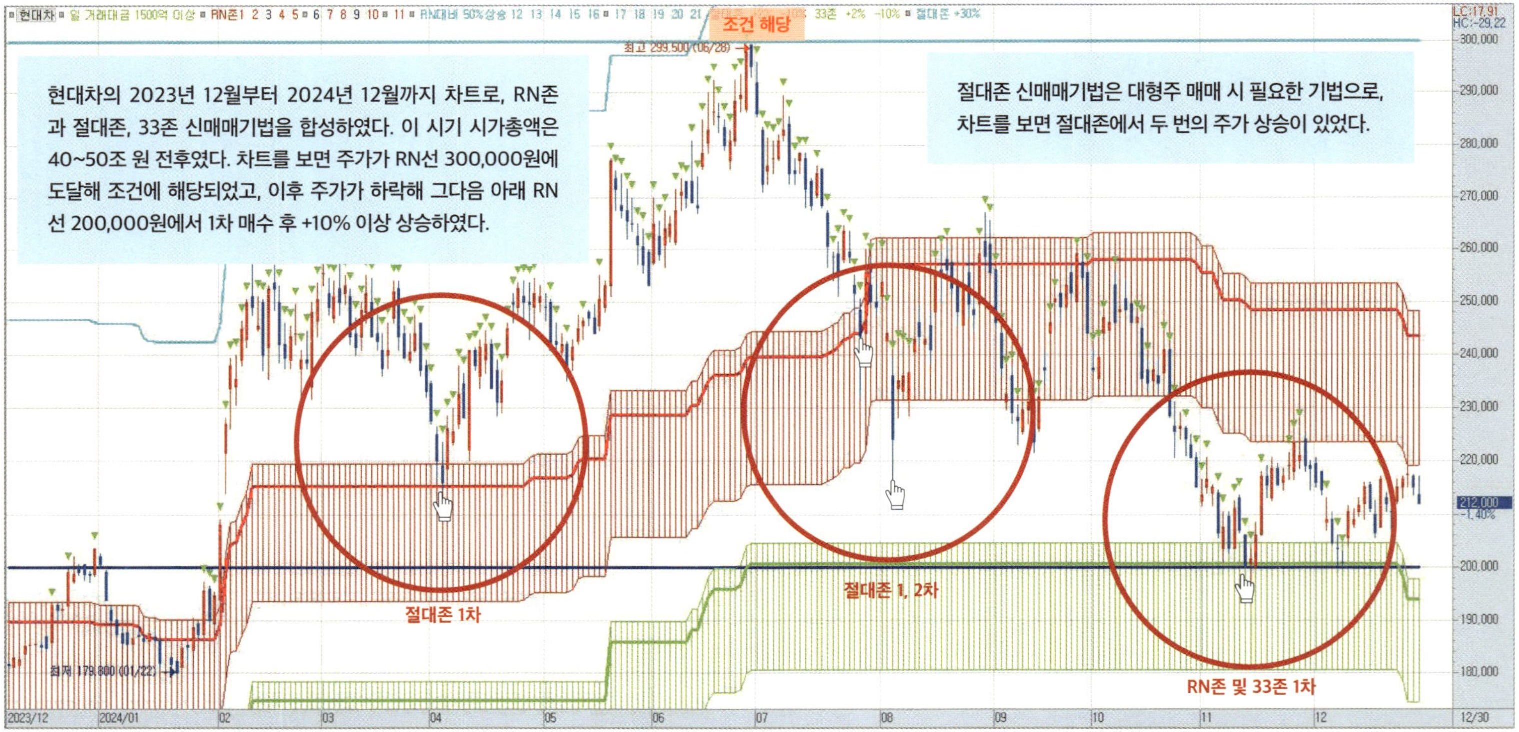

실전 차트 1-21 | 2023~2025년 셀트리온 일봉 차트

| 실전 차트 1-22 | 2025년 LG씨엔에스 일봉 차트

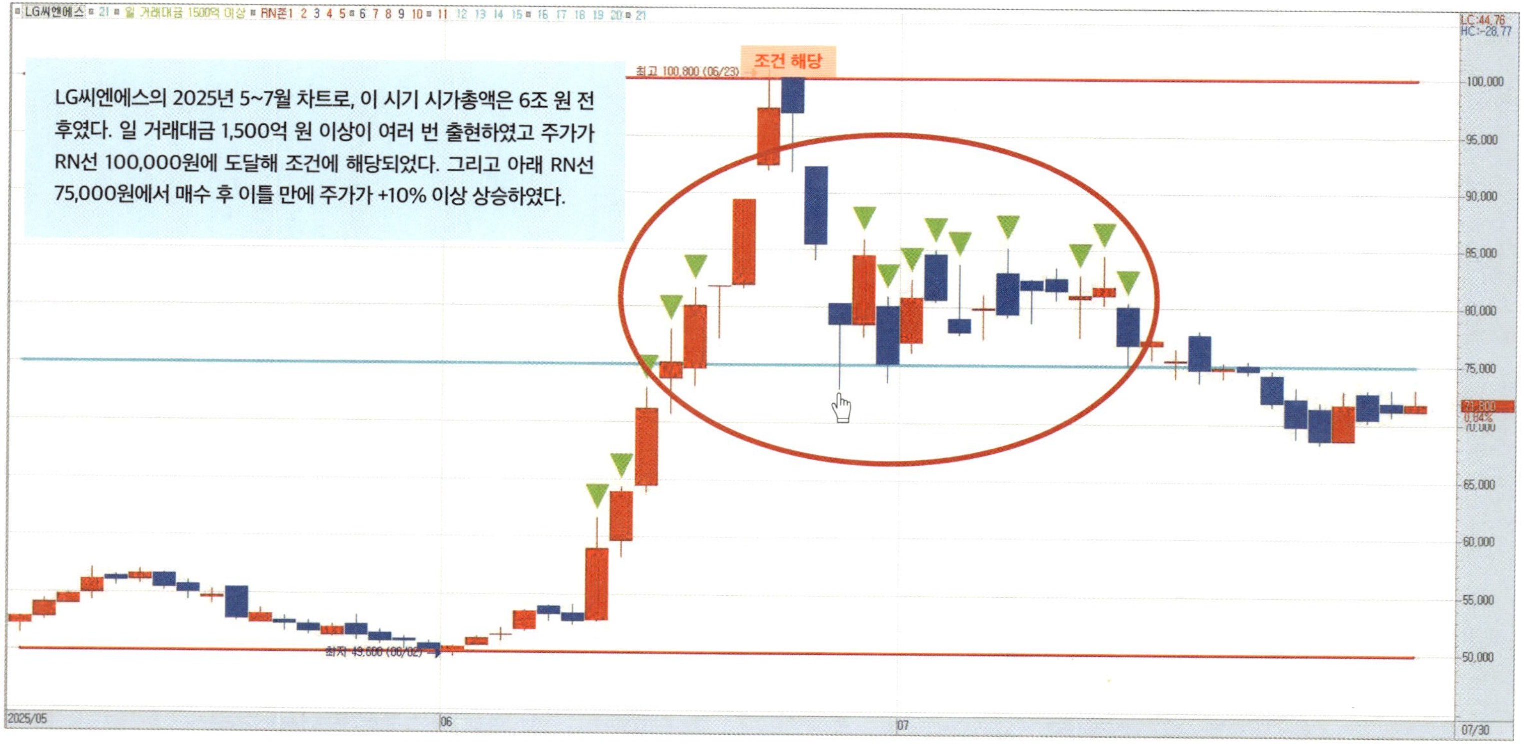
LG씨엔에스의 2025년 5~7월 차트로, 이 시기 시가총액은 6조 원 전후였다. 일 거래대금 1,500억 원 이상이 여러 번 출현하였고 주가가 RN선 100,000원에 도달해 조건에 해당되었다. 그리고 아래 RN선 75,000원에서 매수 후 이틀 만에 주가가 +10% 이상 상승하였다.
조건 해당
최고 100,800 (06/23)
최저 49,600 (06/02)
LC:44.76
HC:-28.77
100,000
95,000
90,000
85,000
80,000
75,000
71,800
0.84%
70,000
65,000
60,000
55,000
50,000
2025/05
06
07
07/30

| 실전 차트 1-23 | 2018~2022년 삼성전기 일봉 차트

| 실전 차트 1-24 | 2023~2025년 이수페타시스 일봉 차트

| 실전 차트 1-25 | 2021~2025년 한전기술 일봉 차트

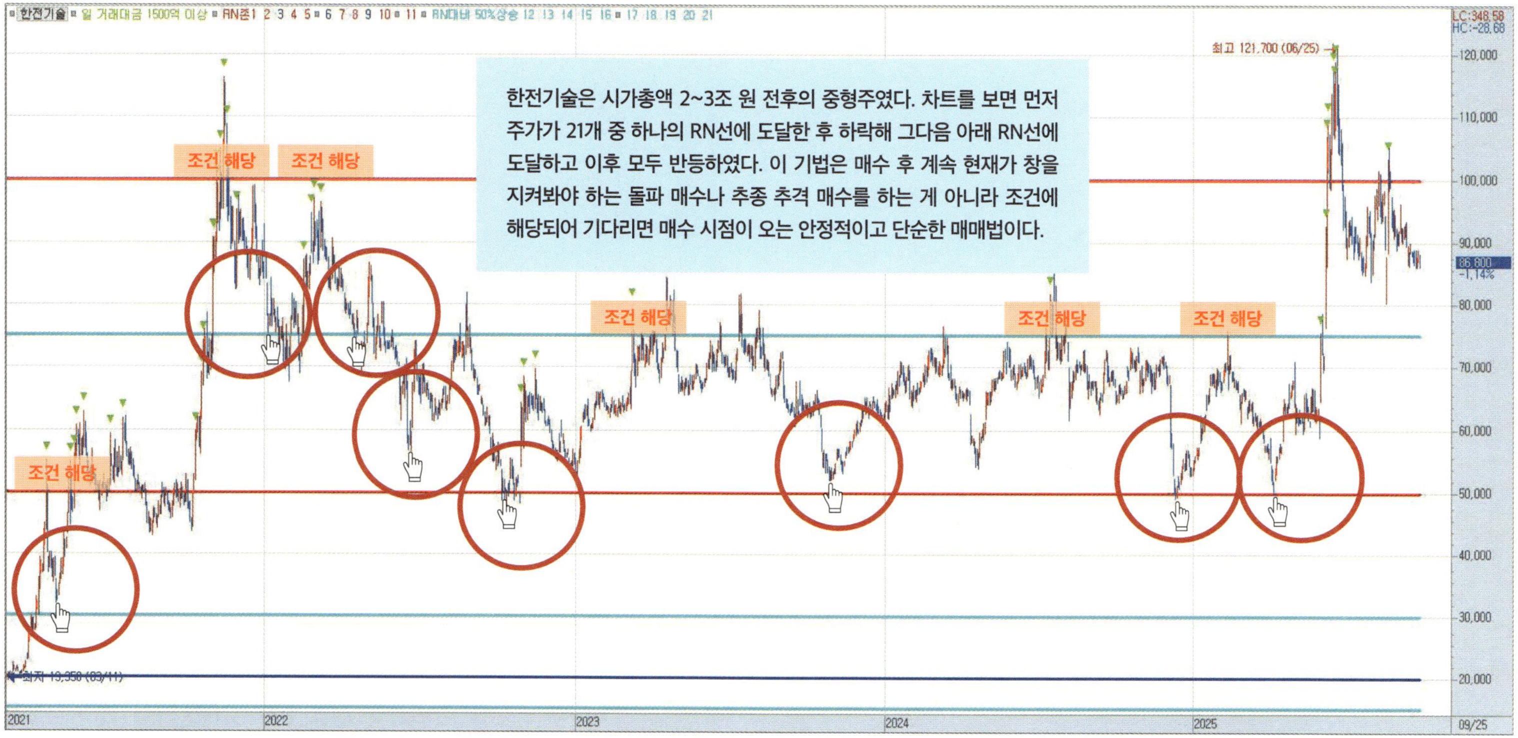

한전기술은 시가총액 2~3조 원 전후의 중형주였다. 차트를 보면 먼저 주가가 21개 중 하나의 RN선에 도달한 후 하락해 그다음 아래 RN선에 도달하고 이후 모두 반등하였다. 이 기법은 매수 후 계속 현재가 창을 지켜봐야 하는 돌파 매수나 추종 추격 매수를 하는 게 아니라 조건에 해당되어 기다리면 매수 시점이 오는 안정적이고 단순한 매매법이다.

| 실전 차트 1-26 | 2019~2020년 알테오젠 일봉 차트

알테오젠의 2019년 11월부터 2020년 4월까지 차트다. 지금은 시가총액 20조 원이 넘는 대형주이지만 이 시기에는 1조 원 전후의 중형주였다. 주가가 RN선에 도달할 때 일 거래대금 1,500억 원이 한두 번만 출현해도 조건에 해당되며 RN선에 도달할 때는 양봉이든 음봉이든 상관없다.

| 실전 차트 1-27 | 2020년 알테오젠 일봉 차트

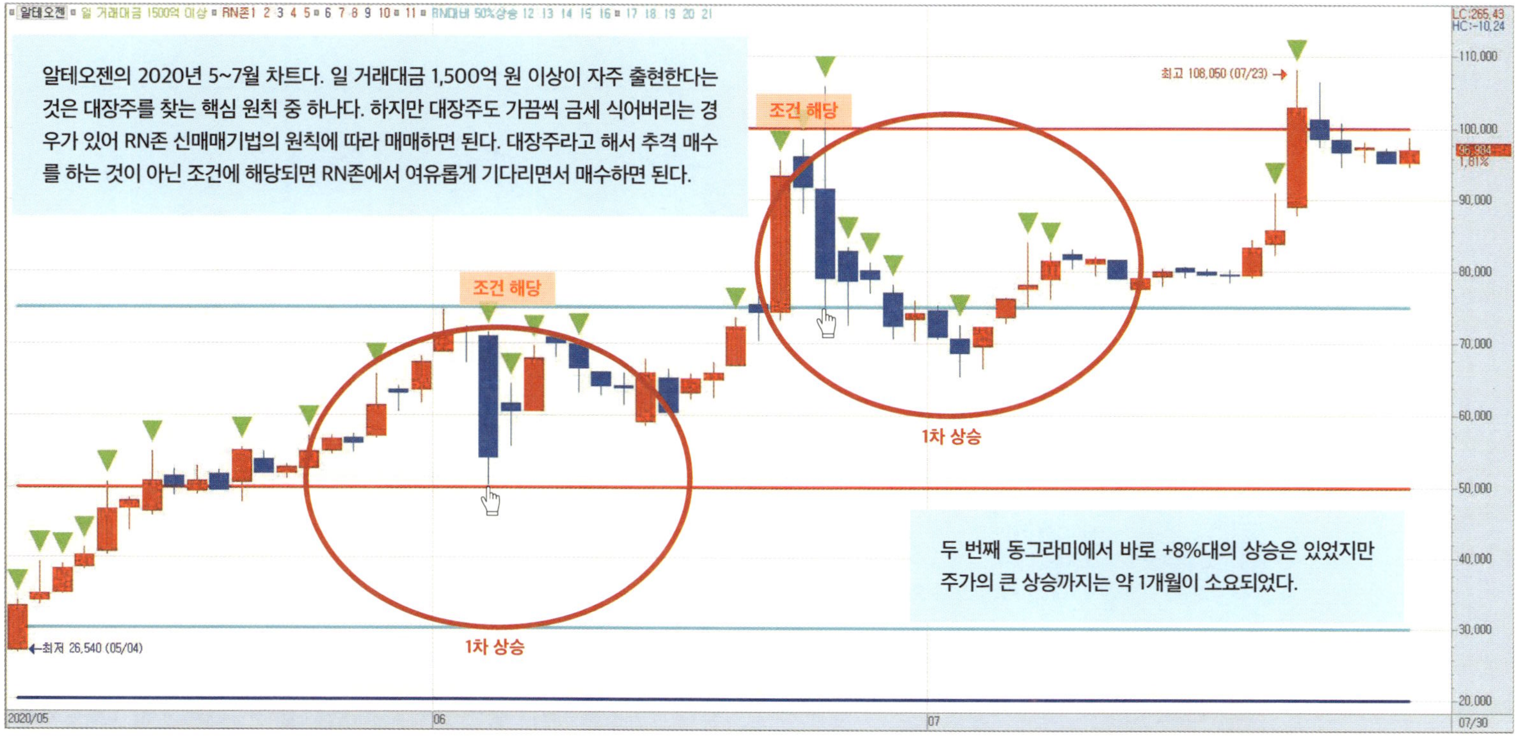

| 실전 차트 1-28 | 2020~2022년 알테오젠 일봉 차트

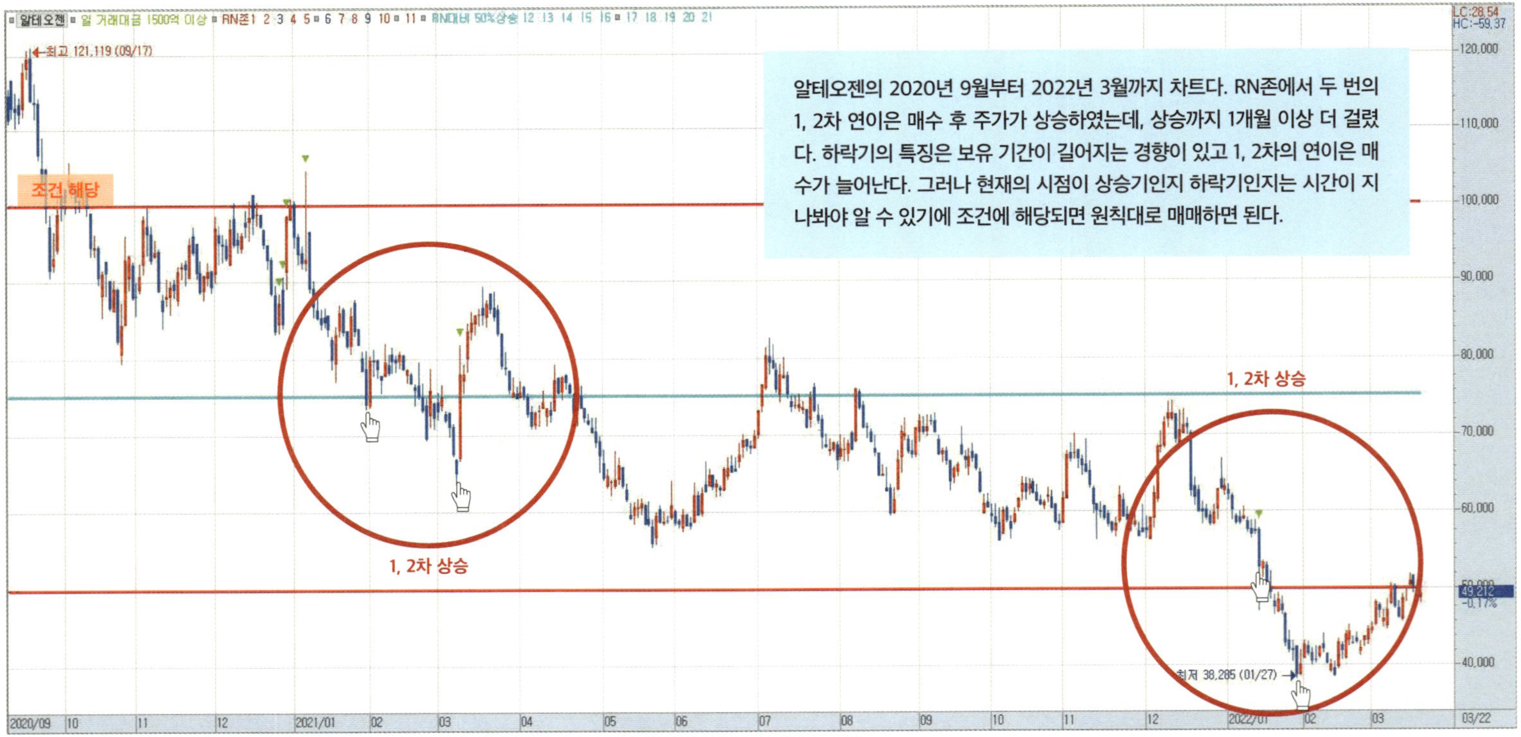
알테오젠 ■ 일 거래대금 1500억 이상 ■ RN존1 2 3 4 5 ■ 6 7 8 9 10 ■ 11 ■ RN대비 50%상승 12 13 14 15 16 ■ 17 18 19 20 21
LC:28.54
HC:-59.37
최고 121,119 (09/17)
조건 해당
알테오젠의 2020년 9월부터 2022년 3월까지 차트다. RN존에서 두 번의 1, 2차 연이은 매수 후 주가가 상승하였는데, 상승까지 1개월 이상 더 걸렸다. 하락기의 특징은 보유 기간이 길어지는 경향이 있고 1, 2차의 연이은 매수가 늘어난다. 그러나 현재의 시점이 상승기인지 하락기인지는 시간이 지나봐야 알 수 있기에 조건에 해당되면 원칙대로 매매하면 된다.
1, 2차 상승
1, 2차 상승
최저 38,285 (01/27)
120,000
110,000
100,000
90,000
80,000
70,000
60,000
49,212
-0.17%
40,000
2020/09
10
11
12
2021/01
02
03
04
05
06
07
08
09
10
11
12
2022/01
02
03
03/22

| 실전 차트 1-29 | 2023~2024년 알테오젠 일봉 차트

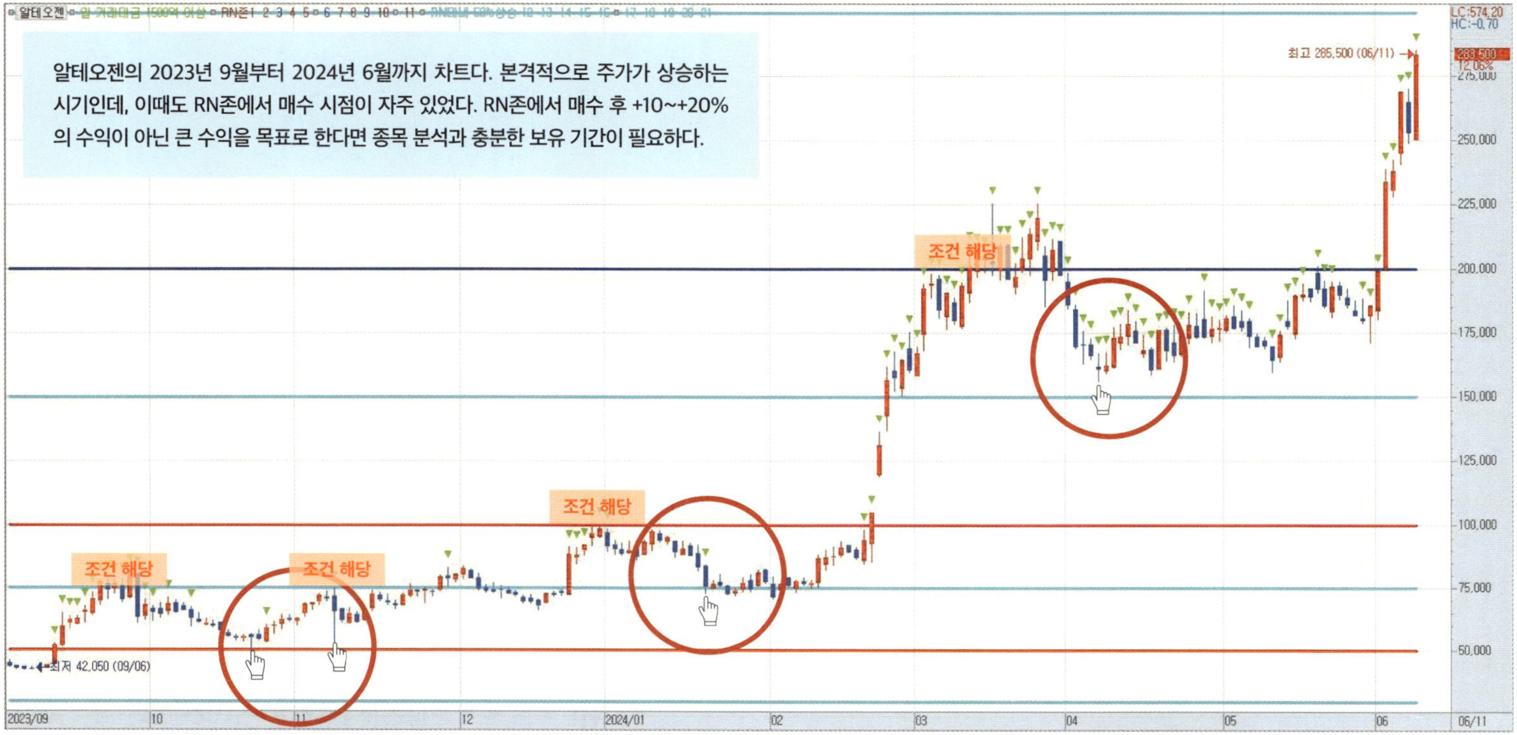
알테오젠의 2023년 9월부터 2024년 6월까지 차트다. 본격적으로 주가가 상승하는 시기인데, 이때도 RN존에서 매수 시점이 자주 있었다. RN존에서 매수 후 +10~+20%의 수익이 아닌 큰 수익을 목표로 한다면 종목 분석과 충분한 보유 기간이 필요하다.
알테오젠
조건 해당
조건 해당
조건 해당
조건 해당
최고 285,500 (06/11)
최저 42,050 (09/06)
LC:574.20
HC:-0.70
250,000
225,000
200,000
175,000
150,000
125,000
100,000
75,000
50,000
2023/09
10
11
12
2024/01
02
03
04
05
06
06/11

| 실전 차트 1-30 | 2015~2025년 한국항공우주 일봉 차트

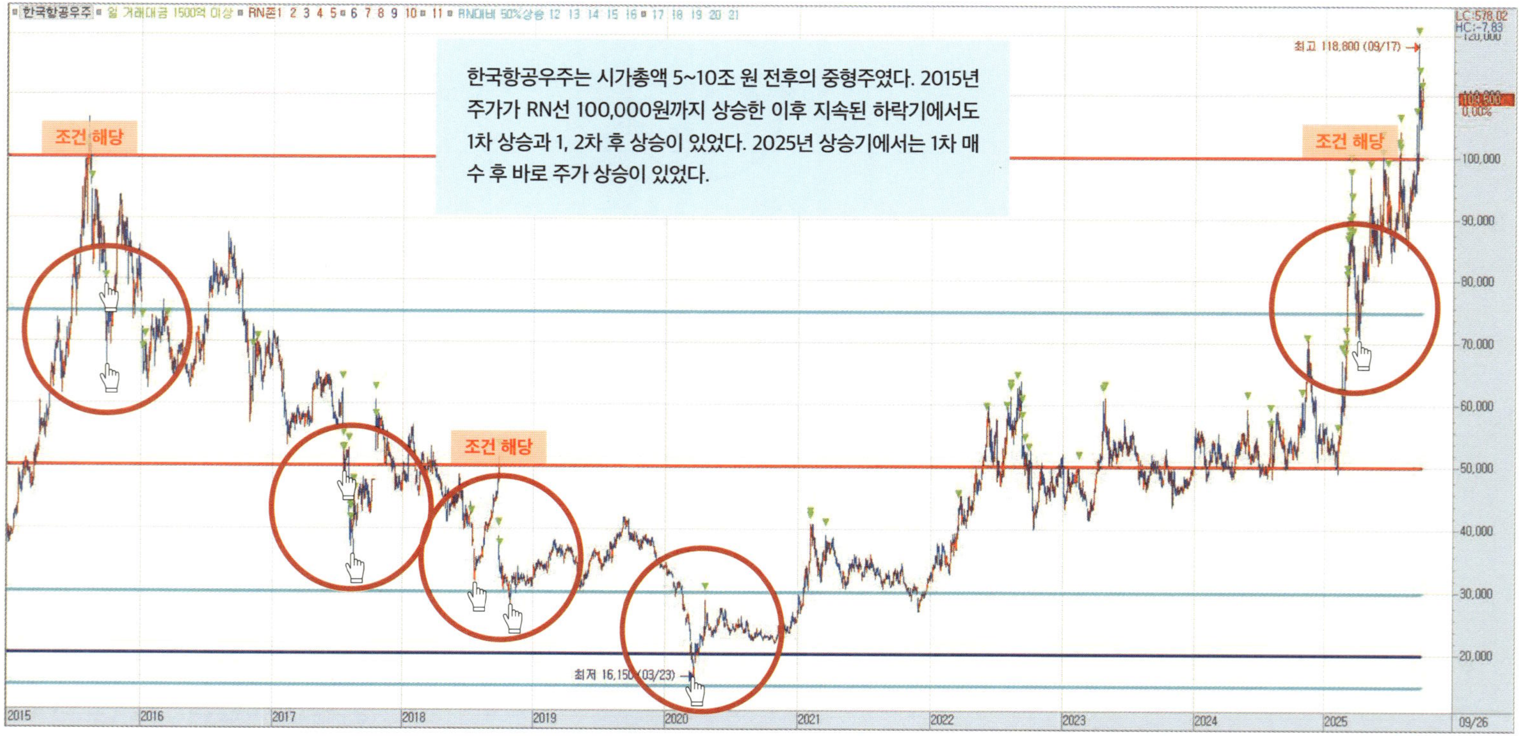

한국항공우주는 시가총액 5~10조 원 전후의 중형주였다. 2015년 주가가 RN선 100,000원까지 상승한 이후 지속된 하락기에서도 1차 상승과 1, 2차 후 상승이 있었다. 2025년 상승기에서는 1차 매수 후 바로 주가 상승이 있었다.

| 실전 차트 1-31 | 2012~2025년 CJ 일봉 차트

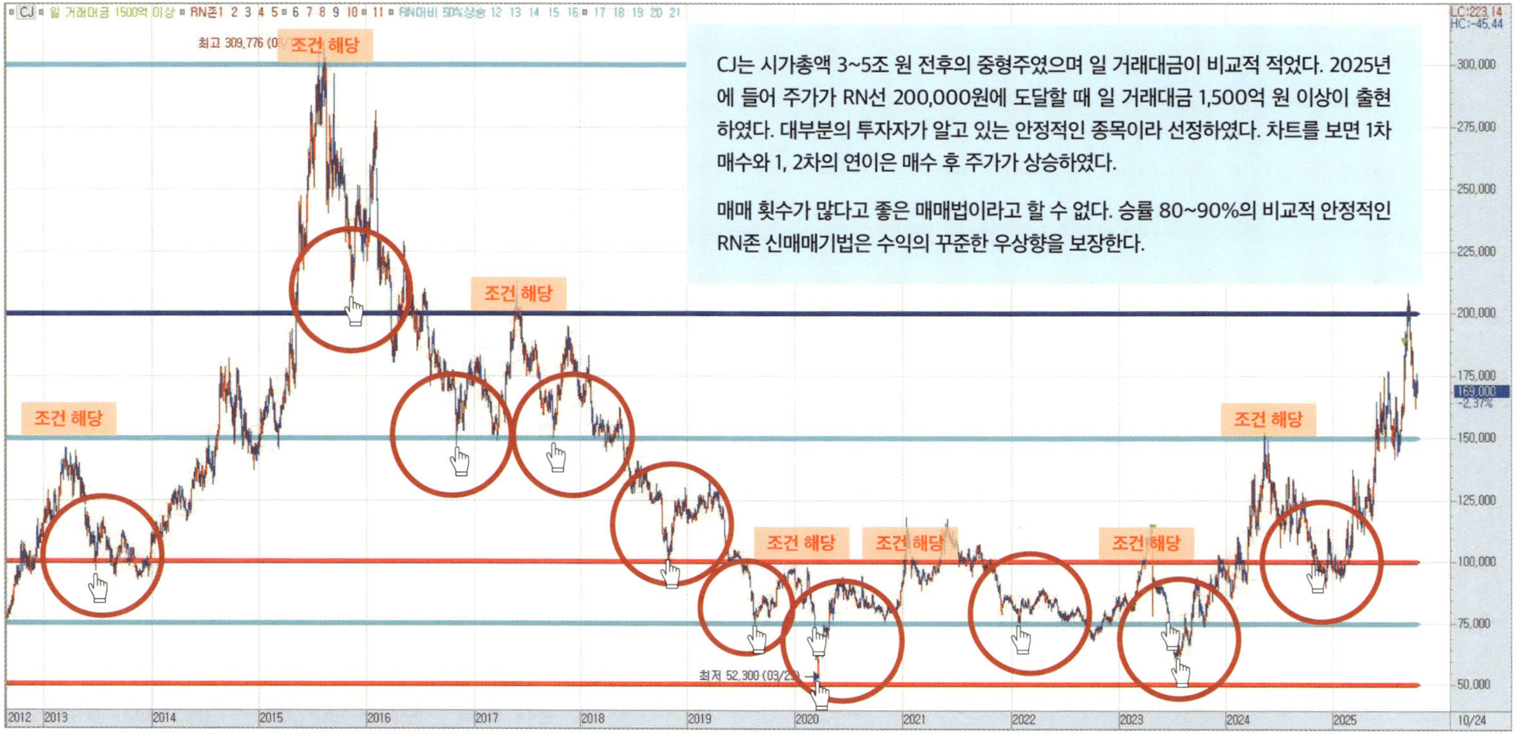

CJ는 시가총액 3~5조 원 전후의 중형주였으며 일 거래대금이 비교적 적었다. 2025년에 들어 주가가 RN선 200,000원에 도달할 때 일 거래대금 1,500억 원 이상이 출현하였다. 대부분의 투자자가 알고 있는 안정적인 종목이라 선정하였다. 차트를 보면 1차 매수와 1, 2차의 연이은 매수 후 주가가 상승하였다.

매매 횟수가 많다고 좋은 매매법이라고 할 수 없다. 승률 80~90%의 비교적 안정적인 RN존 신매매기법은 수익의 꾸준한 우상향을 보장한다.

| 실전 차트 1-32 | 2024~2025년 삼양식품 일봉 차트

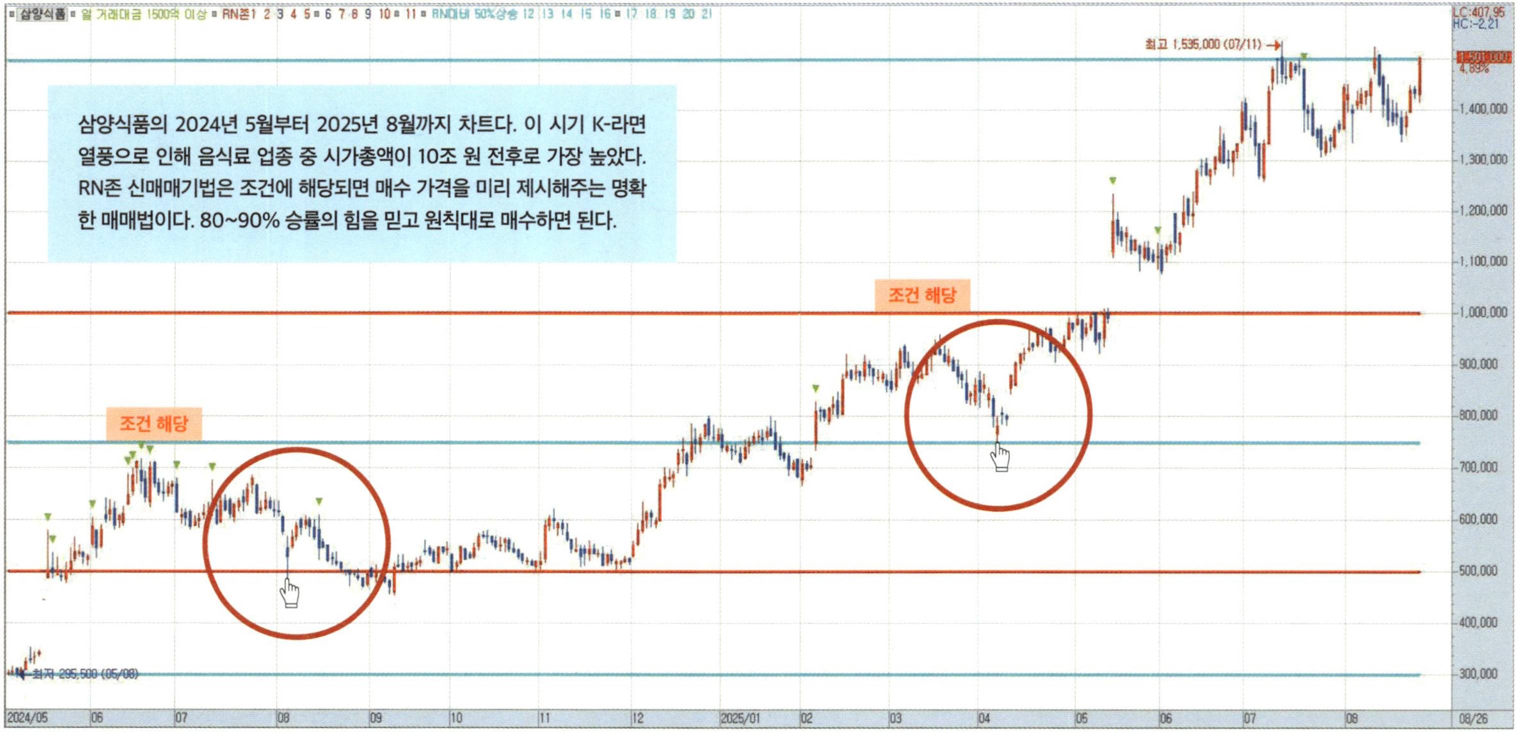

삼양식품의 2024년 5월부터 2025년 8월까지 차트다. 이 시기 K-라면 열풍으로 인해 음식료 업종 중 시가총액이 10조 원 전후로 가장 높았다. RN존 신매매기법은 조건에 해당되면 매수 가격을 미리 제시해주는 명확한 매매법이다. 80~90% 승률의 힘을 믿고 원칙대로 매수하면 된다.

| 실전 차트 1-33 | 2017~2018년 우리기술투자 일봉 차트

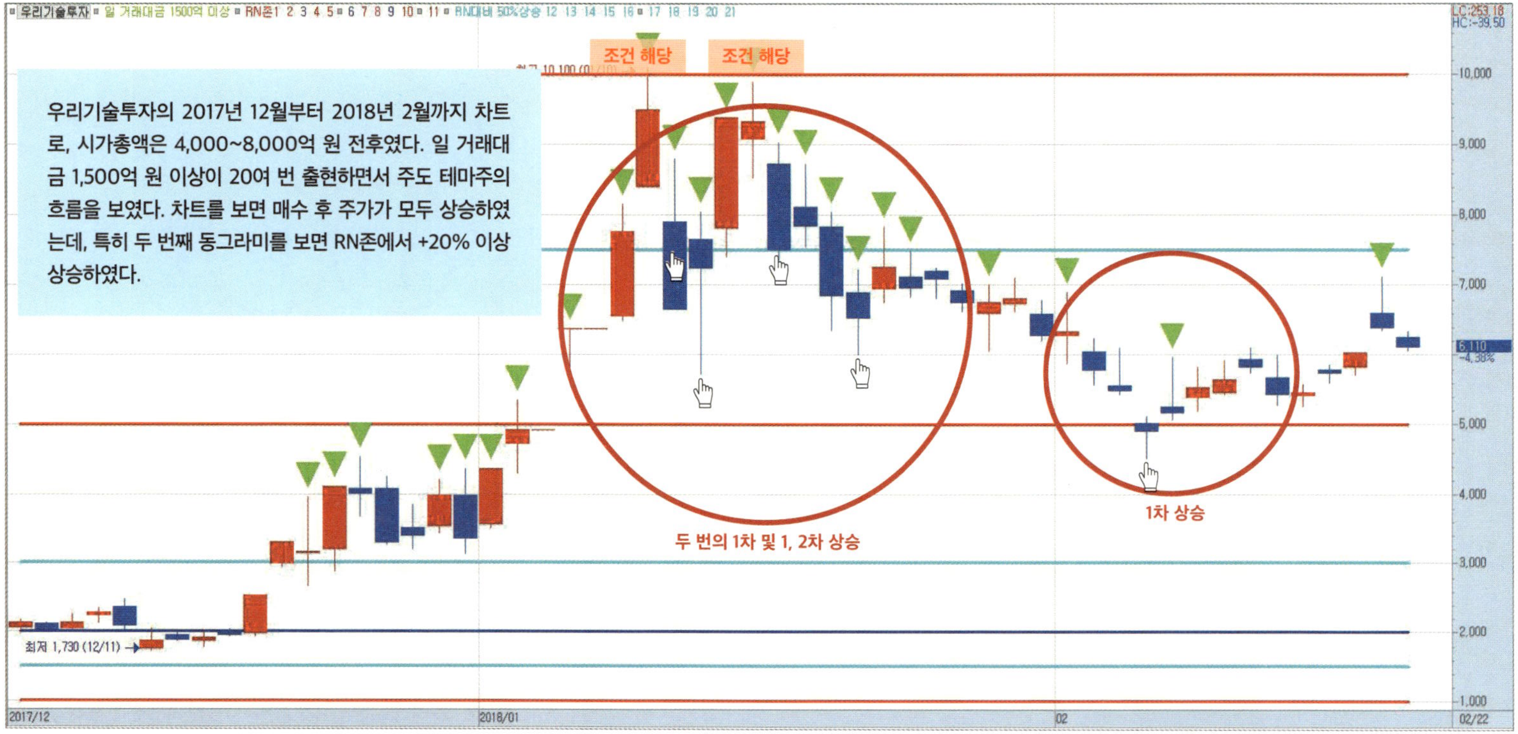

우리기술투자의 2017년 12월부터 2018년 2월까지 차트로, 시가총액은 4,000~8,000억 원 전후였다. 일 거래대금 1,500억 원 이상이 20여 번 출현하면서 주도 테마주의 흐름을 보였다. 차트를 보면 매수 후 주가가 모두 상승하였는데, 특히 두 번째 동그라미를 보면 RN존에서 +20% 이상 상승하였다.

| 실전 차트 1-34 | 2016~2023년 휴젤 일봉 차트

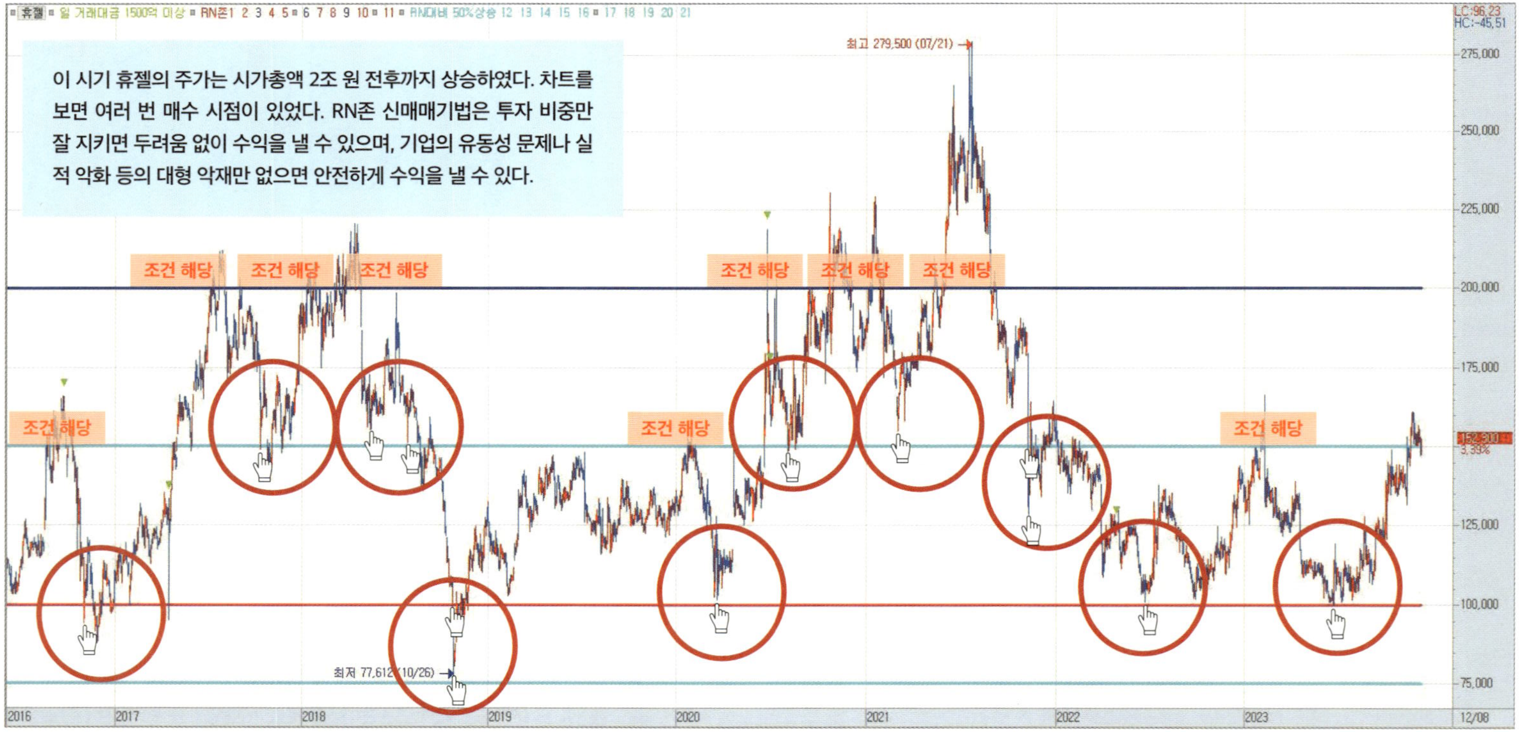

이 시기 휴젤의 주가는 시가총액 2조 원 전후까지 상승하였다. 차트를 보면 여러 번 매수 시점이 있었다. RN존 신매매기법은 투자 비중만 잘 지키면 두려움 없이 수익을 낼 수 있으며, 기업의 유동성 문제나 실적 악화 등의 대형 악재만 없으면 안전하게 수익을 낼 수 있다.

| 실전 차트 1-35 | 2020~2022년 SK이노베이션 일봉 차트

SK이노베이션의 2020년 1월부터 2022년 1월까지 차트다. 금융위기나 코로나19 팬데믹 같은 위기가 오면 RN존에서 주가의 일부 추가 하락이 있더라도 시간이 지나고 보면 그때가 최저점이었던 경우가 많다. 글로벌 위기가 발생하면 정부는 금리 인하와 급격한 양적 완화로 돈의 홍수를 만들기 때문이다. 차트를 보면 RN존 조건에 해당될 때마다 주가가 모두 상승하였다.

SK이노베이션의 2022년 6월부터 2024년 6월까지 차트다.
금리 인상으로 주가가 하락기가 찾아와도 RN존 신매매기법은 원칙대로 매매하면 된다.
조건 해당
1차 상승
1, 2차 상승

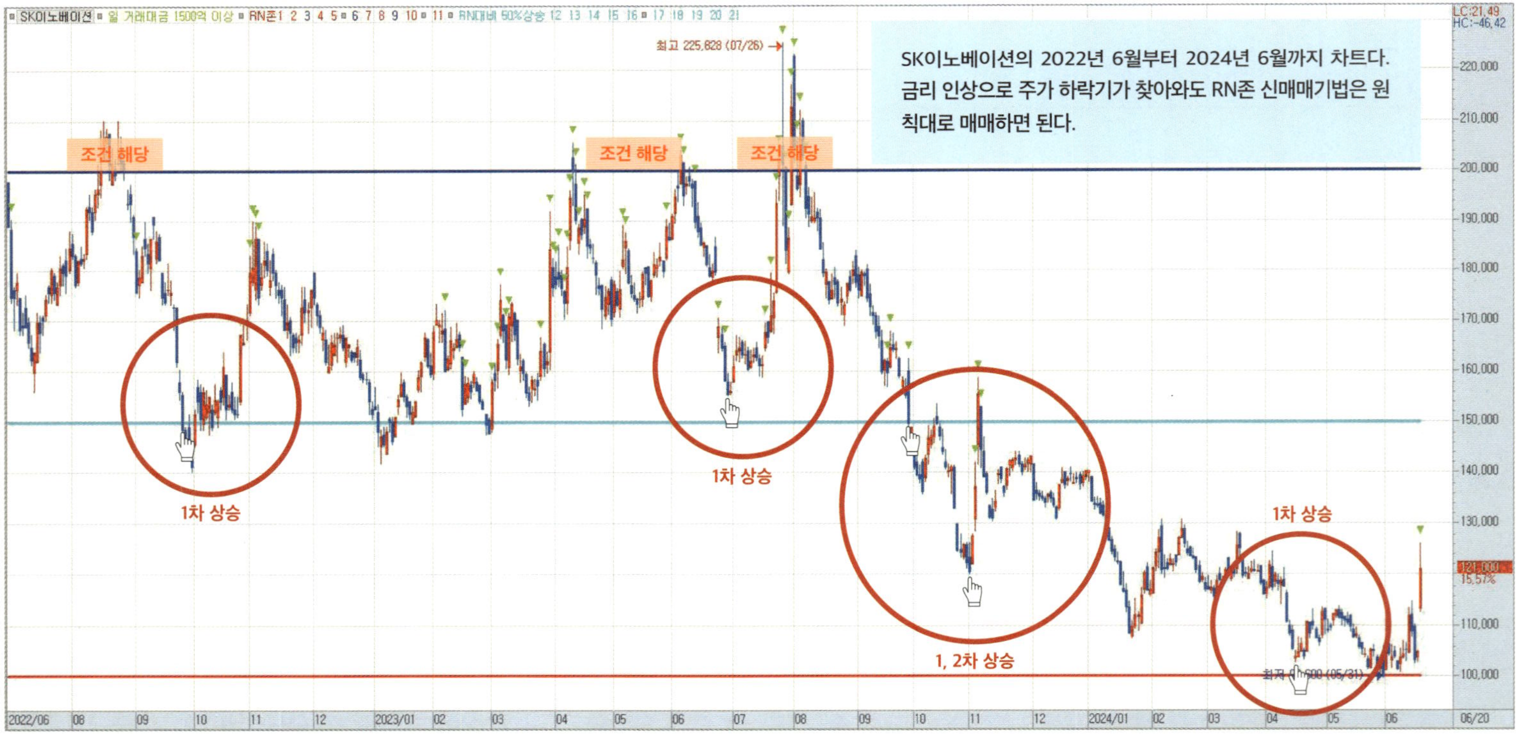

실전 차트 1-37 | 2024~2025년 일진전기 일봉 차트

일진전기의 2024년 3월부터 2025년 10월까지 차트로, RN존과 절대존 신매매기법을 합성하였다. 이 시기 시가총액은 1조 원~2조 5,000억 원 전후였다. 차트를 보며 어디가 RN존과 절대존의 매수 자리인지, 겹치는 매수 자리는 어디인지 직접 그려보길 바란다.

| 실전 차트 1-38 | 2023~2025년 엘앤에프 일봉 차트

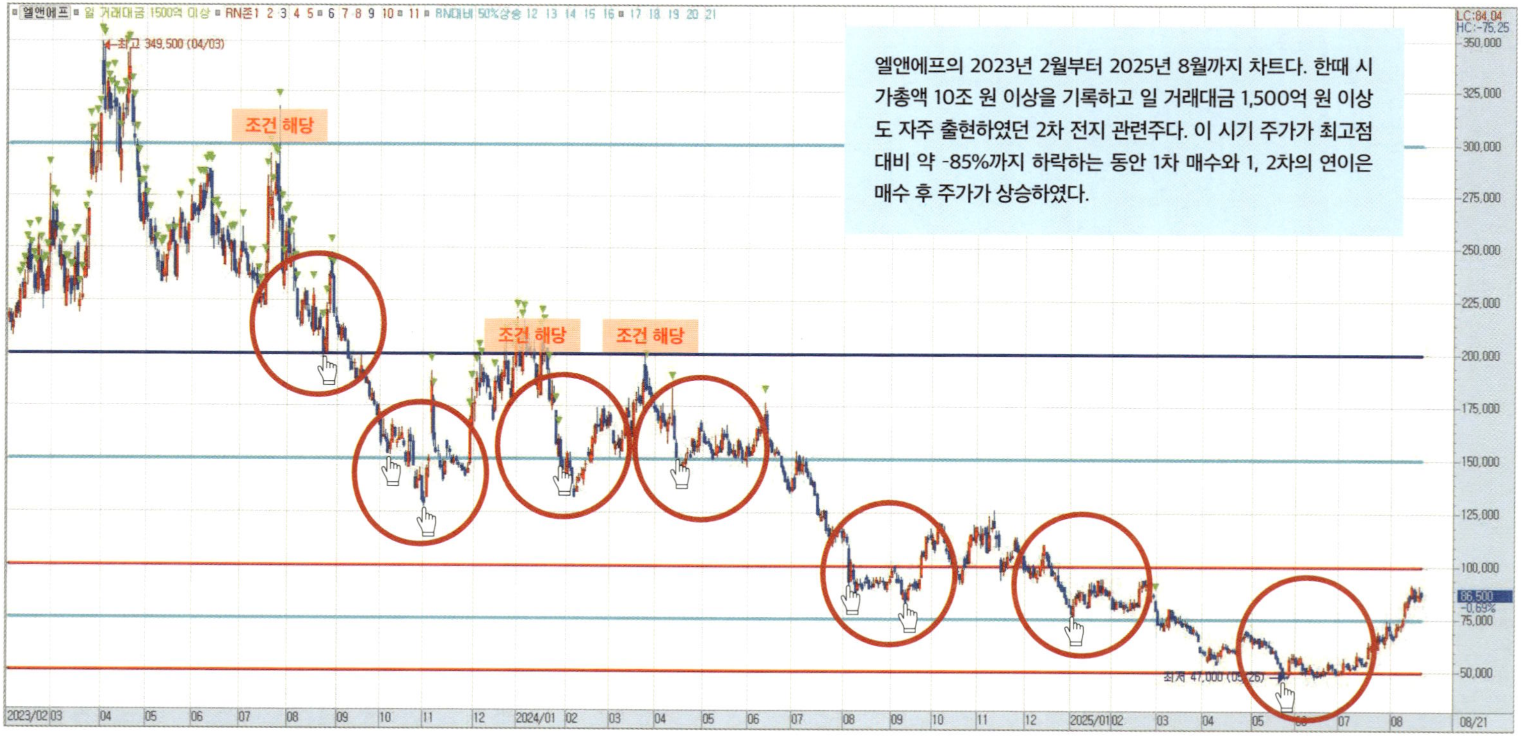

엘앤에프의 2023년 2월부터 2025년 8월까지 차트다. 한때 시가총액 10조 원 이상을 기록하고 일 거래대금 1,500억 원 이상도 자주 출현하였던 2차 전지 관련주다. 이 시기 주가가 최고점 대비 약 -85%까지 하락하는 동안 1차 매수와 1, 2차의 연이은 매수 후 주가가 상승하였다.

| 실전 차트 1-39 | 2023~2025년 에코프로비엠 일봉 차트

에코프로비엠의 2023년 7월부터 2025년 1월까지 차트다. 한때 주가가 시가총액 50조 원까지 상승하였던 2차 전지 관련주다. [실전 차트 1-38]의 엘앤에프와 같은 테마주이지만 RN존 매수 자리가 다른 경우가 많다.

주의할 점은 같은 테마에서 2종목을 초과해 매수하면 안 된다. 차트를 보면 주가가 최고점 대비 약 -80%까지 하락하는 동안 모두 1차 매수 후에만 주가가 상승하였는데, 시가총액이 크면 클수록 2차 매수 기회는 적다.

| 실전 차트 1-40 | 2020~2022년 씨젠 일봉 차트

씨젠의 2020년 6월부터 2022년 2월까지 차트다. 씨젠은 주가가 최고점일 때 시가총액 약 8조 원을 기록하였던 코로나19 진단 키트 제조 기업이다. 차트를 보면 주가가 하락하는 구간에서도 RN존에서 1차 상승과 1, 2차 상승이 모두 있었다.

| 실전 차트 1-41 | 2025년 HJ중공업 일봉 차트

HJ중공업의 2025년 2~10월 차트로, RN존과 33존 신매매기법을 합성하였다. 이 시기 시가총액은 1~2조 원 전후였으며 일 거래대금 1,500억 원 이상이 꾸준히 출현하였다. 차트를 보면 RN존에서 1, 2차 상승이 있었다.

| 실전 차트 1-42 | 2024~2025년 HLB 일봉 차트

| 실전 차트 1-43 | 2024~2025년 삼천당제약 일봉 차트

삼천당제약의 2024년 1월부터 2025년 1월까지 차트로, 시가총액은 3~5조 원 전후였다. 차트를 보면 일 거래대금 1,500억 원 이상이 자주 출현하였으며 주가가 RN선에 도달해 조건에 해당되었다. RN존 신매매기법은 열 번 중 한두 번은 익절이나 손절을 할 수 있지만 투자 비중 원칙만 잘 지킨다면 복리식으로 꾸준히 수익을 늘려나갈 수 있다.

| 실전 차트 1-44 | 2023~2024년 에브리봇 일봉 차트

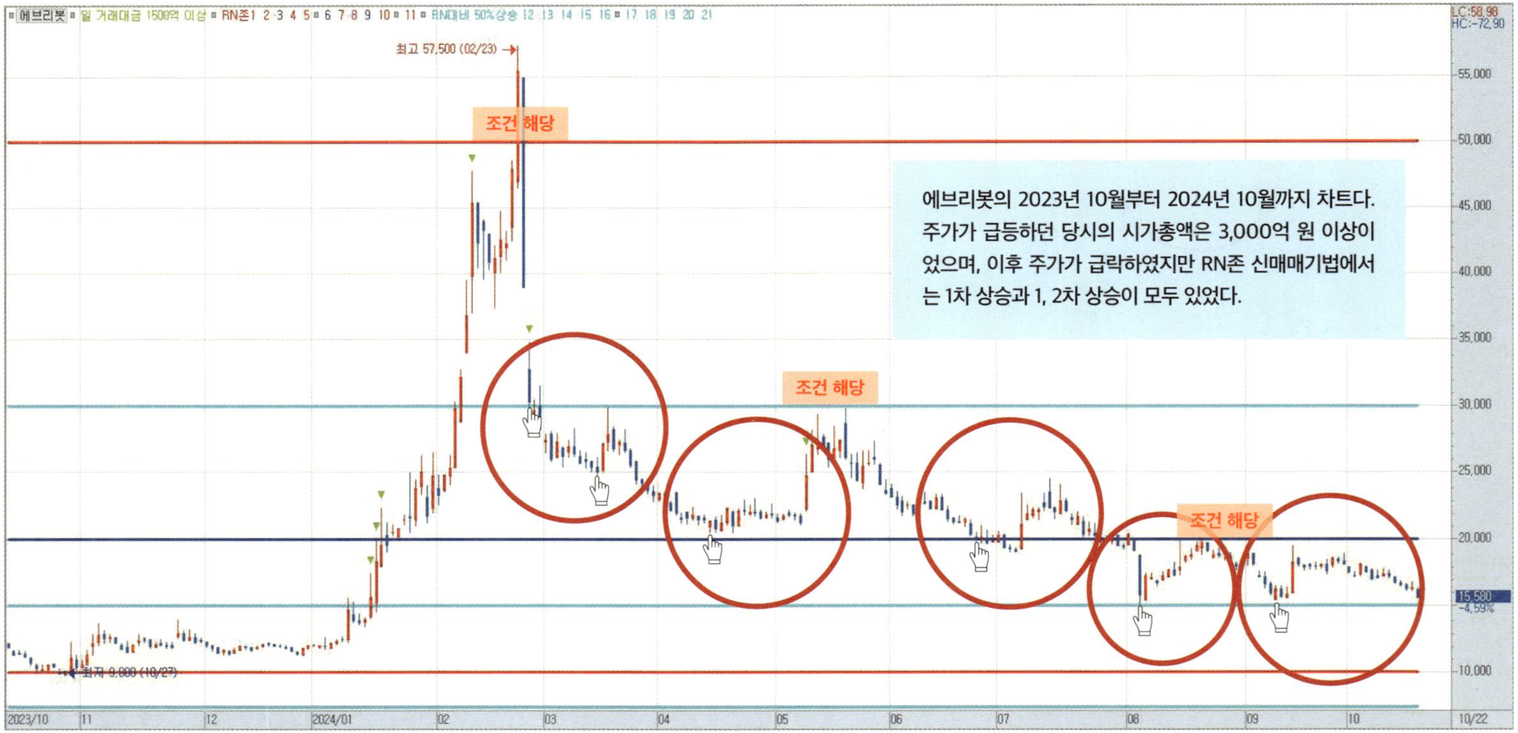

에브리봇 일 거래대금 1500억 이상 RN존1 2 3 4 5 6 7 8 9 10 11 RN대비 50%상승 12 13 14 15 16 17 18 19 20 21
최고 57,500 (02/23)
최저 9,000 (10/27)
조건 해당
조건 해당
조건 해당
에브리봇의 2023년 10월부터 2024년 10월까지 차트다. 주가가 급등하던 당시의 시가총액은 3,000억 원 이상이었으며, 이후 주가가 급락하였지만 RN존 신매매기법에서는 1차 상승과 1, 2차 상승이 모두 있었다.
LC:58.98
HC:-72.90
55,000
50,000
45,000
40,000
35,000
30,000
25,000
20,000
15,580
-4.59%
10,000
2023/10
11
12
2024/01
02
03
04
05
06
07
08
09
10
10/22

| 실전 차트 1-45 | 2023~2025년 뷰노 일봉 차트

| 실전 차트 1-46 | 2023~2025년 루닛 일봉 차트

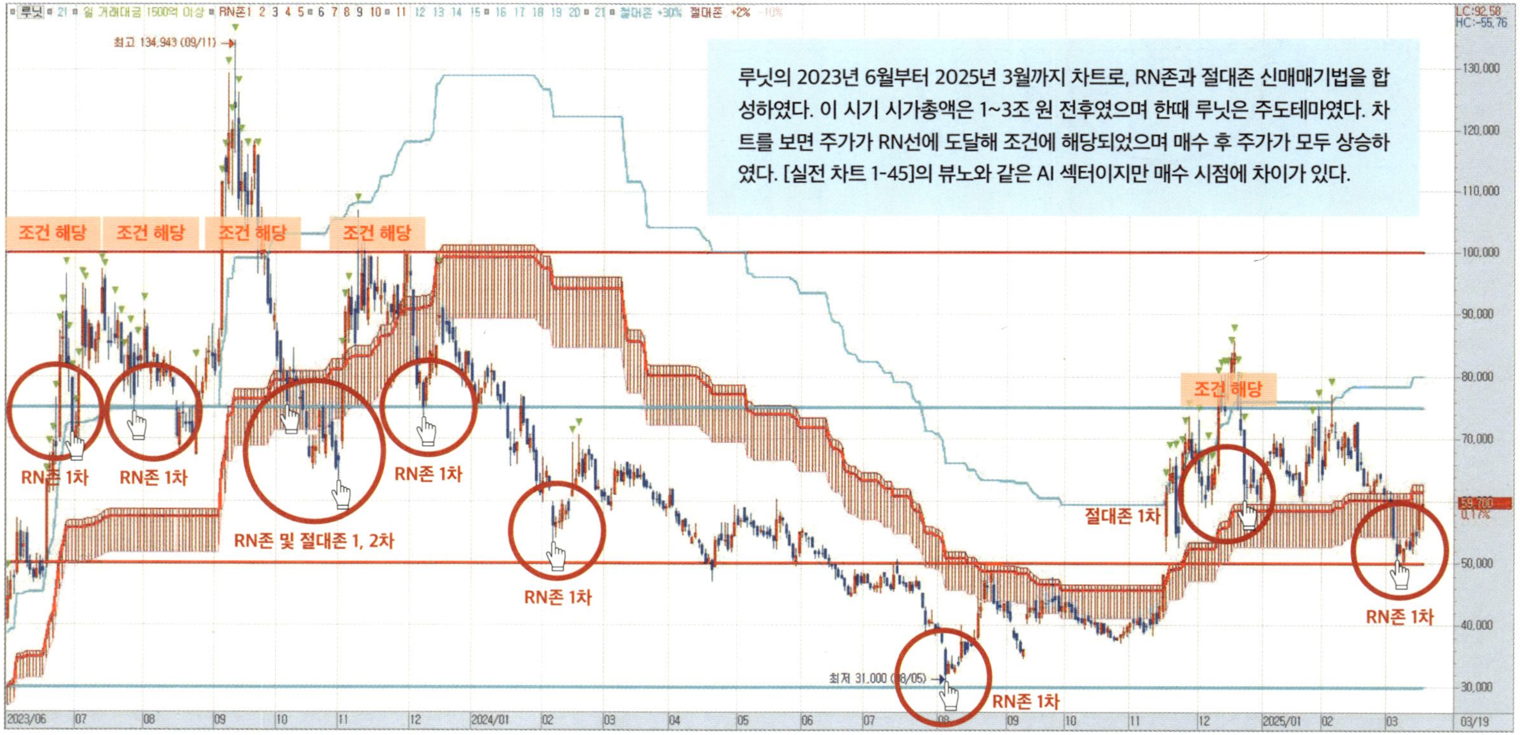

루닛의 2023년 6월부터 2025년 3월까지 차트로, RN존과 절대존 신매매기법을 합성하였다. 이 시기 시가총액은 1~3조 원 전후였으며 한때 루닛은 주도테마였다. 차트를 보면 주가가 RN선에 도달해 조건에 해당되었으며 매수 후 주가가 모두 상승하였다. [실전 차트 1-45]의 뷰노와 같은 AI 섹터이지만 매수 시점에 차이가 있다.

어떤 방법의 주식투자로 수익을 낼 것인가

단기매매는 종합 예술이라고 할 수 있을 정도로 정신적, 육체적으로 힘든 매매 형태다. 중장기 투자의 중간 형태인 스윙매매는 하루 종일 주식 창을 보지 않아도 되는 비교적 적당한 매매 형태다. 중장기 투자는 한 번의 선택에 따라 결과가 극과 극인 매매 형태다. 이 중 어떤 매매를 하더라도 본인만의 원칙이 반드시 있어야 한다. 또한 어떤 매매가 정답이라고 단정 지을 수 없다. 나는 '풀배팅 매매가 정답이다', '비중 분산 매매가 정답이다'라고 단정하지 않는다. 매매 형태마다 장단점이 있으므로 본인의 성향과 환경에 맞는 매매를 하면 된다.

하지만 돈을 벌고자 들어온 주식시장에서 수익이 안정적이지 못하거나 비중 배팅으로 큰 손실을 봤을 때 심리적으로 큰 타격을 입고 다시 복구할 수 없는 상황이 되면 안 된다. 초보 투자자일수록 조금 느리더라도 복리식으로 꾸준한 수익을 목표로 한다면 스윙매매 위주인 이 책의 매매 기법들을 익히길 바란다.

| 실전 차트 1-47 | 2025년 한텍 일봉 차트

| 실전 차트 1-48 | 2022~2023년 제주은행 일봉 차트

제주은행의 2022년 8월부터 2023년 7월까지 차트로, RN존과 절대존 신매매기법을 합성하였다. 이 시기 시가총액은 3,000~6,000억 원 전후였으며 RN존 신매매기법 조건의 시가총액으로는 낮은 편이었다. 그런데 차트를 보면 일 거래대금 1,500억 원 이상이 자주 출현할 정도로 주가 움직임과 탄력이 좋았고, 조건에 해당되었을 때 RN존에서 매수 후 모두 상승하였다. 다만 2023년 5, 6월 초 절대존 1, 2차 평단가의 -5~-7% 정도에서 한 번 기간 손절을 했다(초록색 동그라미).

| 실전 차트 1-49 | 2025년 미투온 일봉 차트

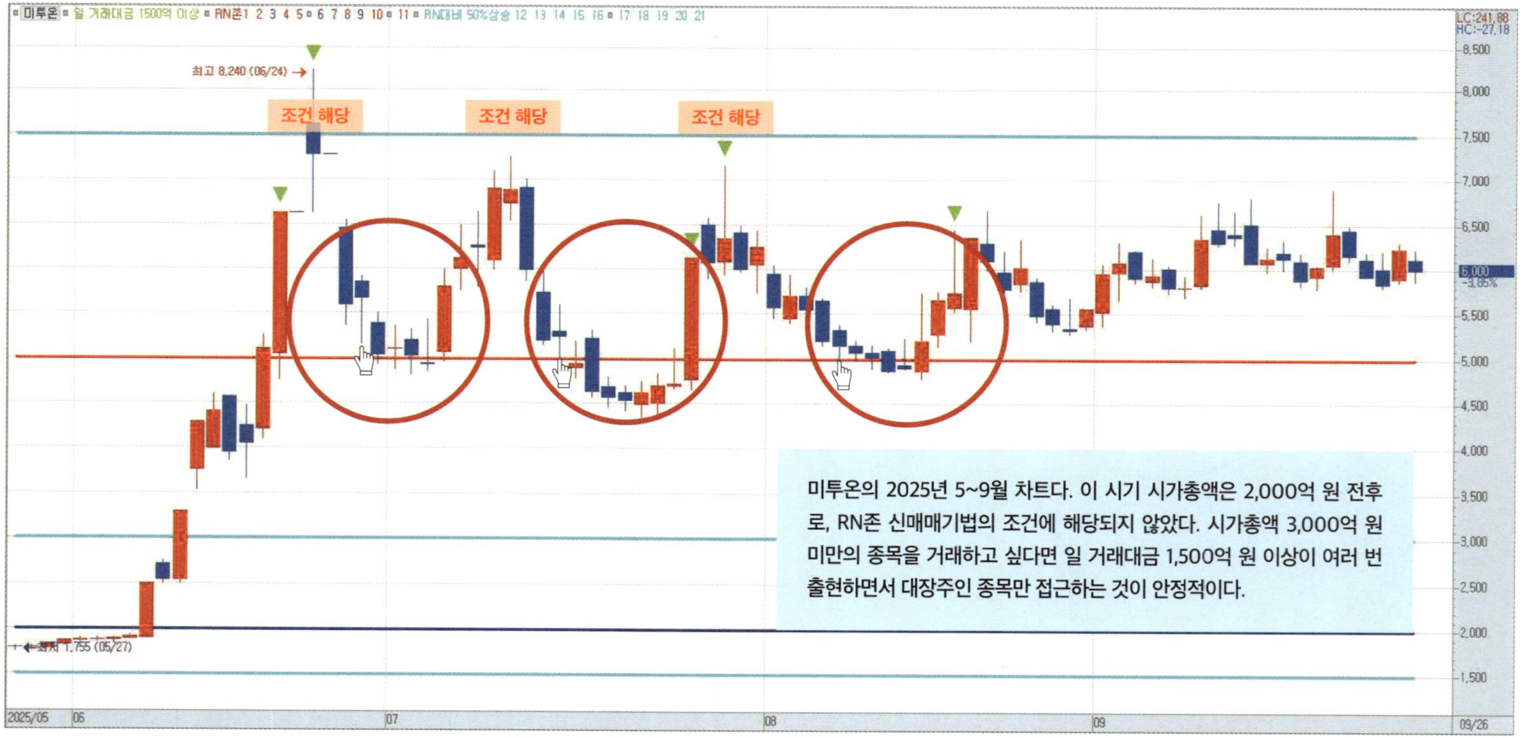

미투온의 2025년 5~9월 차트다. 이 시기 시가총액은 2,000억 원 전후로, RN존 신매매기법의 조건에 해당되지 않았다. 시가총액 3,000억 원 미만의 종목을 거래하고 싶다면 일 거래대금 1,500억 원 이상이 여러 번 출현하면서 대장주인 종목만 접근하는 것이 안정적이다.

실전 차트 1-50 | 2020~2021년 한국정보인증 일봉 차트

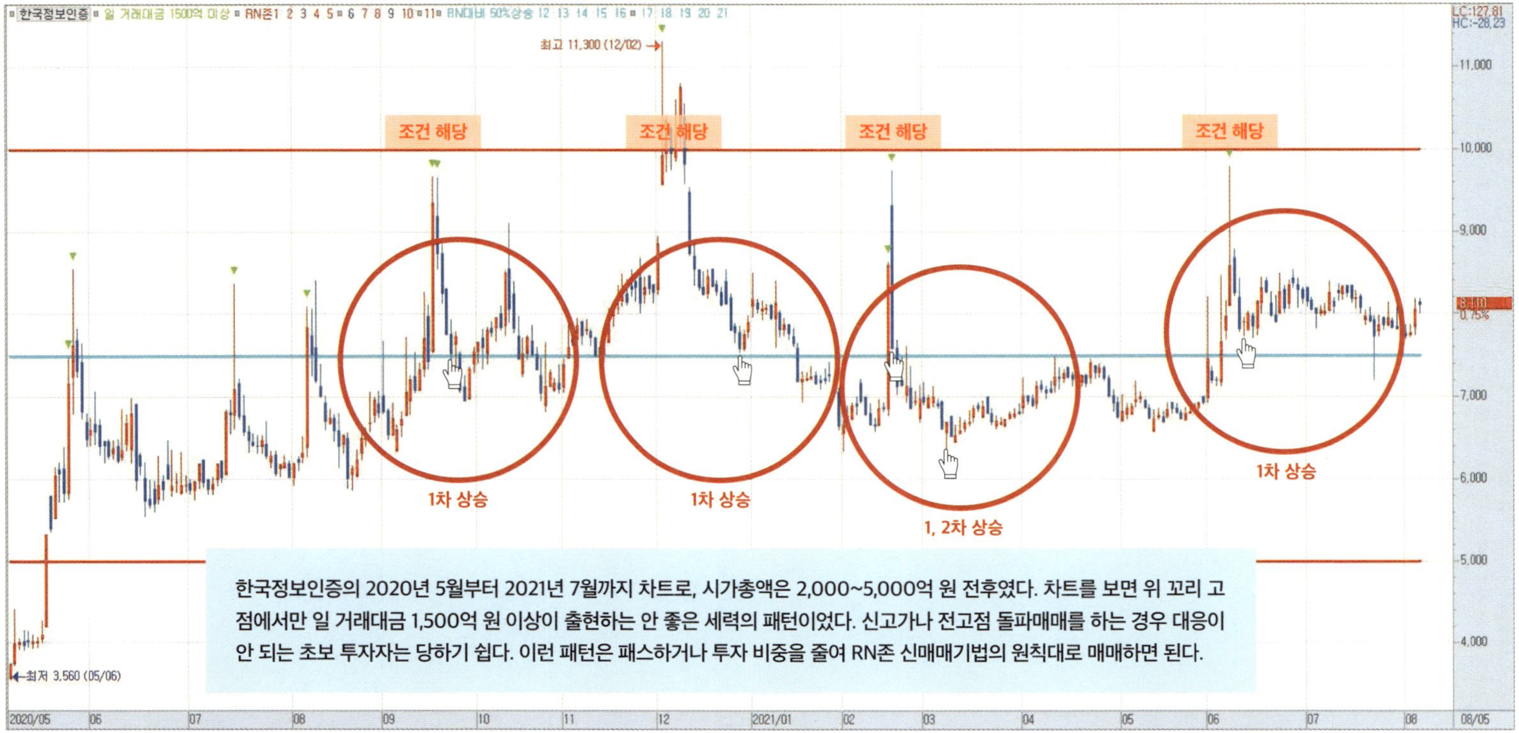

한국정보인증의 2020년 5월부터 2021년 7월까지 차트로, 시가총액은 2,000~5,000억 원 전후였다. 차트를 보면 위 꼬리 고점에서만 일 거래대금 1,500억 원 이상이 출현하는 안 좋은 세력의 패턴이었다. 신고가나 전고점 돌파매매를 하는 경우 대응이 안 되는 초보 투자자는 당하기 쉽다. 이런 패턴은 패스하거나 투자 비중을 줄여 RN존 신매매기법의 원칙대로 매매하면 된다.

실전 사례들을 대상으로 여러 자세한 스킬까지 다뤘다. 한 번에 기법을 터득하고 거래할 수도 있지만 주식을 처음 접하는 경우라면 소액으로 충분한 실전 경험을 쌓은 후에 거래하길 바란다. 이 책에서 소개하는 기법들에 적용 가능한 종목들은 계속 반복해서 출현하기 때문에 결코 서두를 필요가 없다.

2025년 4월 이전까지는 국내와 미국 주식시장의 디커플링 현상이 지속되면서 국내 투자자들이 미국 주식시장으로 많이 이농했다. 하지만 2025년 5월부터는 충분한 동조화가 됐고 오히려 국내 주식시장이 미국 주식시장보다 상승세는 더 좋다고 할 수 있다. 국내 주식은 거래세 외에는 세금도 없어 앞으로는 투자자들이 국내 주식시장으로 복귀하거나 양대 시장을 같이 거래하는 형태가 될 것으로 보인다.

이 책에서는 국내 라운드넘버존, 미국 라운드넘버존, 미국 ETF 라운드넘버존의 세 파트가 라운드넘버존 신매매기법을 다루고 있다. 이 기법들을 활용해 단기매매도 할 수 있지만 초보 투자자와 직장인 투자자, 주로 스윙매매를 하는 투자자 대상으로 만든 것이며 책에서 소개하는 주요 기법이다. 여기에 급등존, 절대존, 33존50존 신매매기법을 적절하게 조합하면 최강의 기법이 될 것이다. 특히 상승장에서는 급등존과 절대존, 33존50존 신매매기법 조건에 해당되는 종목이 많이 출현하므로 라운드넘버존 신매매기법과 더불어 매매 횟수는 걱정하지 않아도 될 정도로 충분하다고 할 수 있다. 다만 급등존과 절대존 신매매기법은 국내에만 적용된다. 33존50존 신매매기법도 국내 주식을 주로 다루지만 미국 주식도 이 기법에 포함돼 있다.

2

유의 사례

라운드넘버존 신매매기법은 차트만 보고 기계적으로 거래하기 때문에 특정 종목의 재료 소멸이 있거나, 매수했는데 예측할 수 없는 실적 부진 뉴스가 나오면 익절이나 손절을 해야 할 수 있다. 또한 지수가 장기간 하락할 경우 간혹 익절이나 손절을 해야 할 수 있으며, 주식투자 경험이 적은 초보 투자자는 뉴스와 테마 분석에 한계가 있어 어쩔 수 없이 익절이나 손절을 해야 할 수 있다. 이런 경우들을 모두 유의해야 한다.

따라서 같은 조건이라면 시가총액 상위 순의 종목을 매수하는 것을 추천하며, 적절한 투자 비중을 지키는 것이 리스크를 줄이고 안정적인 투자를 할 수 있는 방법이다. 이후 충분한 경험이 쌓이면 종목에 따라 투자 비중을 늘릴 수 있다.

정상적인 익절과 손절을 한 경우

실전 차트 1-51 | 2023~2024년 JYP Ent. 일봉 차트

실적 부진의 악재가 발생한 경우

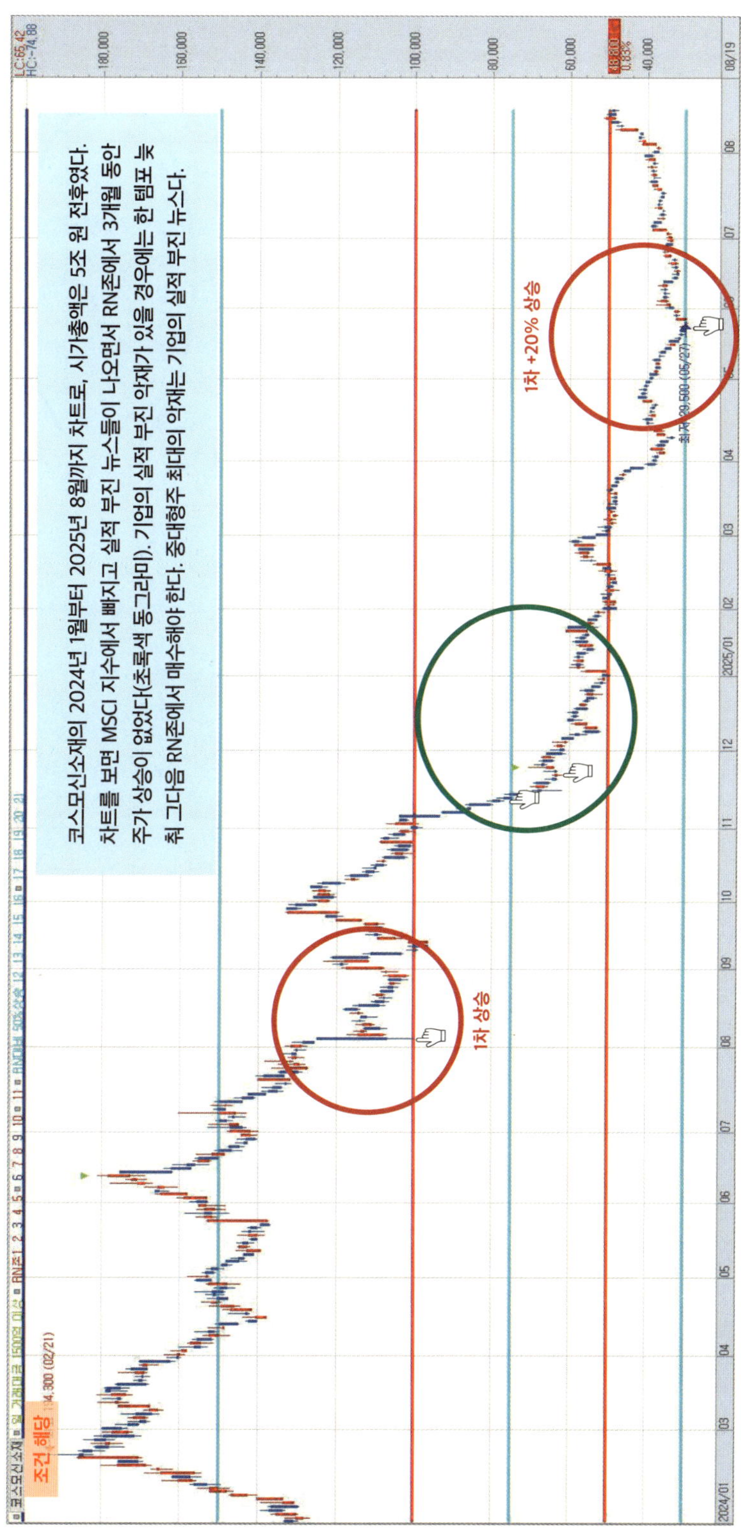

재료 소멸과 실체가 없는 테마주인 경우

| 실전 차트 1-53 | 2024~2025년 동신건설 일봉 차트

3

국내
라운드넘버존
신매매기법
설정 방법

1

설정 방법

다음은 국내 라운드넘버존 신매매기법의 모든 지표가 추가된 차트 환경이다.
이어서 나오는 설정법을 그대로 따라 하면 어렵지 않게 구축할 수 있을 것이다.

| 실전 차트 1-54 | 국내 라운드넘버존 신매매기법 차트 환경 설정 예시

라운드넘버존 가격선 설정하기

| 차트 환경 설정법 1 |

키움증권의 '영웅문' HTS를 실행한 후 좌측 상단의 검색창에 '6600'을 입력해 검색한다.

| 차트 환경 설정법 2 |

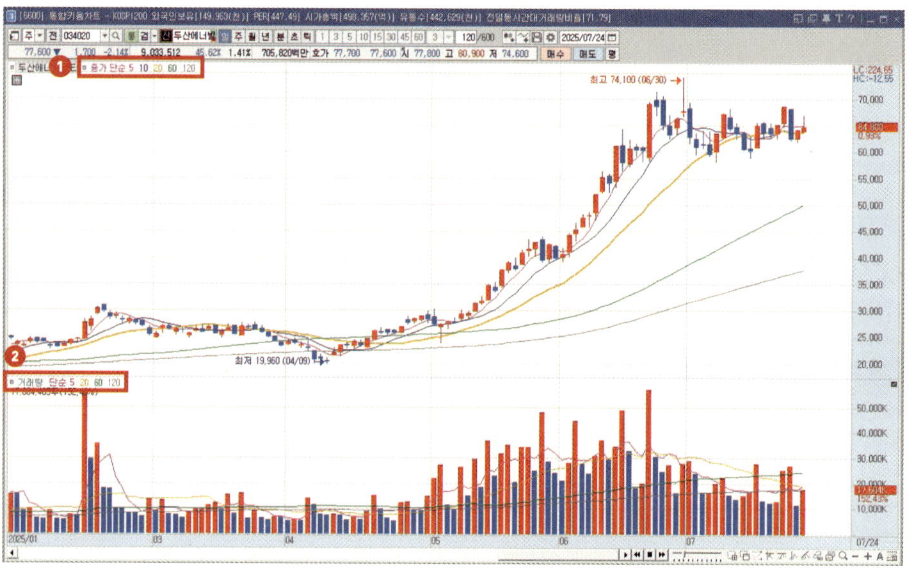

'통합키움차트' 창이 활성화되면 ①의 보조지표 클릭 후 키보드의 Delete 키를 눌러 이동평균선을 삭제한다. 이어서 ②의 보조지표 클릭 후 키보드의 Delete 키를 눌러 거래량을 삭제한다.

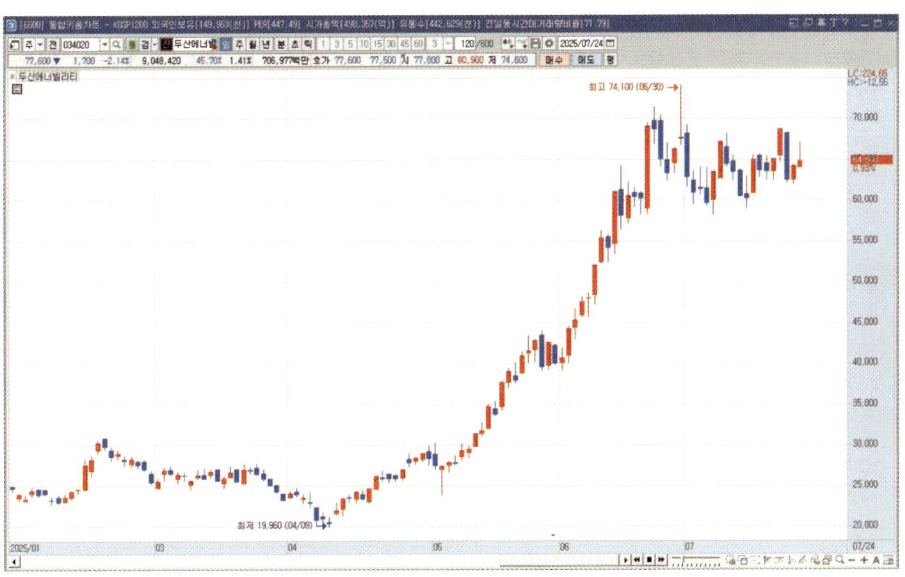

두 보조지표가 삭제된 화면은 위 그림과 같다.

| 차트 환경 설정법 3 |

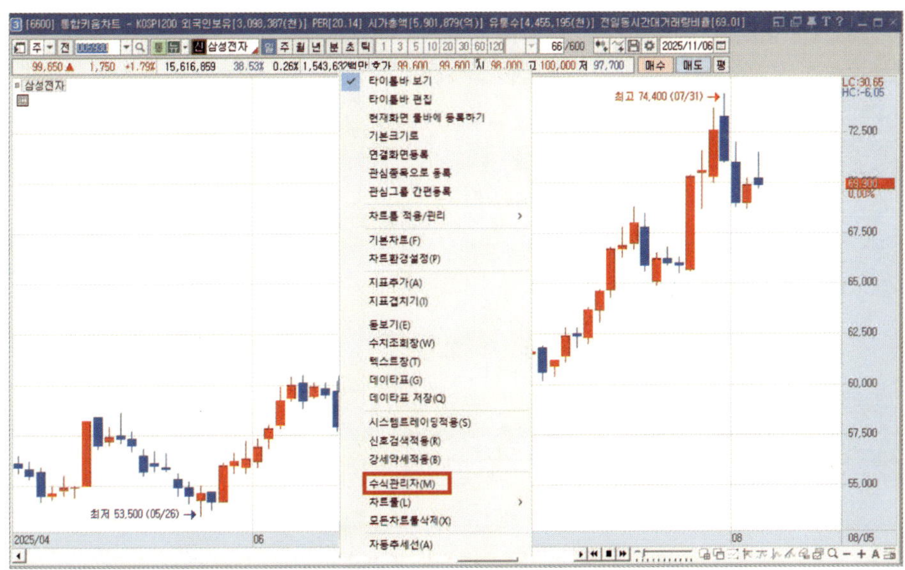

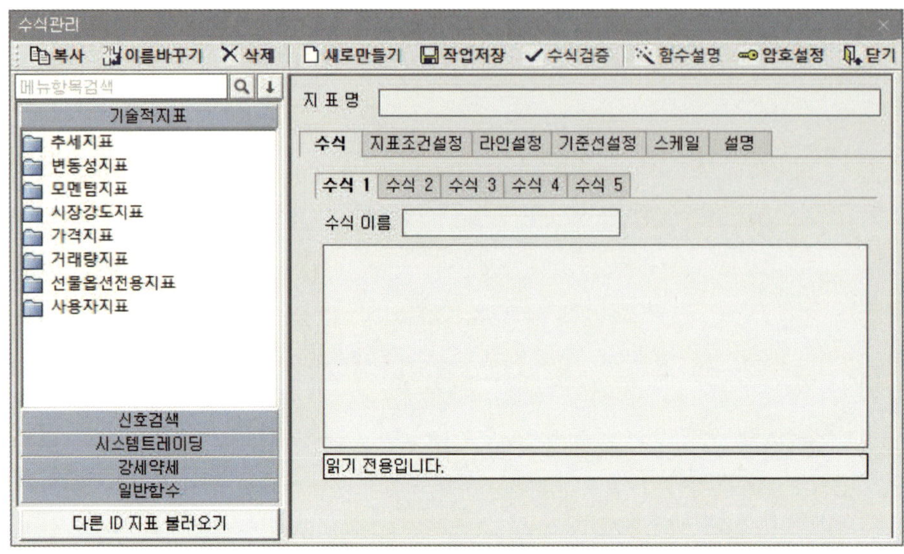

차트 화면에서 마우스 오른쪽 버튼을 눌러 '수식관리자'를 클릭해 '수식관리' 창을 활성화시킨다.

| 차트 환경 설정법 4 | 첫 번째 지표의 수식 설정

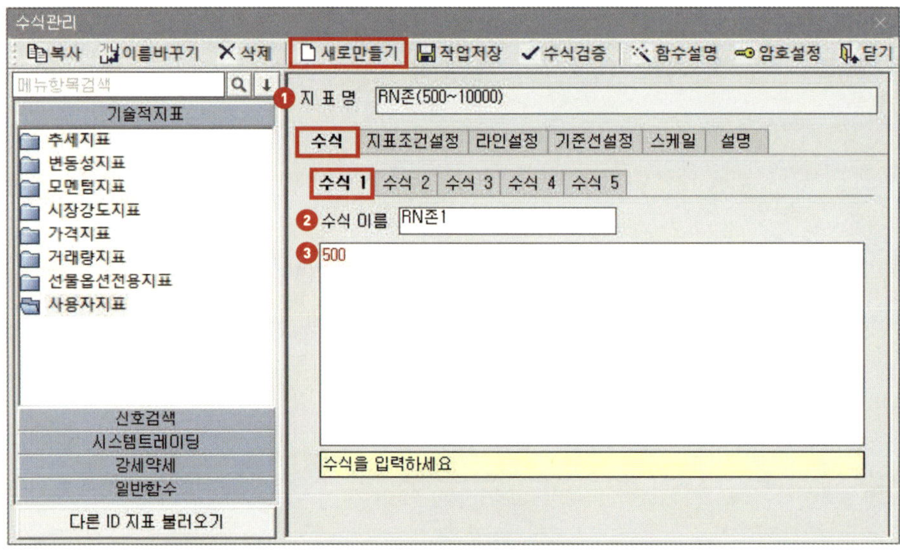

'수식관리' 창이 활성화되면 '새로만들기'를 클릭한 후 순서대로 '① 지표명'에 'RN존 (500~10000)', '수식→수식 1' 탭의 '② 수식 이름'에 'RN존1', ③ 공란에 '500'을 입력한다.

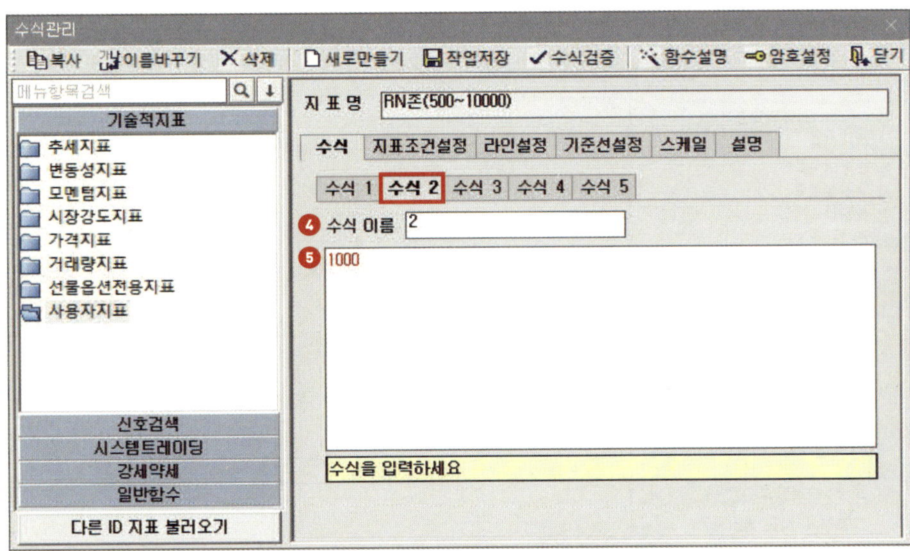

이어서 '수식 2' 탭의 '④ 수식 이름'에 '2', ⑤ 공란에 '1000'을 입력한다.

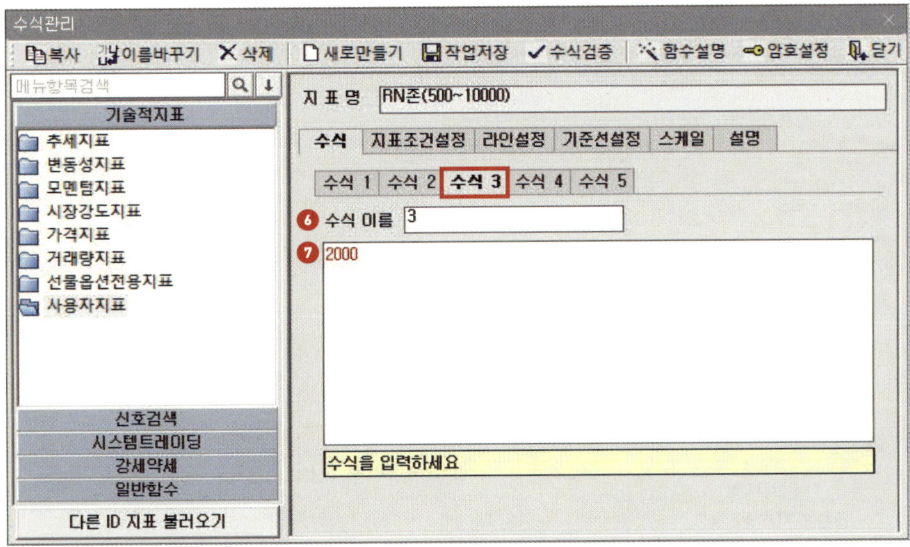

이어서 '수식 3' 탭의 '⑥ 수식 이름'에 '3', ⑦ 공란에 '2000'을 입력한다.

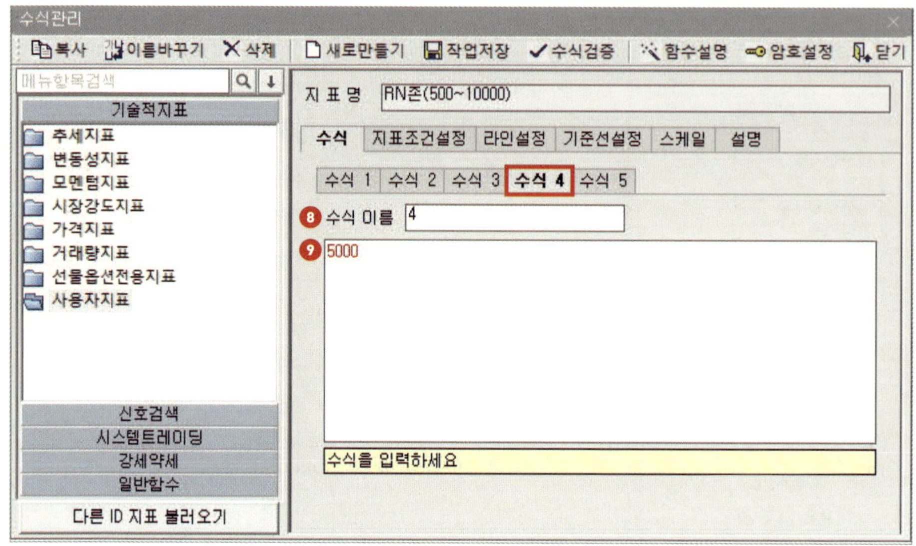

이어서 '수식 4' 탭의 '⑧ 수식 이름'에 '4', ⑨ 공란에 '5000'을 입력한다.

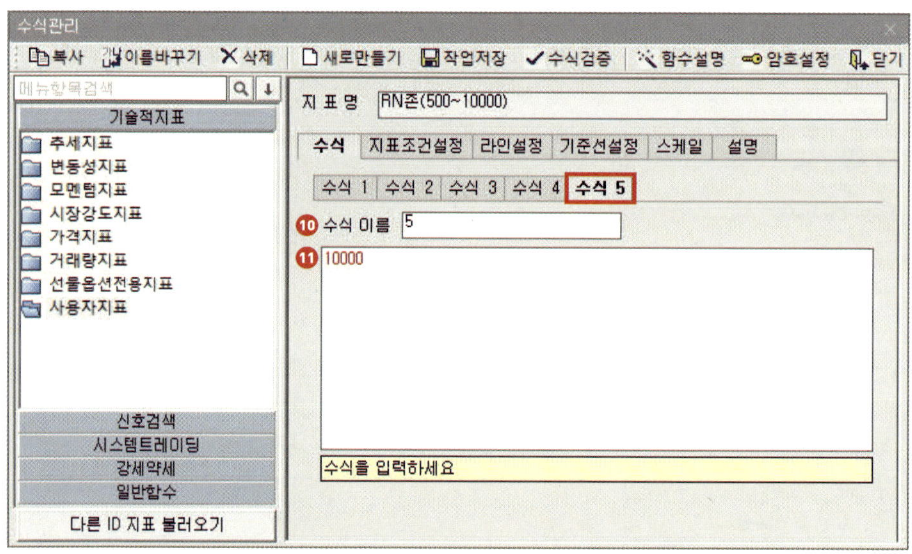

이어서 '수식 5' 탭의 '⑩ 수식 이름'에 '5', ⑪ 공란에 '10000'을 입력한다.

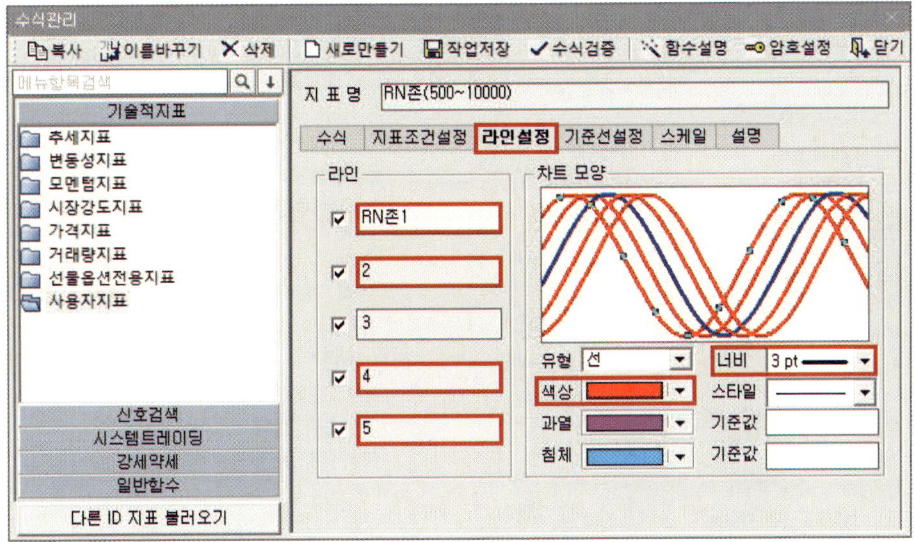

'라인설정' 탭의 '라인' 항목에서 'RN존1', '2', '4', '5'를 각각 클릭한 후 오른쪽에서 '색상'은 '빨강', '너비'는 '3pt'로 각각 설정한다.

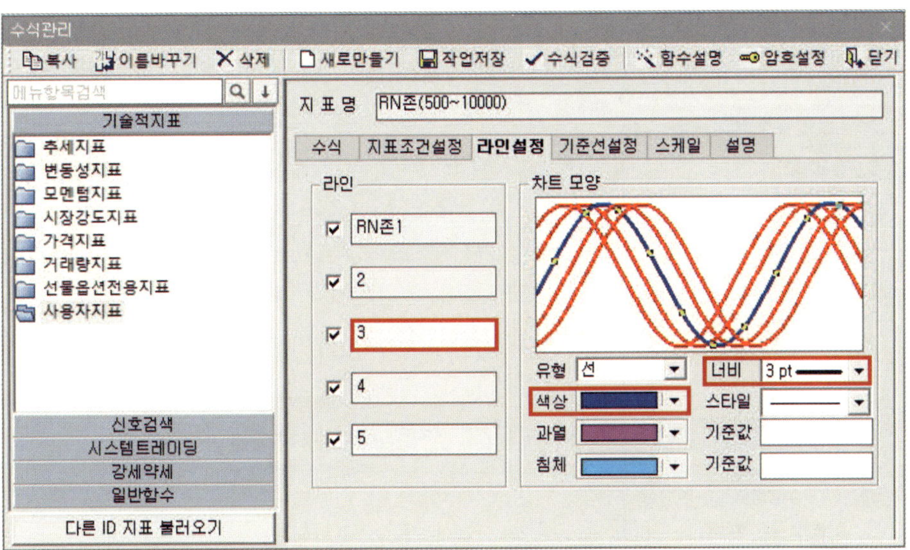

이어서 '라인' 항목에서 '3'을 클릭한 후 오른쪽에서 '색상'은 '파랑', '너비'는 '3pt'로 설정한다.

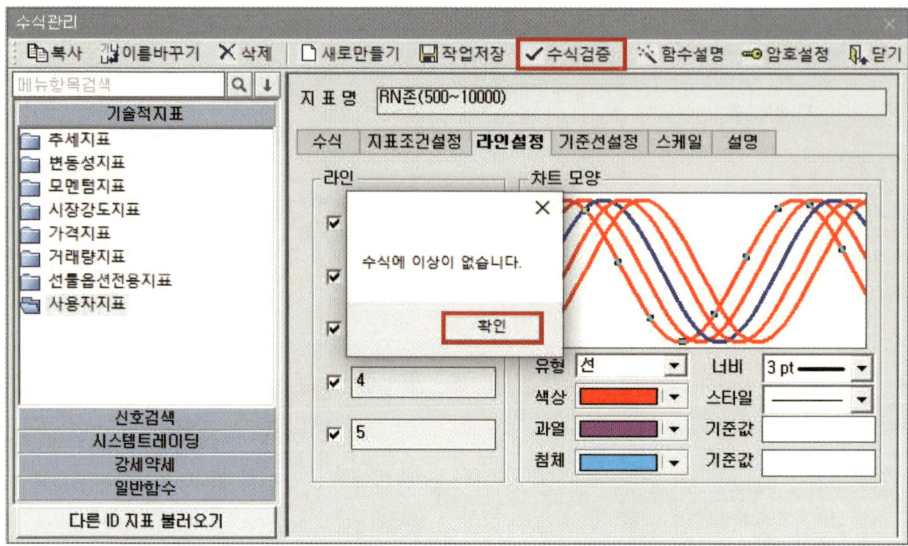

모든 설정이 완료되면 상단의 '수식검증'을 눌러 이상이 없는지 확인한다.

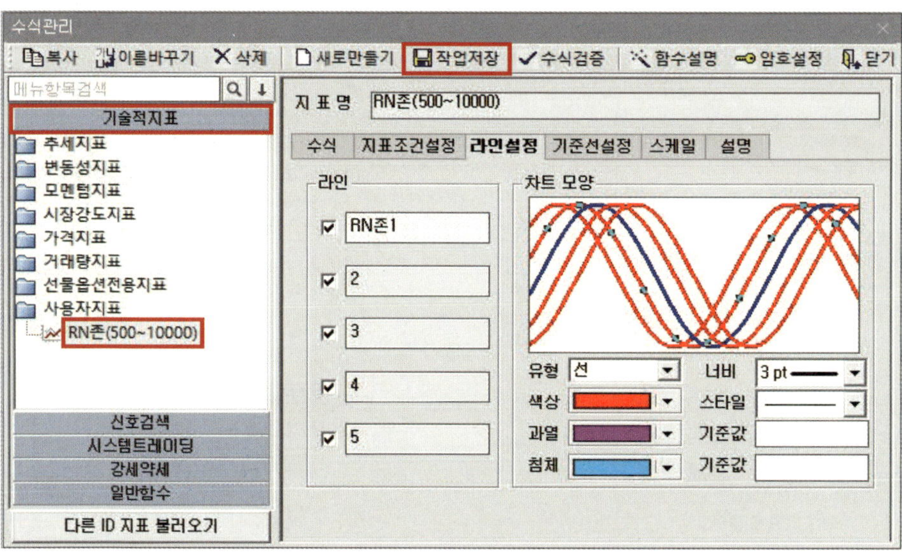

상단의 '작업저장'을 눌러 좌측 '기술적지표' 창에 'RN존(500~10000)' 지표가 생성됐는지 확인
한다.

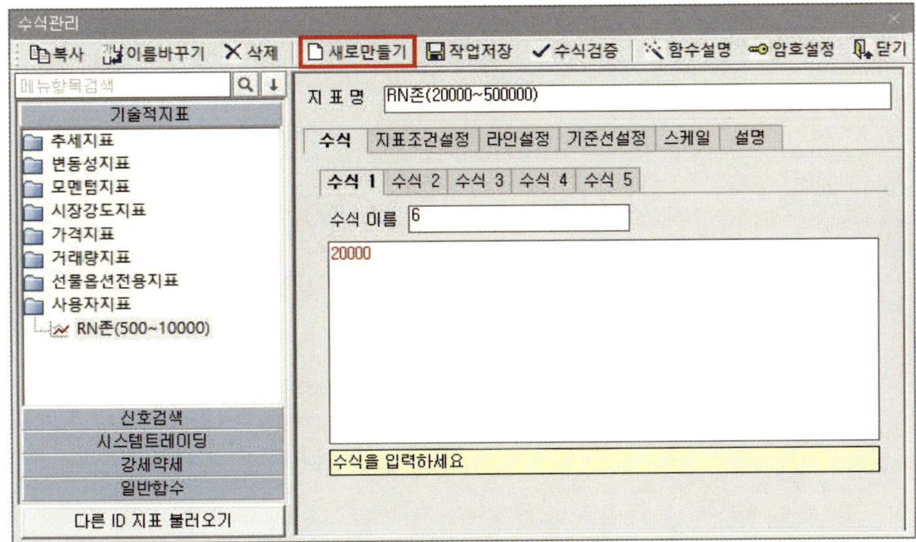

'수식관리' 창에서 '새로만들기'를 클릭한 후 '지표명'에 'RN존(20000~500000)'을 입력한다. 이어서 '수식 1'부터 '수식 5'까지 설정하는 방법은 [차트 환경 설정법 4] 과정과 동일하며 입력 내용은 다음과 같다.

구분	수식 1	수식 2	수식 3	수식 4	수식 5
수식 이름	6	7	8	9	10
공란(수식 값)	20000	50000	100000	200000	500000

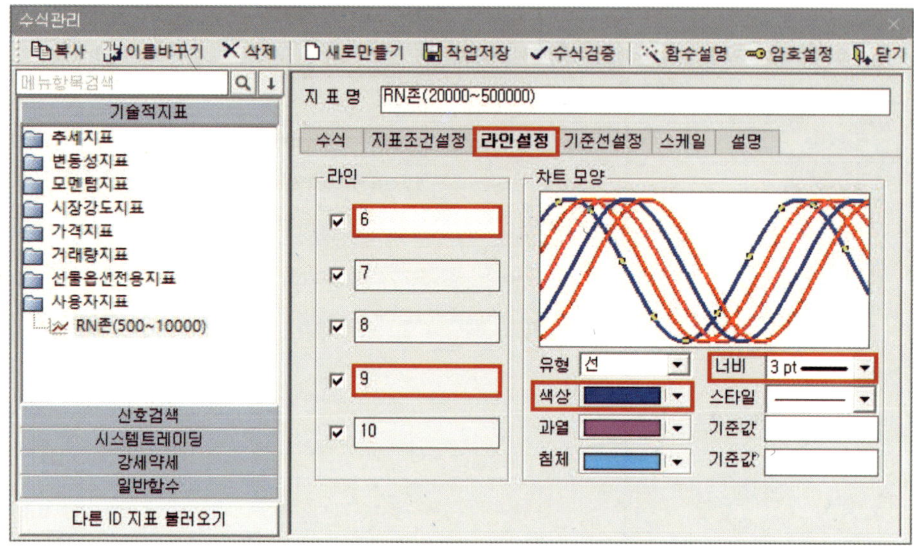

'라인설정' 탭의 '라인' 항목에서 '6', '9'를 각각 클릭한 후 오른쪽에서 '색상'은 '파랑', '너비'는 '3pt'로 각각 설정한다.

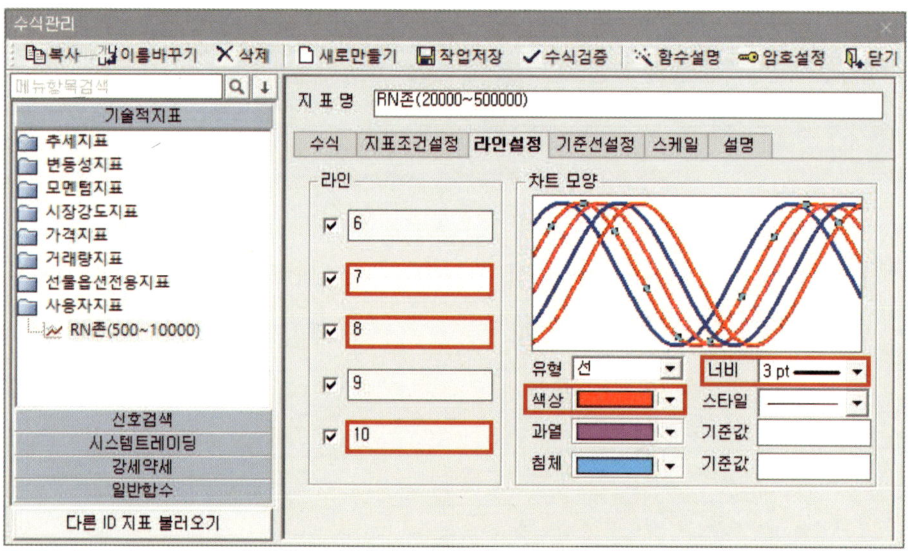

이어서 '라인' 항목에서 '7', '8', '10'을 각각 클릭한 후 오른쪽에서 '색상'은 '빨강', '너비'는 '3pt'로 각각 설정한다.

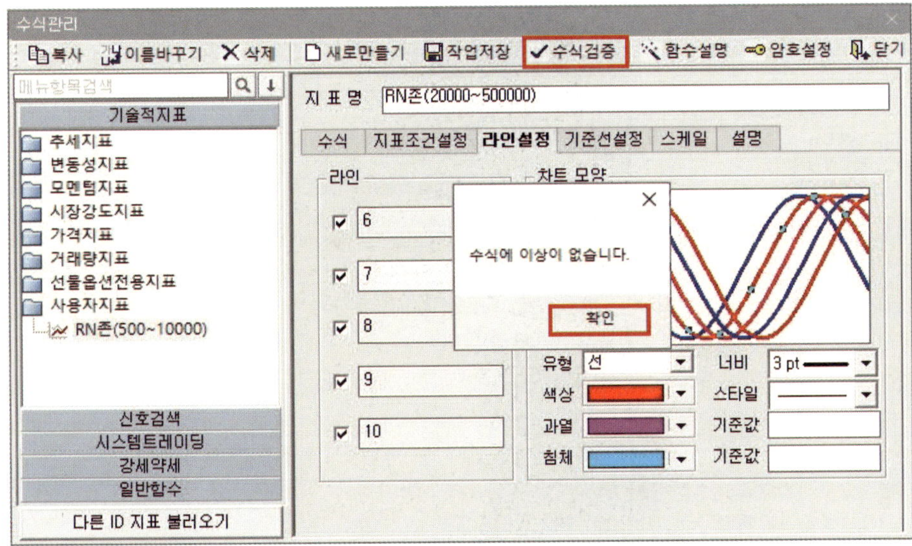

모든 설정이 완료되면 상단의 '수식검증'을 눌러 이상이 없는지 확인한다.

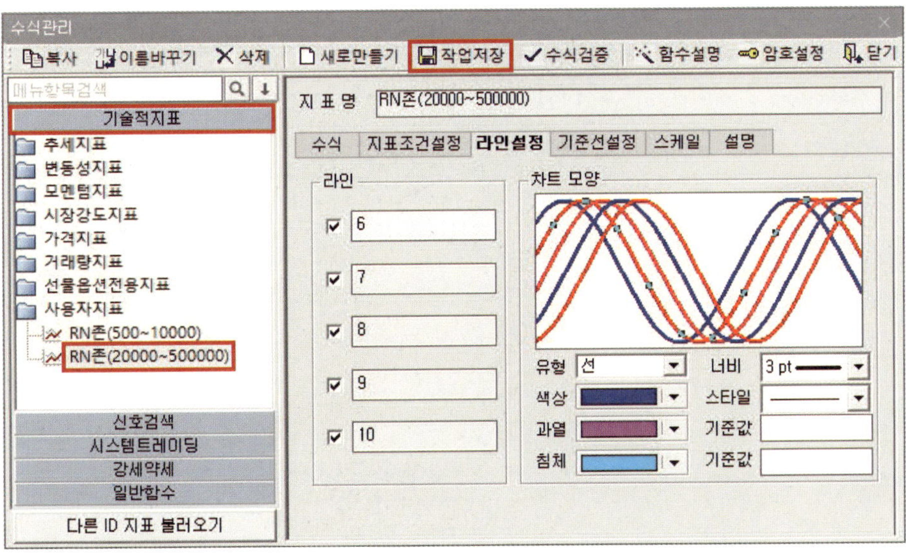

상단의 '작업저장'을 눌러 좌측 '기술적지표' 창에 'RN존(20000~500000)' 지표가 생성됐는지 확인한다.

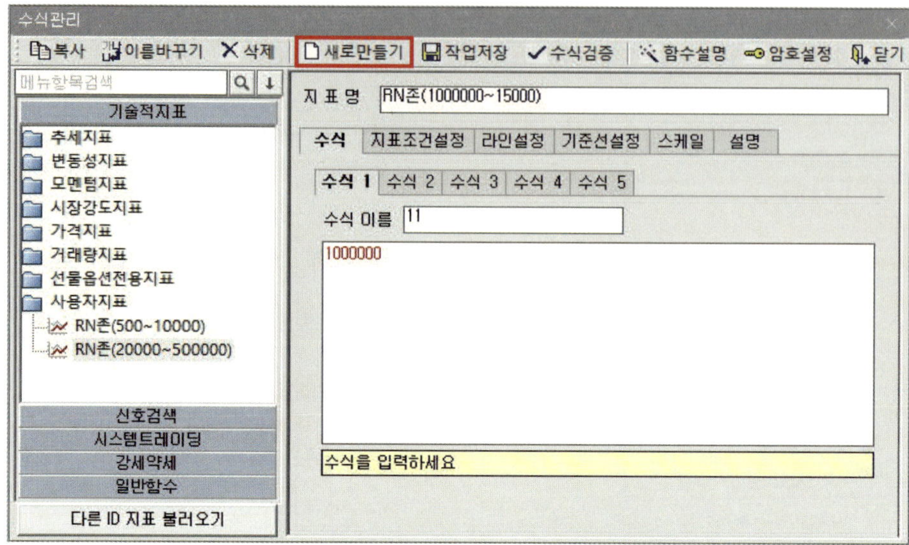

'수식관리' 창에서 '새로만들기'를 클릭한 후 '지표명'에 'RN존(1000000~15000)'을 입력한다. 이어서 '수식 1'부터 '수식 5'까지 설정하는 방법은 [차트 환경 설정법 4] 과정과 동일하며 입력 내용은 다음과 같다.

구분	수식 1	수식 2	수식 3	수식 4	수식 5
수식 이름	11	12	13	14	15
공란(수식 값)	1000000	1500	3000	7500	15000

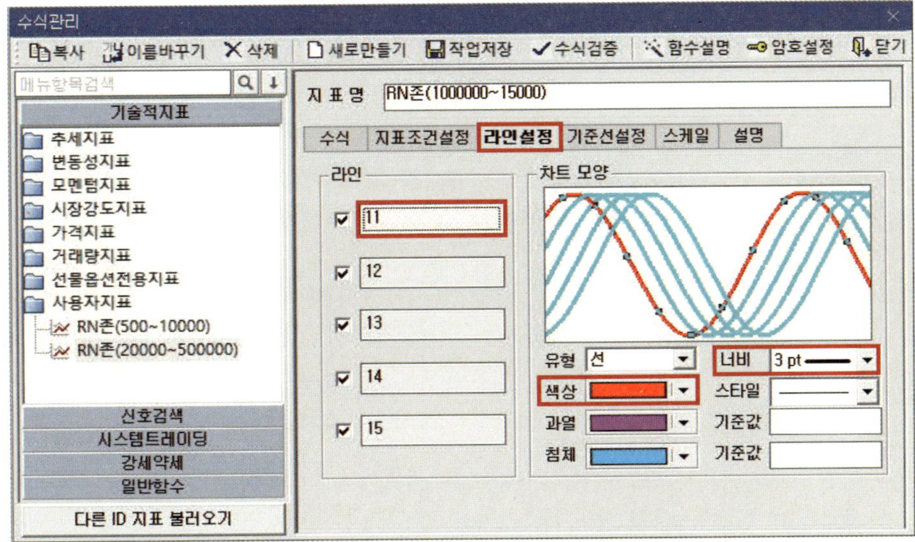

'라인설정' 탭의 '라인' 항목에서 '11'을 클릭한 후 오른쪽에서 '색상'은 '빨강', '너비'는 '3pt'로 설정한다.

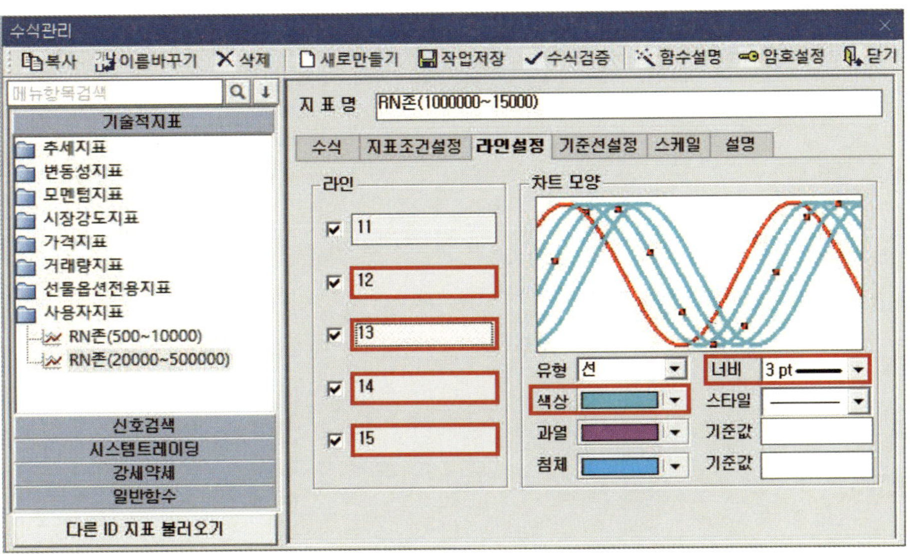

이어서 '라인' 항목에서 '12', '13', '14', '15'를 각각 클릭한 후 오른쪽에서 '색상'은 '옥색(하늘색)', '너비'는 '3pt'로 각각 설정한다.

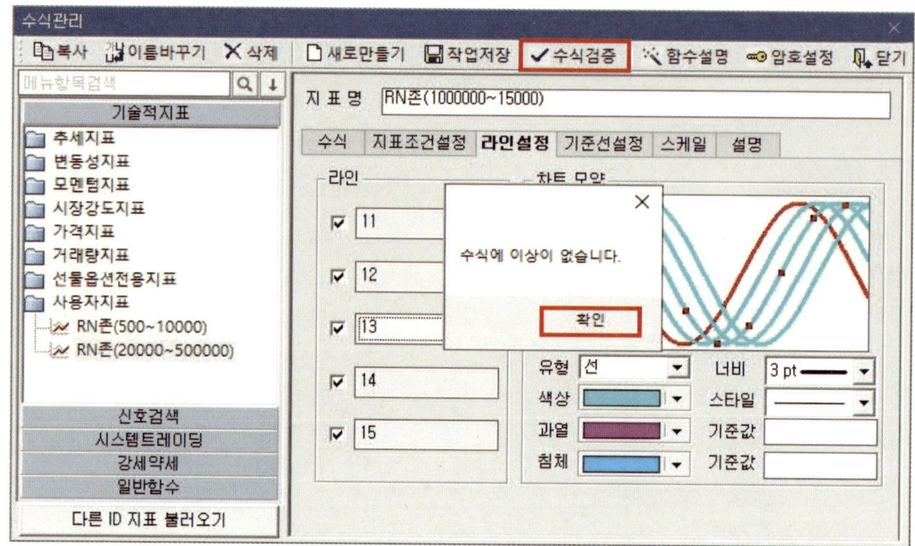

모든 설정이 완료되면 상단의 '수식검증'을 눌러 이상이 없는지 확인한다.

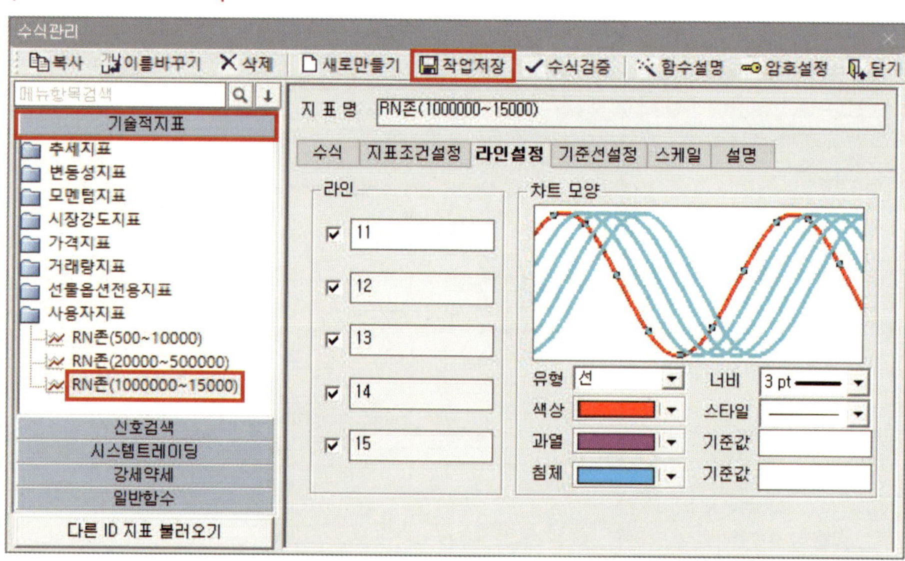

상단의 '작업저장'을 눌러 좌측 '기술적지표' 창에 'RN존(1000000~15000)' 지표가 생성됐는지 확인한다.

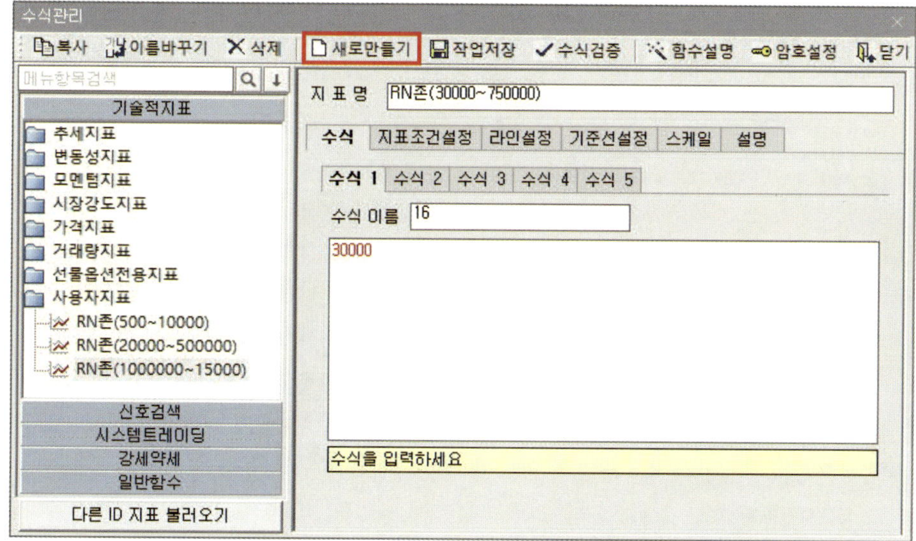

'수식관리' 창에서 '새로만들기'를 클릭한 후 '지표명'에 'RN존(30000~750000)'을 입력한다. 이어서 '수식 1'부터 '수식 5'까지 설정하는 방법은 [차트 환경 설정법 4] 과정과 동일하며 입력 내용은 다음과 같다.

구분	수식 1	수식 2	수식 3	수식 4	수식 5
수식 이름	16	17	18	19	20
공란(수식 값)	30000	75000	150000	300000	750000

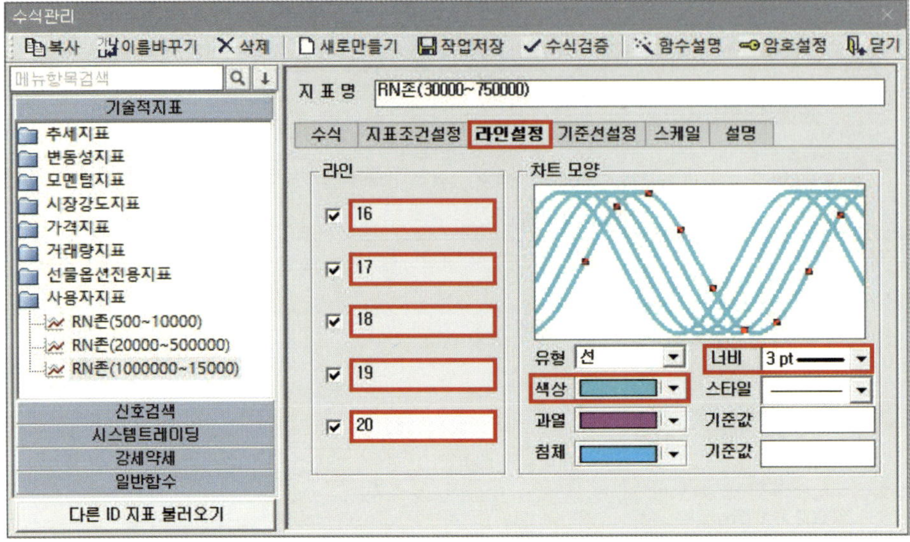

'라인설정' 탭의 '라인' 항목에서 '16'부터 '20'까지 모두 각각 클릭한 후 오른쪽에서 '색상'은 '옥색(하늘색)', '너비'는 '3pt'로 각각 설정한다.

| 차트 환경 설정법 18 |

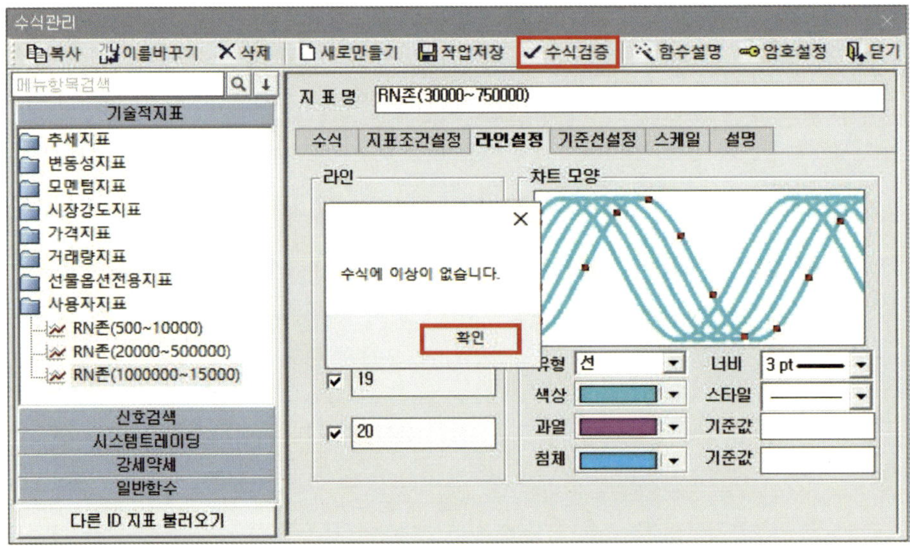

모든 설정이 완료되면 상단의 '수식검증'을 눌러 이상이 없는지 확인한다.

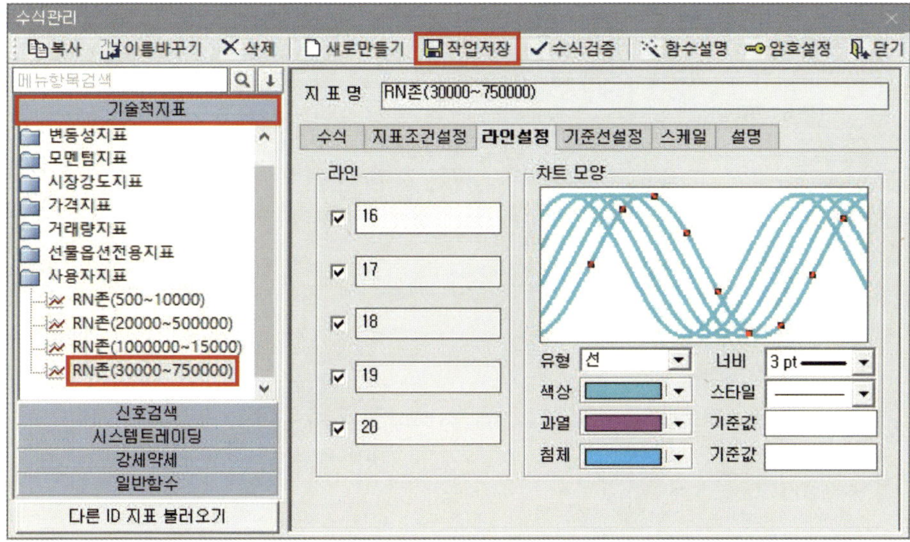

상단의 '작업저장'을 눌러 좌측 '기술적지표' 창에 'RN존(30000~750000)' 지표가 생성됐는지 확인한다.

| 차트 환경 설정법 20 | 다섯 번째 지표의 수식 설정

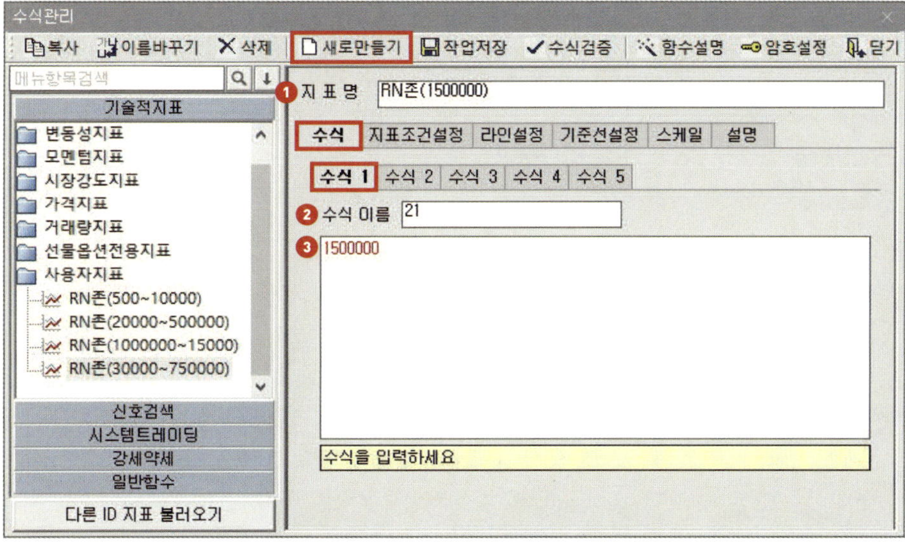

'수식관리' 창에서 '새로만들기'를 클릭한 후 순서대로 '① 지표명'에 'RN존(1500000)', '수식→ 수식 1' 탭의 '② 수식 이름'에 '21', ③ 공란에 '1500000'을 입력한다.

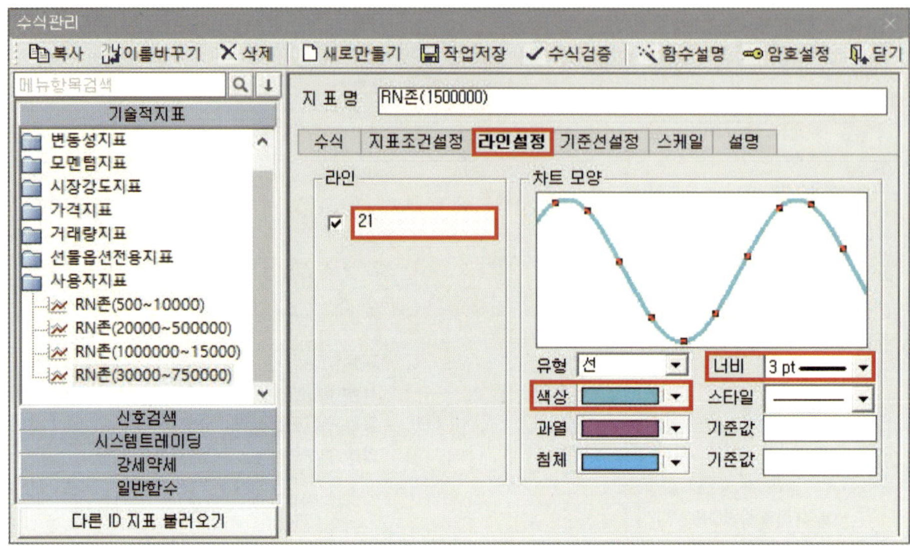

'라인설정' 탭의 '라인' 항목에서 '21'을 클릭한 후 오른쪽에서 '색상'은 '옥색(하늘색)', '너비'는 '3pt'로 설정한다.

| 차트 환경 설정법 22 |

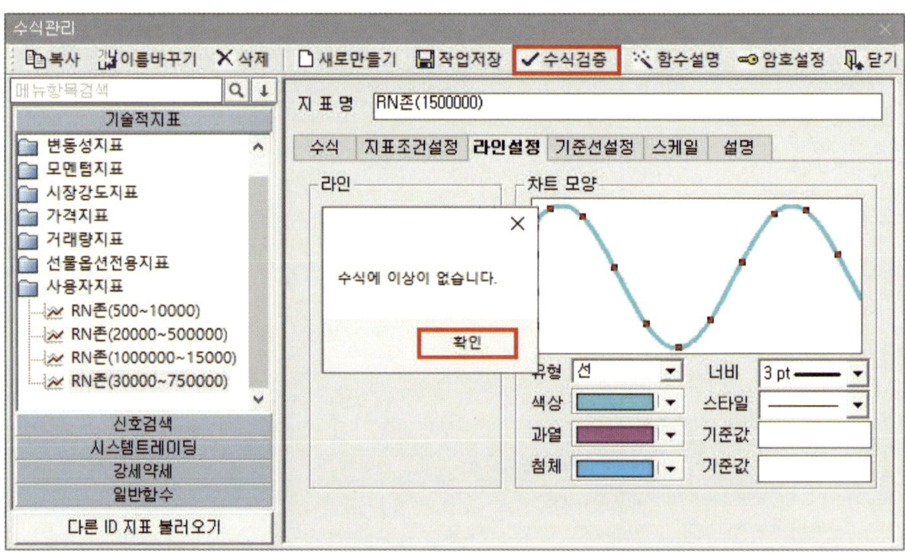

모든 설정이 완료되면 상단의 '수식검증'을 눌러 이상이 없는지 확인한다.

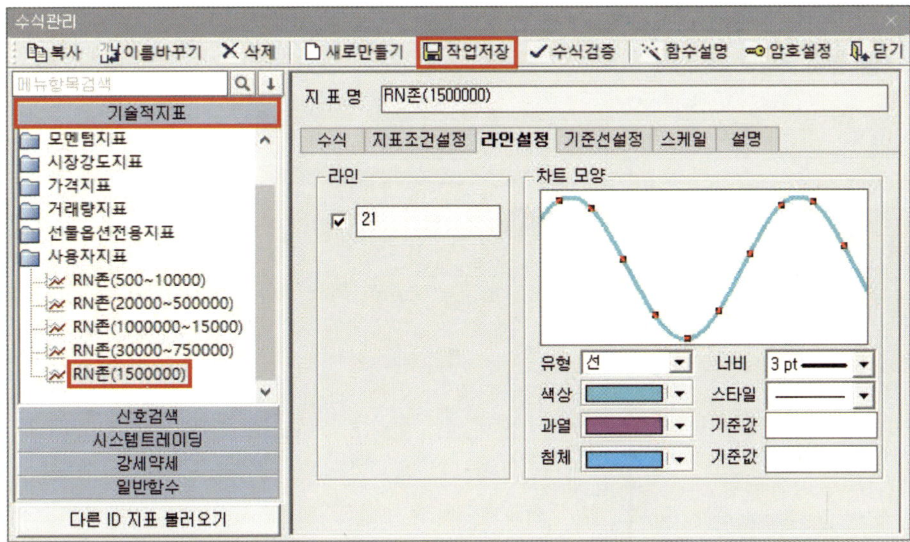

상단의 '작업저장'을 눌러 좌측 '기술적지표' 창에 'RN존(1500000)' 지표가 생성됐는지 확인
한다.

일 거래대금 1,500억 원 이상 출현 시점 설정하기

| 차트 환경 설정법 24 |

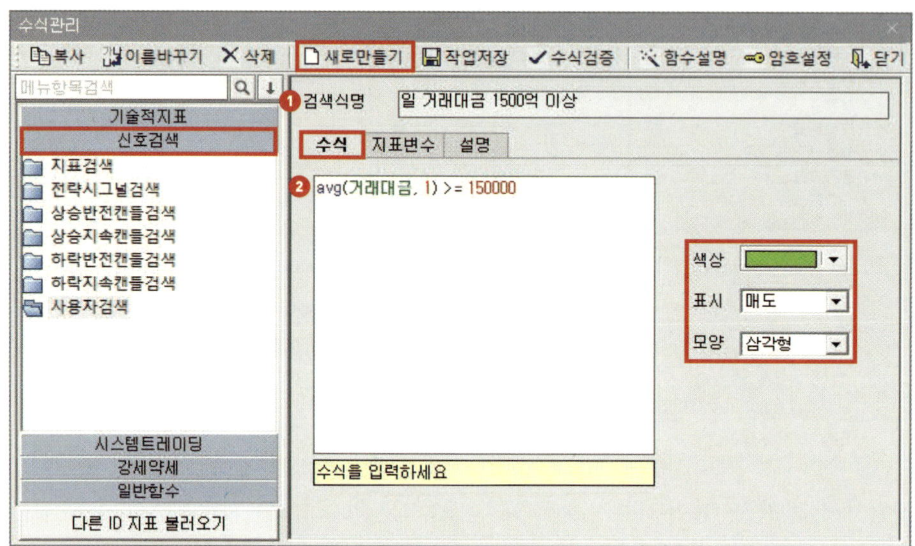

이번에는 일 거래대금 1,500억 원 이상이 출현한 시점이 표시되는 수식을 설정하겠다. '수식관리' 창 좌측에서 '신호검색' 창을 선택한 후 상단에서 '새로만들기'를 클릭한다. 순서대로 '① 검색식명'에 '일 거래대금 1500억 이상', '수식' 탭의 ② 공란에 'avg(거래대금, 1)>=150000'을 입력한다. 이어서 오른쪽에서 '색상'은 '연한 노랑(연두색)', '표시'는 '매도', '모양'은 '삼각형' 또는 '화살표'를 선택한다.

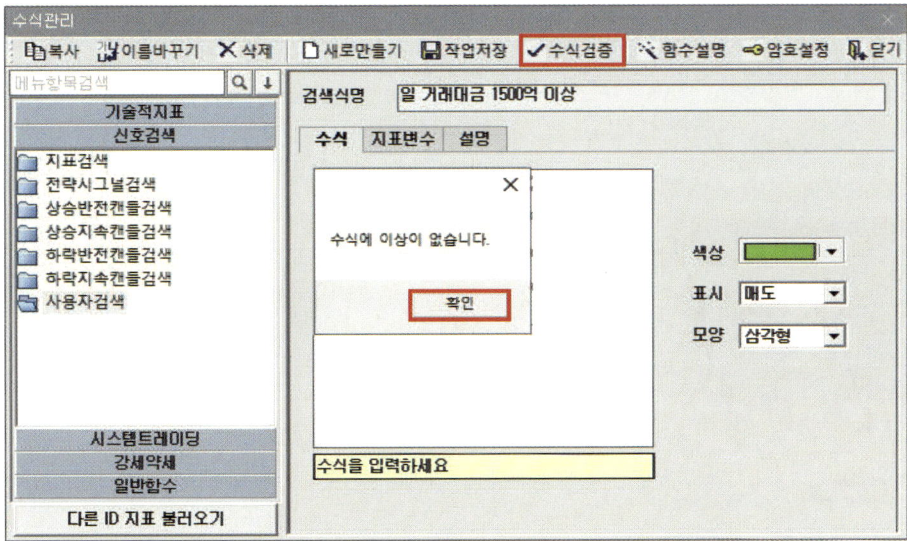

모든 설정이 완료되면 상단의 '수식검증'을 눌러 이상이 없는지 확인한다.

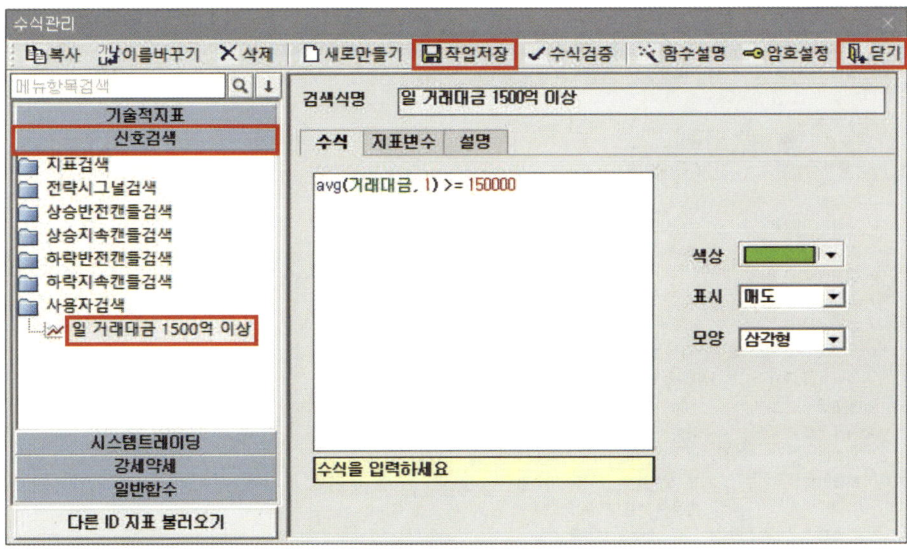

상단의 '작업저장'을 눌러 좌측 '신호검색' 창에 '일 거래대금 1500억 이상' 지표가 생성됐는지
확인한 후 우측 상단의 '닫기'를 클릭한다.

지금까지 설정한 모든 지표 적용에 앞서 '통합키움차트' 창의 우측 상단에서 '차트설정(톱니바퀴 모양 ⚙)'을 클릭한다.

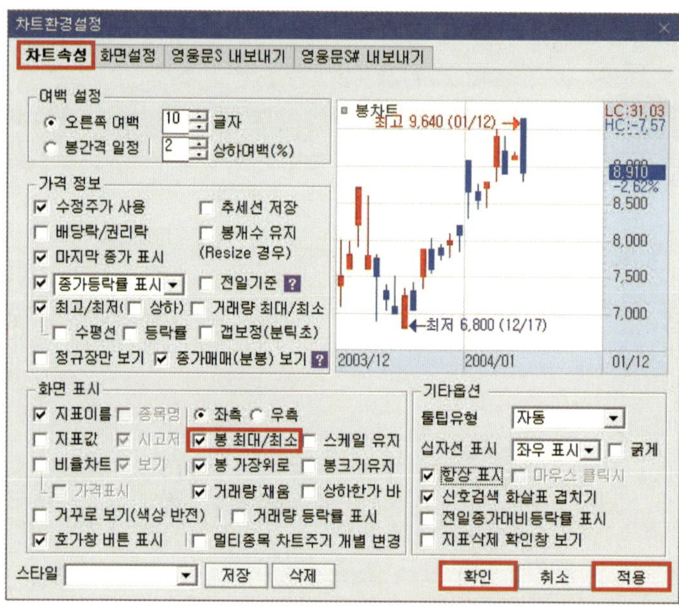

'차트환경설정' 창이 활성화되면 '차트속성' 탭에서 '봉 최대/최소'를 선택한 후 '적용→확인' 순서로 클릭한다.

라운드넘버존 보조지표 적용하기

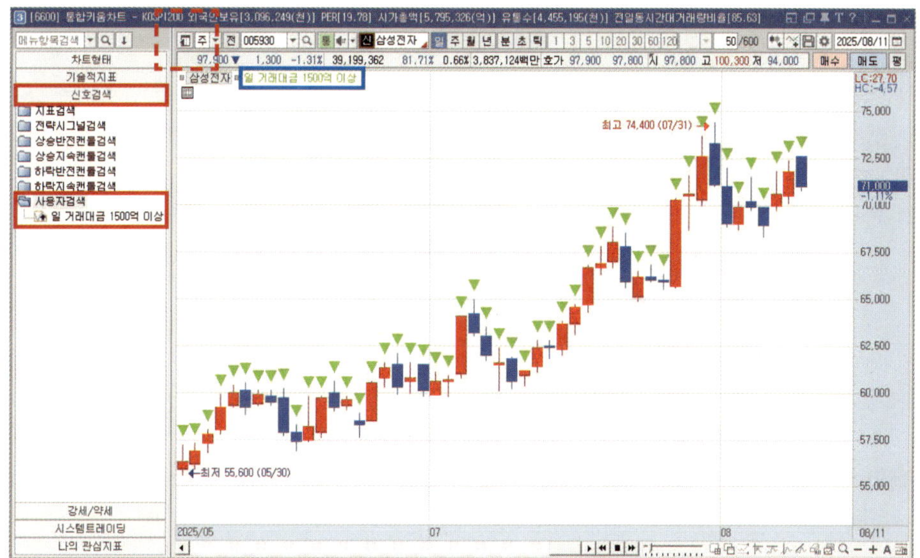

'통합키움차트' 창 좌측의 리스트 창에서 '신호검색→사용자검색→일 거래대금 1500억 이상'을 순서대로 클릭해 차트에 적용한다. 만약 좌측에 리스트 창이 보이지 않는다면 상단의 '좌측메뉴 보이기/감추기(창 모양 🔳)'를 클릭한다. 지표가 적용되면 차트 좌측 상단에 파란색 상자와 같 이 표기된다.

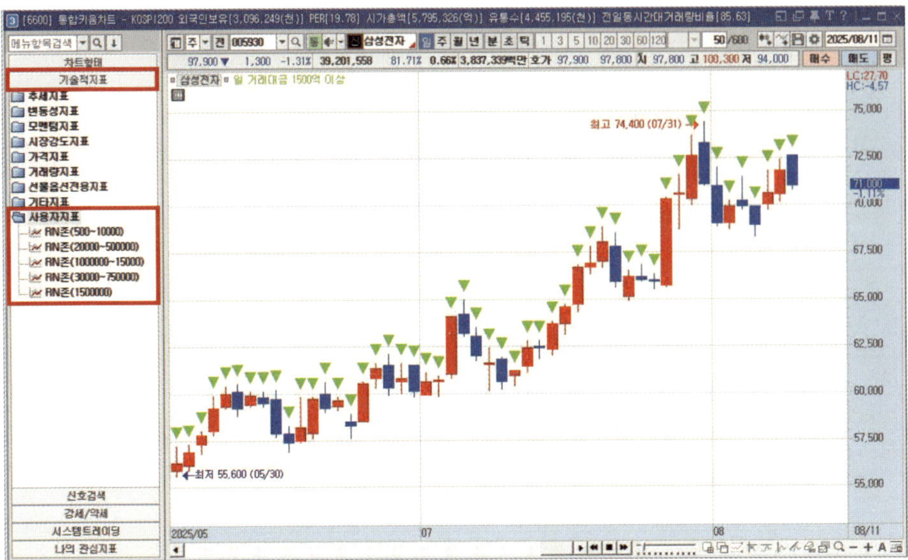

'통합키움차트' 창 좌측의 리스트 창에서 '기술적지표→사용자지표'를 순서대로 클릭하면 앞서 설정한 5개의 라운드넘버존 가격선 지표가 나타난다.

| 차트 환경 설정법 31 |

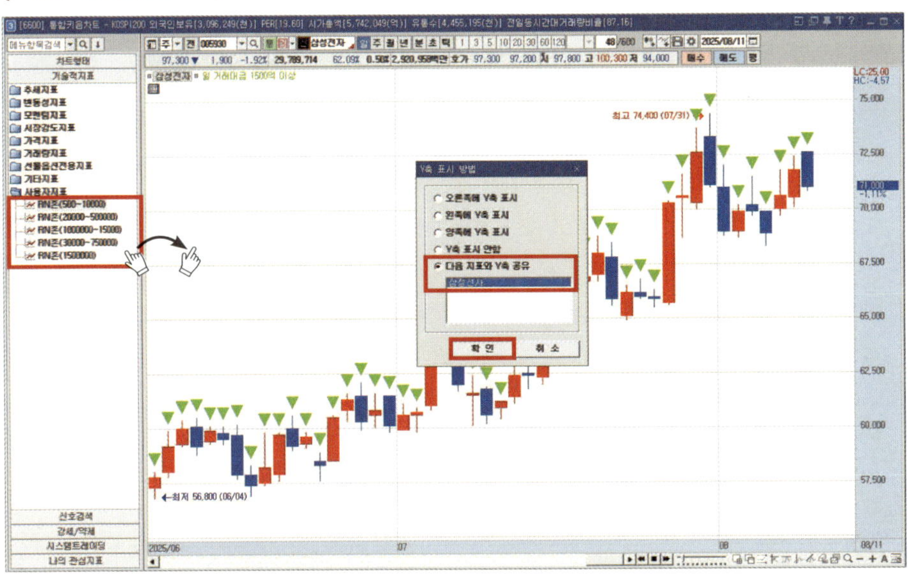

5개의 지표를 하나씩 마우스로 드래그해 우측 차트로 이동시키면 'Y축 표시 방법' 창이 나타난다. 여기에서 '다음 지표와 Y축 공유'와 아래의 종목명을 선택한 후 '확인'을 누르면 해당 지표가 차트에 적용된다.

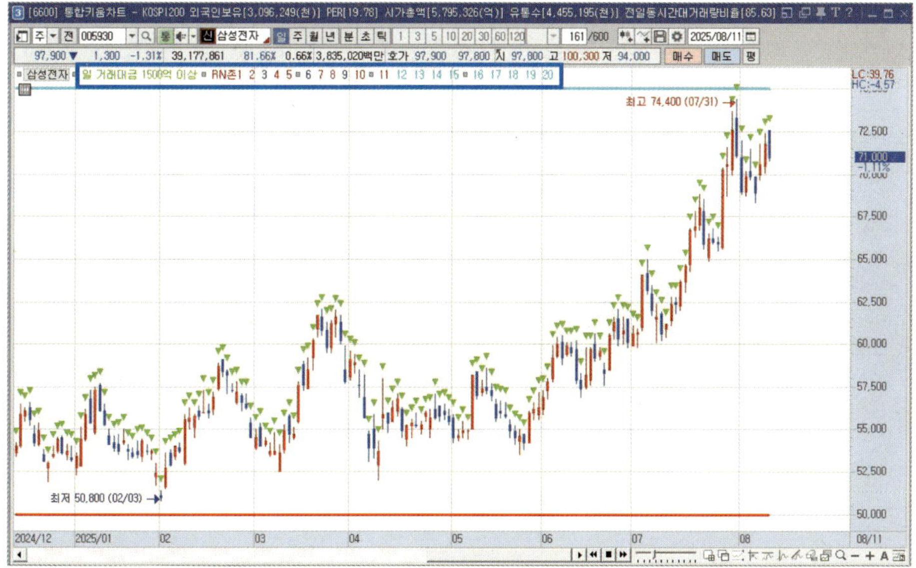

모든 지표 적용이 성공적으로 완료되면 차트 좌측 상단에 파란색 상자와 같이 표기되며 이제 국
내 라운드넘버존 매매를 위한 설정이 완료됐다. 차트에서 지표를 삭제하는 방법은 [차트 환경
설정법 2]를 참고하면 된다.

PART
2

미국
라운드넘버존
신매매기법

1

미국
라운드넘버존
신매매기법
종목 선정 원칙

1

미국 라운드넘버존 신매매기법이란?

이번에는 국내가 아닌 미국 주식의 라운드넘버존 신매매기법을 소개하겠다. 국내 기법은 21개의 특정한 숫자를 가지고 거래하는 매매법이라면 미국 기법은 20개의 특정한 숫자를 가지고 거래한다. 승률은 80~90%로, 국내와 유사하다.

미국 주식시장에 상장된 전체 주식의 시가총액은 2025년 10월 기준 약 65조 달러(한화 약 9경 6,000조 원)이고, 국내 주식시장에 상장된 전체 주식의 시가총액은 약 4,000조 원이다. 금액만 단순 비교하면 미국은 국내의 24배 정도다. 미국 시장의 시가총액 1위 종목은 엔비디아로, 약 4조 4,000억 달러(한화 약 7,400조 원)이며 국내 시장의 시가총액 1위 종목은 삼성전자로, 보통주와 우선주를 합해 약 700조 원이다.

국내 투자자라면 국내 주식에 비해 미국 주식의 종목별 특성을 비교적 알기 어렵다. 그래서 보다 안정적인 투자를 위해 미국 라운드넘버존 신매매기법은 미국 종목 중 시가총액 상위 500위(약 50조 원 이상) 이내 종목이 거래 대상이다.

그래서 단순하면서도 안정적이며 승률 높은 이 매매법은 초보 투자자나 직장인 투자자가 느긋하게 주식을 매수해 수익을 낼 수 있다. 또한 스윙매매가 기본이며 일부 단기매매나 중장기 투자도 가능하다. 국내와 마찬가지로 미국 주식의 라운드넘버 가격도 정해져 있어 시장 상황과 비교적 관계가 적고 매수시점에 대한 고민이 줄어들기 때문에 초보 투자자나 직장인 투자자에게 적합하다.

미국 라운드넘버존 수식 구성은 다음과 같다.

① 1주당 1달러 이상, 미국 시가총액 상위 500위 이내다.
② 대라운드넘버 가격 7개(빨간색 선)와 대호가단위 라운드넘버 가격 4개(파란색 선), 총 11개의 라운드넘버 가격 평행선이 있다.
③ 총 11개의 라운드넘버 가격 대비 +50% 상승 가격인 9개(하늘색 선)의 라운드넘버 가격 평행선이 있다.

그리고 수식을 통해 이 20개의 평행선이 HTS 차트에 자동 생성되게 만들었다. 설정 방법은 챕터 3에 자세히 설명했다.

참고로 미국의 호가 단위는 0.01달러(1센트)로, 2025년 12월 기준 한화 약 14.8원이다. 1달러 이상의 모든 미국 주식의 호가 단위는 0.01달러로 동일하다. 아울러 미국 라운드넘버존 신매매기법의 대호가단위 라운드넘버 가격은 국내처럼 '호가 단위 변경'의 의미가 아니다.

국내 라운드넘버존 신매매기법을 미국 달러 기준으로 비슷하게 적용해보니 유사한 승률이 나와 미국 라운드넘버존 신매매기법을 만들었다. 미국은 호가 단위 변경이 없음에도 불구하고 미국 기법도 승률이 국내와 유사하게 높아 신기하고 놀라웠다. 미국 종목 중 시가총액 약 50조 원 이상이 대상이며 달러 기준의 라운드넘버 가격 역시 의미 있는 저항과 지지의 숫자이므로 유사한 승률이 나왔던 것이 아닐까 생각한다. 여기서 핵심적인 가치는 내가 개발한 필수조건과 노하우가 들어간 20개의 선을 기준으로 거래했을 때 미국도 국내처럼 80~90%의 유사한 승률이 나온다는 것이다.

이제 미국 라운드넘버존 신매매기법에 대해 하나씩 살펴보겠다. 다음은 미국 라운드넘버존 신매매기법의 예시 차트다. 대라운드넘버 가격인 빨간색 선 7개와 대호가단위 라운드넘버 가격인 파란색 선 4개를 합한 11개와 이 11개 라운드넘버 가격 대비 +50% 상승 가격인 하늘색 선 9개를 합해 총 20개의 가격 평행선이 자동 수식 설정돼 있다. 국내 라운드넘버존 신매매기법과 마찬가지로 차트에는 거래량과 이동평균선 등의 보조지표들은 없으며 오직 20개의 가격선만 표시된다. 미국 라운드넘버존 신매매기법은 미국 주식 1주당 1달러 이상, 시가총액 상위 500위 이내 종목이 대상이다. 이 기법은 따라 하기만 해도 승률이 80~90%가 되므로 초보 투자자와 직장인 투자자의 미국 주식 매매법 '끝판왕'이 될 것이다.

| 실전 차트 2-1 | 1999~2025년 엔비디아 일봉 차트

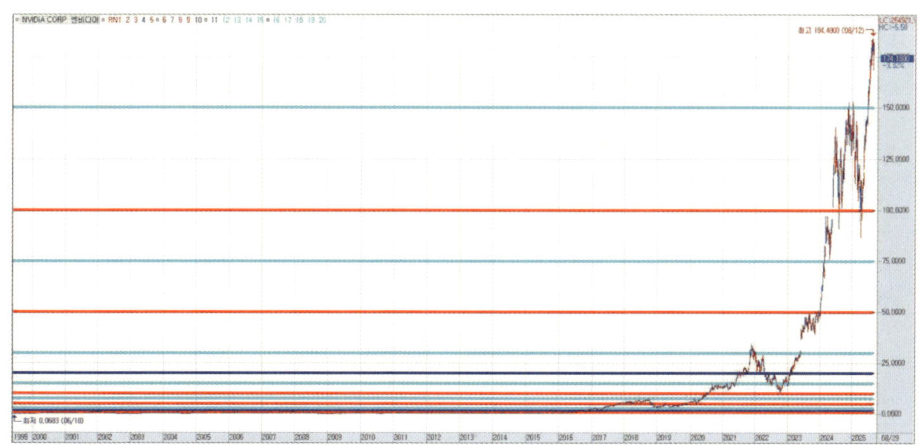

미국 라운드넘버 가격 구성은 다음과 같다.

- 대라운드넘버 가격: 1달러, 5달러, 10달러, 50달러, 100달러, 500달러, 1,000달러, 총 7개

- 대호가단위 라운드넘버 가격: 2달러, 20달러, 200달러, 2,000달러, 총 4개

- 매수 기준이 되는 11개 라운드넘버 가격 대비 +50% 상승 가격: 3달러, 7.5달러, 15달러, 30달러, 75달러, 150달러, 300달러, 750달러 1,500달러, 총 9개

11개 라운드넘버 가격 대비 +50% 상승 가격에서 1.5달러는 제외했다. 그 이유는 미국 라운드넘버존 신매매기법의 종목 선정 조건인 시가총액 상위 500위 이내 종목 중에는 1주당 가격이 1.5달러인 종목이 없기 때문이다.

2025년 12월 기준 미국 시가총액 상위 500위 이내 종목 중 1주당 가격이 3,000달러 이상인 오토존(약 3,300달러)과 버크셔 해서웨이 A(약 750,000달러)는 거래량이 적을 수 있다. 미국 주식시장에서 1주당 가격이 10달러 미만인 종목은 6, 7개 전후로, 보통은 1주당 수십 달러에서 수백 달러가 대부분이다.

미국 라운드넘버존 신매매기법은 이렇게 총 20개의 라운드넘버 가격으로 구성돼 있으며 차트에는 각 라운드넘버 가격에 해당되는 수평의 가격선이 표시된다.

2

종목 선정 조건

미국 라운드넘버존 신매매기법의 미국 종목 선정 조건은 다음과 같다.

① 1주당 가격이 1달러 이상인 종목

② 미국 시가총액 상위 500위 이내 종목

미국 시가총액 상위 500위 이내 종목 중에서도 탄력도가 좋은 종목이 대상
이다.

**③ ①, ②번 조건에 해당되면서 주가가 20개의 라운드넘버 가격선 중 하나의
라운드넘버 가격선(상위가격선) -4% 이내에 도달한 종목**

상위가격선에 도달한 후 주가가 하락해 그다음 아래 라운드넘버 가격선(하
위가격선) +4% 이내에 도달하면 매수(매수 방법은 138쪽 참고)가 가능하며 주가

가 라운드넘버 가격선에 도달할 때는 양봉이든 음봉이든 상관없다. 또한 차트에 수식으로 설정해 도식화함으로써 아주 쉽게 확인할 수 있다.

[표 2-1]은 미국 라운드넘버 가격 대비 -4% 가격을 정리한 표다. 미국 라운드넘버 가격 중 1달러의 -4% 가격은 이 기법의 종목 선정 조건에 해당되지 않으므로(하위가격선 없음) [표 2-1]에서 제외했다. 또한 3,000달러는 이 책에서 지정한 미국 라운드넘버 가격이 아님에도 [표 2-1]에 넣은 이유는 끝자리 다수가 숫자 '0'으로 끝나는 라운드넘버이면서 미국 주식 중 주가가 상승해 1주당 가격이 될 수 있는 금액이기 때문이다.

| 표 2-1 | 미국 라운드넘버 가격 대비 조건 해당 -4% 가격표

RN 가격(달러)	RN 가격 대비 -4% 가격(달러)	RN 가격(달러)	RN 가격 대비 -4% 가격(달러)
1	—	100	96
2	1.92	150	144
3	2.88	200	192
5	4.8	300	288
7.5	7.2	500	480
10	9.6	750	720
15	14.4	1,000	960
20	19.2	1,500	1,440
30	28.8	2,000	1,920
50	48	3,000	2,880
75	72		

종목 검색 방법

키움증권의 '영웅문Global' HTS에서 ②번의 종목 선정 조건에 해당되는 미국 종목을 검색하는 방법은 다음과 같다.

1. 미국 시가총액 상위 500위 이내 종목 검색(2055 화면)

'해외주식 시가총액상위' 창에서 '일반주식'을 선택한 후 조회하면 미국 시가총액 상위 순의 종목이 나열된다. 변동성이 적은 금융 관련 종목과 ETF를 제외하면 250여 개의 종목을 선정할 수 있다.

순위	구분	종목코드	종목명	현재가	전일대비	등락률	거래량	거래비중	시가총액(천)
1	50%	NVDA	엔비디아	188.9100 ▲	5.2200	+2.84	128,803,291	2.29	4,590,513,000
2	50%	AAPL	애플	272.1700 ▲	1.2000	+0.44	23,488,239	0.42	4,021,692,788
3	50%	MSFT	마이크로소프트	486.8000 ▲	1.8800	+0.39	11,649,611	0.21	3,618,082,584
4	50%	AMZN	아마존닷컴	232.2000 ▲	3.7700	+1.65	22,626,339	0.40	2,482,264,440
5	50%	GOOGL	알파벳 A	315.0500 ▲	5.2700	+1.70	18,299,335	0.33	1,832,960,900
6	50%	GOOG	알파벳 C	315.6800 ▲	4.3500	+1.40	10,678,628	0.19	1,706,881,760
7	100%	AVGO	브로드컴	350.4000 ▲	8.9500	+2.62	20,778,289	0.37	1,661,341,008
8	50%	TSLA	테슬라	485.5500 ▼	3.1800	-0.65	47,295,817	0.84	1,614,851,901
9	100%	TSM	TSMC(ADR)	297.5900 ▲	4.3100	+1.47	3,617,348	0.06	1,543,257,161
10	50%	META	메타 플랫폼스(페이스북	664.3000 ▲	2.8000	+0.42	6,246,301	0.11	1,446,772,327
11	50%	LLY	일라이 릴리	1,073.7500 ▼	2.7300	-0.25	1,090,152	0.02	1,015,106,070
12	50%	JPM	제이피모간 체이스	325.9300 ▲	2.8400	+0.88	3,155,649	0.06	887,266,202
13	50%	WMT	월마트	111.0000 ▼	1.6000	-1.42	14,730,463	0.26	884,688,870
14	100%	BRKb	버크셔 해서웨이 B	500.5100 ▲	0.5600	+0.11	1,908,309	0.03	687,110,138
15	50%	V	비자	353.3800 ▲	1.2900	+0.37	1,932,390	0.03	595,717,403
16	50%	ORCL	오라클	194.7200 ▼	3.6600	-1.84	10,379,654	0.18	559,455,874

2. 관심종목 등록

위 방법으로 종목을 검색한 후 종목 선정 조건에 해당되는지 참고해서 관심종목으로 등록해 거래하면 된다. 관심종목으로 등록하는 자세한 방법은 유튜브 채널 '주식의 왕도를 걷는 사람들'과 네이버 카페 '주식차트 연구소'에서 확인할 수 있다.

3

매수 방법

미국 라운드넘버존 신매매기법의 3가지 종목 선정 조건에 해당된 미국 종목을 매수하는 방법은 다음과 같다.

① 특정 종목의 주가가 라운드넘버 가격선(상위가격선) -4% 이내 가격에 도달한 후 하락해 그다음 아래 라운드넘버 가격선(하위가격선) +4% 이내 가격에 도달하면 5% 투자 비중으로 1차 매수를 한다.

② 1차 매수 후 주가가 매도(매도 방법은 141쪽 참고) 가능한 가격만큼 오르면 일시 또는 분할해 전량 매도한 후 동일한 종목의 주가가 다시 하락해 1차 매수가 대비 -20% 가격이 되면 10% 투자 비중 또는 1차 매수 금액의 2배에 해당하는 금액으로 2차 매수를 한다.

③ 1차 매수 후 주가가 매도(매도 방법은 141쪽 참고) 가능한 가격만큼 오르지 않
  거나 하락하면 1차 매수가 대비 -20% 가격에서 10% 투자 비중 또는 1차 매
  수 금액의 2배에 해당하는 금액으로 2차 매수를 한다. 즉, 1차 매수 후 매도
  없이 연이어 2차 매수를 하는 것이다. 다만 1차 매수 후 45일 이내에 2차 매
  수를 해야 한다.

주가가 상위가격선에 도달한 후 빨리 하락해 하위가격선에 도달하는 것이 좋
으며, 주가가 천천히 하락해 하위가격선에 도달하는 경우에는 곧바로 1차 매수
를 하기보다 1~2주 전후의 기간을 두고 천천히 매수한다. 또한 추가로 같은 테
마에서 여러 종목이 동시에 조건에 해당되면 시가총액 상위 순으로 매수한다.

종목당 투자 비중은 15%를 넘지 않는 것이 좋다. 조건에 해당되는 종목이
복수로 동시에 나올 수도 있고 매도 시점까지 2~3개월의 시간이 걸리는 경우
도 고려해야 하기 때문이다.

다음의 [표 2-2]는 미국 라운드넘버 가격 대비 변동 가격을 정리한 표다.

| 표 2-2 | 미국 라운드넘버 가격 대비 변동 가격표

상위 RN 가격(달러) → 하위 RN 가격(달러)	하위 RN 가격 대비 +4% 가격(달러)	+4% 가격 대비 -20% 가격(달러)
2 → 1	1.04	0.832
3 → 2	2.08	1.664
5 → 3	3.12	2.496
7.5 → 5	5.2	4.16
10 → 7.5	7.8	6.24
15 → 10	10.4	8.32
20 → 15	15.6	12.48

30 → 20	20.8	16.64
50 → 30	31.2	24.96
75 → 50	52	41.6
100 → 75	78	62.4
150 → 100	104	83.2
200 → 150	156	124.8
300 → 200	208	166.4
500 → 300	312	249.6
750 → 500	520	416
1,000 → 750	780	624
1,500 → 1,000	1,040	832
2,000 → 1,500	1,560	1,248
3,000 → 2,000	2,080	1,664

4

매도 방법

미국 라운드넘버존 신매매기법으로 1차 매수 또는 2차 매수해 보유하고 있는 미국 종목을 매도하는 방법은 다음과 같다.

① 1차 매수 후 주가가 상승해 매수가 대비 +7~+20% 이상이 되면 1차 매수한 주식은 일시 또는 임의의 비율로 분할해 전량 매도한다.

② 1차 매수한 주식을 ①번 방법으로 전량 매도한 후 주가가 다시 하락해 2차 매수한 주식은 매수가 대비 +7~+20% 이상이 되면 일시 또는 임의의 비율로 분할해 전량 매도한다.

③ 1차 매수 후 매도 없이 연이어 2차 매수한 경우에는 1, 2차 매수가의 평균 매수 단가 대비 +7~+20% 이상이 되면 주식을 일시 또는 임의의 비율로 분

할해 전량 매도한다.

매수한 주식의 총 보유 기간은 약 2~3개월로, 이 기법은 가격 손절은 없고 기간 손절만 있다. 즉, 주가가 매수 후 매도할 수 있는 가격만큼 상승하지 않으면 보유 기간 이내에 익절이나 손절을 한다. 그런데 매수한 주식이 주도테마나 대장주가 될 경우에는 수익을 길게 볼 수도 있다. 또한 미국 시가총액 상위 100위 이내 종목의 주가가 최고점 대비 -75~-80% 전후로 하락하면 분할 매수를 통해 중장기 보유가 가능하다.

5

유의 사항

미국 라운드넘버존 신매매기법을 실행할 때 다음의 사항들은 꼭 유의하길 바란다.

① 특정 종목이 조건에는 해당됐으나 실적 발표 직후 컨센서스(증권사 애널리스트가 예측한 실적지표의 평균값)가 예상치보다 낮은 경우(어닝쇼크)나 실적 컨퍼런스콜에서 부정적인 가이던스(기업이 분기별 또는 연간으로 매출 및 영업이익 등의 실적지표에 대한 예상치를 발표하는 것)를 발표하는 경우에는 그다음 아래 라운드넘버존이나 2~3주가 지난 후에 1차 매수를 한다.

② 같은 테마에서 여러 종목이 동시에 매수 자리에 올 경우(주가가 비슷하게 상위가격선에 도달한 후 비슷하게 하락해 하위가격선에 도달한 종목군)에는 그중 시가총액 상위 순의 종목을 매수하며 같은 테마로 2종목을 초과해 매수하지 않는

것이 좋다.

| 표 2-3 | 신매매기법별 정리

구분	국내 RN존	미국 (ETF) RN존	급등존	절대존	33존50존
시가총액	5조 원 이상 3,000억 원 이상	상위 500위 이내 (ETF는 상위 50위 이내)	5조 원 이상 3,000억 원 이상	5조 원 이상 3,000억 원 이상	5조 원 이상 3,000억 원 이상
거래대금	1,000억 원 이상 1,500억 원 이상	1주당 1달러 이상	1,000억 원 이상 1,500억 원 이상	1,000억 원 이상 1,500억 원 이상	1,000억 원 이상 1,500억 원 이상
매수 비중	1차 5% 2차 10%	1차 5% 2차 10%	1차 5% 2차 5%	1차 5% 2차 5%	1차 5% 2차 5%
1차 매수 기준	라운드넘버선 -4% 이내	라운드넘버선 -4% 이내	급등존 상단	절대존 상단	33존50존 상단
2차 매수 기준	1차 매수가 대비 -20%	1차 매수가 대비 -20%	급등존 하단	절대존 하단	33존50존 하단
2차 매수 시기	1차 매수 후 45일 이내	1차 매수 후 45일 이내	1차 매수 후 5일 이내	1차 매수 후 15일 이내	1차 매수 후 30일 이내
매도 기준	매수가 대비 +7~+20% 상승 시 일시 또는 분할해 전량 매도	매수가 대비 +7~+20% 상승 시 일시 또는 분할해 전량 매도	매수가 대비 +5~+20% 상승 시 분할해 전량 매도	매수가 대비 +7~+20% 상승 시 분할해 전량 매도	매수가 대비 +7~+20% 상승 시 분할해 전량 매도
보유 기간	2~3개월 전후	2~3개월 전후	10일 전후	1개월 전후	2개월 전후
특이 사항	신매매기법별 기준은 승률이 높은 공통 사항이므로 단기매매와 중장기 투자 시 본인의 기준을 적용해 매매할 수 있다.				

2

미국
라운드넘버존
신매매기법
실전 투자 사례

1

실전 사례

이번 챕터에서는 실전 종목의 차트를 보면서 세부 스킬에 대해 배워보겠다. 실전 사례로 언급되는 종목들은 미국 시가총액 상위 종목 중 변동성이 좋은 종목을 우선 선정했고, 앞으로 본인이 직접 거래할 때도 이 종목들을 우선적으로 참고하면 된다.

| 실전 차트 2-2 | 2018~2020년 엔비디아 일봉 차트

엔비디아는 AI 반도체와 그래픽 처리 장치GPU 제조사로, 비트코인과 AI의 출현으로 비약적인 발전을 했다. 초기 엔비디아는 비트코인과 이더리움 등의 암호화폐 채굴에 필요한 하드웨어를 공급하는 데 중요한 역할을 했다. 이후 빅테크 기업들의 생성형 AI 개발 경쟁을 위한 데이터 센터에 필요한 그래픽 카드의 수요 폭주로 인해 AI 기술을 선도하는 주요 기업이 됐다.

2025년 10월 기준 엔비디아의 시가총액(약 7,400조 원)은 국내 주식시장에 상장된 전체 주식 시가총액(약 4,000조 원)의 약 2배다. 엔비디아와 비트코인은 2022년 9월 이후부터는 실질적인 연관성이 거의 없지만 심리적인 동조화로 인해 주가가 70~80% 정도 비슷한 움직임을 보인다.

엔비디아를 필두로 AI 분야는 앞으로도 계속 성장할 것으로 보인다. 하지만 투자자들은 분기마다 발표되는 실적에 민감할 수밖에 없다. 기술 성장주의 대표라고 해도 과언이 아닌 엔비디아이므로 AI 기술주의 어닝쇼크 등이 나올 때는 2차 매수 자리가 1차 매수 자리가 될 수 있으며 한 단계 아래 라운드넘버존에서 접근해야 한다.

| 실전 차트 2-3 | 2021~2022년 엔비디아 일봉 차트

| 실전 차트 2-4 | 2024~2025년 엔비디아 일봉 차트

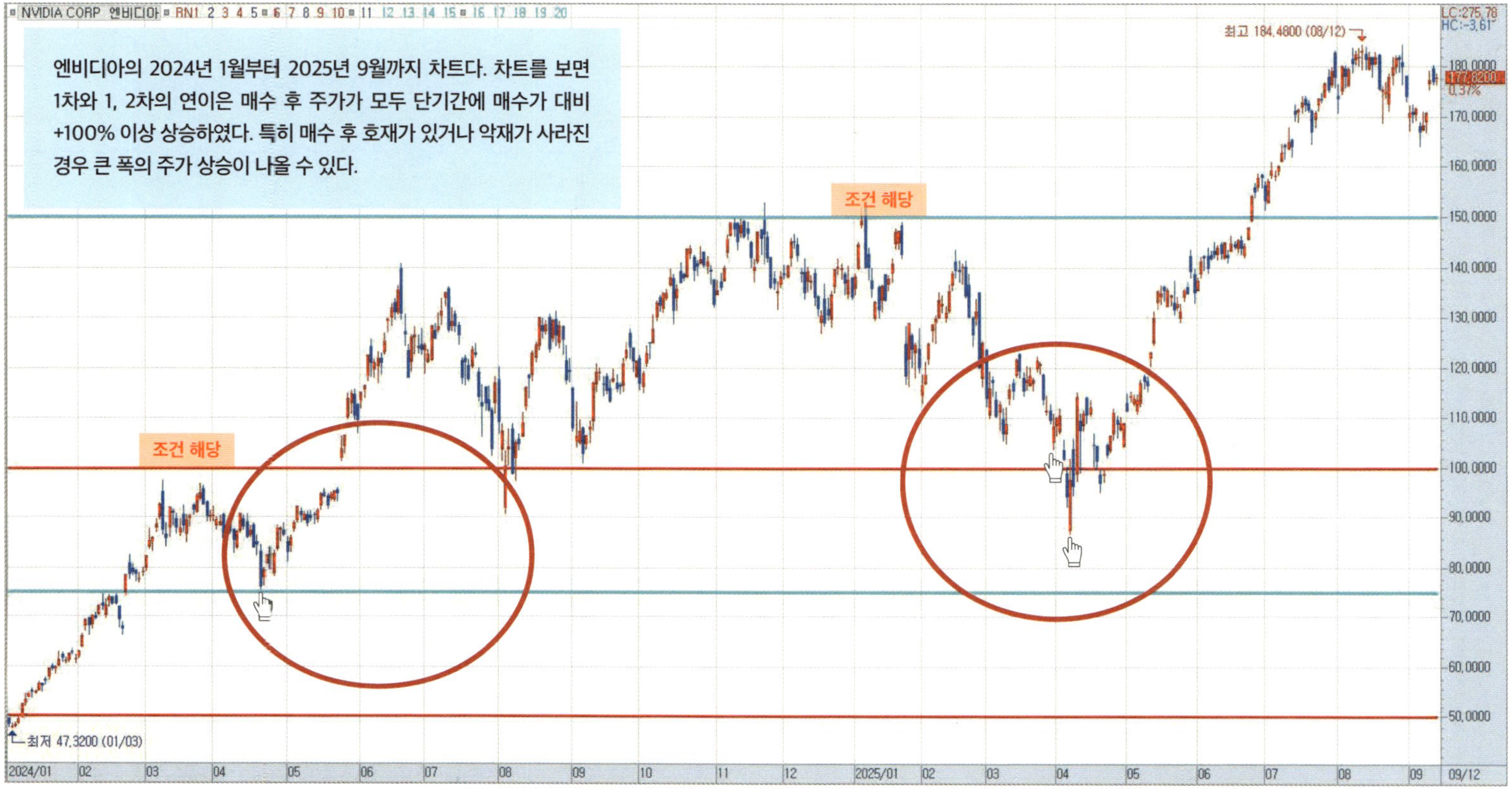

엔비디아의 2024년 1월부터 2025년 9월까지 차트다. 차트를 보면 1차와 1, 2차의 연이은 매수 후 주가가 모두 단기간에 매수가 대비 +100% 이상 상승하였다. 특히 매수 후 호재가 있거나 악재가 사라진 경우 큰 폭의 주가 상승이 나올 수 있다.

| 실전 차트 2-5 | 2019~2025년 알파벳 A 일봉 차트

알파벳은 구글의 모회사로, 의결권이 있는 '알파벳 A'와 의결권이 없는 '알파벳 C' 주식이 있는데, 둘 중 하나만 거래하면 된다. 차트를 보면 조건에 해당된 후 RN존에서 주가가 모두 급등하였다. 세 번째 동그라미는 2차 매수 자리로, 100달러의 -20% 가격인 80달러 근처에서 주가가 상승하였다.

　미국 라운드넘버존 신매매기법의 1차 매수 5%, 2차 매수 10%라는 종목당 투자 비중이 적다고 생각할 수 있다. 또한 전통적으로 안정적인 가치주나 미래 성장성이 높은 AI 기술주라고 해서 현금 보유 없이 본인의 투자 금액 전부를 들여 주식으로 보유하거나 신용 거래까지 해서 보유하는 사람들이 있다.

　하지만 해당 종목의 주가가 급작스러운 글로벌 악재로 인해 폭락하는 경우가 발생하면 대부분의 사람은 놀란 마음에 주가가 반등할 때 수익이든 익절이든 손절이든 하는 경우가 많다. 해당 종목의 주식을 장기 보유하는 경우가 아니라면 한 번 놀랐던 경험이 이후 주가가 다시 장기 상승할 것이라는 믿음을 저해하기 때문이다.

　일반적으로 기업의 주가는 물가 상승률에 비례해 지속적으로 상승한다. 하지만 전쟁, 팬데믹, 관세나 금리 인상 등의 글로벌 악재에 항상 노출돼 있어 투자자들에게 두려움을 줄 수 있는 일시적인 폭락장세가 오는 경우가 있다. 이 시기에는 종목당 5~15% 투자 비중으로 매수하던 주식들이 자동으로 100% 비중을 차지하는 포트폴리오가 구성된다. 즉, 본인의 투자 금액을 100% 주식으로 보유하는 시기는 따로 있다. 그리고 바로 이때 최저점에서 좋은 주식을 100%로 보유하고 이 중 시가총액 상위 종목들은 느긋하게 수익을 길게 보면서 매도하면 된다.

　미국 라운드넘버존 신매매기법에서 시가총액 500위 이내의 종목들은 S&P 500(국제신용평가기관인 미국의 스탠더드 앤드 푸어스**Standard and Poors**가 작성한 주가지수) 지수의 500대 기업을 포함하며 가용 시가총액의 약 80%를 차지한다. 더불어 미국의 100대 비금융 대형 기업으로 이뤄진 나스닥 100 지수에 포함된 종목들로 구성돼 있다. 이 기업들은 모두 시가총액과 거래대금이 큰 상위 대표 기업이다.

이처럼 미국 라운드넘버존 신매매기법은 양대 지수의 시가총액 500위 안에 들어가는 종목들을 대상으로 하다 보니 지수가 하락할 때 70% 전후는 동조화되는 경향을 보인다. 따라서 무리하게 비중을 늘리지 않아도 1~2년에 한두 번 보유 비중이 100%가 될 수 있으며, 이런 폭락 시기에는 시가총액이 최상위이면서 기법의 조건에 해당되는 종목만 매수하면 된다.

간혹 이 주식이 대장주일까, 저 주식이 대장주일까 헷갈린다는 사람이 있는데, 이 기법을 이용하면 대장주를 찾을 필요가 없다. 자동으로 70~80% 이상은 대장주만 거래하게 된다. 즉, 라운드넘버 상위가격선에 도달하는 주식이 바로 대장주다. 여기에 국내는 일 거래대금 1,500억 원 이상 출현이라는 조건이 추가되고, 미국은 시가총액 약 50조 원 이상이라는 조건이 추가되기 때문에 라운드넘버 가격선에 도달하는 주식이 주로 대장주가 된다.

그렇다면 대장주의 매수 자리는 어디일까? 사람들은 상승하던 대장주의 주가가 하루만 폭락해도 두려움에 과연 이 주식이 대장주인지 고민한다. 그래서 주식투자에서는 승률 높은 기법이 중요하다. 본인이 매수한 종목에 대한 확신이나 자신이 없어 시장 상황에 흔들리고, 종목 토론 게시판에 흔들리고, 각종 유튜브 방송에 흔들린다면 꾸준한 수익을 보장할 수 없다. 최소 스윙매매의 관점에서 매수는 어디서 어떻게 하는지, 10~20% 전후의 꾸준한 수익은 어떻게 내는지 정도는 알려줄 수 있는 것이 바로 승률 80~90%의 라운드넘버존 신매매기법이다.

무난한 상승장과 횡보장에서는 투자 비중을 잘 지키면서 투자하다 폭락장이 오면 이 기법의 원칙대로 시가총액 최상위 종목을 매수해 100% 투자 비중으로 보유한다고 생각하면 된다.

| 실전 차트 2-6 | 2020~2025년 테슬라 일봉 차트

| 실전 차트 2-7 | 2018~2020년 메타 플랫폼스(페이스북) 일봉 차트

메타 플랫폼스(페이스북)의 이 시기 시가총액 순위는 6위 전후였으며 주가가 150~200달러 사이에서 박스권을 형성하였다. 차트를 보면 매수 후 주가가 모두 상승하였다. 보통 세 번의 매수 자리 중 한 번은 1, 2차 연이은 매수를 하는 경우다. 2차 매수의 투자 비중은 1차 매수의 2배다.

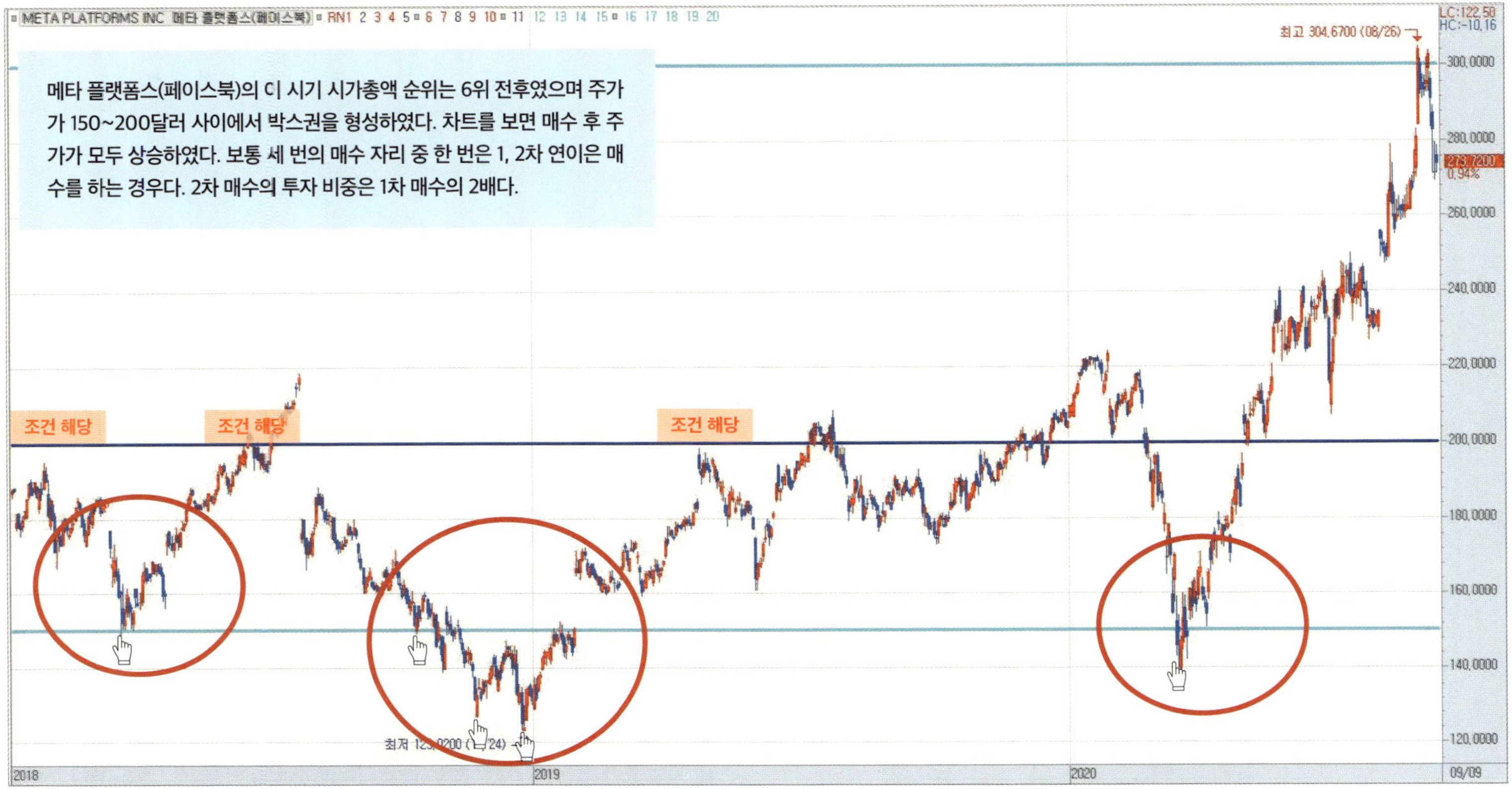

| 실전 차트 2-8 | 2021~2023년 메타 플랫폼스(페이스북) 일봉 차트

메타 플랫폼스(페이스북)의 2021년 1월부터 2023년 7월까지 차트다. 이 시기 주가는 약 384달러에서 약 88달러까지 -75% 이상 폭락하였다(세 번째 동그라미). 차트를 보면 폭락 시기에도 RN존에서 모두 주가가 상승하였다. 이처럼 미국 시가총액 상위 종목군이 최고점 대비 -75% 전후 하락할 경우 중장기 투자의 매수 자리가 될 수 있다.

| 실전 차트 2-9 | 2024~2025년 메타 플랫폼스(페이스북) 일봉 차트

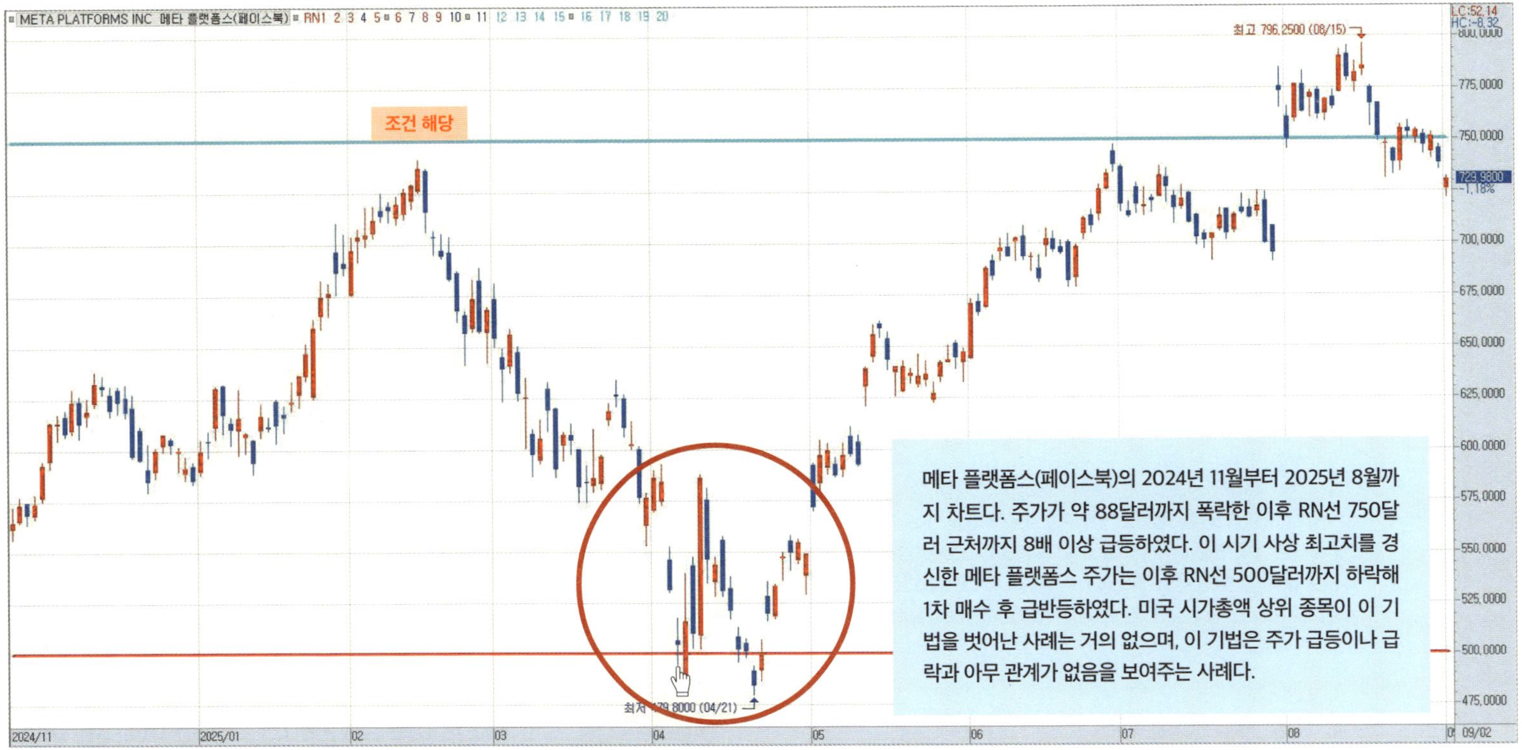

메타 플랫폼스(페이스북)의 2024년 11월부터 2025년 8월까지 차트다. 주가가 약 88달러까지 폭락한 이후 RN선 750달러 근처까지 8배 이상 급등하였다. 이 시기 사상 최고치를 경신한 메타 플랫폼스 주가는 이후 RN선 500달러까지 하락해 1차 매수 후 급반등하였다. 미국 시가총액 상위 종목이 이 기법을 벗어난 사례는 거의 없으며, 이 기법은 주가 급등이나 급락과 아무 관계가 없음을 보여주는 사례다.

┃실전 차트 2-10┃2021~2023년 테슬라 일봉 차트

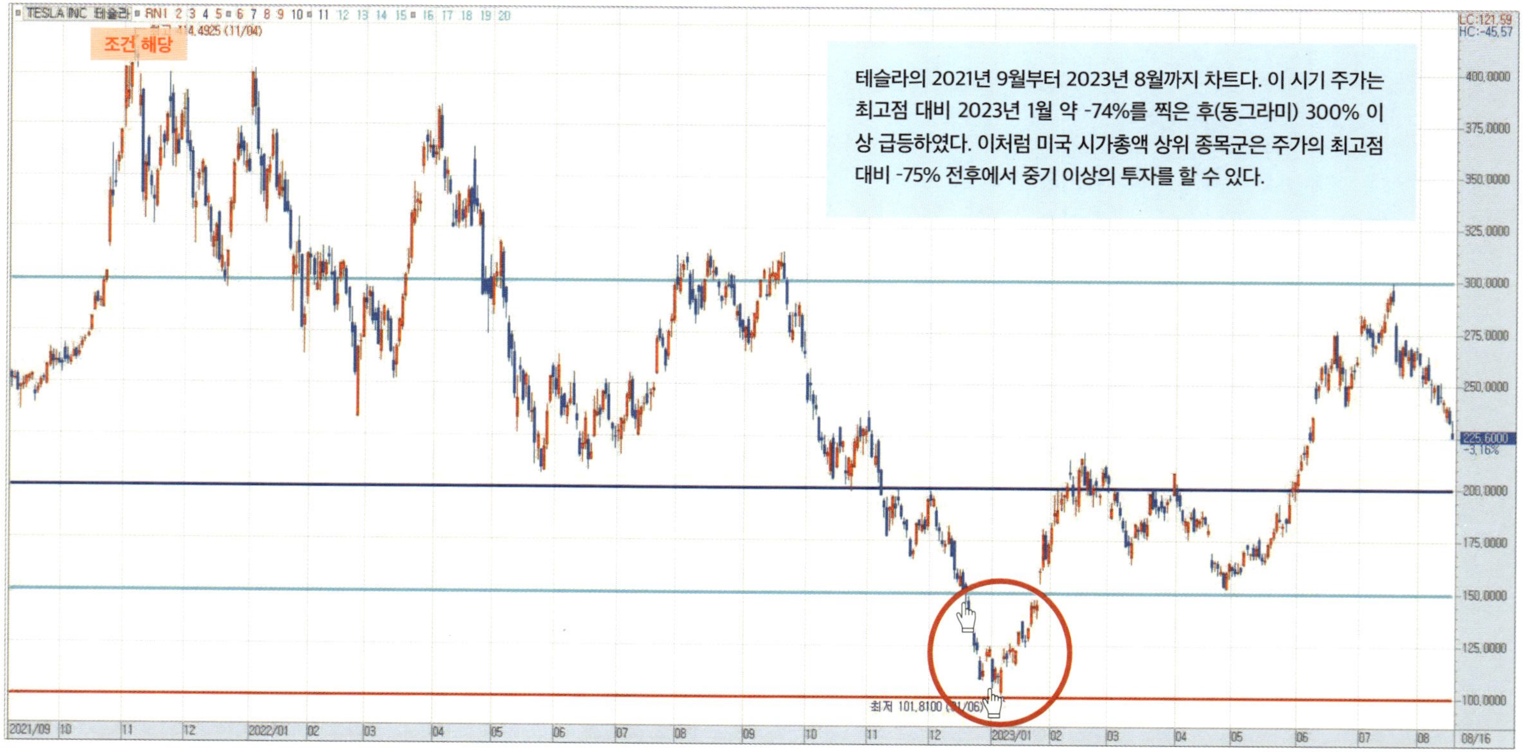

테슬라의 2021년 9월부터 2023년 8월까지 차트다. 이 시기 주가는 최고점 대비 2023년 1월 약 -74%를 찍은 후(동그라미) 300% 이상 급등하였다. 이처럼 미국 시가총액 상위 종목군은 주가의 최고점 대비 -75% 전후에서 중기 이상의 투자를 할 수 있다.

　시가총액은 주요 시장 참여자들이 만들어놓은 현재와 미래 가치의 합을 의미한다. 물론 일부 허수가 있을 수 있으나 미국의 경우 시가총액 약 50조 원 이상인 종목들은 시장에서 이미 검증됐다고 볼 수 있다. 하지만 아무리 시가총액이 높고 미래 성장주 또는 전통 가치주라고 해도 주가가 계속 상승만 할 수는 없으며 오버슈팅이나 글로벌 이슈에 따라 조정을 받는다.

　이 책의 실전 사례 종목들을 통해서도 보았듯이 테슬라, 메타 플랫폼스(페이스북) 등은 지금은 시가총액 초상위권이고 주가도 최고치이지만 최고점 대비 -70% 이상 하락했던 당시로 돌아간다면 이 종목들을 누가 계속 보유하고 있을까 하는 생각이 든다. 적금이나 연금저축이라 생각하고 장기간 보유할 수는 있어도 일반적으로 급변하는 글로벌 증시에서 주식을 장기간 보유하기란 결코 쉬운 일이 아니다.

　이 책에서 소개하는 매매법은 위험 부담이 있는 고수익이 아니라 안정적인 고수익을 추구하는 스윙매매형 기법이 기본이다. 조건에 해당되는 종목들을 대상으로 승률 80~90%의 지정된 매수 자리나 지정된 가격에서 안정적으로 분산 투자와 비중 투자를 하는 매매법이다.

| 실전 차트 2-11 | 2025년 팔란티어 테크 일봉 차트

팔란티어 테크의 2025년 1~9월 차트로, 시가총액 순위는 26위 전후였다. 차트를 보면 주가가 RN선 100달러에 도달하였고 이후 하위가격선 75달러 근처에서 매수 후 모두 상승하였다. 그리고 RN선 150달러 근처를 보면 주가가 상위가격선 200달러까지 상승하지 못해 조건에 해당되지 않았다. 이처럼 미국 RN존 신매매기법은 고민 없이 조건에 따라 쉽게 매매가 가능하다.

초록색 동그라미 위의 190달러는 1% 차이로 조건에 해당되지 않았지만 RN존 기법의 원리는 참고할 수 있다.

팔란티어 테크놀로지스는 정부와 기업 대상 AI·빅데이터 분석 플랫폼 기업이다. 매출과 순이익 모두 매년 지속적으로 크게 증가하고 있다. AI 기반 분석 수요 확대가 성장 견인의 힘이며 엔비디아와 비슷한 차트 흐름을 보이고 있다. 팔란티어 테크놀로지스는 상장 후 2021년 하반기부터 2022년까지는 주가 하락과 함께 계속 부진했는데, 보통 IPO 직후의 기업들은 락업 해제에 내부자 지분 매도가 주가의 가장 큰 악재라 할 수 있다.

이후 팔란티어 테크놀로지스의 P/SPrice/Sales Ratio는 2025년 8월 기준 약 115배, PER은 약 520배의 밸류에이션으로 평가받고 있다. 우리나라는 전통적으로 이익 중심의 흑자 기업에 한해 PER 개념(예: PER 10배→현재 이익이 유지된다면 투자금 회수까지 10년이 걸린다는 의미)을 많이 사용하는데, 미국은 P/S 개념(예: P/S 10배→매출의 10배가 시가총액이라는 의미)을 많이 사용한다. 이 개념의 의미는 당장 이익이 나지 않는 기업(적자 기업)이라도 매출 기준으로 평가가 가능하고 특히 성장주, 기술주, 초기 기업 평가 시 많이 활용된다. 즉, 매출을 기준으로 기업 가치를 평가하며 이것은 이익이 없는 기업이나 초기 단계의 성장 기업에 유용하다. 반면에 PER은 이익이 안정적인 기업에 적합하다.

하지만 미국 라운드넘버존 신매매기법은 이런 주식의 어려운 용어나 업종, 테마를 잘 몰라도 상승하면 상승하는 대로, 하락하면 하락하는 대로 매매하면 된다. 즉, 차트에 20개의 라운드넘버 가격선을 수식으로 설정해두고 미국 시가총액 상위 종목 순으로 비중, 매수, 매도의 원칙만 잘 지키면 된다.

실전 차트 2-12 | 2023~2025년 일라이 릴리 일봉 차트

일라이 릴리의 2023년 6월부터 2025년 9월까지 차트다. 일라이 릴리는 미국 최대 제약 회사로, 시가총액 순위는 14위 전후였다. 차트를 보면 비만, 당뇨 치료제인 '마운자로' 출시로 인해 주가가 급등하였으며 RN선 가격 1,000달러의 -4% 이내인 약 970달러까지 두 번이나 상승하였다. 세 번째 동그라미는 1차 매수한 주식을 전량 매도한 후 주가가 다시 2차 매수 자리에 와서 매수한 경우다. 2차 매수 자리인 600달러 근처(750달러 대비 -20% 가격 이내)에서 주가가 큰 폭으로 상승하였다.

| 실전 차트 2-13 | 2024~2025년 TSMC(ADR) 일봉 차트

TSMC의 2024년 4월부터 2025년 8월까지 차트다. TSMC는 대만 반도체 기업으로, 미국 시가총액 순위는 9위 전후(한화 약 1,650조 원)였으며 현재 대만 주식시장 전체의 50% 이상을 차지하고 있다. 이 시기 주가는 국내 시장의 삼성전자와는 다른 흐름을 보이며 사상 최고치를 경신하였다. 차트를 보면 1차 매수 조건에 두 번 해당되었으며 매수 후 주가가 모두 상승하였다.

TSMC(ADR)에서 ADR American Depositary Receipt, 미국 주식예탁증서은 대만의 TSMC가 미국 나스닥에 ADR을 이용해 우회 상장했다는 의미다. 즉, 국내 기업이 해외 증권 거래소에 상장할 경우 주식은 모회사가 있는 나라의 금융기관에 보관하고 해외 예탁기관이 원주의 소유권을 인정하는 DR Depositary Receipt, 주식예탁증서을 발행하는 것이다. 기업들이 이렇게 해외, 특히 미국 시장에 상장하는 이유는 미국에서 기업 가치를 더 높게 인정받을 수 있고 투자 수요도 더 넓힐 수 있기 때문이다. 아울러 미국 투자자들이 해당 기업에 대한 접근성도 좋아지기 때문이다.

2025년 10월 18일 기준 미국 주식시장에 상장된 대표적인 주요 해외 기업은 다음과 같다. 미국 시가총액 상위 100위 안에 드는, 주가의 움직임이 좋고 변동성이 큰 빅테크 분야의 주요 ADR 기업들이다. 미국 내 ADR 상장 기업은 500개 가까이 되는데, 이 중 시가총액 상위 500개 이내 종목을 거래하면 된다.

| 표 2-4 | **미국 주식시장에 상장된 주요 해외 기업**

기업명	국적	업종
TSMC	대만	반도체
HDFC	인도	은행
SAP	독일	소프트웨어
ASML	네덜란드	반도체 장비
알리바바	중국	전자상거래
아스트라제네카	영국	제약
토요타 모터스	일본	자동차
노보노디스크	덴마크	헬스 케어
핀둬둬	중국	전자상거래
에이알엠 홀딩스	영국	반도체 설계

| 실전 차트 2-14 | 2023~2025년 에이알엠 홀딩스(ADR) 일봉 차트

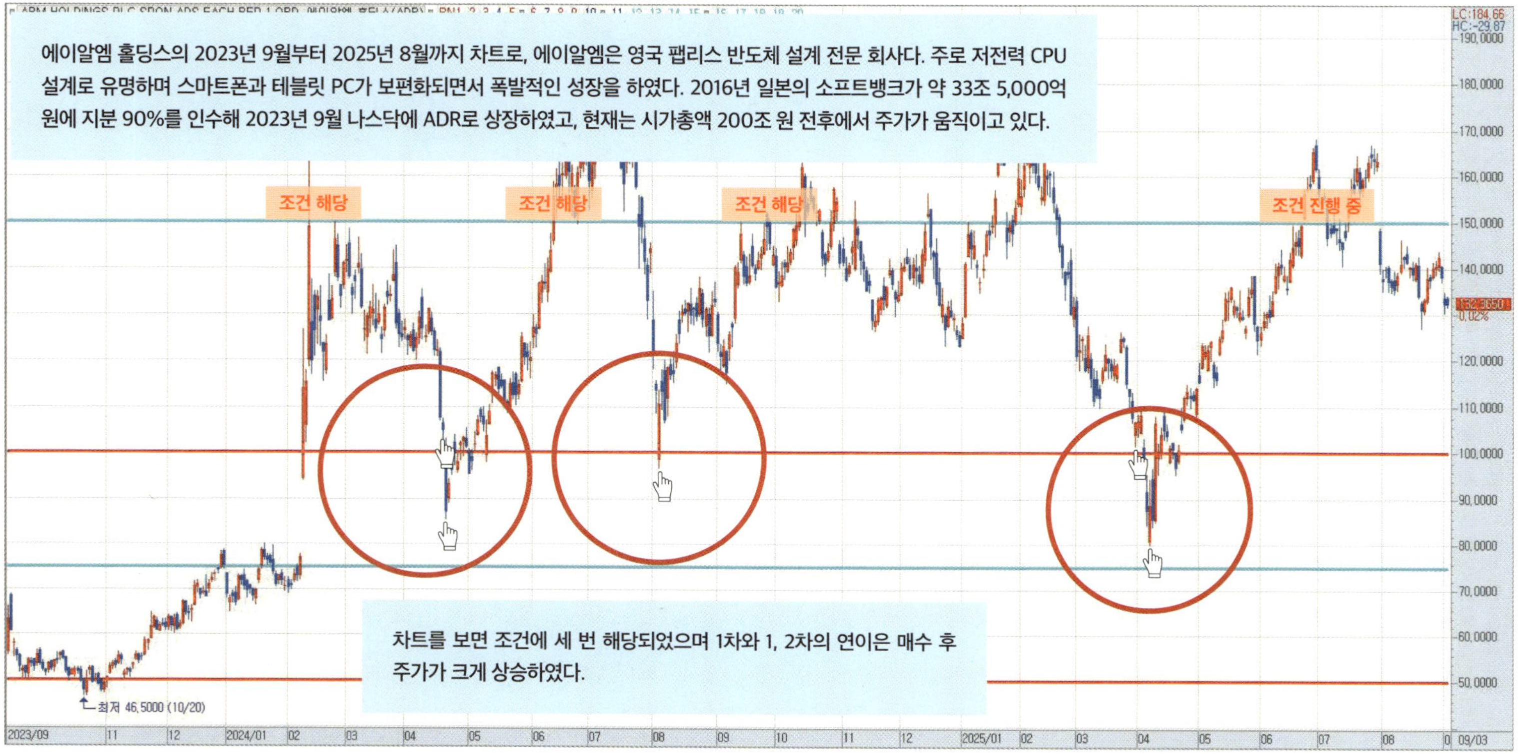

| 실전 차트 2-15 | 2018~2019년 알리바바 그룹 홀딩(ADR) 일봉 차트

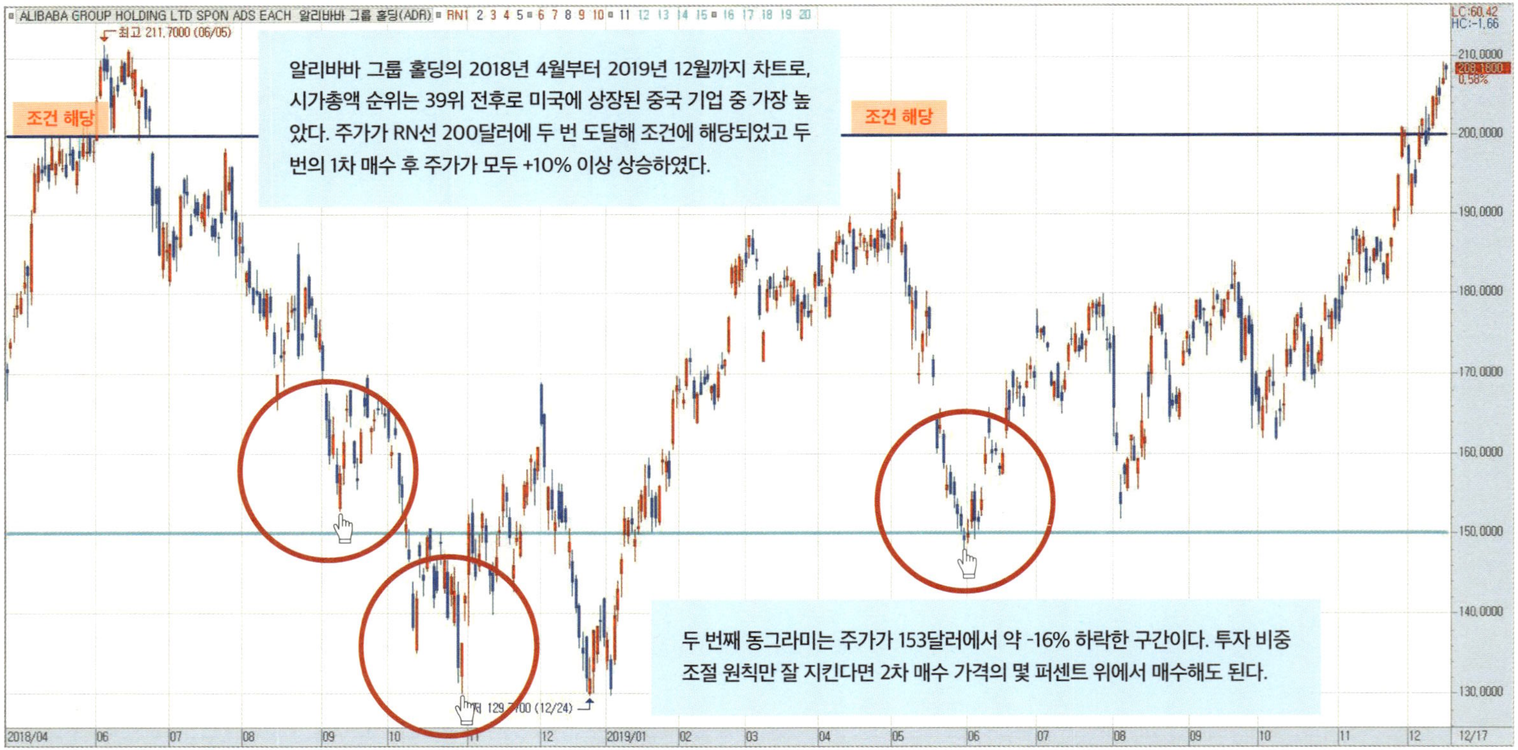

알리바바 그룹 홀딩의 2018년 4월부터 2019년 12월까지 차트로, 시가총액 순위는 39위 전후로 미국에 상장된 중국 기업 중 가장 높았다. 주가가 RN선 200달러에 두 번 도달해 조건에 해당되었고 두 번의 1차 매수 후 주가가 모두 +10% 이상 상승하였다.

두 번째 동그라미는 주가가 153달러에서 약 -16% 하락한 구간이다. 투자 비중 조절 원칙만 잘 지킨다면 2차 매수 가격의 몇 퍼센트 위에서 매수해도 된다.

알리바바 그룹 홀딩(ADR)은 2014년 미국 시장에 상장되며 알리바바는 중국을 비롯해 글로벌 전자상거래 기업으로 성장했다. 하지만 창업주인 마윈馬雲이 중국 정부를 공개 비판했다가 핵심 계열사인 금융 공룡 기업인 앤트 그룹의 홍콩 시장 상장이 무산됐다. 이로 인해 알리바바와 앤트 그룹의 시가총액 약 1,170조 원 손실이 추산됐다.

중국 기업은 중국 정부의 강력한 통제하에 있다는 차이나 리스크를 명확히 드러낸 사례다. 자회사인 알리익스프레스는 글로벌 이커머스 업체로, 알리바바는 중국 내에서만 상품을 배송하고(자국민 쇼핑몰) 알리익스프레스는 외국으로도 상품 배송이 가능하다.

| 실전 차트 2-16 | 2020~2023년 알리바바 그룹 홀딩(ADR) 일봉 차트

| 실전 차트 2-17 | 2023~2025년 알리바바 그룹 홀딩(ADR) 일봉 차트

알리바바 그룹 홀딩의 2023년 1월부터 2025년 5월까지 차트다. 이처럼 미국 시가총액 상위 100위 이내 종목군은 상승 구간이든 하락 구간이든 조건에만 해당되면 매매하면 된다. 차트를 보면 여섯 번의 매수 후 모두 주가가 상승하였다. 특히 알리바바 그룹 홀딩은 RN존에서 매매 시 조건에 어긋난 적이 없다.

| 실전 차트 2-18 | 2020~2025년 핀둬둬(ADR) 일봉 차트

핀둬둬는 중국 기업 테무의 모회사다. 차트를 보면 1차와 1, 2차의 연이은 매수 자리가 마치 테마주처럼 많이 나왔다. 미국 RN존 신매매기법은 주가가 상승하는 주식만 매매하는 기법이 아니다. 이 기법에서는 조건에 해당되는 횟수와 수익을 낼 수 있는 기회가 많은 종목이 좋은 주식이다.

핀둬둬는 중국의 전자상거래 플랫폼 기업으로, 2018년 미국 시장에 상장됐다. 자회사인 이커머스 업체 테무를 2022년 미국에서 서비스하면서 전 세계로 시장을 확대하고 있다.

핀둬둬는 상장 당시 1주당 가격이 20달러 전후였는데, 2021년에는 200달러까지 10배 이상 급등했다. 그러나 알리바바처럼 차이나 리스크로 인해 1년 만에 주가가 20달러대까지 폭락했다. 이후에는 주가가 다시 상승해 2023년 11월 29일 장중에 잠깐 알리바바의 시가총액을 넘어섰던 적도 있다. 2025년에는 미국의 관세 정책 강화로 인해 테무의 해외 진출 전략에 제동이 걸렸고, 중국 정부의 보조금 정책 소외로 현재는 이중고를 겪고 있다.

| 실전 차트 2-19 | 2024~2025년 브로드컴 일봉 차트

브로드컴의 2024년 4월부터 2025년 8월까지 차트로, 시가총액 순위는 6위 전후였으며 약 2,000조 원이었다. 인수 합병을 통해 반도체와 소프트웨어 사업을 영위하고 있으며 2024년 영업이익은 약 35조 원, PER은 약 62배였다. 차트를 보면 주가가 꾸준히 상승하고 있으며 2025년 4월 1차 매수 자리 이후 주가가 급반등하였다.

| 실전 차트 2-20 | 2024~2025년 브로드컴 일봉 차트

[실전 차트 2-19]와 동일한 기간의 브로드컴 차트로, 미국 RN존과 33존 50존 신매매기법을 합성하였다. 이 시기 RN존 신매매기법으로는 2025년 3~4월경 한 번의 매수 기회가 있었지만, 33존을 합성하면 2024년 8월경에 한 번, 2025년 3~4월경에 또 한 번 매수 기회가 있었다. 기법별 각각의 차트로 보면 매매 횟수가 늘어나기 때문에 비교적 자주 거래할 수 있다. 미국 주식은 RN존과 33존50존 신매매기법 2가지만 적용할 수 있다.

| 실전 차트 2-21 | 2020~2025년 AMD 일봉 차트

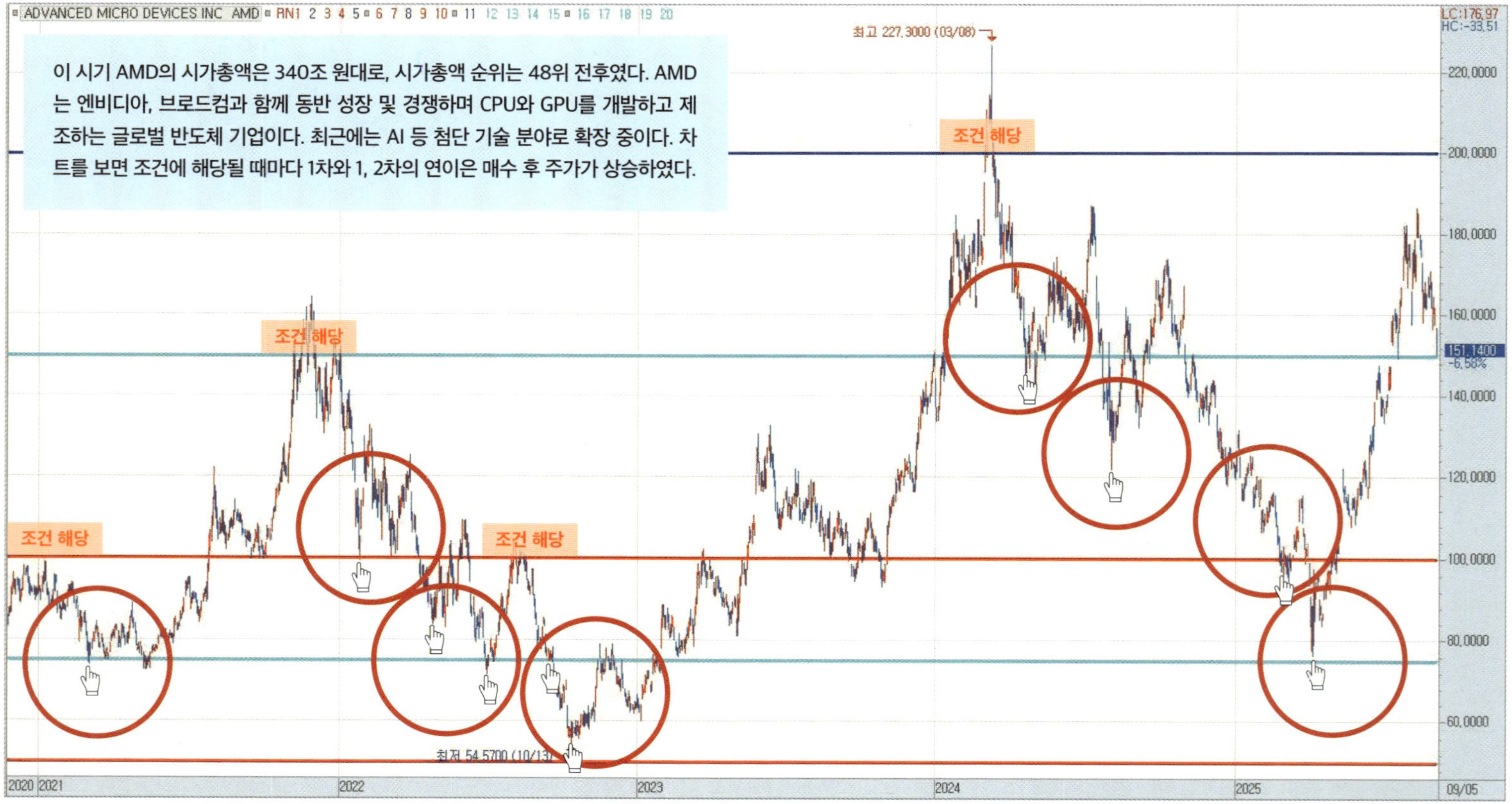
ADVANCED MICRO DEVICES INC AMD
이 시기 AMD의 시가총액은 340조 원대로, 시가총액 순위는 48위 전후였다. AMD는 엔비디아, 브로드컴과 함께 동반 성장 및 경쟁하며 CPU와 GPU를 개발하고 제조하는 글로벌 반도체 기업이다. 최근에는 AI 등 첨단 기술 분야로 확장 중이다. 차트를 보면 조건에 해당될 때마다 1차와 1, 2차의 연이은 매수 후 주가가 상승하였다.
최고 227.3000 (03/08)
조건 해당
조건 해당
조건 해당
조건 해당
최저 54.5700 (10/13)
LC:176.97
HC:-33.51
220.0000
200.0000
180.0000
160.0000
151.1400
-6.58%
140.0000
120.0000
100.0000
80.0000
60.0000
2020
2021
2022
2023
2024
2025
09/05

| 실전 차트 2-22 | 2021~2025년 월트 디즈니 일봉 차트

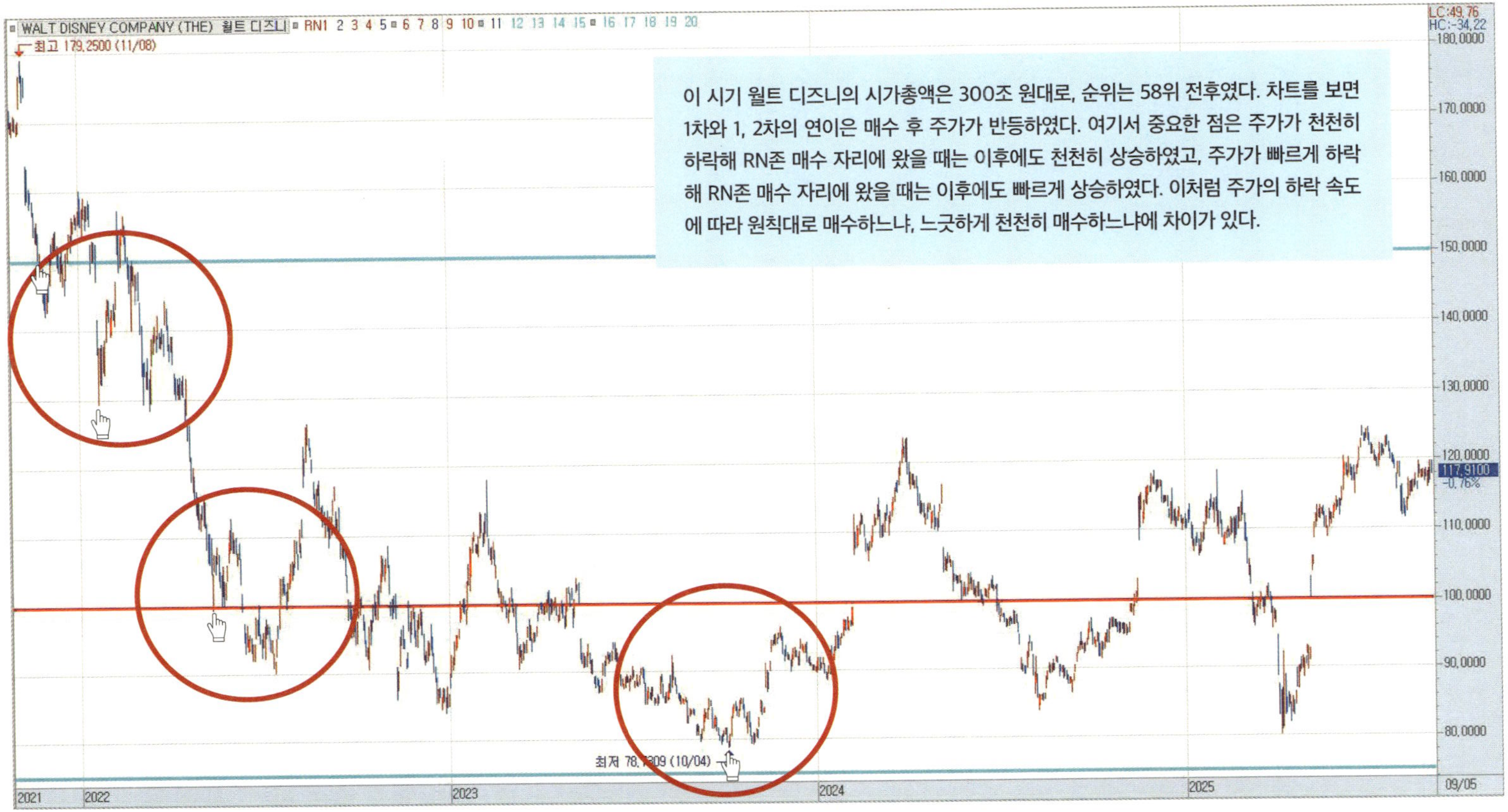

WALT DISNEY COMPANY (THE) 월트 디즈니 RN1 2 3 4 5 6 7 8 9 10 11 12 13 14 15 16 17 18 19 20
최고 179,2500 (11/08)
이 시기 월트 디즈니의 시가총액은 300조 원대로, 순위는 58위 전후였다. 차트를 보면 1차와 1, 2차의 연이은 매수 후 주가가 반등하였다. 여기서 중요한 점은 주가가 천천히 하락해 RN존 매수 자리에 왔을 때는 이후에도 천천히 상승하였고, 주가가 빠르게 하락해 RN존 매수 자리에 왔을 때는 이후에도 빠르게 상승하였다. 이처럼 주가의 하락 속도에 따라 원칙대로 매수하느냐, 느긋하게 천천히 매수하느냐에 차이가 있다.
LC:49.76
HC:-34.22
180,0000
170,0000
160,0000
150,0000
140,0000
130,0000
120,0000
117,9100
-0.76%
110,0000
100,0000
90,0000
80,0000
09/05
2021
2022
2023
2024
2025

| 실전 차트 2-23 | 2020~2025년 월트 디즈니 일봉 차트

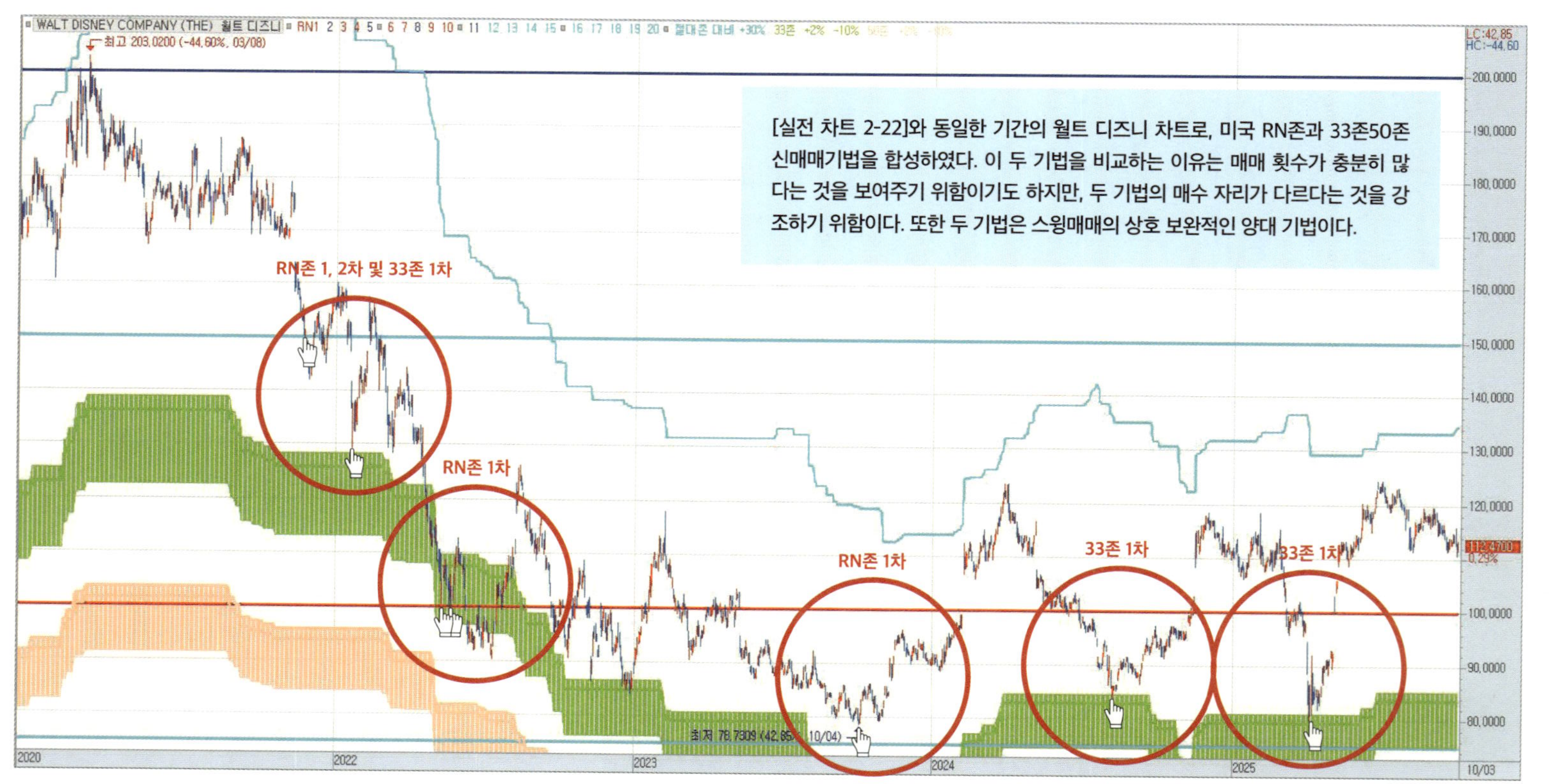

실전 차트 2-24 | 2019~2025년 뱅크오브아메리카 일봉 차트

| 실전 차트 2-25 | 2024~2025년 노보노디스크(ADR) 일봉 차트

노보노디스크의 2024년 5월부터 2025년 8월까지 차트다. 노보노디스크는 비만 치료제인 '위고비' 개발사로 알려져 주가가 급등하였다가 일라이 릴리에서 경쟁 약물인 '마운자로'를 출시해 하락세가 지속되었다. 차트를 보면 이런 하락 구간에서도 RN존 기법이 적용되었다. 1차 매수한 주식을 매도한 후 다시 주가가 하락해 1차 매수가 대비 -20%가 되었을 때 2차 매수를 할 수 있었다. 이후 주가는 모두 상승하였다.

| 실전 차트 2-26 | 2021~2025년 스타벅스 일봉 차트

| 실전 차트 2-27 | 2020~2025년 스노우플레이크 일봉 차트

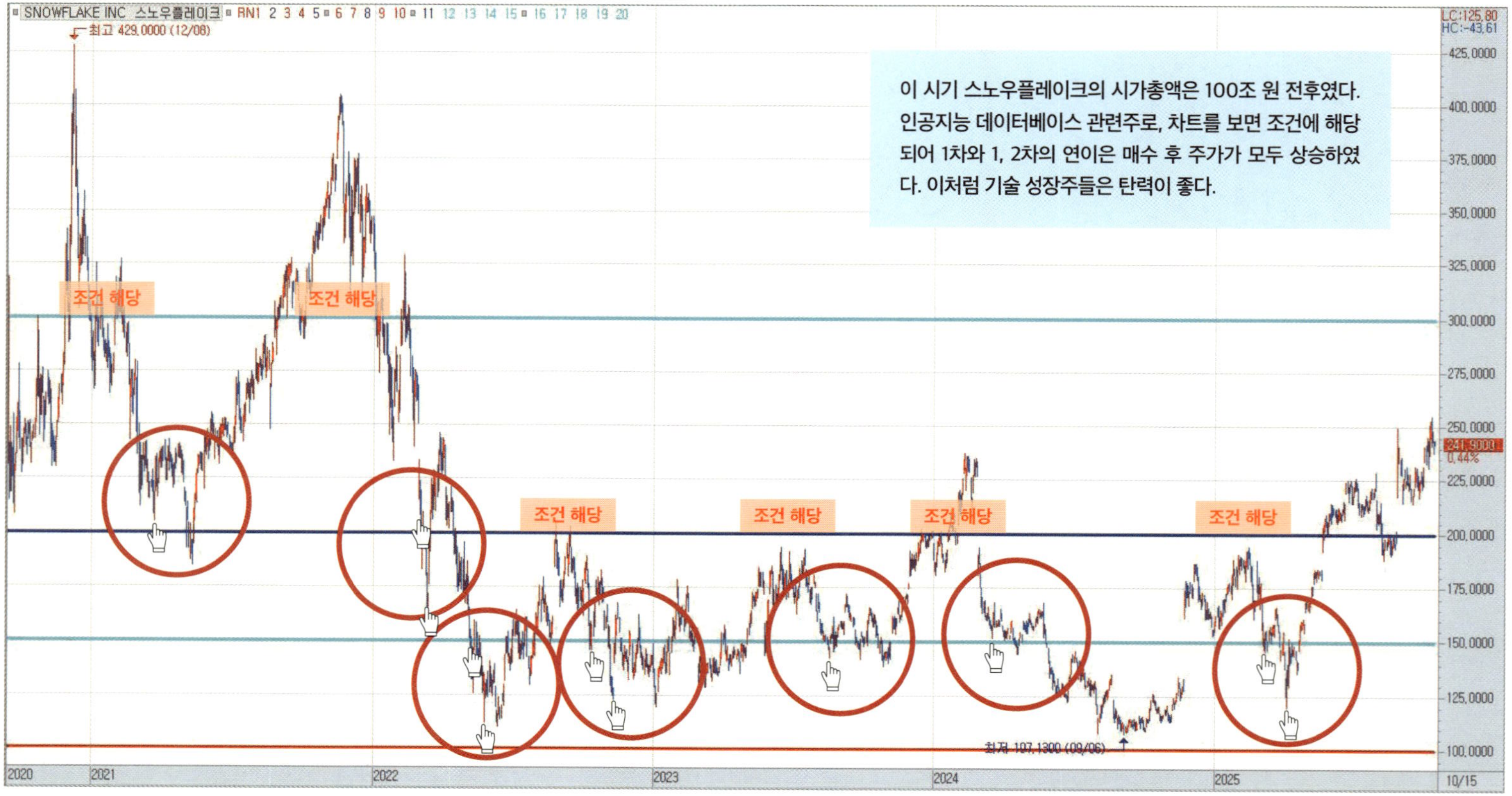

| 실전 차트 2-28 | 2021~2022년 코인베이스 글로벌 일봉 차트

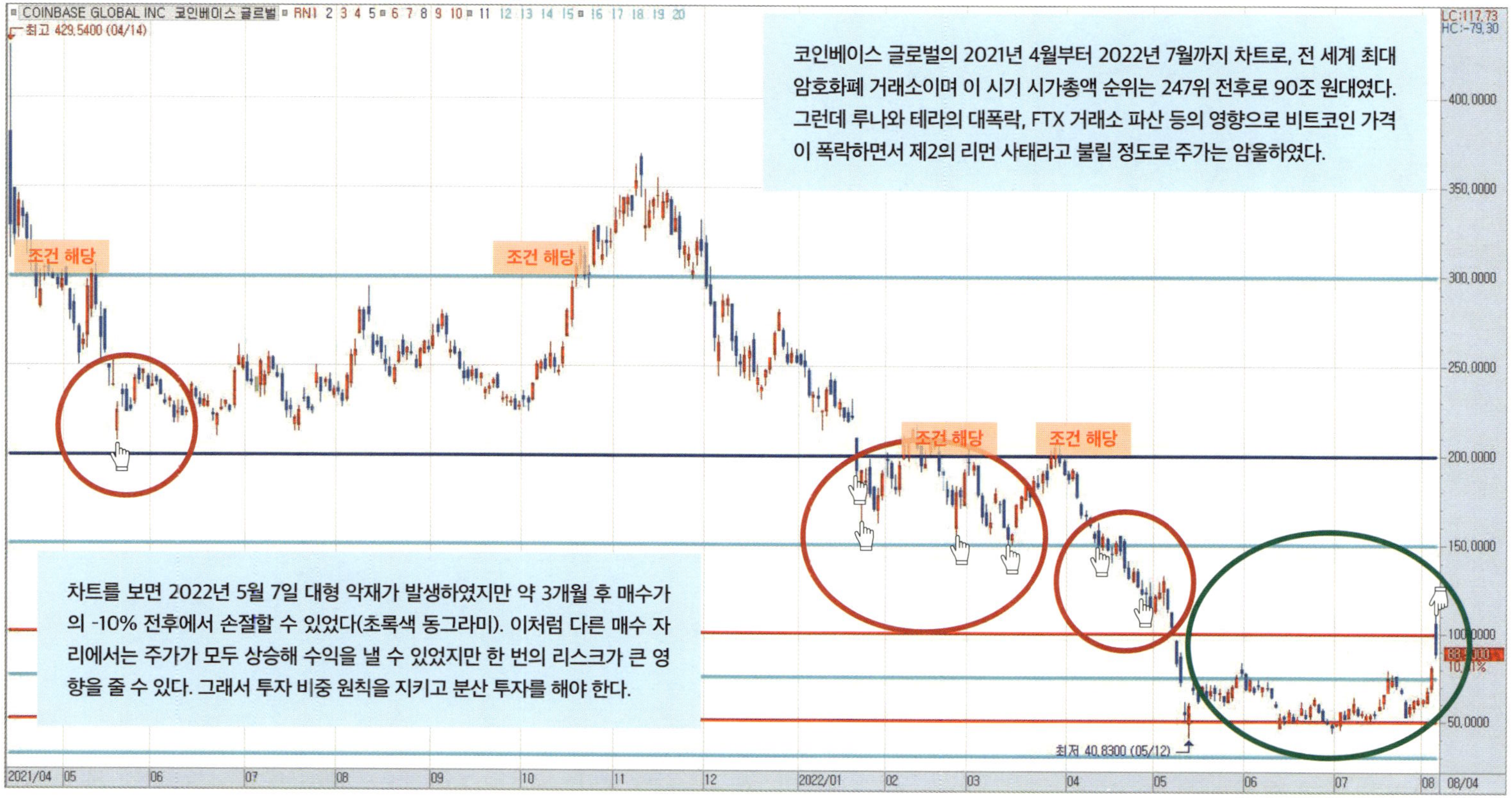

코인베이스 글로벌의 2021년 4월부터 2022년 7월까지 차트로, 전 세계 최대 암호화폐 거래소이며 이 시기 시가총액 순위는 247위 전후로 90조 원대였다. 그런데 루나와 테라의 대폭락, FTX 거래소 파산 등의 영향으로 비트코인 가격이 폭락하면서 제2의 리먼 사태라고 불릴 정도로 주가는 암울하였다.

차트를 보면 2022년 5월 7일 대형 악재가 발생하였지만 약 3개월 후 매수가의 -10% 전후에서 손절할 수 있었다(초록색 동그라미). 이처럼 다른 매수 자리에서는 주가가 모두 상승해 수익을 낼 수 있었지만 한 번의 리스크가 큰 영향을 줄 수 있다. 그래서 투자 비중 원칙을 지키고 분산 투자를 해야 한다.

| 실전 차트 2-29 | 2022~2023년 코인베이스 글로벌 일봉 차트

| 실전 차트 2-30 | 2023~2025년 코인베이스 글로벌 일봉 차트

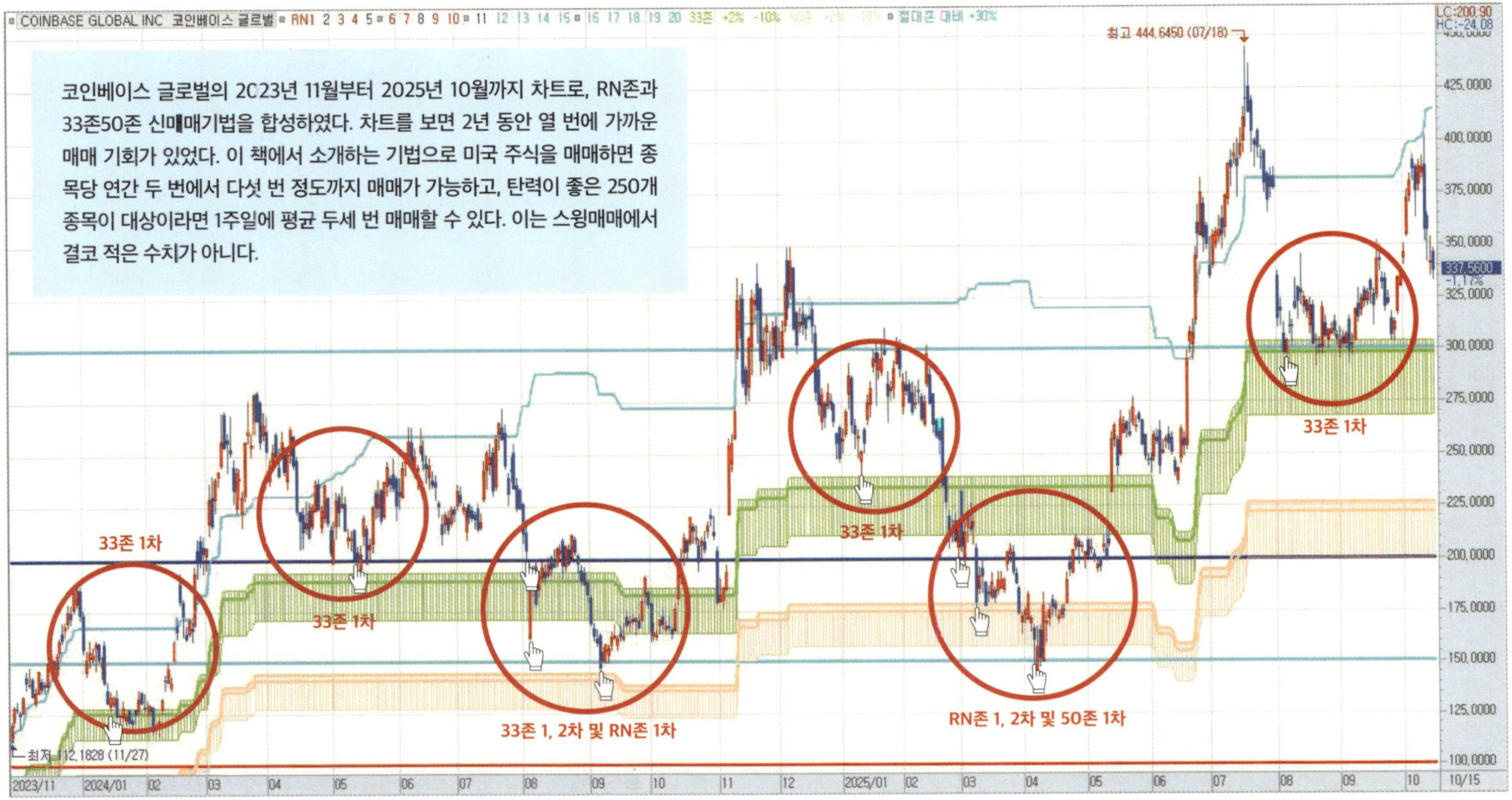

코인베이스 글로벌의 2C23년 11월부터 2025년 10월까지 차트로, RN존과 33존50존 신매매기법을 합성하였다. 차트를 보면 2년 동안 열 번에 가까운 매매 기회가 있었다. 이 책에서 소개하는 기법으로 미국 주식을 매매하면 종목당 연간 두 번에서 다섯 번 정도까지 매매가 가능하고, 탄력이 좋은 250개 종목이 대상이라면 1주일에 평균 두세 번 매매할 수 있다. 이는 스윙매매에서 결코 적은 수치가 아니다.

| 실전 차트 2-31 | 2024~2025년 비스트라 에너지 일봉 차트

| 실전 차트 2-32 | 2020~2025년 조에티스 일봉 차트

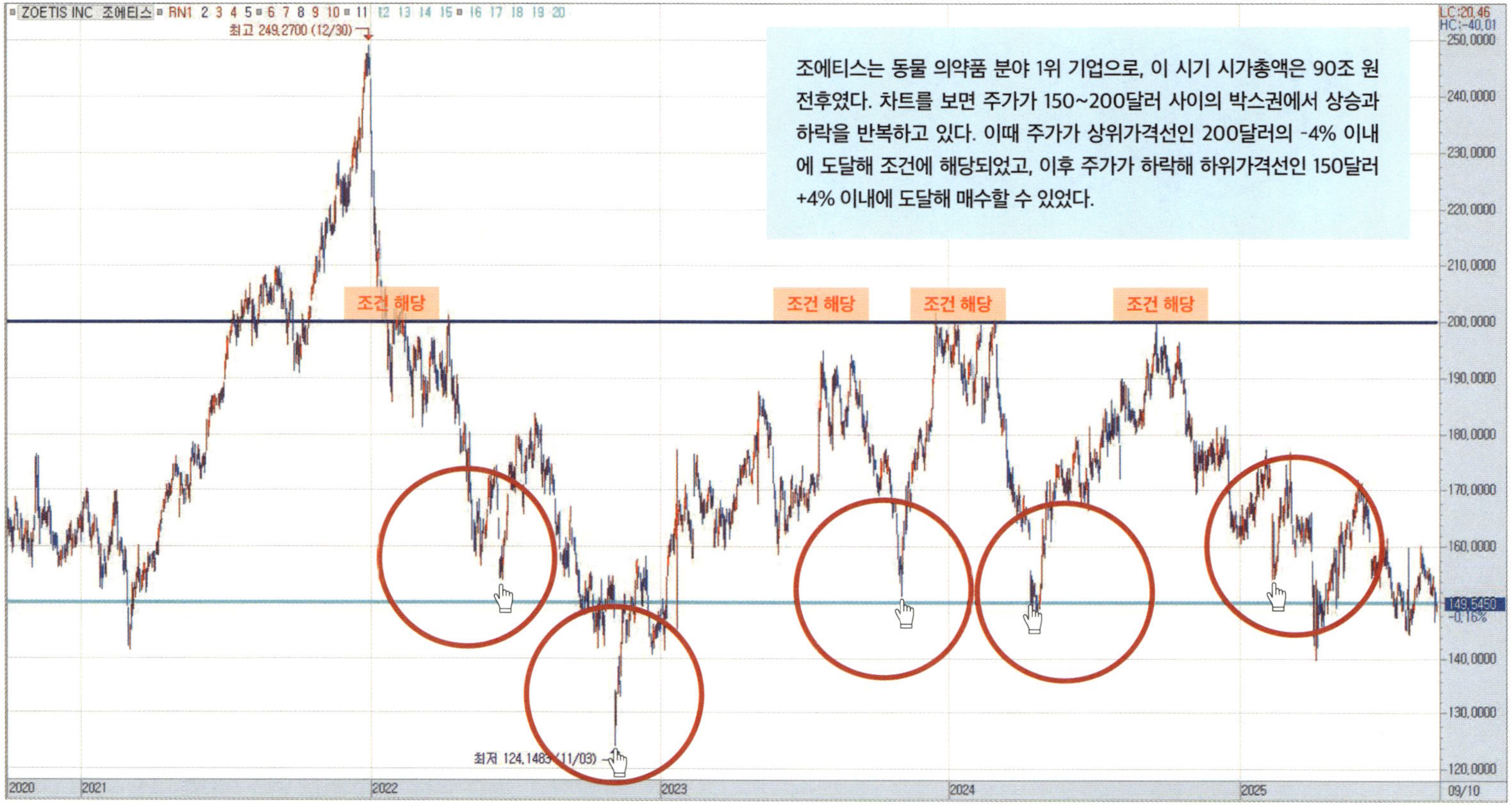

| 실전 차트 2-33 | 2021~2022년 쿠팡 일봉 차트

실전 차트 2-34 | 2022~2023년 쿠팡 일봉 차트

쿠팡의 2022년 4월부터 2023년 12월까지 차트로, 주가가 최저점 약 9달러를 찍은 후 15~20달러 사이의 박스권을 형성하는 시기에도 RN존에서 모두 상승하였다. 세 번째 동그라미를 보면 2차 매수 자리에서 1차 매수를 하였다.

| 실전 차트 2-35 | 2017~2022년 페덱스 일봉 차트

실전 차트 2-36 | 2024~2025년 아스테라 랩스 일봉 차트

| 실전 차트 2-37 | 2021~2024년 카니발 일봉 차트

카니발은 크루즈선 등의 레저 서비스와 제품을 판매하는 기업으로, 이 시기 시가총액은 50조 원 전후였다. 차트를 보면 1차와 1, 2차의 연이은 매수 후 주가가 모두 상승하였다. 평균 10회 거래하면 2회는 매수 후 보유 기간이 2개월 전후로 길어질 수 있다. 하지만 보유 기간보다 확실한 수익 여부가 더 중요하다.

미국 라운드넘버존 신매매기법의 경우 보통 일시적인 글로벌 지수의 하락에 따라 매수 시점이 오기도 하지만, 그것과 상관없이 개별 종목의 흐름에 따라 매수 시점이 오기도 한다.

2

유의 사례

미국 라운드넘버존 신매매기법은 차트만 보고 기계적으로 거래하기 때문에 특정 종목의 재료 소멸이 있거나, 매수했는데 예측할 수 없는 실적 부진 뉴스가 나오면 익절이나 손절을 해야 할 수 있다. 또한 주식투자 경험이 적은 초보 투자자는 뉴스와 테마 분석에 한계가 있어 어쩔 수 없이 익절이나 손절을 해야 할 수 있다. 이런 경우들을 모두 유의해야 한다.

따라서 같은 조건이라면 미국 시가총액 상위 순의 종목을 매수하는 것을 추천하며, 적절한 투자 비중을 지키는 것이 리스크를 줄이고 안정적인 투자를 할 수 있는 방법이다. 이후 충분한 경험이 쌓이면 종목에 따라 투자 비중을 늘릴 수 있다.

| 실전 차트 2-38 | 2025년 마블 테크놀로지 그룹 일봉 차트

| 실전 차트 2-39 | 2021~2025년 페덱스 일봉 차트

| 실전 차트 2-40 | 2024~2025년 웨스턴 디지털 일봉 차트

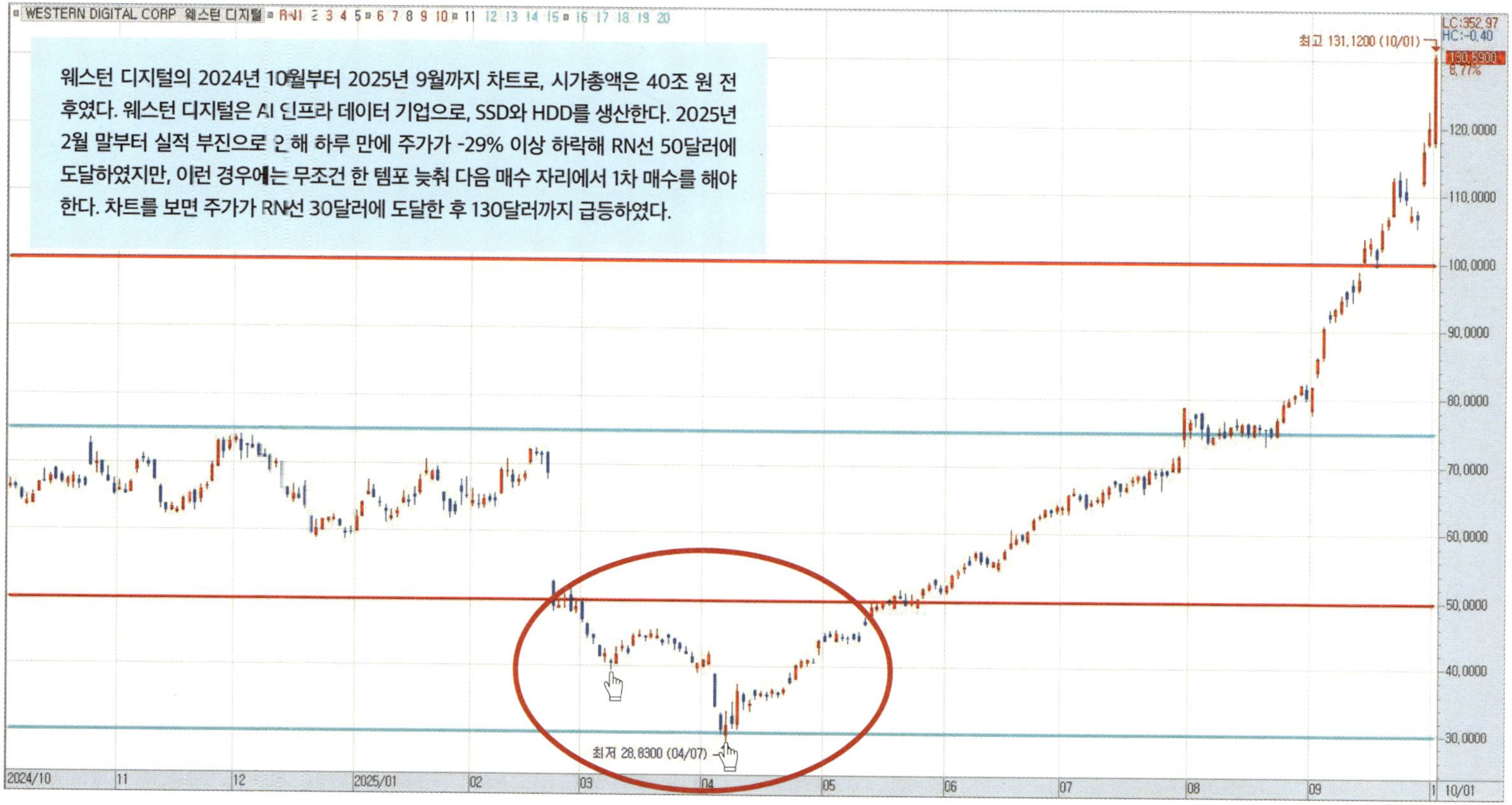

WESTERN DIGITAL CORP 웨스턴 디지털
최고 131.1200 (10/01)
LC:352.97
HC:-0.40
130.5900
8.77%
120.0000
110.0000
100.0000
90.0000
80.0000
70.0000
60.0000
50.0000
40.0000
30.0000
최저 28.8300 (04/07)
2024/10
11
12
2025/01
02
03
04
05
06
07
08
09
10/01

웨스턴 디지털의 2024년 10월부터 2025년 9월까지 차트로, 시가총액은 40조 원 전후였다. 웨스턴 디지털은 AI 인프라 데이터 기업으로, SSD와 HDD를 생산한다. 2025년 2월 말부터 실적 부진으로 인해 하루 만에 주가가 -29% 이상 하락해 RN선 50달러에 도달하였지만, 이런 경우에는 무조건 한 템포 늦춰 다음 매수 자리에서 1차 매수를 해야 한다. 차트를 보면 주가가 RN선 30달러에 도달한 후 130달러까지 급등하였다.

정상적인 익절과 손절을 한 경우

| 실전 차트 2-41 | 2024~2025년 리제네론 파머슈티컬스 일봉 차트

| 실전 차트 2-42 | 2022~2024년 화이자 일봉 차트

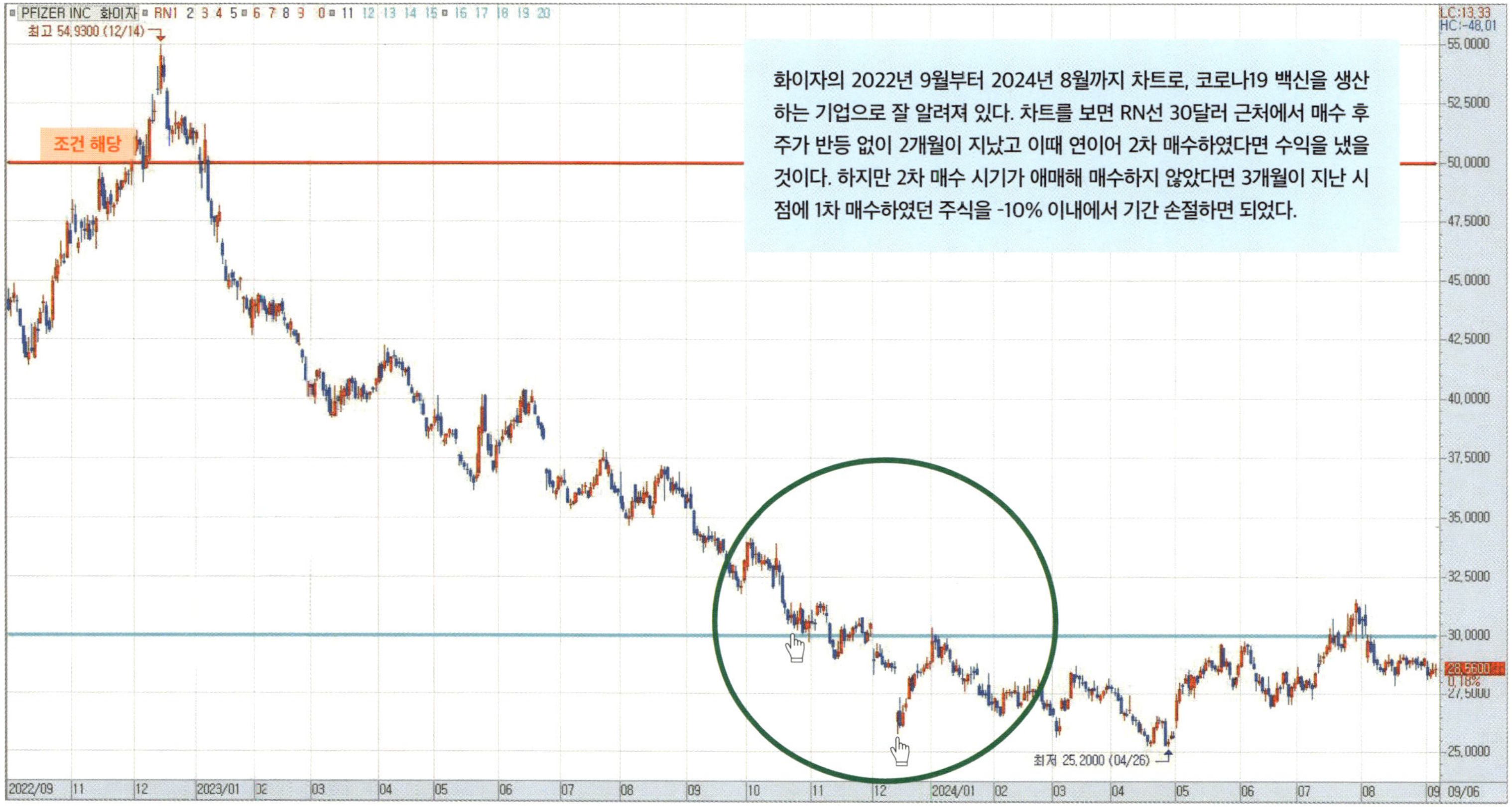
PFIZER INC 화이자 RN1 2 3 4 5 6 7 8 9 0 11 12 13 14 15 16 17 18 19 20
최고 54.9300 (12/14)
조건 해당
최저 25.2000 (04/26)
LC:13.33
HC:-48.01
화이자의 2022년 9월부터 2024년 8월까지 차트로, 코로나19 백신을 생산하는 기업으로 잘 알려져 있다. 차트를 보면 RN선 30달러 근처에서 매수 후 주가 반등 없이 2개월이 지났고 이때 연이어 2차 매수하였다면 수익을 냈을 것이다. 하지만 2차 매수 시기가 애매해 매수하지 않았다면 3개월이 지난 시점에 1차 매수하였던 주식을 -10% 이내에서 기간 손절하면 되었다.

3

미국
라운드넘버존
신매매기법
설정 방법

1

설정 방법

다음은 미국 라운드넘버존 신매매기법의 모든 지표가 추가된 차트 환경이다. 이어서 나오는 설정법을 그대로 따라 하면 어렵지 않게 구축할 수 있을 것이다.

| 실전 차트 2-43 | **미국 라운드넘버존 신매매기법 차트 환경 설정 예시**

미국 라운드넘버존 가격선 설정하기

| 차트 환경 설정법 1 |

키움증권의 '영웅문Global' HTS를 실행한 후 좌측 상단의 검색창에 '0601'을 입력해 검색한다.

| 차트 환경 설정법 2 |

'해외주식 종합차트' 창이 활성화되면 ①의 보조지표 클릭 후 키보드의 Delete 키를 눌러 이동평균선을 삭제한다. 이어서 ②의 보조지표 클릭 후 키보드의 Delete 키를 눌러 거래량을 삭제한다.

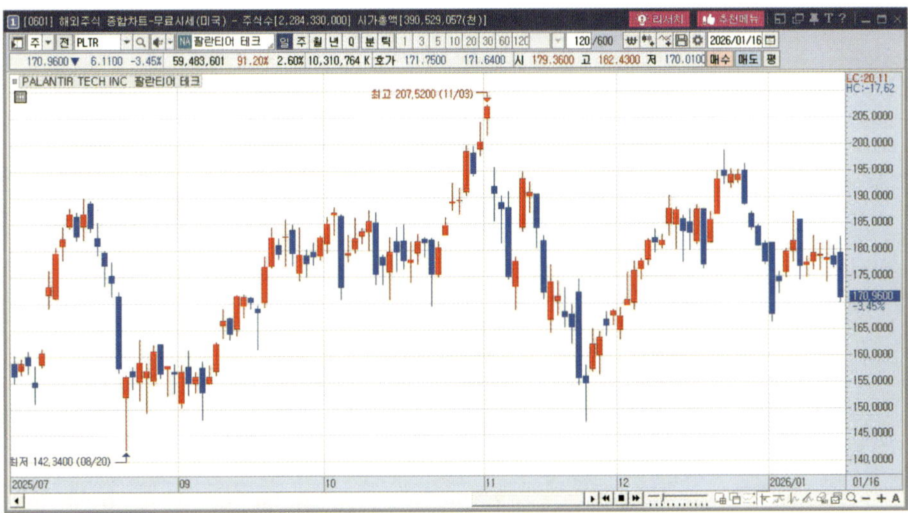

두 보조지표가 삭제된 화면은 위 그림과 같다.

| 차트 환경 설정법 3 |

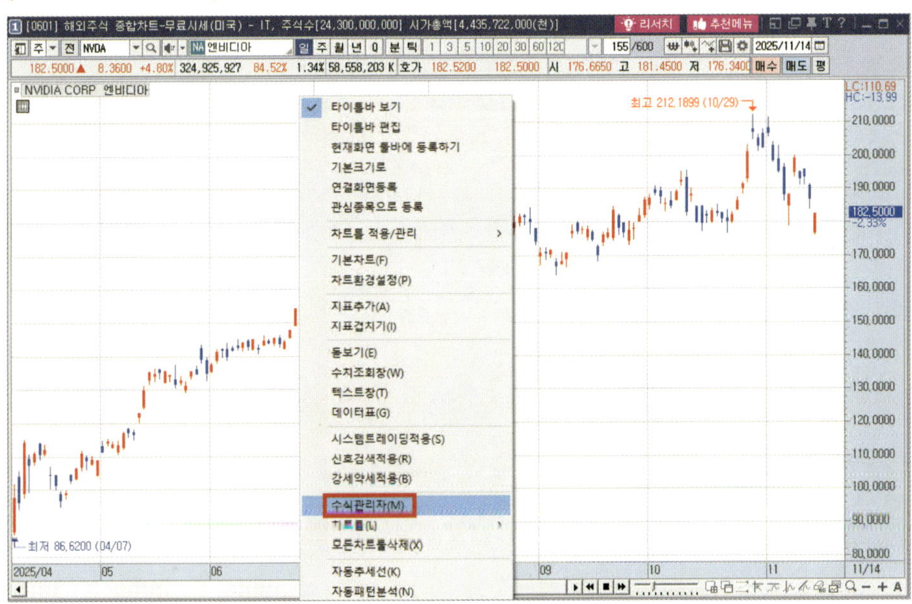

차트 화면에서 마우스 오른쪽 버튼을 눌러 '수식관리자'를 클릭해 '수식관리' 창을 활성화시킨다.

| 차트 환경 설정법 4 | 첫 번째 지표의 수식 설정

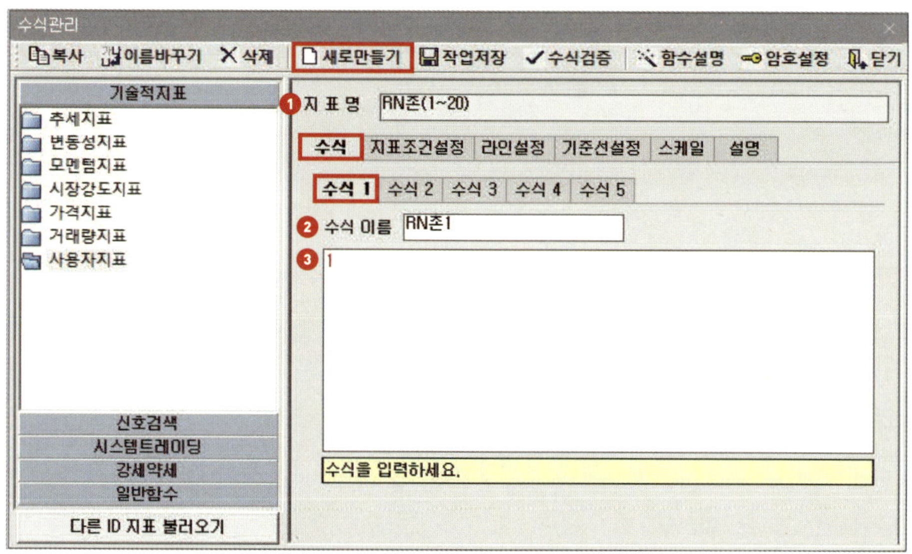

'수식관리' 창이 활성화되면 '새로만들기'를 클릭한 후 순서대로 '① 지표명'에 'RN존(1~20)', '수식→수식 1' 탭의 '② 수식 이름'에 'RN존1', ③ 공란에 '1'을 입력한다.

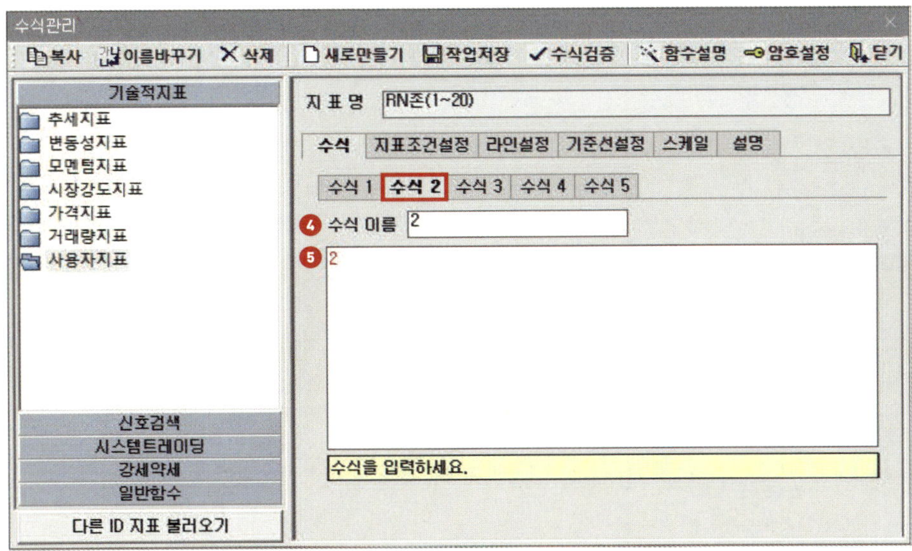

이어서 '수식 2' 탭의 '④ 수식 이름'에 '2', ⑤ 공란에 '2'를 입력한다.

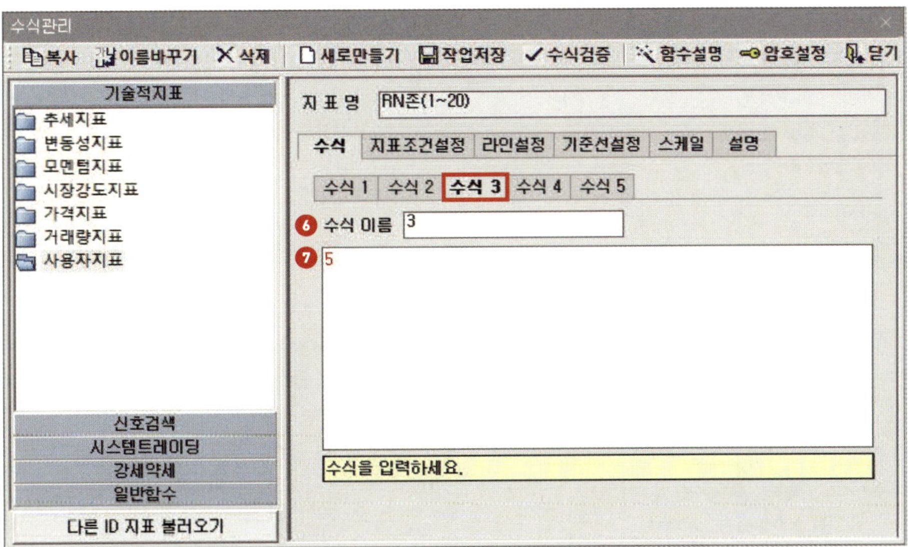

이어서 '수식 3' 탭의 '⑥ 수식 이름'에 '3', ⑦ 공란에 '5'를 입력한다.

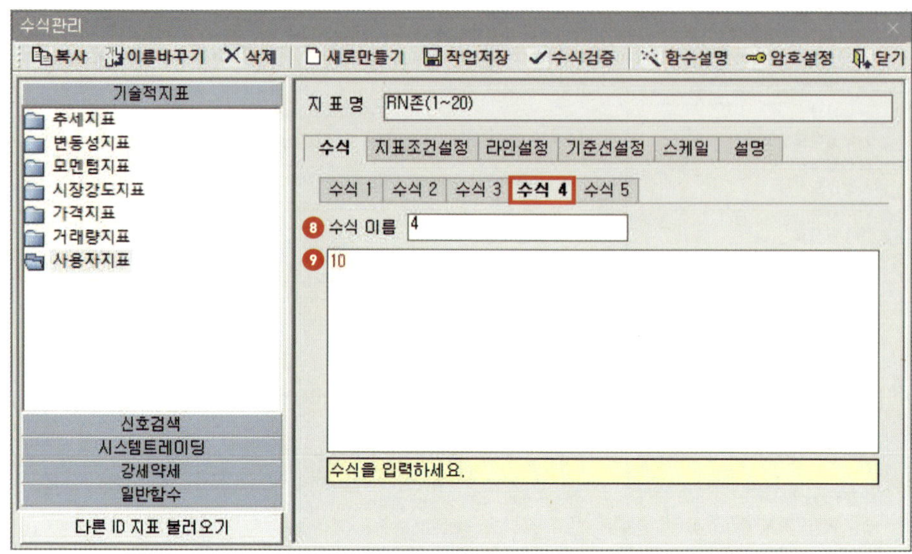

이어서 '수식 4' 탭의 '⑧ 수식 이름'에 '4', ⑨ 공란에 '10'을 입력한다.

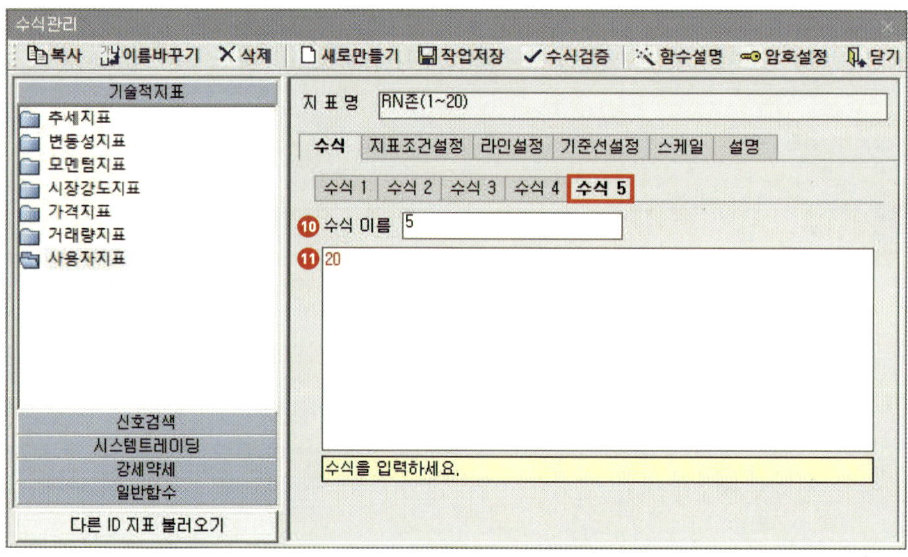

이어서 '수식 5' 탭의 '⑩ 수식 이름'에 '5', ⑪ 공란에 '20'을 입력한다.

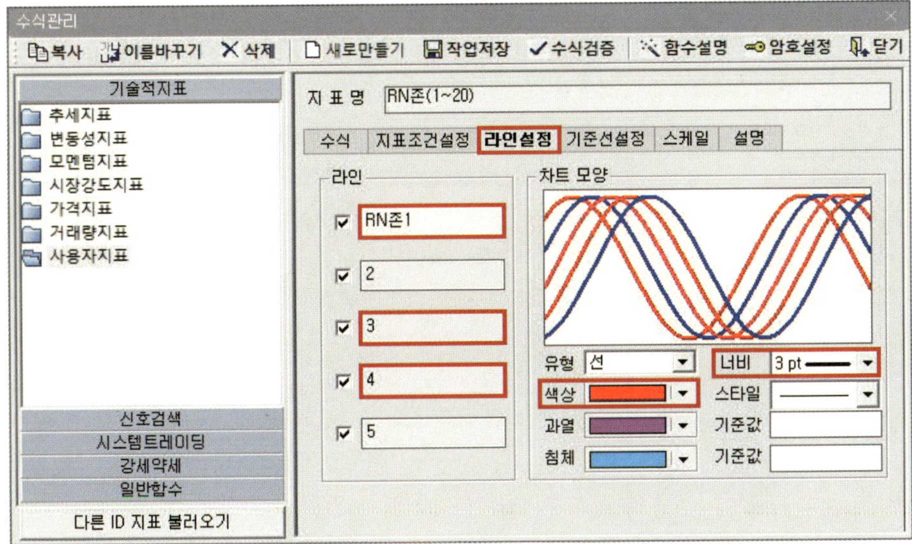

'라인설정' 탭의 '라인' 항목에서 'RN존1', '3', '4'를 각각 클릭한 후 오른쪽에서 '색상'은 '빨강', '너비'는 '3pt'로 각각 설정한다.

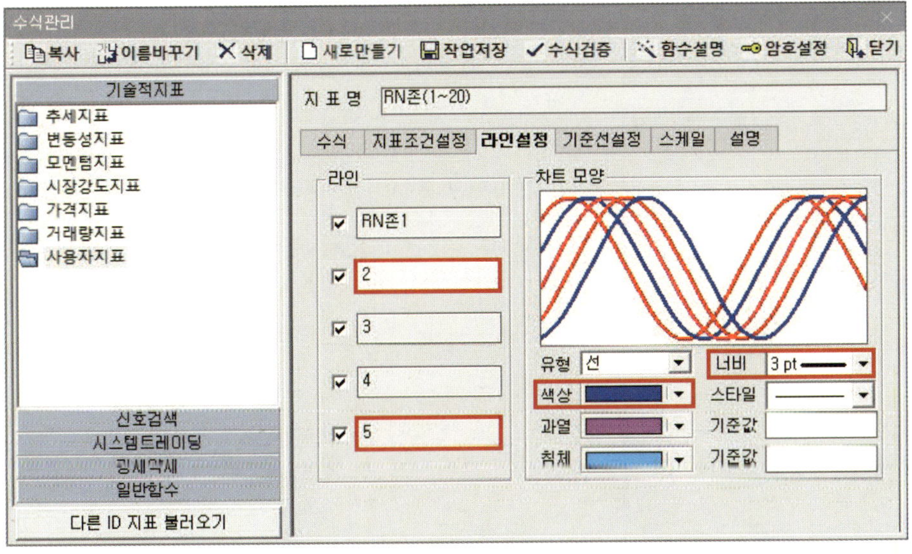

이어서 '라인' 항목에서 '2', '5'를 각각 클릭한 후 오른쪽에서 '색상'은 '파랑', '너비'는 '3pt'로 각각 설정한다.

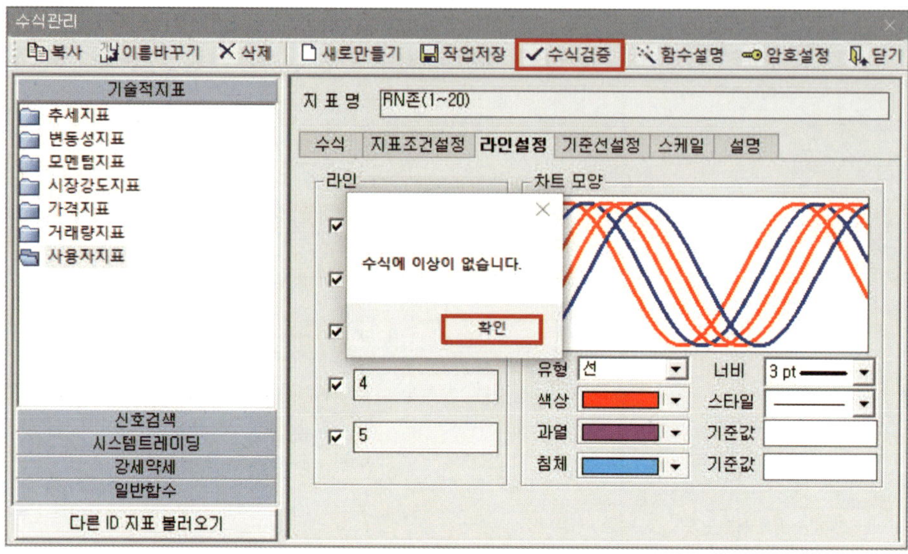

모든 설정이 완료되면 상단의 '수식검증'을 눌러 이상이 없는지 확인한다.

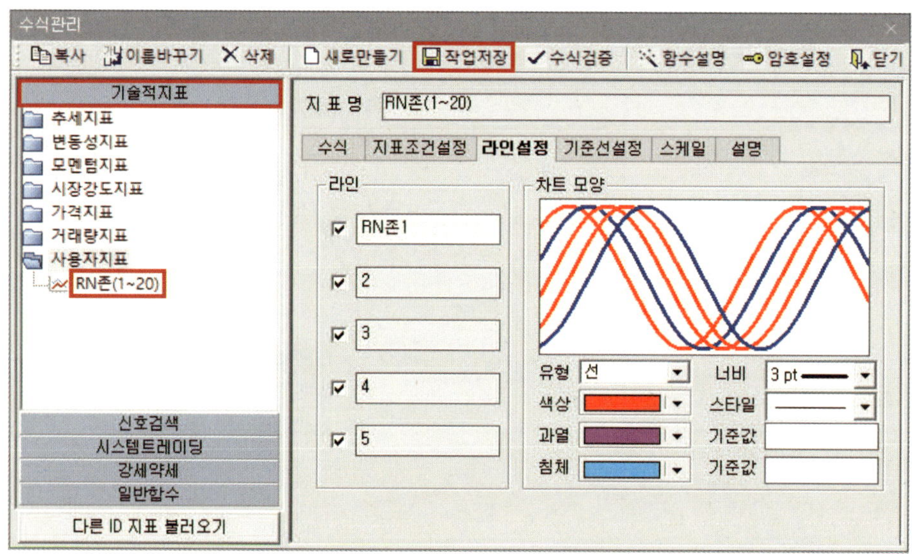

상단의 '작업저장'을 눌러 좌측 '기술적지표' 창에 'RN존(1~20)' 지표가 생성됐는지 확인한다.

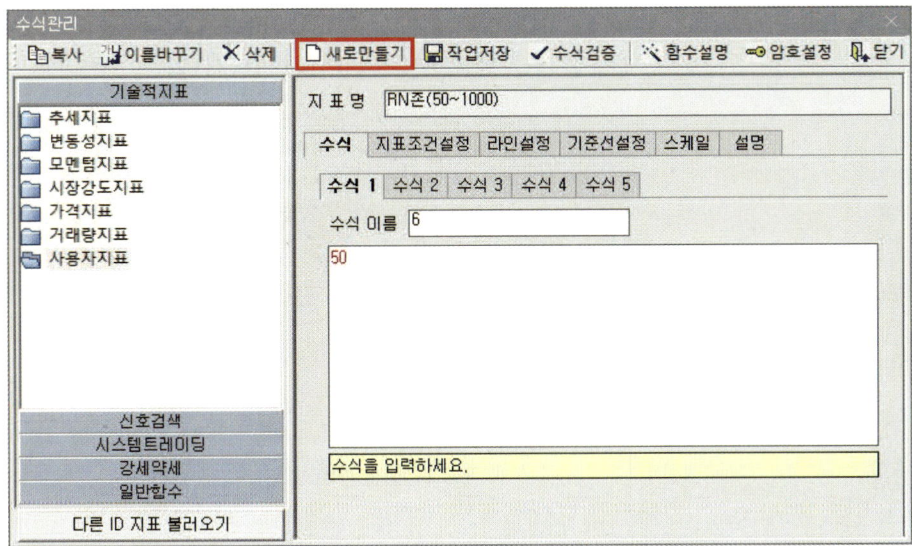

'수식관리' 창에서 '새로만들기'를 클릭한 후 '지표명'에 'RN존(50~1000)'을 입력한다. 이어서 '수식 1'부터 '수식 5'까지 설정하는 방법은 [차트 환경 설정법 4] 과정과 동일하며 입력 내용은 다음과 같다.

구분	수식 1	수식 2	수식 3	수식 4	수식 5
수식 이름	6	7	8	9	10
공란(수식 값)	50	100	200	500	1000

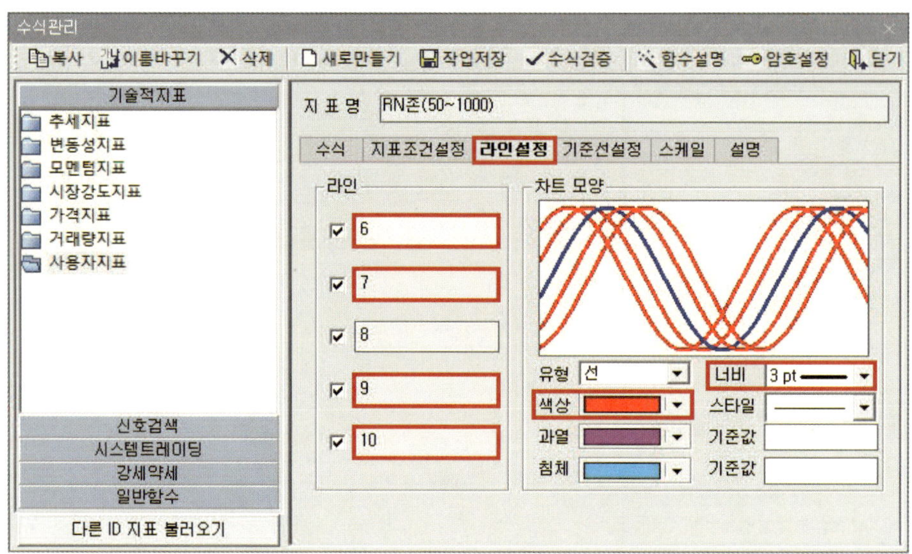

'라인설정' 탭의 '라인' 항목에서 '6', '7', '9', '10'을 각각 클릭한 후 오른쪽에서 '색상'은 '빨강', '너비'는 '3pt'로 각각 설정한다.

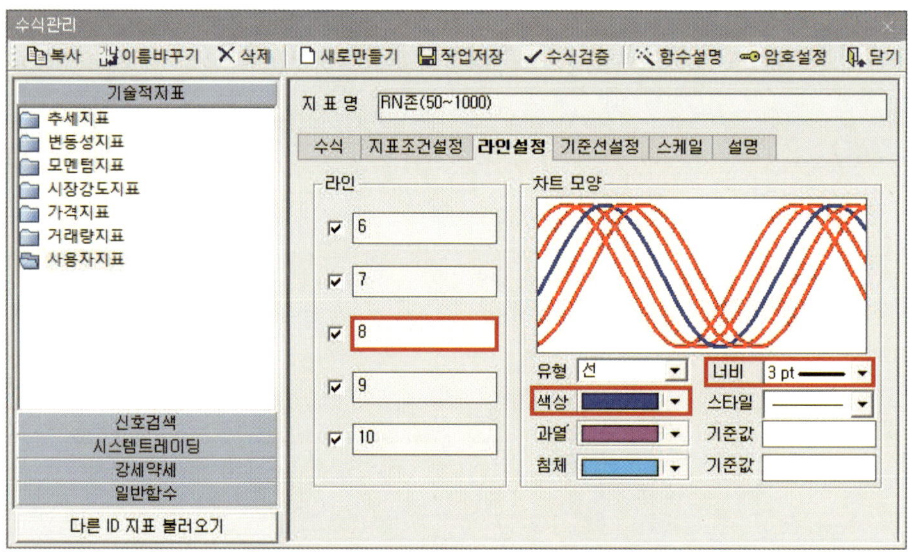

이어서 '라인' 항목에서 '8'을 클릭한 후 오른쪽에서 '색상'은 '파랑', '너비'는 '3pt'로 설정한다.

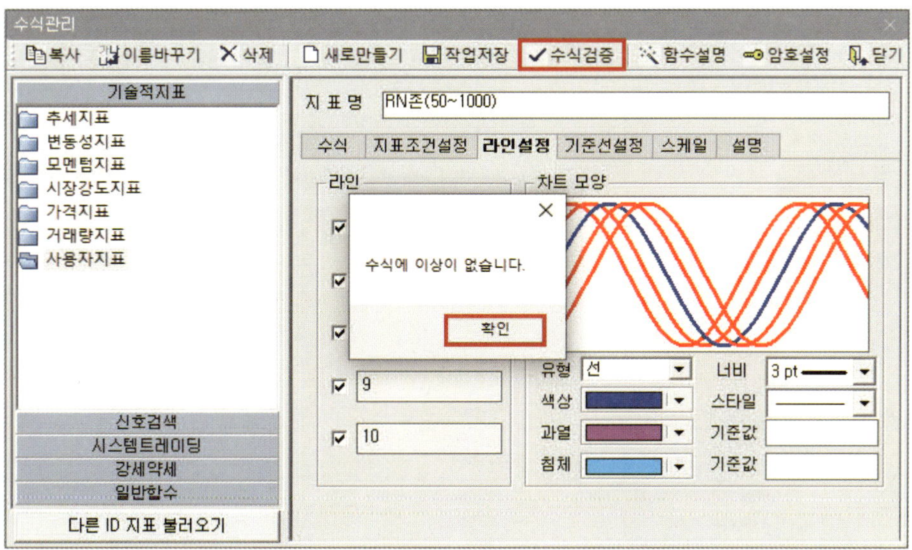

모든 설정이 완료되면 상단의 '수식검증'을 눌러 이상이 없는지 확인한다.

| 차트 환경 설정법 11 |

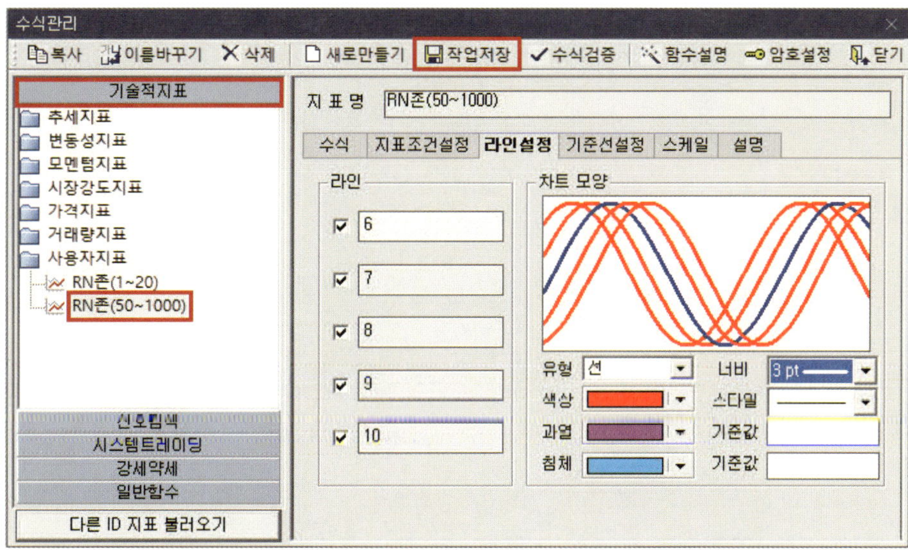

상단의 '작업저장'을 눌러 좌측 '기술적지표' 창에 'RN존(50~1000)' 지표가 생성됐는지 확인한다.

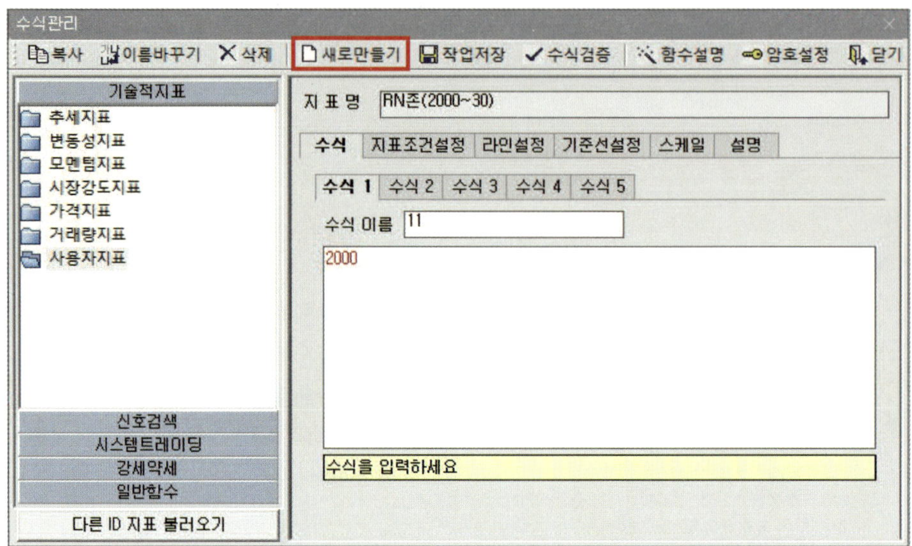

'수식관리' 창에서 '새로만들기'를 클릭한 후 '지표명'에 'RN존(2000~30)'을 입력한다. 이어서 '수식 1'부터 '수식 5'까지 설정하는 방법은 [차트 환경 설정법 4] 과정과 동일하며 입력 내용은 다음과 같다.

구분	수식 1	수식 2	수식 3	수식 4	수식 5
수식 이름	11	12	13	14	15
공란(수식 값)	2000	3	7.5	15	30

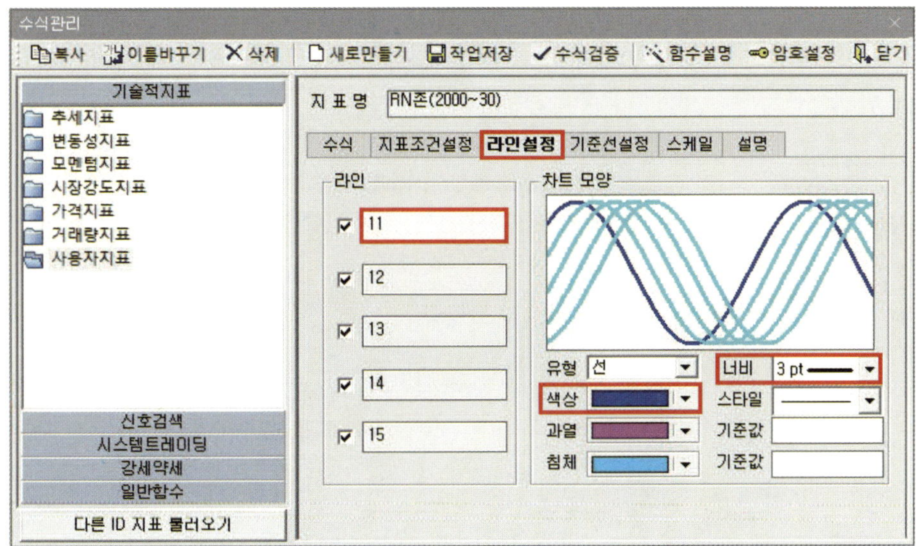

'라인설정' 탭의 '라인' 항목에서 '11'을 클릭한 후 오른쪽에서 '색상'은 '파랑', '너비'는 '3pt'로 설정한다.

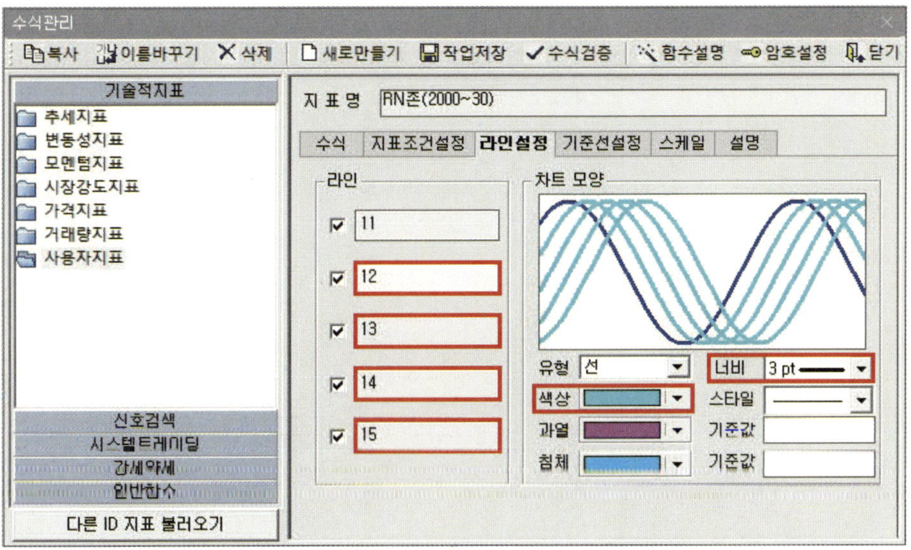

'라인' 항목에서 '12', '13', '14', '15'를 각각 클릭한 후 오른쪽에서 '색상'은 '옥색(하늘색)', '너비'는 '3pt'로 각각 설정한다.

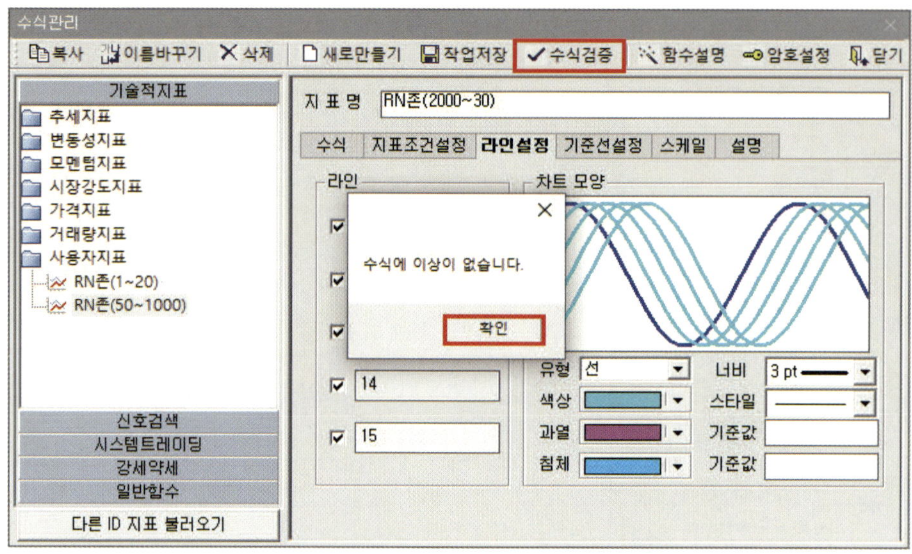

모든 설정이 완료되면 상단의 '수식검증'을 눌러 이상이 없는지 확인한다.

| 차트 환경 설정법 15 |

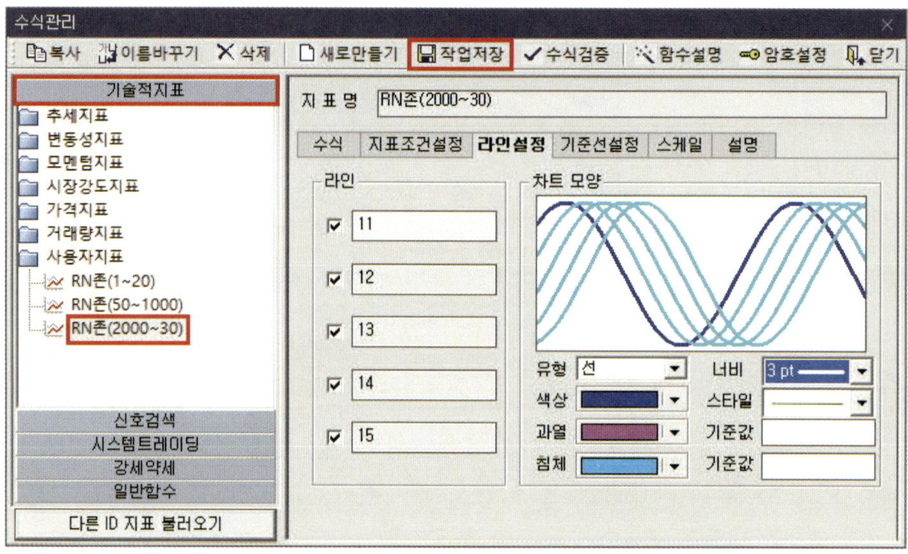

상단의 '작업저장'을 눌러 좌측 '기술적지표' 창에 'RN존(2000~30)' 지표가 생성됐는지 확인한다.

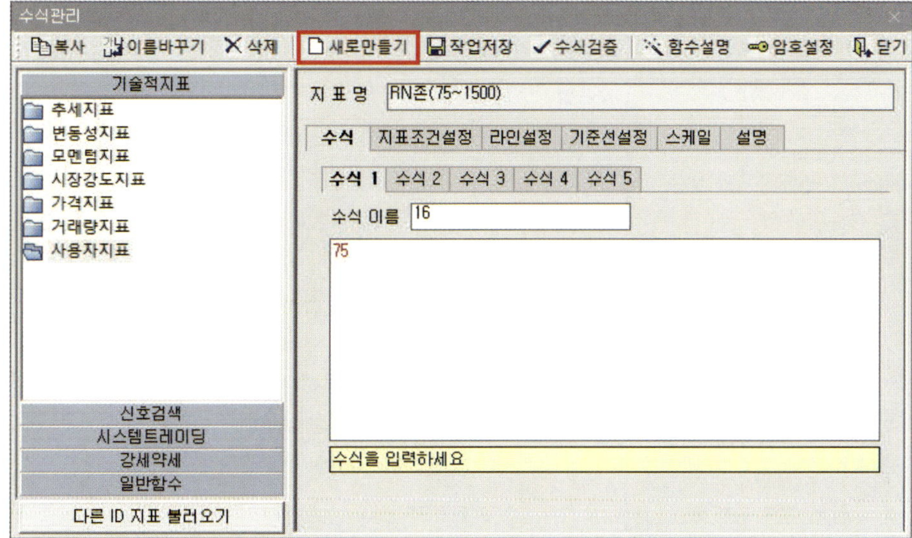

'수식관리' 창에서 '새로만들기'를 클릭한 후 '지표명'에 'RN존(75~1500)'을 입력한다. 이어서 '수식 1'부터 '수식 5'까지 설정하는 방법은 [차트 환경 설정법 4] 과정과 동일하며 입력 내용은 다음과 같다.

구분	수식 1	수식 2	수식 3	수식 4	수식 5
수식 이름	16	17	18	19	20
공란(수식 값)	75	150	300	750	1500

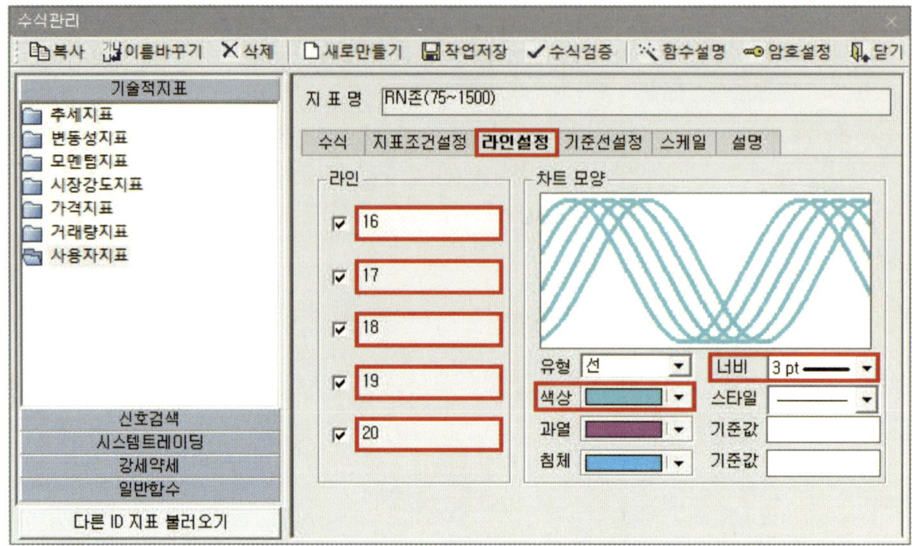

'라인설정' 탭의 '라인' 항목에서 '16'부터 '20'까지 모두 각각 클릭한 후 오른쪽에서 '색상'은 '옥색(하늘색)', '너비'는 '3pt'로 각각 설정한다.

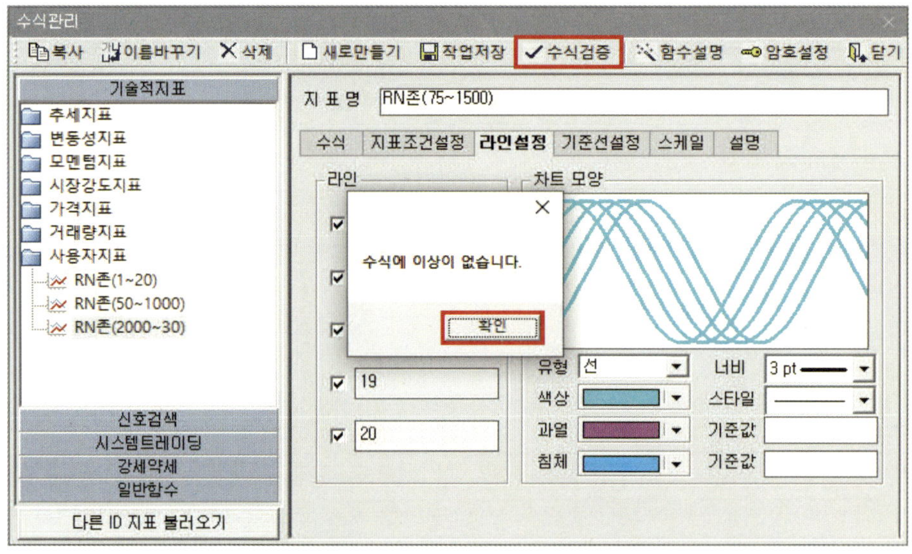

모든 설정이 완료되면 상단의 '수식검증'을 눌러 이상이 없는지 확인한다.

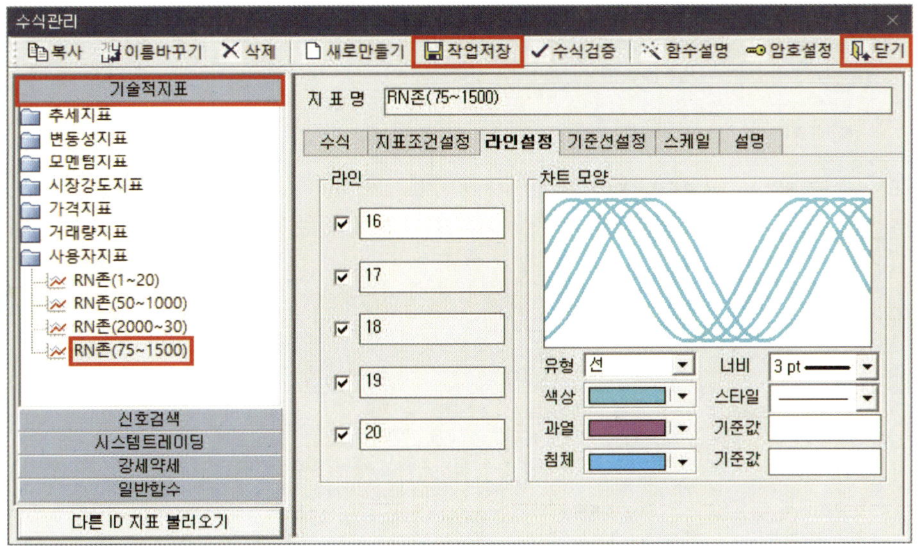

상단의 '작업저장'을 눌러 좌측 '기술적지표' 창에 'RN존(75~1500)' 지표가 생성됐는지 확인한 후 우측 상단의 '닫기'를 클릭한다.

| 차트 환경 설정법 20 |

지금까지 설정한 모든 지표 적용에 앞서 '해외주식 종합차트' 창의 우측 상단에서 '차트설정(톱니바퀴 모양 ⚙)'을 클릭한다.

'차트환경설정' 창이 활성화되면 '차트속성' 탭에서 '봉 최대/최소'를 선택한 후 '적용→확인' 순서
로 클릭한다.

미국 라운드넘버존 보조지표 적용하기

'해외주식 종합차트' 창 좌측의 리스트 창에서 '기술적지표→사용자지표'를 순서대로 클릭하면 앞서 설정한 4개의 미국 라운드넘버 가격선 지표가 나타난다. 만약 좌측에 리스트 창이 보이지 않는다면 상단의 '좌측메뉴 보이기/감추기(창 모양 📑)'를 클릭한다.

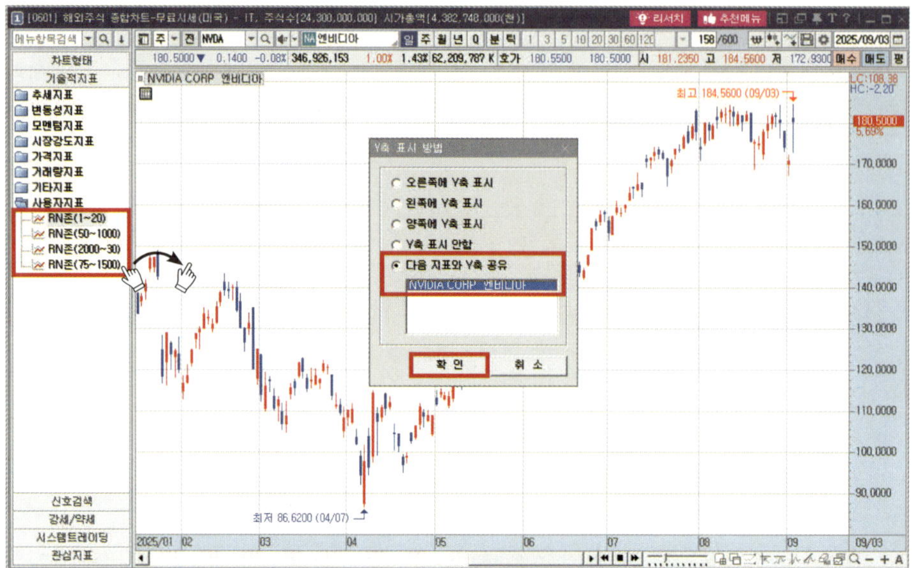

4개의 지표를 하나씩 마우스로 드래그해 우측 차트로 이동시키면 'Y축 표시 방법' 창이 나타난다. 여기에서 '다음 지표와 Y축 공유'와 아래의 종목명을 선택한 후 '확인'을 누르면 해당 지표가 차트에 적용된다.

모든 지표 적용이 성공적으로 완료되면 차트 좌측 상단에 파란색 상자와 같이 표기되며 이제 미국 라운드넘버존 매매를 위한 설정이 완료됐다. 차트에서 지표를 삭제하는 방법은 [차트 환경 설정법 2]를 참고하면 된다.

PART
3

미국 ETF
라운드넘버존
신매매기법

1

미국 ETF
라운드넘버존
신매매기법
종목 선정 원칙

1

미국 ETF 라운드넘버존 신매매기법이란?

ETF**Exchange Traded Fund**는 인덱스펀드를 거래소에 상장해 주식시장에서 실시간으로 사고팔 수 있는 상품으로, 여러 상품(주식, 채권, 원자재 등)을 한데 묶어 주식처럼 거래소에서 거래할 수 있는 것이 특징이다. 개별 주식 종목을 고르지 않아도 다양한 자산에 분산 투자할 수 있으며, 특히 미국 지수를 추종하는 ETF의 흐름은 미국 지수 흐름과 거의 같다고 볼 수 있다.

2025년 8월 기준 전체 미국 증시에 상장된 ETF 수는 4,300여 개로, 그 규모는 미국뿐 아니라 전 세계적으로 빠르게 성장 중이다. 미국에 상장된 ETF의 시가총액은 약 12조 달러(한화 약 1경 6,700조 원)로 추산되며 전체 미국 주식시장의 1/5을 차지하고 있다. 국내 투자자의 미국 주식(ETF 포함) 보유액은 약 1,377억 달러(한화 약 190조 원)로, 미국 주식 투자액은 꾸준하게 증가하고 있다.

미국 시가총액 상위 500위 이내의 ETF는 S&P 500 지수와 80% 정도 비슷한 흐름을 보인다. 또한 미국 ETF는 지수, 업종, 원자재 관련 ETF가 대부분이며

S&P 500 지수나 나스닥 100 지수를 추종하는 경우가 많아 안정적이지만 움직임이 둔해 중장기 투자에 어울린다. 이처럼 미국 주식뿐 아니라 높은 성장세를 보이는 미국 ETF에도 적용 가능한 승률과 수익성 높은 ETF 매매법이 필요하다고 판단해 이 기법을 개발했다.

미국 ETF 라운드넘버존 신매매기법 파트에서는 여러 종류의 수많은 ETF에 대해 모두 알 필요가 없다. 이 책에서는 거래대금과 거래량이 풍부하며 움직임이 좋고 변동성이 큰 미국 ETF만 선정해 단기매매와 스윙매매의 기준을 제시하고 소개하고자 한다.

미국 ETF 라운드넘버존 수식 구성은 다음과 같다.

① 거래대금 및 거래량 상위 50위 이내 1주당 1달러 이상의 2, 3배 레버리지 ETF로, 이 책에서 선정한 ETF가 대상이다.
② 대라운드넘버 가격 7개(빨간색 선)와 대호가단위 라운드넘버 가격 4개(파란색 선), 총 11개의 라운드넘버 가격 평행선이 있다.
③ 총 11개의 라운드넘버 가격 대비 +50% 상승 가격인 9개(하늘색 선)의 라운드넘버 가격 평행선이 있다.

그리고 수식을 통해 이 20개의 평행선이 HTS 차트에 자동 생성되게 만들었다. 설정 방법은 챕터 3에 자세히 설명했다.

이제 미국 ETF 라운드넘버존 신매매기법에 대해 하나씩 살펴보겠다. 다음은 미국 ETF 라운드넘버존 신매매기법의 예시 차트다. 미국 라운드넘버존 신매매기법의 수식과 동일하게 설정돼 있다. 거래대금 및 거래량 상위 50위 이내 1주당 1달러 이상의 2, 3배 레버리지 ETF 중 이 책에서 선정한 ETF가 거래 대상이다. 차트에는 거래량과 이동평균선 등의 보조지표들은 없으며 오직 20개의 가격선만 표시된다. 미국 ETF 라운드넘버존 신매매기법도 승률이 80~90%로 높지만 반드시 이 책에서 알려주는 투자 비중의 원칙을 지켜야 한다.

| 실전 차트 3-1 | 2006~2025년 S&P 500 2배 프로셰어스 ETF 일봉 차트

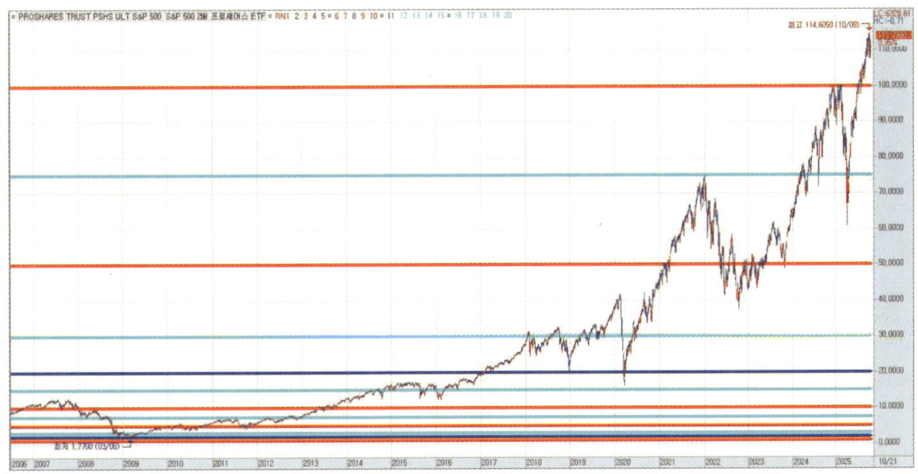

미국 ETF 라운드넘버 가격 구성은 다음과 같으며 미국 라운드넘버 가격과 동일하다.

- 대라운드넘버 가격: 1달러, 5달러, 10달러, 50달러, 100달러, 500달러, 1,000달러, 총 7개

- 대호가단위 라운드넘버 가격: 2달러, 20달러, 200달러, 2,000달러, 총 4개

- 매수 기쥰이 되는 11개 라운드넘버 가격 대비 +50% 상승 가격: 3달러, 7.5달러, 15달러, 30달러, 75달러, 150달러, 300달러, 750달러 1,500달러, 총 9개

11개 ETF 라운드넘버 가격 내비 +50% 상승 가격에서 1.5달러는 제외했다.

그 이유는 이 책에서 선정한 미국 ETF 중에는 1주당 가격이 1.5달러인 ETF가 없기 때문이다.

미국 ETF 라운드넘버존 신매매기법은 이렇게 총 20개의 라운드넘버 가격으로 구성돼 있으며 차트에는 각 라운드넘버 가격에 해당되는 수평의 가격선이 표시된다.

2

종목 선정 조건

미국 ETF 라운드넘버존 신매매기법의 미국 종목 선정 조건은 다음과 같다.

① 1주당 가격이 1달러 이상인 종목

② 미국 거래대금 및 거래량 상위 50위 이내 ETF 중 2, 3배 레버리지 종목

③ ①, ②번 조건에 해당되면서 가격이 20개의 ETF 라운드넘버 가격선 중 하나
의 ETF 라운드넘버 가격선(상위가격선) -4% 이내에 도달한 종목

상위가격선에 도달한 후 가격이 하락해 그다음 아래 ETF 라운드넘버 가격선
(하위가격선) +4% 이내에 도달하면 매수(매수 방법은 233쪽 참고)가 가능하며 가
격이 ETF 라운드넘버 가격선에 도달할 때는 양봉이든 음봉이든 상관없다.
또한 차트에 수식으로 설정해 도식화함으로써 아주 쉽게 확인할 수 있다.

[표 3-1]은 미국 ETF 라운드넘버 가격 대비 -4% 가격을 정리한 표다. 미국 ETF 라운드넘버 가격 중 1달러의 -4% 가격은 이 기법의 종목 선정 조건에 해당되지 않으므로(하위가격선 없음) [표 3-1]에서 제외했다. 또한 3,000달러는 이 책에서 지정한 미국 ETF 라운드넘버 가격이 아님에도 [표 3-1]에 넣은 이유는 끝자리 다수가 숫자 '0'으로 끝나는 라운드넘버이면서 미국 ETF 중 가격이 상승해 1주당 가격이 될 수 있는 금액이기 때문이다.

| 표 3-1 | 미국 ETF 라운드넘버 가격 대비 조건 해당 -4% 가격표

ETF RN 가격(달러)	ETF RN 가격 대비 -4% 가격(달러)	ETF RN 가격(달러)	ETF RN 가격 대비 -4% 가격(달러)
1	—	100	96
2	1.92	150	144
3	2.88	200	192
5	4.8	300	288
7.5	7.2	500	480
10	9.6	750	720
15	14.4	1,000	960
20	19.2	1,500	1,440
30	28.8	2,000	1,920
50	48	3,000	2,880
75	72		

위 3가지 종목 선정 조건을 만족하면서 거래대금과 거래량이 많은 2, 3배 레버리지 ETF는 다음과 같다.

- S&P 500 지수를 추종하는 2, 3배 레버리지 ETF

- 나스닥 100 지수를 추종하는 QQQ 2, 3배 레버리지 ETF

- 반도체 지수를 추종하는 2, 3배 레버리지 ETF

- 시가총액이 높은 종목을 추종하는 2배 레버리지 ETF

- 시가총액이 높은 암호화폐를 추종하는 2배 레버리지 ETF

키움증권의 '영웅문Global' HTS에서 아래 ETF들을 관심종목으로 등록해 거래하면 된다. 관심종목으로 등록하는 자세한 방법은 유튜브 채널 '주식의 왕도를 걷는 사람들'과 네이버 카페 '주식차트 연구소'에서 확인할 수 있다.

[미국 ETF 라운드넘버존 신매매기법 거래 대상 ETF 종목]

1. S&P 500 2배 프로셰어스 ETF(SSO)

2. S&P 500 3배 프로셰어즈 ETF(UPRO)

3. S&P 500 레버리지 3배 디렉시온 ETF(SPXL)

4. QQQ 2배 프로셰어즈 ETF(QLD)

5. QQQ 레버리지 3배 프로셰어즈 ETF(TQQQ)

6. 코인베이스 2배 그래닛셰어즈 ETF(CONL)

7. 비트코인 2배 ETF(BITX)

8. 이더리움 2배 ETF(ETHU)

9. 솔라나 2배 ETF(SOLT)

10. 미국 반도체 3배 디렉시온 ETF(SOXL)

11. 테슬라 레버리지 2배 디렉시온 ETF(TSLL)

12. 엔비디아 2배 그래닛셰어즈 ETF(NVDL)

13. 애플 2배 레버리지 디렉시온 ETF(AAPU)

14. AMD 2배 레버리지 그래닛셰어즈 ETF(AMDL)

15. 팔란티어 데일리 2배 롱 그래닛셰어즈 ETF(PTIR)

16. 구글 레버리지 2배 디렉시온 ETF(GGLL)

17. 오라클 데일리 타겟 2배 롱 디파이언스 ETF(ORCX)

미국 ETF 거래 시 주의할 점은 암호화폐 관련 ETF는 변동성이 더 클 수 있으므로 초보 투자자라면 충분한 경험을 쌓은 후 접근해야 한다. 또한 주식 종목 ETF의 경우 본주가 실적 부진이나 업황 부진과 관련 있을 경우 해당 레버리지 ETF도 다음 단계의 라운드넘버존에서 접근해 매매하는 것이 좋다.

3

매수 방법

미국 ETF 라운드넘버존 신매매기법의 3가지 종목 선정 조건에 해당된 미국 ETF를 매수하는 방법은 다음과 같다.

① 특정 ETF의 가격이 ETF 라운드넘버 가격선(상위가격선) -4% 이내 가격에 도달한 후 하락해 그다음 아래 ETF 라운드넘버 가격선(하위가격선) +4% 이내 가격에 도달하면 5% 투자 비중으로 1차 매수를 한다.

② 1차 매수 후 가격이 매도(매도 방법은 236쪽 참고) 가능한 가격만큼 오르면 일시 또는 분할해 전량 매도한 후 동일한 ETF의 가격이 다시 하락해 1차 매수가 대비 -20% 가격이 되면 10% 투자 비중 또는 1차 매수 금액의 2배에 해당하는 금액으로 2차 매수를 한다.

③ 1차 매수 후 가격이 매도(매도 방법은 236쪽 참고) 가능한 가격만큼 오르지 않
거나 하락하면 1차 매수가 대비 -20% 가격에서 10% 투자 비중 또는 1차 매
수 금액의 2배에 해당하는 금액으로 2차 매수를 한다. 즉, 1차 매수 후 매도
없이 연이어 2차 매수를 하는 것이다. 다만 1차 매수 후 45일 이내에 2차 매
수를 해야 한다.

가격이 상위가격선에 도달한 후 빨리 하락해 하위가격선에 도달하는 것이
좋으며, 가격이 천천히 하락해 하위가격선에 도달하는 경우에는 곧바로 1차 매
수를 하기보다 1~2주 전후의 기간을 두고 천천히 매수한다. 또한 추가로 같은
테마에서 여러 ETF가 동시에 조건에 해당되면 시가총액 상위 순으로 매수한다.
ETF당 투자 비중은 15%를 넘지 않는 것이 좋다. 조건에 해당되는 ETF가 복
수로 동시에 나올 수도 있고 매도 시점까지 2~3개월의 시간이 걸리는 경우도
고려해야 하기 때문이다.
다음의 [표 3-2]는 미국 ETF 라운드넘버 가격 대비 변동 가격을 정리한 표다.

| 표 3-2 | 미국 ETF 라운드넘버 가격 대비 변동 가격표

상위 ETF RN 가격(달러) → 하위 ETF RN 가격(달러)	하위 ETF RN 가격 대비 +4% 가격(달러)	+4% 가격 대비 -20% 가격(달러)
2 → 1	1.04	0.832
3 → 2	2.08	1.664
5 → 3	3.12	2.496
7.5 → 5	5.2	4.16
10 → 7.5	7.8	6.24
15 → 10	10.4	8.32
20 → 15	15.6	12.48

30 → 20	20.8	16.64
50 → 30	31.2	24.96
75 → 50	52	41.6
100 → 75	78	62.4
150 → 100	104	83.2
200 → 150	156	124.8
300 → 200	208	166.4
500 → 300	312	249.6
750 → 500	520	416
1,000 → 750	780	624
1,500 → 1,000	1,040	832
2,000 → 1,500	1,560	1,248
3,000 → 2,000	2,080	1,664

4

매도 방법

미국 ETF 라운드넘버존 신매매기법으로 1차 매수 또는 2차 매수해 보유하고 있는 ETF를 매도하는 방법은 다음과 같다.

① 1차 매수 후 가격이 상승해 매수가 대비 +7~+20% 이상이 되면 1차 매수한 ETF는 일시 또는 임의의 비율로 분할해 전량 매도한다.

② 1차 매수한 ETF를 ①번 방법으로 전량 매도한 후 가격이 다시 하락해 2차 매수한 ETF는 매수가 대비 +7~+20% 이상이 되면 일시 또는 임의의 비율로 분할해 전량 매도한다.

③ 1차 매수 후 매도 없이 연이어 2차 매수한 경우에는 1, 2차 매수가의 평균 매수 단가 대비 +7~+20% 이상이 되면 ETF를 일시 또는 임의의 비율로 분

할해 전량 매도한다.

매수한 ETF의 총 보유 기간은 약 2~3개월로, 이 기법은 가격 손절은 없고 기간 손절만 있다. 즉, 가격이 매수 후 매도할 수 있는 가격만큼 상승하지 않으면 보유 기간 이내에 익절이나 손절을 한다. 그런데 매수한 ETF가 주도 ETF가 될 경우에는 수익을 길게 볼 수도 있다. 또한 미국 시가총액 상위 50위 이내 ETF의 가격이 최고점 대비 -80~-90% 전후로 하락하면 분할 매수를 통해 중장기 보유가 가능하다.

5

유의 사항

미국 ETF 라운드넘버존 신매매기법을 실행할 때 다음의 사항들은 꼭 유의하길 바란다.

① ETF당 투자 비중은 1, 2차 매수를 모두 합해 총 15%를 넘으면 안 된다.

② 같은 테마에서 여러 ETF가 동시에 매수 자리에 올 경우(가격이 비슷하게 상위 가격선에 도달한 후 비슷하게 하락해 하위가격선에 도달한 ETF)에는 같은 테마로 2개를 초과해 매수하는 것은 되도록 지양한다. 예를 들어 지수 관련 2, 3배 레버리지 ETF 중 한 종목과 암호화폐 관련 2배 레버리지 ETF 중 한 종목으로 구성해 매수하는 것이 좋다. 즉, 같은 테마에서 2개를 초과해 보유하면 안 된다는 것이다.

| 표 3-3 | 신매매기법별 정리

구분	국내 RN존	미국 (ETF) RN존	급등존	절대존	33존50존
시가총액	5조 원 이상	상위 500위 이내 (ETF는 상위 50위 이내)	5조 원 이상	5조 원 이상	5조 원 이상
	3,000억 원 이상		3,000억 원 이상	3,000억 원 이상	3,000억 원 이상
거래대금	1,000억 원 이상	1주당 1달러 이상	1,000억 원 이상	1,000억 원 이상	1,000억 원 이상
	1,500억 원 이상		1,500억 원 이상	1,500억 원 이상	1,500억 원 이상
매수 비중	1차 5%	1차 5%	1차 5%	1차 5%	1차 5%
	2차 10%	2차 10%	2차 5%	2차 5%	2차 5%
1차 매수 기준	라운드넘버선 -4% 이내	라운드넘버선 -4% 이내	급등존 상단	절대존 상단	33손50손 상단
2차 매수 기준	1차 매수가 대비 -20%	1차 매수가 대비 -20%	급등존 하단	절대존 하단	33존50존 하단
2차 매수 시기	1차 매수 후 45일 이내	1차 매수 후 45일 이내	1차 매수 후 5일 이내	1차 매수 후 15일 이내	1차 매수 후 30일 이내
매도 기준	매수가 대비 +7~+20% 상승 시 일시 또는 분할해 전량 매도	매수가 대비 +7~+20% 상승 시 일시 또는 분할해 전량 매도	매수가 대비 +5~+20% 상승 시 분할해 전량 매도	매수가 대비 +7~+20% 상승 시 분할해 전량 매도	매수가 대비 +7~+20% 상승 시 분할해 전량 매도
보유 기간	2~3개월 전후	2~3개월 전후	10일 전후	1개월 전후	2개월 전후
특이 사항	신매매기법별 기준은 승률이 높은 공통 사항이므로 단기매매와 중장기 투자 시 본인의 기준을 적용해 매매할 수 있다.				

2

미국 ETF
라운드넘버존
신매매기법
실전 투자 사례

1

실전 사례

이번 챕터에서는 여러 종목 중 특히 대형주 위주의 실전 종목의 차트 사례들을 보면서 배워보겠다. 이 책에서 소개하는 신매매기법들은 단순 명료하지만 주식시장은 역동적이다 보니 대응할 수 있는 세부 스킬에 대해 자세한 사례들과 함께 살펴볼 필요가 있다. 실전 투자 사례들의 차트에서 어떤 일이 있었는지, 어떻게 접근하는지 등을 상세하게 적어뒀으니 실제 거래 시 많은 도움이 될 것이다.

| 실전 차트 3-2 | 2018~2025년 S&P 500 2배 프로셰어스 ETF 일봉 차트

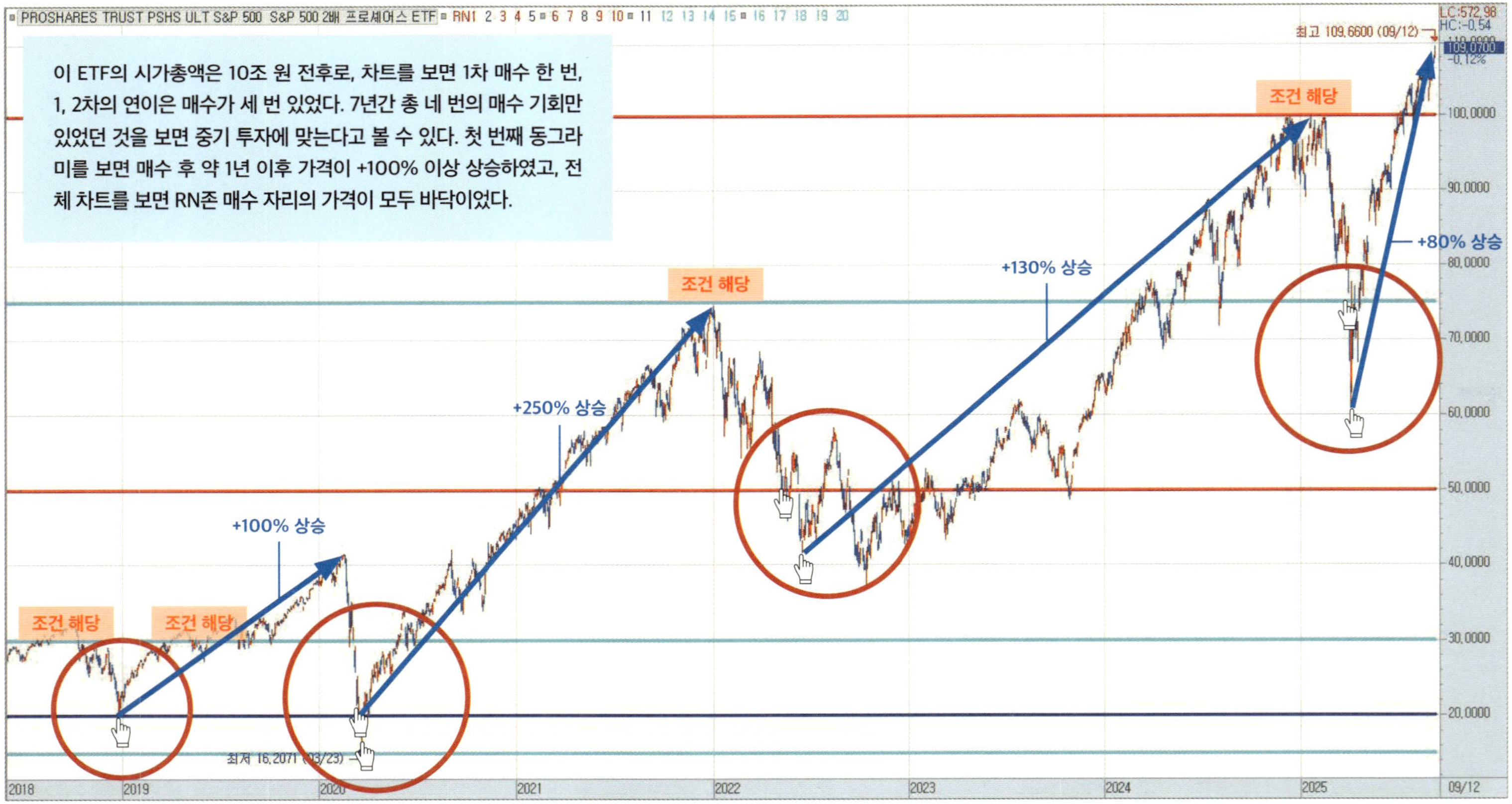

S&P 500 ETF는 미국의 신용평가사인 Standard & Poor's가 선정한 500개 대형 기업의 주가를 종합해 만든 지수 추종 ETF다. 1993년 1월 29일 미국 뉴욕 증권거래소에 상장된 S&P 500 지수를 추종하는 세계 최초의 ETF로, 미국 대형주 500개에 분산 투자할 수 있는 상품이다.

S&P 500 ETF와 함께 미국 나스닥 100 지수를 추종하는 ETF로는 QQQ 인베스코 ETF가 있다. 미국 인베스코 자산운용사가 운용하며 1999년 나스닥에 상장된 비금융 대형주 100개 종목의 주가를 반영한다.

S&P 500 2, 3배 레버리지 ETF와 QQQ 2, 3배 레버리지 ETF는 변동 폭을 2배, 3배로 증폭해 추종하는 ETF로, 각 당일의 지수보다 2배, 3배로 가격이 움직인다는 의미이며 그만큼 고위험, 고수익 상품이다. 예를 들어 기초 자산이 2% 오르면 2배 레버리지 ETF는 4% 오르고, 기초 자산이 2% 내리면 2배 레버리지 ETF는 4% 내리는 구조다.

프로셰어즈, 디렉시온, 아이셰어즈, 그래닛셰어즈 등의 이름은 각 운용사의 명칭이다. 프로셰어즈는 미국을 대표하는 ETF 운용사로, 주요 지수의 레버리지, 인버스 등의 ETF 상품을 주로 운영한다. 그래닛셰어즈는 대표적으로 엔비디아 2배, AMD 2배 레버리지, 코인베이스 2배 ETF 등을 운용하며 디렉시온은 미국 반도체 3배 ETF, 애플 2배 레버리지 ETF 등을 운용한다. 그런데 이런 운용사의 특징보다는 매매법이 더 중요하다.

ETF의 거래대금 1위와 2위는 각각 S&P 500 SPDR ETF(SPY)와 QQQ 인베스코 ETF(QQQ)로, 거래대금이 매일 수십조를 기록한다.

| 실전 차트 3-3 | 2017~2020년 S&P 500 3배 프로셰어즈 ETF 일봉 차트

미국 라운드넘버존 신매매기법에서 자세하게 설명했듯이 1, 2차 분할 매수를 포함해 ETF당 투자 비중이 15%를 넘으면 안 된다. 비중이 높아질수록 가격 폭락과 폭등에 심리적으로 흔들리기 쉽다. 또한 단기적으로 -80~-90% 전후로 하락한 시점에 미국 ETF 라운드넘버존 신매매기법을 적용하면 스윙매매와 중기 투자로 큰 수익을 거둘 수 있는 기회가 있으니 반드시 정해진 투자 비중을 지켜야 한다.

| 실전 차트 3-4 | 2021~2022년 S&P 500 3배 프로셰어즈 ETF 일봉 차트

실전 차트 3-5 | 2024~2025년 S&P 500 3배 프로셰어즈 ETF 일봉 차트

　　S&P 500 ETF는 상장 후 현재까지 연평균 약 11%의 수익률을 기록하고 있는데, 이는 매도하지 않고 처음부터 30년 이상을 보유했을 때의 평균 수익률이다. 여기서 중요한 것은 매수 시점이다. 즉, 투자 시점에 따라 가격이 몇 년간 하락하거나 횡보해 마이너스 수익률을 기록할 수도 있다.

　　키움증권 '영웅문Global'에서 제공하는 S&P 500 ETF 차트는 2004년부터의 자료인데, 차트를 보면 가격이 10년 동안은 제자리였고 본격적인 상승은 2017년부터 현재까지다. 이는 엔비디아, 마이크로소프트, 애플, 알파벳 등 AI 관련 종목들이 급부상하면서부터다. 따라서 연평균 수익률 약 11%라는 것은 연금저축 개념의 장기적인 투자 관점이다. 기본 관점은 장기 투자이지만 최근 5년간을 살펴봤을 때 1~2년 전후로 한 번씩 많은 조정이 있었다. 그래서 무작정 보유하기보다 조정과 폭락의 기회를 매수 시점으로 활용하고 S&P 500 ETF와 2, 3배 레버리지를 이용해 라운드넘버존 기법을 적용하면 수익를 극대화할 수 있다.

　　QQQ ETF도 1999년 상장 이후 닷컴버블로 인해 2001년 110달러 고점에서 22달러 저점까지 하락한 바 있다. 닷컴버블 시기 이전에 매수했다면 2019년 110달러 전고점을 돌파하기 이전까지 대략 20년 정도 손실인 채로 보유하고 있었거나 중간에 손실을 보고 매도했을 것이다. 오랜 기간 보유했다고 해서 과연 지금처럼 수익을 낼 수 있었을까 하는 의문이 든다. 본인이 매수한 가격이 됐을 때 원금 회복 심리로 인해 매도하는 경우가 많기 때문이다.

　　미국은 코로나19 팬데믹 영향으로 만들어낸 돈의 홍수가 주식시장을 향해 범람했었다. 그중에서도 비대면 관련주인 마이크로소프트, 애플, 알파벳, 아마존,

메타, 넷플릭스 등이 수혜를 입었다. 하지만 닷컴버블처럼 일정 기간 AI 버블이 오지 말라는 법은 없다. 그래서 무조건적인 적립식 매수보다는 라운드넘버존 신매매기법을 활용해 조정이 있을 때 분할 매수하는 것이 현명한 선택이다.

나는 닷컴버블 이전 인터넷이 보급될 때부터 주식투자를 경험한 세대다. 코스닥 시장은 1995년 개설돼 매수만 하면 곧잘 상한가를 가던 시기부터 이후 IMF로 인한 폭락과 닷컴버블 이후 주가의 장기간 하락 및 횡보로 인해 중장기 투자를 했던 대부분의 투자자가 많은 손실을 봤을 것이다. 그리고 2008년 금융위기 때 지수가 1/3 토막 나면서 중장기 투자는 위험한 투자라고 인지했으며 그 이후로는 단기매매가 성행했다.

그러나 국내 주식시장의 지지부진한 흐름 속에 몇 년 전부터는 미국 주식이 급등하면서 국내 투자자들이 미국 주식시장으로 많이 이동했다. 반대로 국내 주식시장은 2025년 4월까지 부진한 흐름을 보이다 5~6월이 돼서야 상승하기 시작했다. 지금은 미국 시장보다 국내 시장의 흐름이 더 좋아 투자자들이 국내로 복귀하는 추세를 보이고 있지만, 트렌드가 몇 년 단위로 변화하고 있어 양대 시장의 매매법과 ETF를 알아야 되는 시기가 됐다. 대내외 악재가 언제든 생길 수 있다는 전제하에 폭락장이 오기 전까지는 일정 부분 현금 보유가 필요한 이유다. 그래서 비중 조절과 분산 투자를 하는 것이다.

일부 유튜브 채널에서 '주식은 10년 이상 보유하는 것이다', '분산 투자하는 것이 아닌 집중 투자해야 한다' 등의 말을 하지만 현재 상황이 좋아서 그런 것이지, 시장 앞에서는 늘 겸손해야 함을 과거 사례를 통해 알 수 있다.

| 실전 차트 3-6 | 2022~2025년 QQQ 2배 프로셰어즈 ETF 일봉 차트

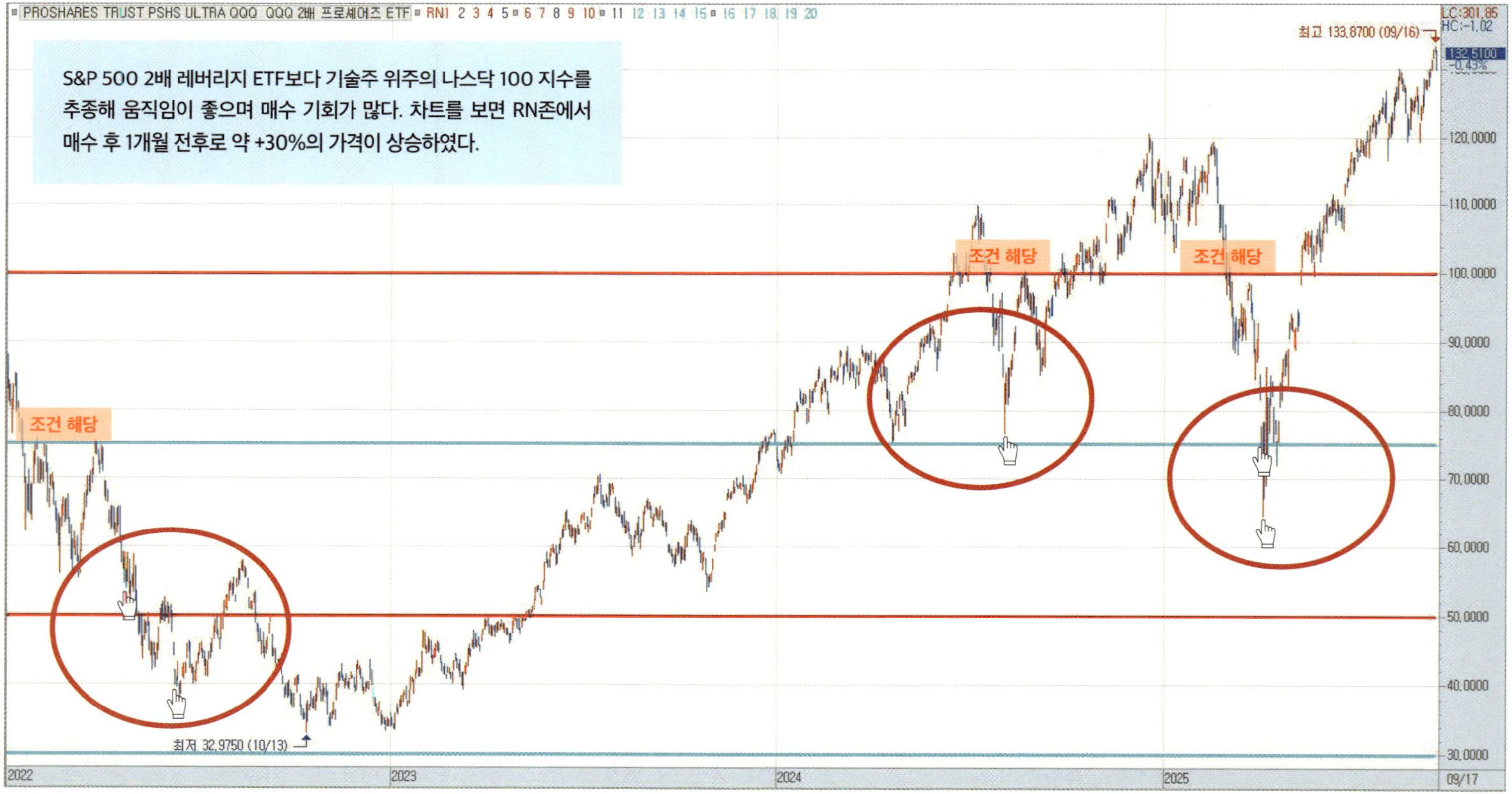

S&P 500 2배 레버리지 ETF보다 기술주 위주의 나스닥 100 지수를 추종해 움직임이 좋으며 매수 기회가 많다. 차트를 보면 RN존에서 매수 후 1개월 전후로 약 +30%의 가격이 상승하였다.

| 실전 차트 3-7 | 2021~2023년 QQQ 레버리지 3배 프로셰어즈 ETF 일봉 차트

기술주 중심의 나스닥 100 지수를 3배로 증폭해서 추종해 거래하는 나스닥 레버리지 상품인 QQQ 레버리지 3배 프로셰어즈 ETF는 국내 투자자가 가장 많이 투자하는 미국 ETF 상품이다. 시가총액이 높고 움직임과 변동성이 좋으며 거래대금과 거래량이 많은 ETF다.

여기서 가장 중요한 점은 매매법이나 원칙 없이 단지 시장 상황의 흐름만 보고 홀짝 하듯이 투자하는 것은 리스크가 크다고 할 수 있다. 1주일에서 3개월에 한 번을 투자하더라도 승률이 높은 라운드넘버존 신매매기법으로 매매하면 고수익을 창출할 수 있다.

거래를 많이 하는 것이 결코 수익을 보장하지 않는다. 움직임이 좋고 변동성이 좋은 ETF가 꽤 많기 때문에 이 기법을 이용해면 매매 횟수는 충분할 것이다.

| 실전 차트 3-8 | 2023~2025년 코인베이스 2배 그래닛셰어즈 ETF 일봉 차트

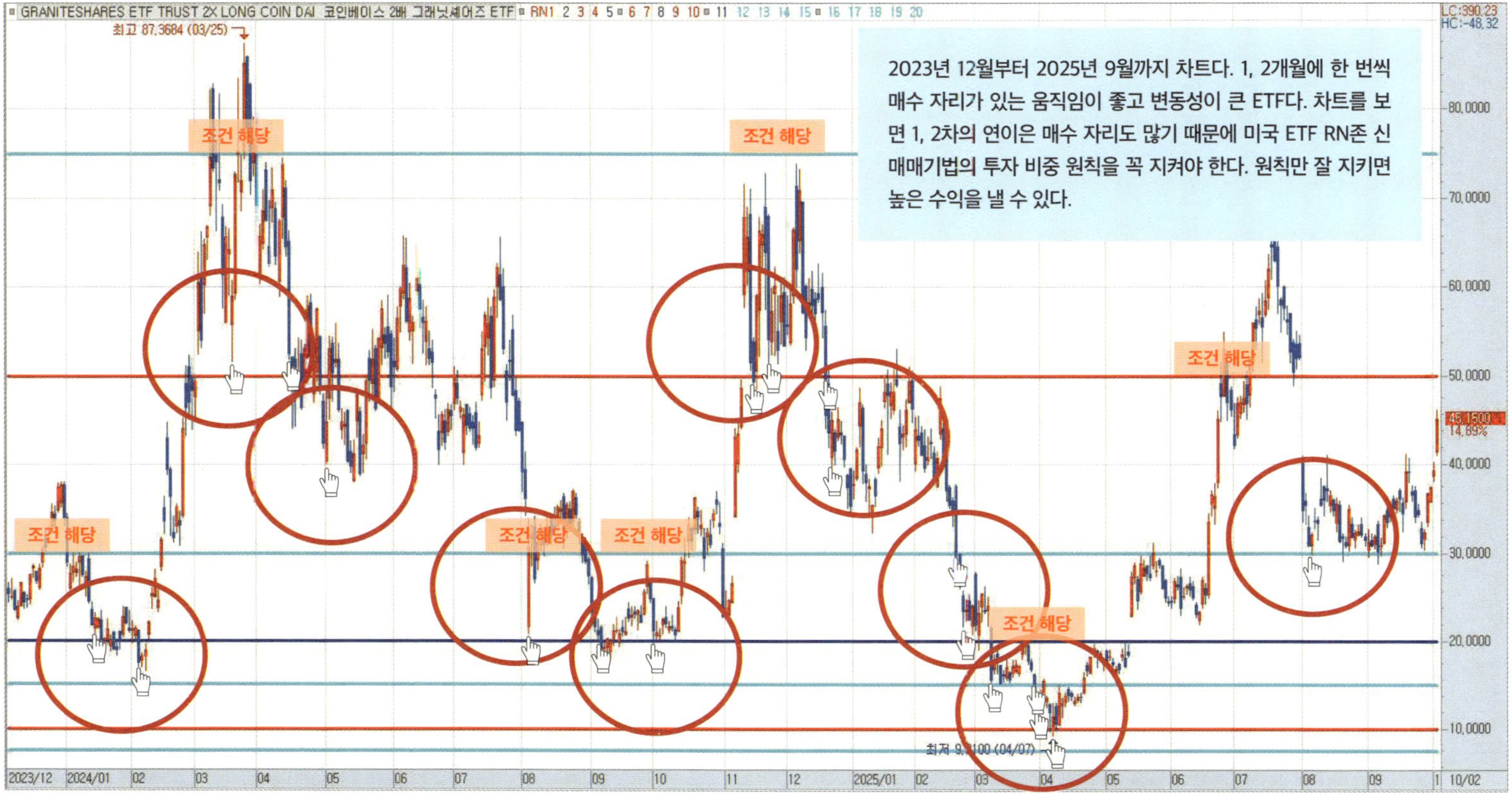

2023년 12월부터 2025년 9월까지 차트다. 1, 2개월에 한 번씩 매수 자리가 있는 움직임이 좋고 변동성이 큰 ETF다. 차트를 보면 1, 2차의 연이은 매수 자리도 많기 때문에 미국 ETF RN존 신매매기법의 투자 비중 원칙을 꼭 지켜야 한다. 원칙만 잘 지키면 높은 수익을 낼 수 있다.

암호화폐 거래소를 운영하는 코인베이스 글로벌은 비트코인 현물 ETF 출시 기대감에 최근 주가가 사상 최고치를 경신한 적이 있다. 특히 미국 내 12개 비트코인 ETF 중 5개를 직접 관리하고 있어 세계 최대 자산운용사인 블랙록 등의 경쟁사 대비 높은 시장 점유율을 보인다. 소송 등의 법적 규제 리스크는 있으나 ETF 시장에서의 입지는 여전히 강하다. [실전 차트 3-8]에서 보듯이 코인베이스 2배 ETF는 1차와 1, 2차의 연이은 매수 자리를 합해 총 15회의 매매 타이밍이 있었고 매수 후 가격이 모두 상승했다.

| 실전 차트 3-9 | 2024~2025년 이더리움 2배 ETF 일봉 차트

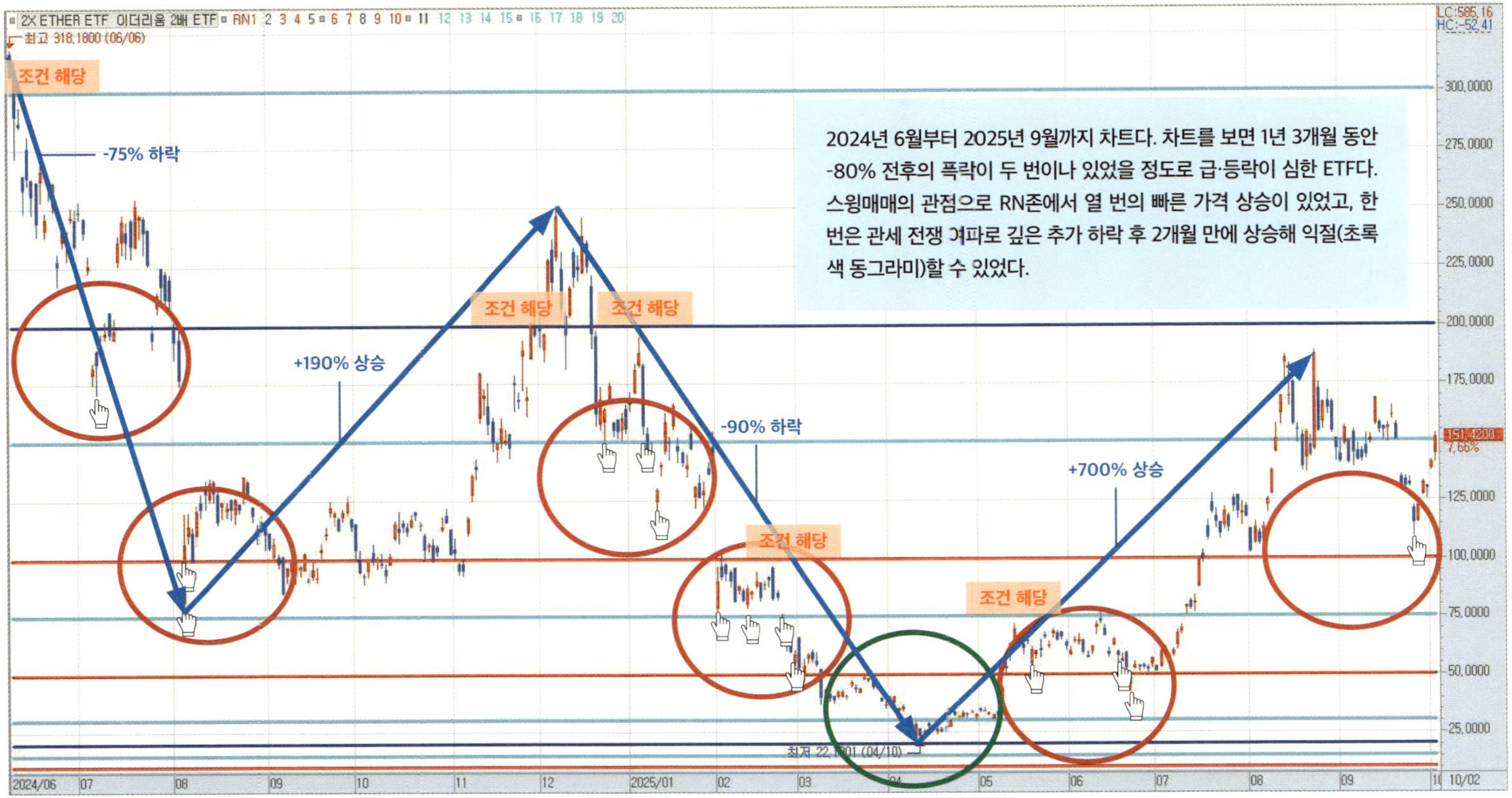

이더리움 2배 ETF는 상장하자마자 가격이 약 320달러에서 약 80달러까지 약 -67% 하락했고 2024년 12월부터 2025년 4월까지는 약 -90% 폭락했다. 더불어 2025년 4월 관세 전쟁 영향으로 [실전 차트 3-9]를 보면 1, 2차의 연이은 매수 후 추가 하락이 더 깊었으나 이 시기만 빼고 모든 라운드넘버존에서 가격이 빠르게 상승했다. 또한 상승기에는 가격이 약 +190%와 약 +700% 상승했다.

비트코인과 이더리움은 자산의 성격을 띠고 있다. 이는 깊은 하락이 있으면 이후 큰 상승을 할 수 있다는 의미다. 보통 레버리지 ETF는 -66~-80% 하락 전후가 가격이 바닥인 경우가 많다. 하지만 폭락장이 올 경우 레버리지 ETF는 -80~-90%까지 하락할 수도 있다는 것이고 반대로 큰 기회일 수도 있다. 미국 ETF 라운드넘버존 신매매기법의 원칙대로만 매수한다면 스윙매매와 중기 투자로 큰 수익을 낼 수 있을 것이다. 이 기법은 스윙매매 개념이므로 가격 손절이 아닌 기간 손절 매매법임을 기억하길 바란다.

| 실전 차트 3-10 | 2023~2025년 비트코인 2배 ETF 일봉 차트

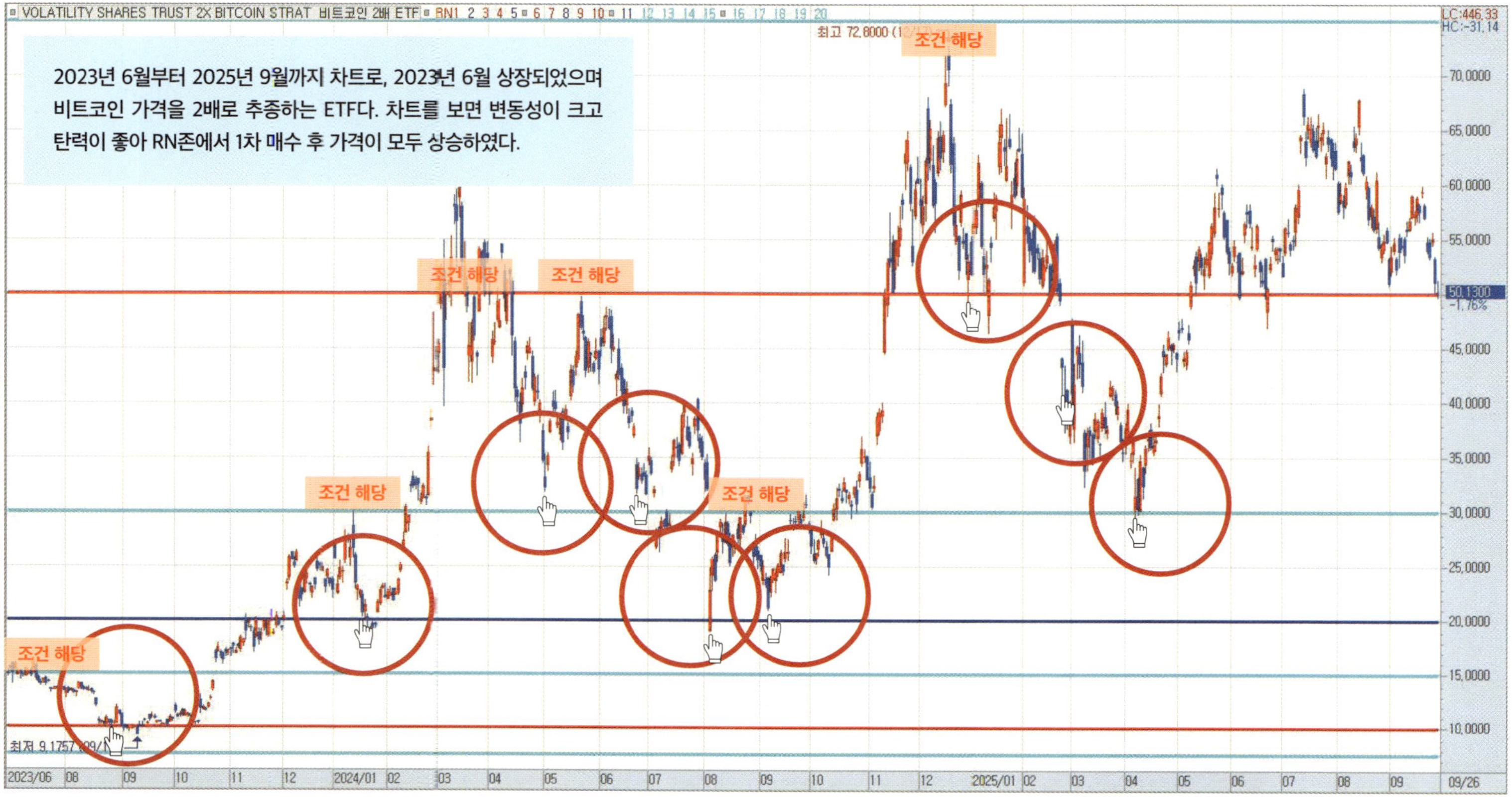

비트코인 2배 ETF는 암호화폐 직접 투자와 달리 주식처럼 쉽게 매매할 수 있고, 실제 비트코인을 보유하지 않아도 주식시장에서 거래할 수 있는 안정적인 상품이다.

하지만 암호화폐 시장이 앞으로 어떻게 흘러갈지는 아무도 알 수 없으며 바닥을 100% 맞힐 수도 없다. 다만 [실전 차트 3-10]을 보면 비트코인 2배 ETF의 경우 2023년 6월 상장 이후 -60% 전후로 하락했을 때의 가격이 바닥이었다. 즉, 단기나 스윙 매매를 할 시점과 중기 투자를 할 시점을 말해주고 있다.

| 실전 차트 3-11 | 2025년 솔라나 2배 ETF 일봉 차트

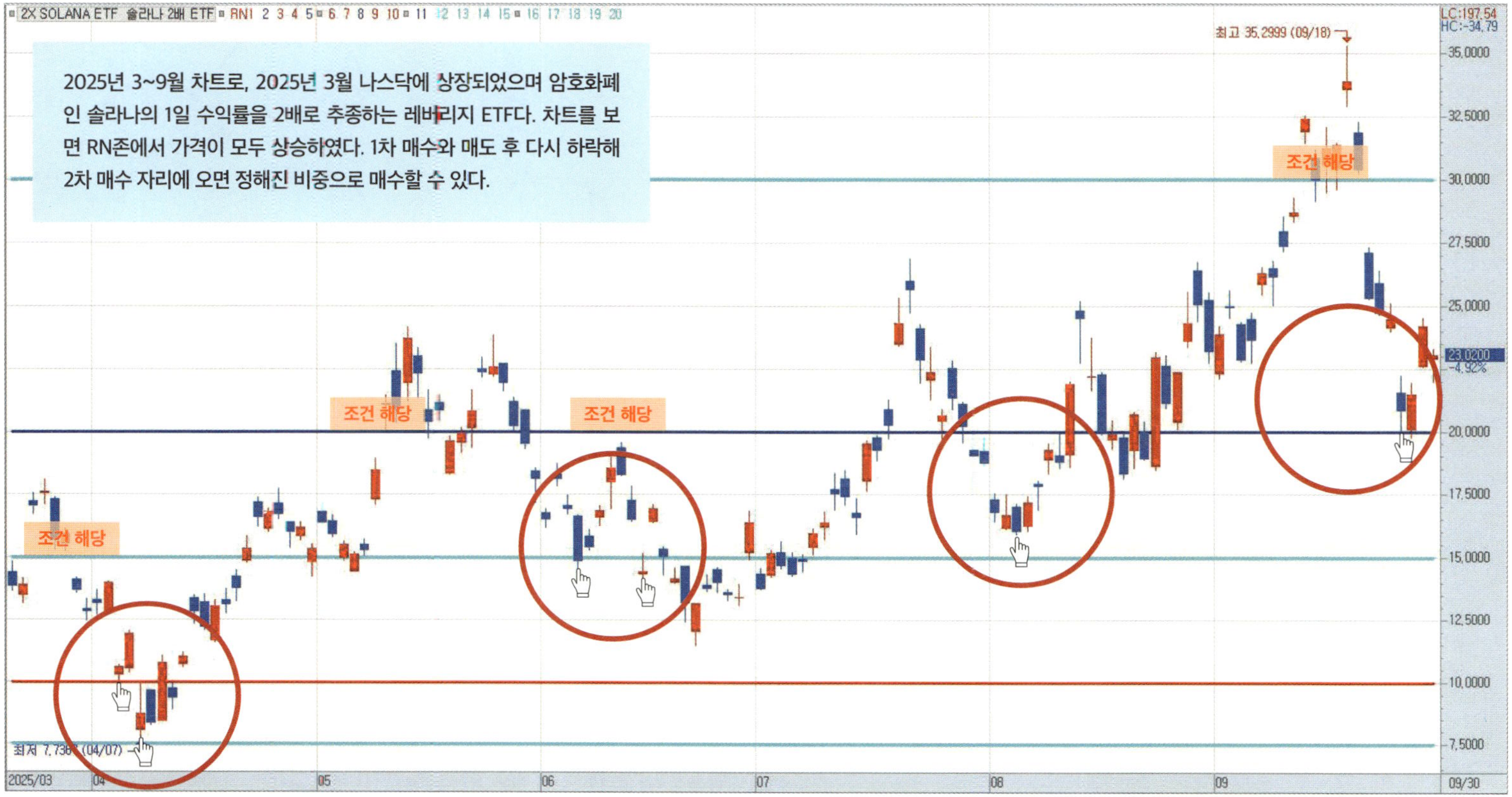

2025년 3~9월 차트로, 2025년 3월 나스닥에 상장되었으며 암호화폐인 솔라나의 1일 수익률을 2배로 추종하는 레버리지 ETF다. 차트를 보면 RN존에서 가격이 모두 상승하였다. 1차 매수와 매도 후 다시 하락해 2차 매수 자리에 오면 정해진 비중으로 매수할 수 있다.

| 실전 차트 3-12 | 2023~2025년 미국 반도체 3배 디렉시온 ETF 일봉 차트

2023년 5월부터 2025년 10월까지 차트다. 차트를 보면 1차 매수와 1, 2차의 연이은 매수 후 가격이 모두 상승하였다. 2025년 4월경에는 관세 전쟁으로 인해 1, 2차의 연이은 매수 후 추가 하락이 있었지만 약 1개월 후 가격이 급등하였다(초록색 동그라미).

미국 반도체 3배 디렉시온 ETF는 필라델피아 반도체 지수의 1일 수익률을 3배 추종하는 상품이지만 반도체 관련 기업들의 시가총액 상위 주식 종목 기준으로 구성된 ETF가 아니다. 이 ETF의 상위 10개 종목의 총 비중은 57% 정도이며 엔비디아, 브로드컴, TSMC의 상위 3개 종목의 총 비중이 약 21%라는 것이 특징이다. 그러다 보니 시가총액 상위 주식 종목의 움직임이 ETF에는 100% 반영되지 않는다.

| 실전 차트 3-13 | 2022~2023년 테슬라 레버리지 2배 디렉시온 ETF 일봉 차트

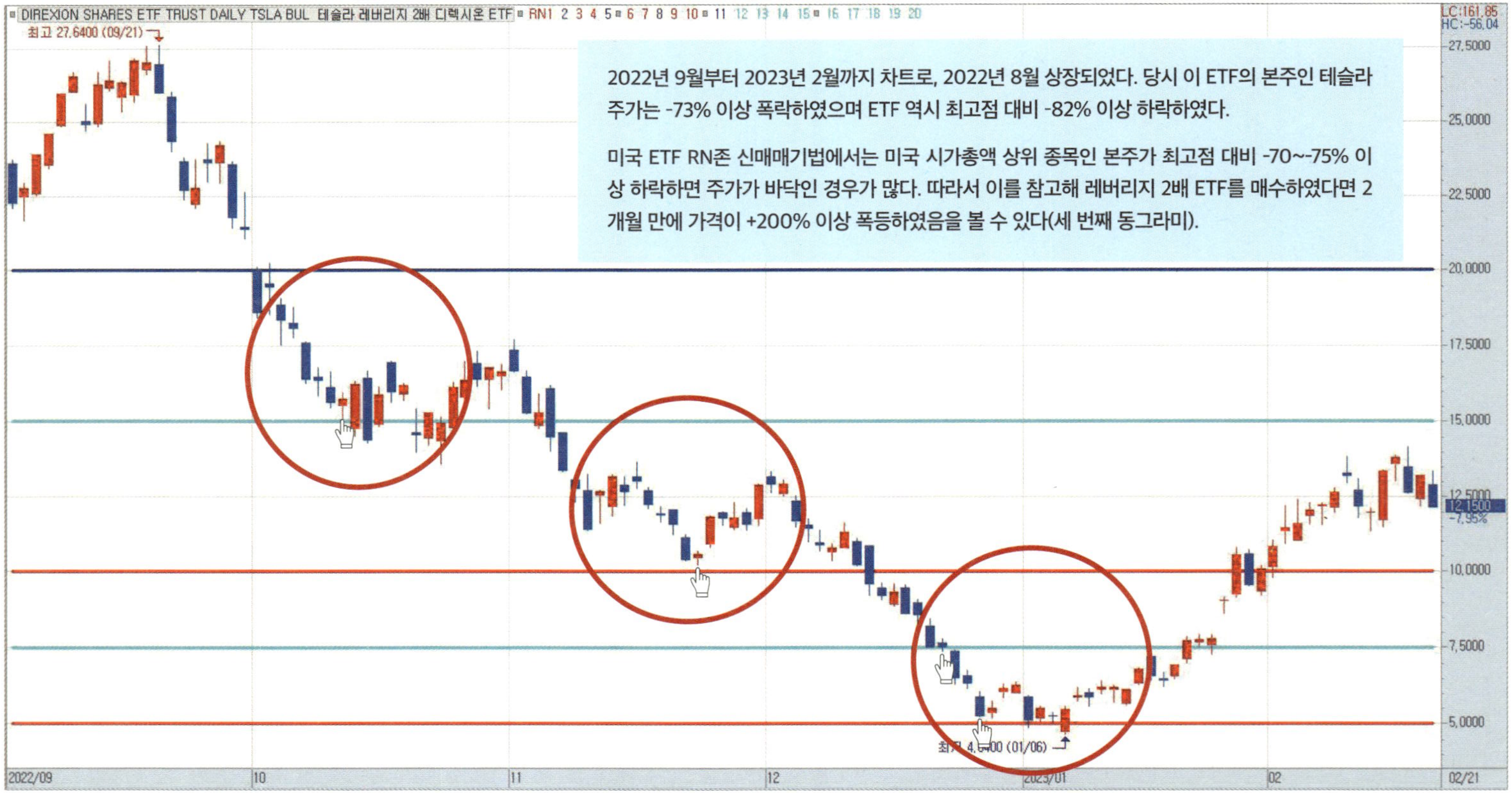
DIREXION SHARES ETF TRUST DAILY TSLA BUL 테슬라 레버리지 2배 디렉시온 ETF
RN1 2 3 4 5 6 7 8 9 10 11 12 13 14 15 16 17 18 19 20
최고 27.6400 (09/21)
LC:161.85
HC:-56.04
27.5000
25.0000
22.5000
20.0000
17.5000
15.0000
12.5000
12.1500
-7.95%
10.0000
7.5000
5.0000
2022/09
10
11
12
2023/01
02
02/21
2022년 9월부터 2023년 2월까지 차트로, 2022년 8월 상장되었다. 당시 이 ETF의 본주인 테슬라 주가는 -73% 이상 폭락하였으며 ETF 역시 최고점 대비 -82% 이상 하락하였다.
미국 ETF RN존 신매매기법에서는 미국 시가총액 상위 종목인 본주가 최고점 대비 -70~-75% 이상 하락하면 주가가 바닥인 경우가 많다. 따라서 이를 참고해 레버리지 2배 ETF를 매수하였다면 2개월 만에 가격이 +200% 이상 폭등하였음을 볼 수 있다(세 번째 동그라미).

| 실전 차트 3-14 | 2023~2024년 테슬라 레버리지 2배 디렉시온 ETF 일봉 차트

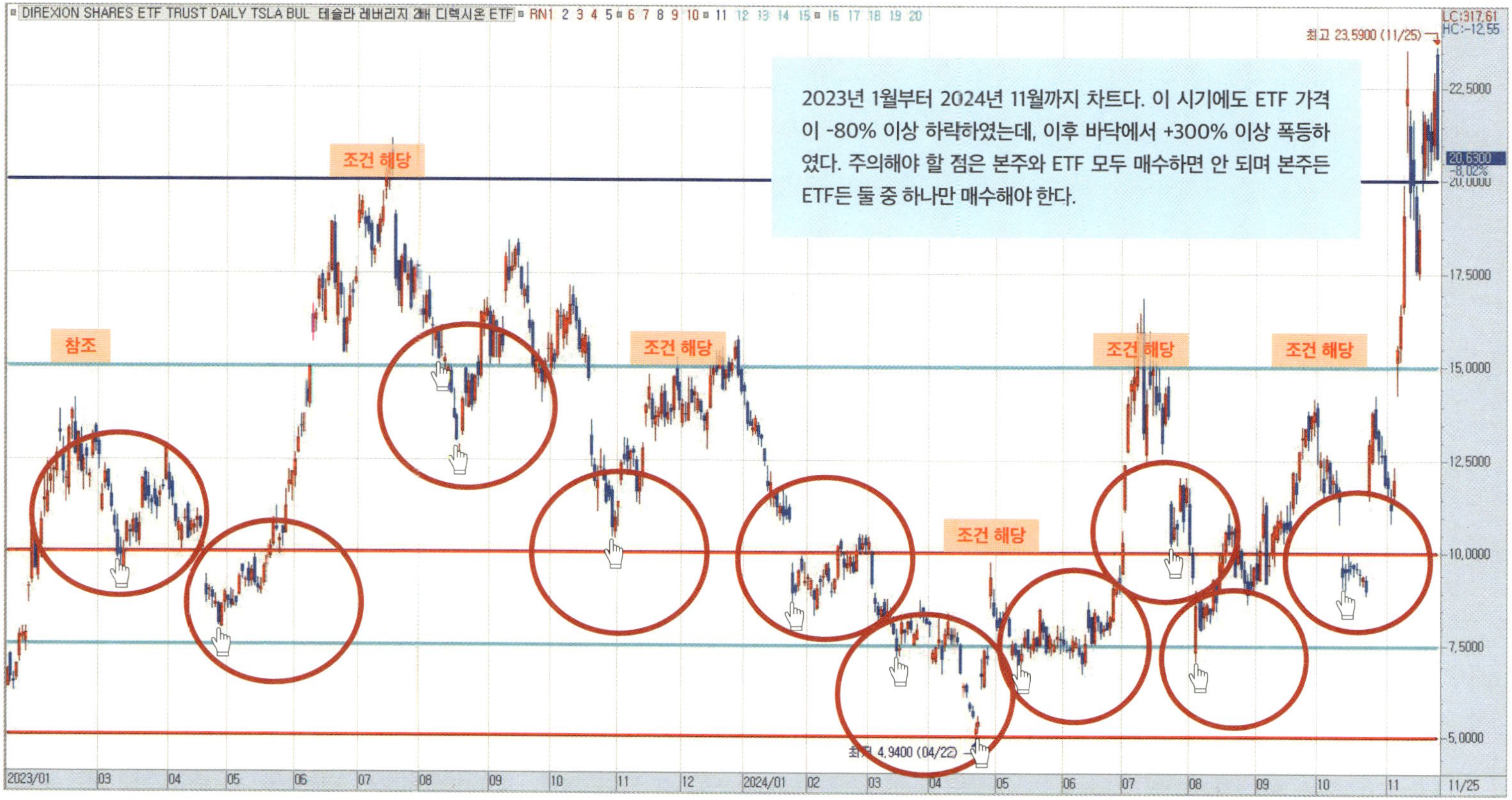

2023년 1월부터 2024년 11월까지 차트다. 이 시기에도 ETF 가격이 -80% 이상 하락하였는데, 이후 바닥에서 +300% 이상 폭등하였다. 주의해야 할 점은 본주와 ETF 모두 매수하면 안 되며 본주는 ETF는 둘 중 하나만 매수해야 한다.

| 실전 차트 3-15 | 2024~2025년 테슬라 레버리지 2배 디렉시온 ETF 일봉 차트

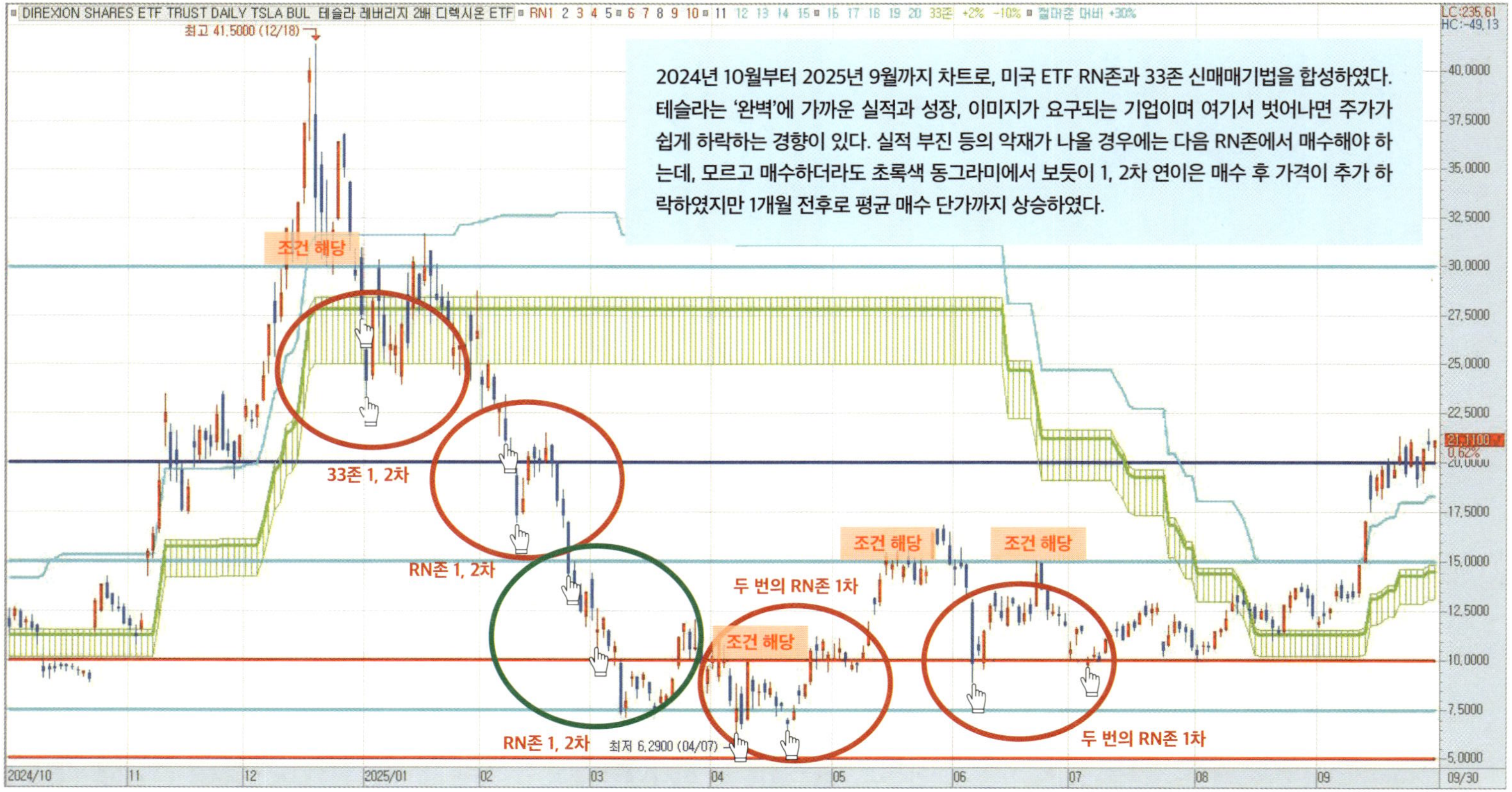
DIREXION SHARES ETF TRUST DAILY TSLA BUL 테슬라 레버리지 2배 디렉시온 ETF
최고 41.5000 (12/18)
2024년 10월부터 2025년 9월까지 차트로, 미국 ETF RN존과 33존 신매매기법을 합성하였다. 테슬라는 '완벽'에 가까운 실적과 성장, 이미지가 요구되는 기업이며 여기서 벗어나면 주가가 쉽게 하락하는 경향이 있다. 실적 부진 등의 악재가 나올 경우에는 다음 RN존에서 매수해야 하는데, 모르고 매수하더라도 초록색 동그라미에서 보듯이 1, 2차 연이은 매수 후 가격이 추가 하락하였지만 1개월 전후로 평균 매수 단가까지 상승하였다.
조건 해당
33존 1, 2차
RN존 1, 2차
RN존 1, 2차
최저 6.2900 (04/07)
조건 해당
두 번의 RN존 1차
조건 해당
조건 해당
두 번의 RN존 1차
2024/10
11
12
2025/01
02
03
04
05
06
07
08
09
09/30

| 실전 차트 3-16 | 2024~2025년 엔비디아 2배 그래닛셰어즈 ETF 일봉 차트

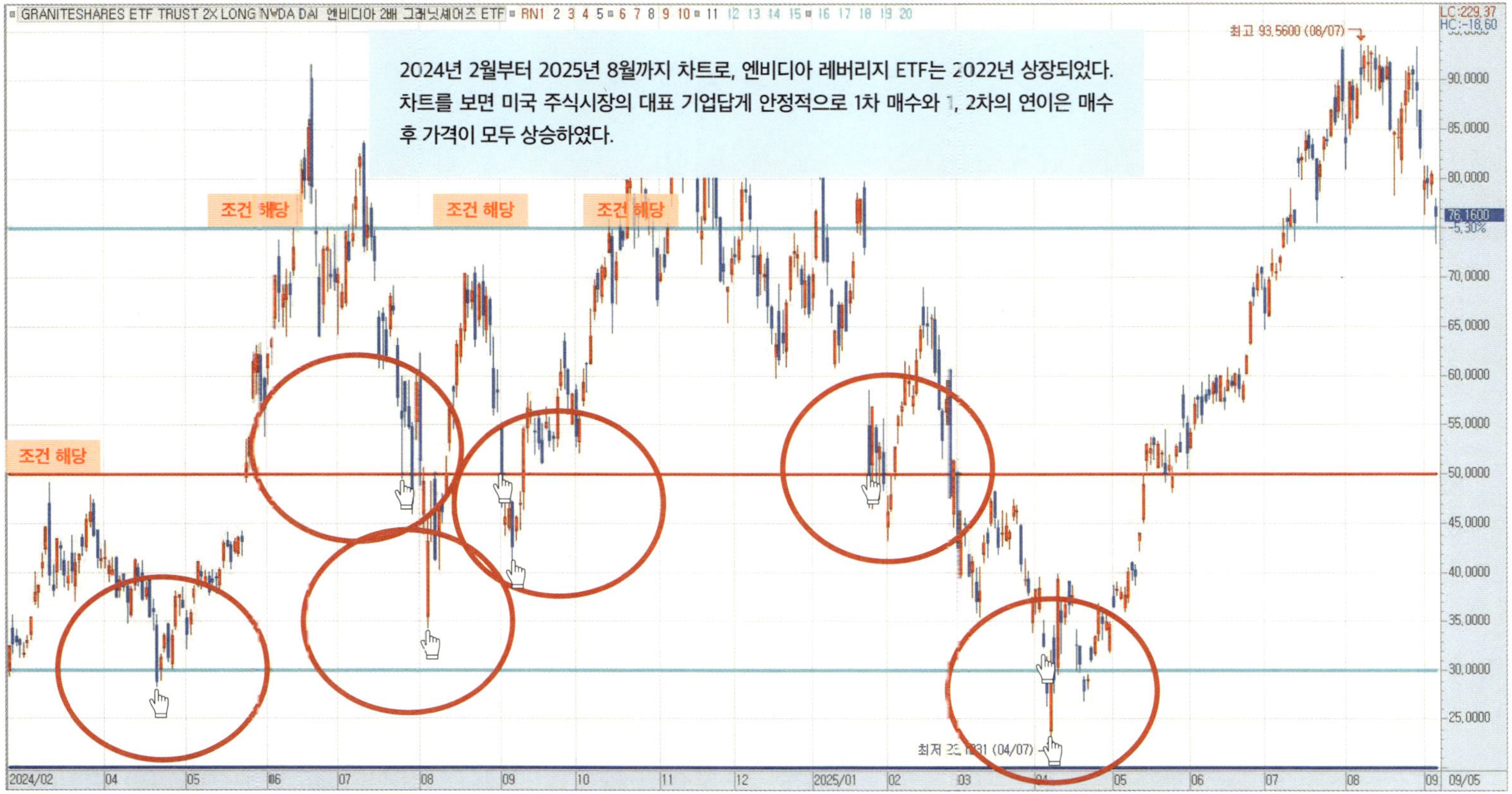

| 실전 차트 3-17 | 2024~2025년 AMD 2배 레버리지 그래닛셰어즈 ETF 일봉 차트

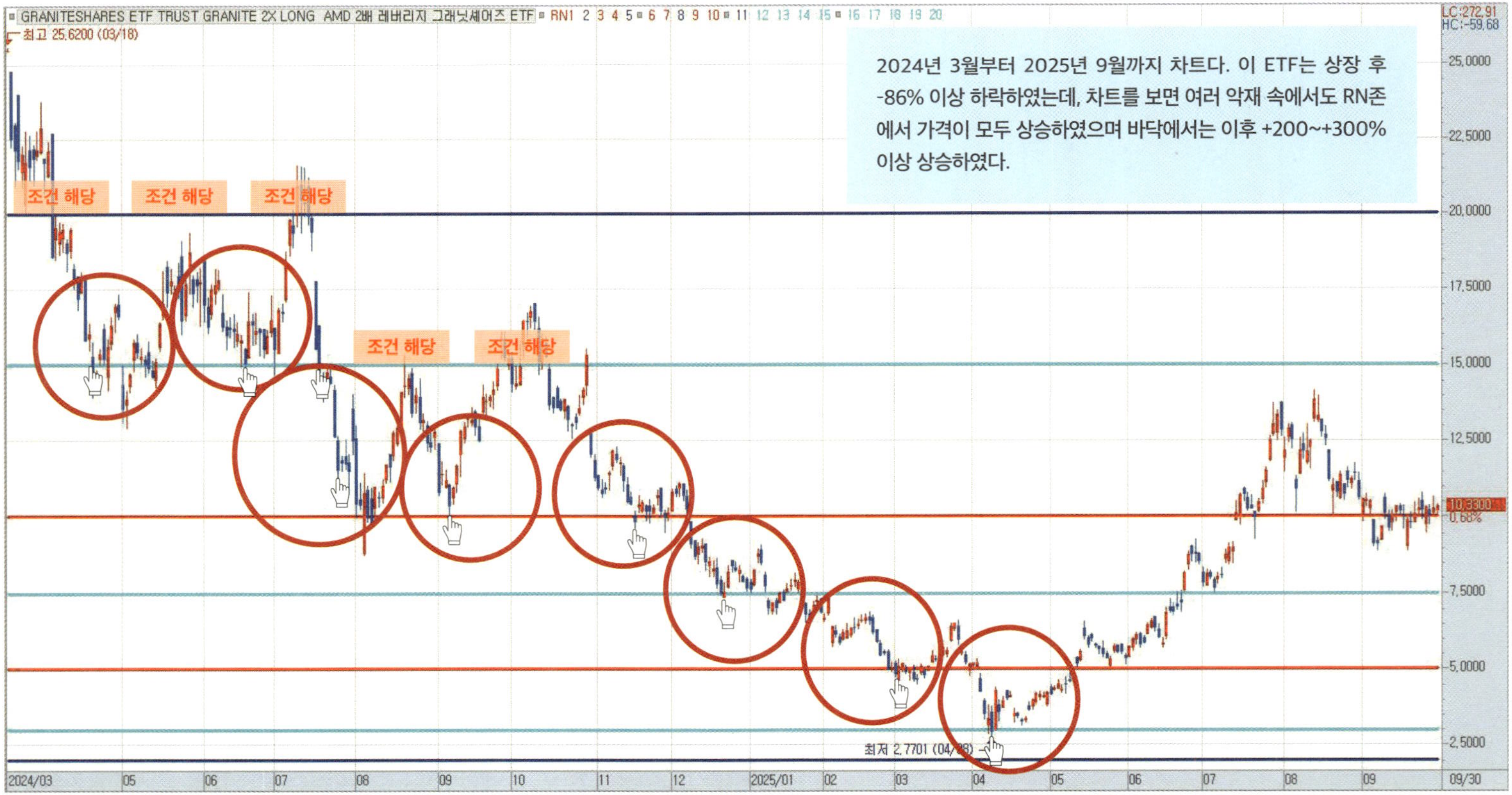

2024년 3월부터 2025년 9월까지 차트다. 이 ETF는 상장 후 -86% 이상 하락하였는데, 차트를 보면 여러 악재 속에서도 RN존에서 가격이 모두 상승하였으며 바닥에서는 이후 +200~+300% 이상 상승하였다.

| 실전 차트 3-18 | 2022~2025년 애플 2배 레버리지 디렉시온 ETF 일봉 차트

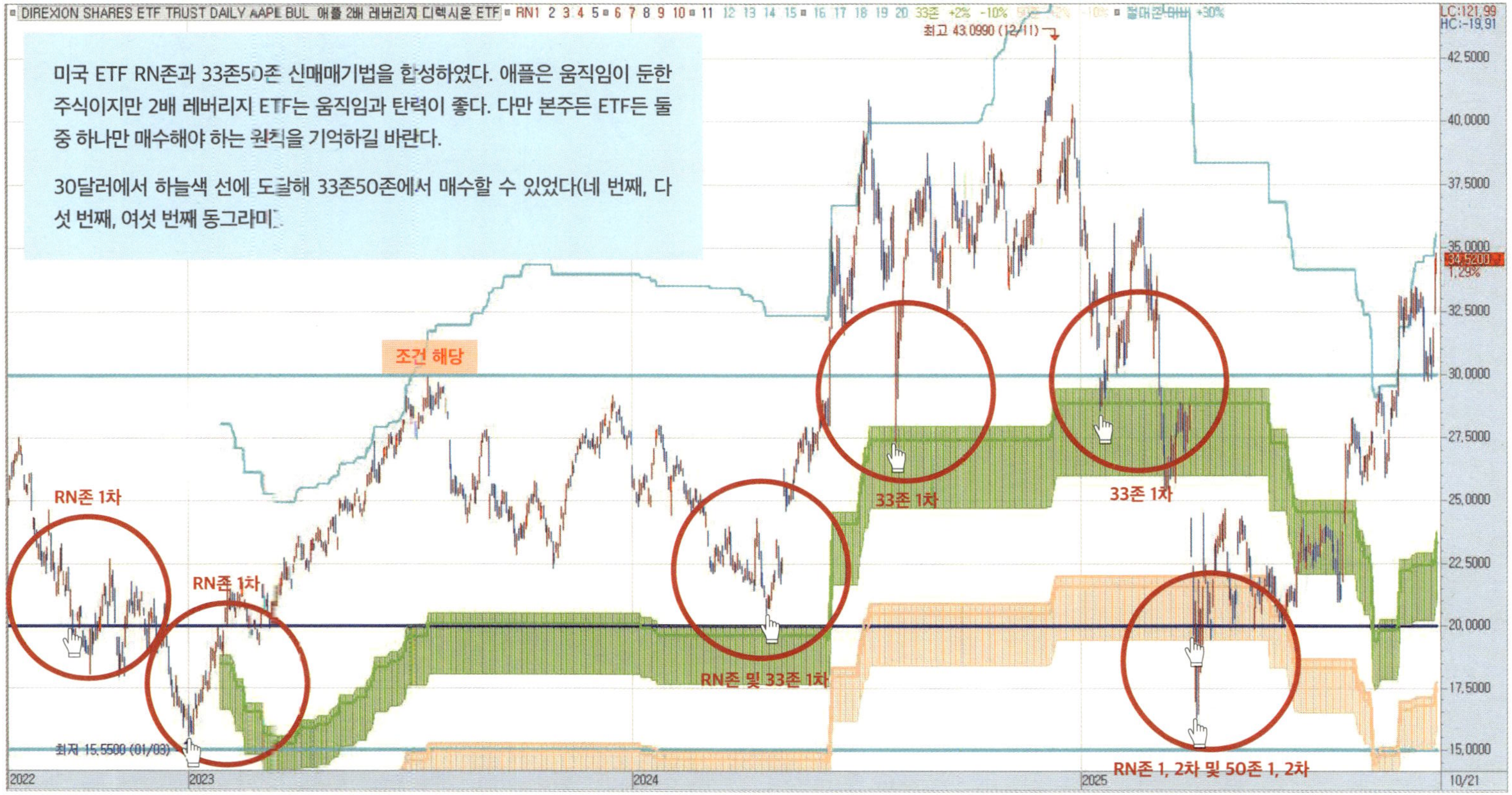

| 실전 차트 3-19 | 2024~2025년 팔란티어 데일리 2배 롱 그래닛셰어즈 ETF 일봉 차트

2024년 11월부터 2025년 9월까지 차트다. 이 ETF는 매매 타이밍이 많이 나오지만 무리하지 말고 원칙대로 매매해야 한다. 투자 비중이 높아지면 1, 2차의 연이은 매수 후 가격 하락 시 심리적으로 흔들릴 수밖에 없다. 따라서 투자 비중의 원칙을 잘 지켜야 한다.

미국 시장에 상장된 ETF 중 거래대금과 거래량이 비교적 높으며 그중에서도 움직임이 좋고 변동성이 큰 2, 3배 레버리지 ETF를 선정해 미국 ETF 라운드넘버존 신매매기법을 적용해봤다. 물론 레버리지 상품이 아닌 ETF도 라운드넘버존에 들어올 수 있다. 중요한 것은 어떤 ETF든 투자 비중은 이 기법의 원칙대로 1차 5%, 2차 10%이어야 한다는 점이다. 또한 주식 종목 레버리지 ETF의 경우 본주의 실적 부진 악재가 있으면 바로 매수하기보다 1~2주 정도의 시간을 두고 천천히 매수해야 한다.

미국 시장 특성상 인버스는 특별한 경우를 제외하고는 거래하지 않는 것이 좋으며, 레버리지 한 방향만으로 매수 시점이 왔을 때 거래하는 것이 바람직하다. 아울러 다른 2, 3배 레버리지 ETF가 더 있지만 이 책에서는 거래대금과 거래량 순위로 선정했다. 이것 외에 본인이 잘 알고 있는 미국 ETF가 있다면 기법을 참고해 거래하면 된다. 원칙에 맞는 상품들을 잘 선정해 거래하길 바란다.

3

미국 ETF
라운드넘버존
신매매기법
설정 방법

설정 방법

다음은 미국 ETF 라운드넘버존 신매매기법의 모든 지표가 추가된 차트 환경이다. 이어서 나오는 설정법을 따라 하면 어렵지 않게 구축할 수 있을 것이다.

| 실전 차트 3-20 | 미국 ETF 라운드넘버존 신매매기법 차트 환경 설정 예시

키움증권의 '영웅문Global' HTS를 실행한 후 좌측 상단의 검색창에 '0601'을 입력해 검색한다.

'해외주식 종합차트' 창이 활성화되면 ①의 보조지표 클릭 후 키보드의 Delete 키를 눌러 이동평균선을 삭제한다. 이어서 ②의 보조지표 클릭 후 키보드의 Delete 키를 눌러 거래량을 삭제한다.

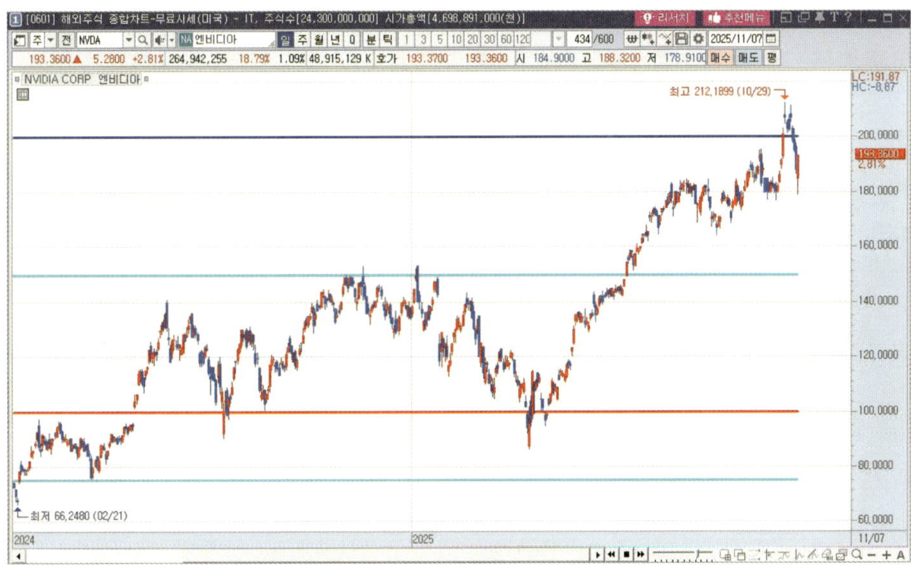

두 보조지표가 삭제된 화면은 위 그림과 같다.

차트 환경 설정법 3

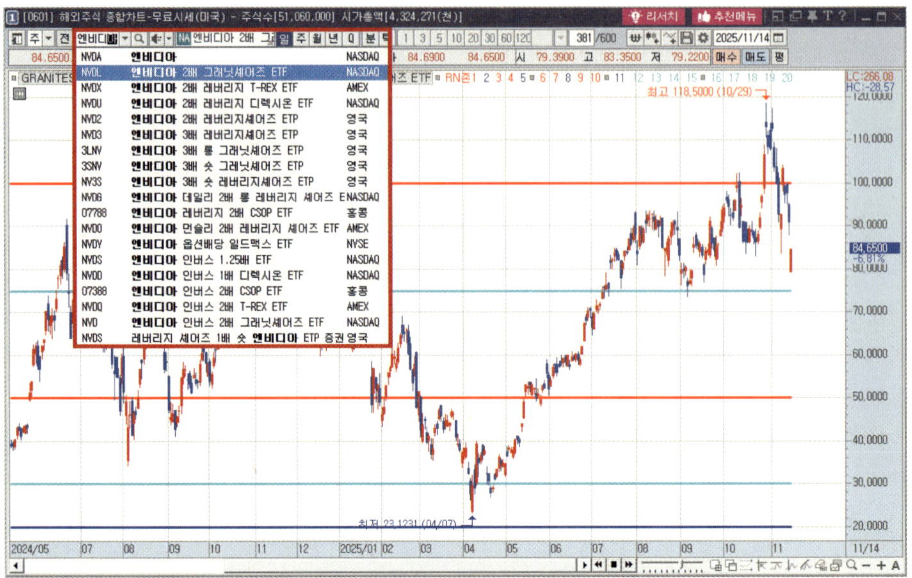

미국 ETF 라운드넘버존 차트 환경 설정 방법은 파트 2의 챕터 3에서 설명한 미국 라운드넘버존 차트 환경 설정 방법과 동일해 별도의 추가 수식을 설정할 필요가 없다. '해외주식 종합차트' 창 상단에서 ETF 이름을 검색해 선택하면 환경 설정이 완료된다.

PART
4

국내
급등존
신매매기법

1

국내
급등존
신매매기법
종목 선정 원칙

1

급등존
신매매기법이란?

'일목균형표'는 일본에서 개발된 지표로, 주가의 움직임을 5개의 선으로 나타낸다. 급등존 신매매기법은 이 5개 선 중 기준선을 이용한 기법으로, 높은 확률이 나오지 않는다면 기법으로서의 의미가 없으므로 80~90% 이상의 승률을 올리기 위해 여기에 나만의 조건을 추가해 정형화했다.

급등존 신매매기법의 급등선(최근 52일간의 최고가와 최저가의 평균값)은 이동평균선의 3, 5, 10일 선처럼 그 날의 주가 움직임에 따라 변하는 선이 아니며, 당일의 급등선이 한 번 정해지면 변하지 않으므로 처음 이 기법을 접하는 초보 투자자도 쉽게 거래할 수 있다.

종목낭 정해진 투자 비중으로만 기계적, 반복적으로 매매한다면 안정적이면서도 고수익을 낼 수 있는 매매법이다. "달리는 말에 올라타라"라는 주식 격언이 있는데, 이 기법의 원리가 여기에 해당된다.

급등존 수식 구성은 다음과 같다.

그리고 수식을 통해 급등존이 HTS 차트에 자동 생성되게 만들었다. 설정 방법은 챕터 3에 자세히 설명했다.

이제 급등존 신매매기법에 대해 하나씩 살펴보겠다. 주로 단기매매를 하는 투자자라면 빠른 매매를 통해 자금 회전율을 높이고 적은 금액으로 고수익을 올리는 데 목적이 있을 것이다. 이는 다른 매매법보다 매우 기계적이어야 하고 주가가 예상과 다르게 움직이면 과감한 손절을 통해 다음 기회를 이어가야 한다. 단기매매에 맞는 기법이나 원칙을 가지고 있지 않으면 총 없이 전쟁터에 나가는 것이나 마찬가지다. 데이터에 따른 승률 높은 기법이 중요한 이유가 이 때문이다.

여러 단기매매 기법이 있지만 단순하면서도 명확한 승률 80~90%의 급등존 신매매기법을 소개하겠다. 종목 선정 조건은 총 3가지다. 첫 번째는 안정성 측면에서 시가총액이 3,000억 원 이상인 종목이어야 한다. 두 번째는 일 거래대금 1,500억 원 이상이 여러 번 출현한 종목이어야 한다. 세 번째는 급등선 주가 대비 +30% 이상 상승한 종목이어야 한다.

52일 동안 급등선 기준 주가가 +30% 이상 상승했다는 것은 세력이 개입했다고 볼 수 있다. 물론 일시적인 재료로 인해 주가가 +30% 이상 상승해 하늘색 선에 도달할 수 있지만, 일 거래대금 1,500억 원 이상이 여러 번 출현하고 [표 4-1]의 2,700여 개 종목 중 시가총액 상위 720위 안에 들어간다면 승률을 더 높일 수 있다.

| **표 4-1** | 시가총액별 국내 주식 종목 수(우선주 포함, ETF와 스팩 제외)

시가총액	종목 수
10조 원 이상	약 70개
1조 원 이상	약 250개
3,000억 원 이상	약 410개
1,000억 원 이상	약 780개
500억 원 이상	약 620개
500억 원 미만	약 580개
합계	**약 2,700개**

* 2025년 11월 말 기준

물론 예를 들어 10개 종목 중 1, 2개 종목은 여러 이유로 인해 급등존 신매매기법을 이용한 매매 시 주가가 반등하지 않을 수 있다. 하지만 위의 종목 선정 조건에 해당된다면 이 종목이 어떤 기업인지 또는 어떤 테마인지 몰라도 데이터상 승률에 따라 매매할 수 있다.

특히 기법을 이용한 투자를 처음 하는 사람이라면 이 책에서 소개하는 여러 기법을 병행해 적용할 수도 있지만, 그보다는 먼저 하나의 기법에 충분히 적응한 후 다른 기법들을 함께 적용하는 것이 좋다. 아울러 차트는 각각의 수식이 설정된 별도의 차트로 봐야 정확하게 판단할 수 있다.

2

종목 선정 조건

급등존 신매매기법의 국내 종목 선정 조건은 다음과 같다. 시가총액 10조 원 이상인 종목은 다음의 ③번 조건에만 부합하면 되지만, 10조 원 미만인 종목은 다음의 3가지 조건에 모두 부합해야 한다.

① 시가총액 3,000억 원 이상인 종목

국내 주식시장에 상장된 시가총액 3,000억 원 이상인 거래 대상 종목은 2025년 9월 말 기준 약 720개이며 이 기법의 적용 대상이 될 수 있다. 그리고 시가총액 3,000억 원 이상인 종목일지라도 주가가 하늘색 선에 도달할 때 일 거래대금 1,500억 원 이상이 여러 번 출현해야 한다. 시가총액이 낮으면서 일 거래대금도 적으면 80~90%의 승률을 기대할 수 없다. 시가총액이 낮은 종목은 테마의 정확도가 높고 대장주인 경우에만 거래할 수 있다.

② 일 거래대금 1,500억 원 이상이 여러 번 출현한 종목

일 거래대금 1,500억 원 이상이 여러 번 출현한 종목이 대상이다. 다만 시가총액 5조 원 이상인 종목은 일 거래대금 1,000억 원 이상이면 대상이 된다. 그 이유는 시가총액 5조 원 이상인 종목 중에는 주가가 급하게 상승하지 않고 천천히 조금씩 상승하는 경우가 있기 때문이다.

③ ①, ②번 조건에 해당되면서 급등선 주가 대비 +30% 이상 상승해 양봉이 하늘색 선에 도달한 종목

②, ③번 조건은 차트에 수식으로 설정해 도식화함으로써 아주 쉽게 확인할 수 있다. 아울러 ①, ②번 조건에 해당되는 종목을 찾는 방법은 파트 1에서 자세히 설명했다.

3

매수 방법

급등존 신매매기법의 3가지 종목 선정 조건에 해당된 국내 종목을 매수하는
방법은 다음과 같다.

① 주가가 급등존 내 급등선 기준 상단에 들어오면 5% 투자 비중으로 1차 매
　수를 한다.

② 1차 매수 후 주가가 매도(매도 방법은 286쪽 참고) 가능한 가격만큼 오르면 분
　할해 전량 매도한다. 이후 동일한 종목의 주가가 하락해 급등존 하단에 들
　어왔을 때 5% 투자 비중으로 다시 1차 매수를 한다. 급등존 하단에서 다시
　1차 매수를 하는 종목은 주도테마나 대장주이어야 가능하다.

③ 1차 매수 후 주가가 매도(매도 방법은 286쪽 참고) 가능한 가격만큼 오르지 않

거나 하락하면 급등존 하단에서 5% 투자 비중으로 2차 매수를 한다. 다만 1차 매수 후 5일이 지난 시점에 2차 매수를 하면 안 된다.

④ 주가가 급등존 상단에 도달하지 않고 급등선 기준 +5% 위에서 +10% 이상 상승하면 한 템포 늦춰 이후 주가가 급등존 중·하단에 들어왔을 때 5% 투자 비중으로 1차 매수를 하고 추가 하락하면 5% 투자 비중으로 2차 매수를 한다. 다만 1차 매수 후 5일이 지난 시점에 2차 매수를 하면 안 된다.

이 기법은 분할 매수를 포함해 종목당 투자 비중은 10%를 넘지 않아야 한다. 즉, 비중 분산 투자가 이 기법의 핵심이다. 조건에 해당되는 종목이 복수로 동시에 나올 수도 있고, 주가가 급등선 근처에 도달한 종목이 있으면 매수하기 위해 매수가에 주문을 넣거나 미리 예약 매수를 설정해둘 필요가 있기 때문이다. 또한 같은 테마에서 여러 종목이 동시에 조건에 해당되면 시가총액 상위 순으로 매수한다.

4

매도 방법

급등존 신매매기법으로 1차 매수 또는 2차 매수해 보유하고 있는 국내 종목을 매도하는 방법은 다음과 같다.

① 1차 매수 후 주가가 상승해 매수가 대비 +5~+20% 이상이 되면 매수한 주식은 분할해 전량 매도한다. 만약 해당 종목이 주도테마에 해당되어 2차 시세가 나올 것이라고 판단되면 정해진 매도가에 매도하지 않고 수익을 극대화할 수 있다.

② 1차 매수 후 매도 없이 연이어 2차 매수한 경우에는 1, 2차 매수가의 평균 매수 단가 대비 +5~+20% 이상이 되면 주식을 일시 또는 임의의 비율로 분할해 전량 매도한다. 이 기법은 매매 기간이 짧아 1차 매수 후 5일이 지났다면 가능한 한 1차 매수에 그쳐야 하며 10일 전후로 익절이나 손절을 해야

한다.

　급등존 매수 자리는 주가가 비교적 높은 편이라 빠르게 매매하는 것이 안정적이면서 승률을 높일 수 있는 방법이다. 급등존 신매매기법으로 매수한 주식의 총 보유 기간은 10일 전후다. 즉, 수익이든 익절이든 손절이든 10일 전후로 매수한 주식 전량을 매도해 정리한다.

5

유의 사항

급등존 신매매기법을 실행할 때 다음의 사항들은 꼭 유의하길 바란다.

① 같은 테마에서 여러 종목이 동시에 매수 자리에 올 경우 시가총액 상위 순의 대형주를 매수하는 것이 좋으며 같은 테마로 2종목을 초과해 매수하면 안 된다.

② 1년 이내에 주가가 8~10배 전후로 상승(시가총액 1조 원 미만)한 종목은 패스한다.

③ 매수 전 재료 소멸이나 실적 악화 등의 악재가 있는 종목은 매수하면 안 된다.

④ 조건에 해당되더라도 주가가 많이 상승한 시점에 증권사의 목표가 상향 리
포트가 나온 종목은 주의한다.

| 표 4-2 | 신매매기법별 정리

구분	국내 RN존	미국 (ETF) RN존	급등존	절대존	33존50존
시가총액	5조 원 이상	상위 500위 이내 (ETF는 상위 50위 이내)	5조 원 이상	5조 원 이상	5조 원 이상
	3,000억 원 이상		3,000억 원 이상	3,000억 원 이상	3,000억 원 이상
거래대금	1,000억 원 이상	1주당 1달러 이상	1,000억 원 이상	1,000억 원 이상	1,000억 원 이상
	1,500억 원 이상		1,500억 원 이상	1,500억 원 이상	1,500억 원 이상
매수 비중	1차 5%	1차 5%	1차 5%	1차 5%	1차 5%
	2차 10%	2차 10%	2차 5%	2차 5%	2차 5%
1차 매수 기준	라운드넘버선 -4% 이내	라운드넘버선 -4% 이내	급등존 상단	절대존 상단	33존50존 상단
2차 매수 기준	1차 매수가 대비 -20%	1차 매수가 대비 -20%	급등존 하단	절대존 하단	33존50존 하단
2차 매수 시기	1차 매수 후 45일 이내	1차 매수 후 45일 이내	1차 매수 후 5일 이내	1차 매수 후 15일 이내	1차 매수 후 30일 이내
매도 기준	매수가 대비 +7~+20% 상승 시 일시 또는 분할해 전량 매도	매수가 대비 +7~+20% 상승 시 일시 또는 분할해 전량 매도	매수가 대비 +5~+20% 상승 시 분할해 전량 매도	매수가 대비 +7~+20% 상승 시 분할해 전량 매도	매수가 대비 +7~+20% 상승 시 분할해 전량 매도
보유 기간	2~3개월 전후	2~3개월 전후	10일 전후	1개월 전후	2개월 전후
특이 사항	신매매기법별 기준은 승률이 높은 공통 사항이므로 단기매매와 중장기 투자 시 본인의 기준을 적용해 매매할 수 있다.				

CHAPTER

2

국내
급등존
신매매기법
실전 투자 사례

1

실전 사례

이번 챕터에서는 어러 종목 중 특히 중대형주 위주의 실전 종목의 차트 사례들을 보면서 배워보겠다. 이 책에서 소개하는 신매매기법들은 단순 명료하지만 주식시장은 역동적이다 보니 대응할 수 있는 세부 스킬에 대해 자세한 사례들과 함께 살펴볼 필요가 있다. 실전 투자 사례들의 차트에서 어떤 일이 있었는지, 어떻게 접근하는지 등을 상세하게 적어뒀으니 실제 거래 시 많은 도움이 될 것이다.

| 실전 차트 4-1 | 2025년 SK스퀘어 일봉 차트

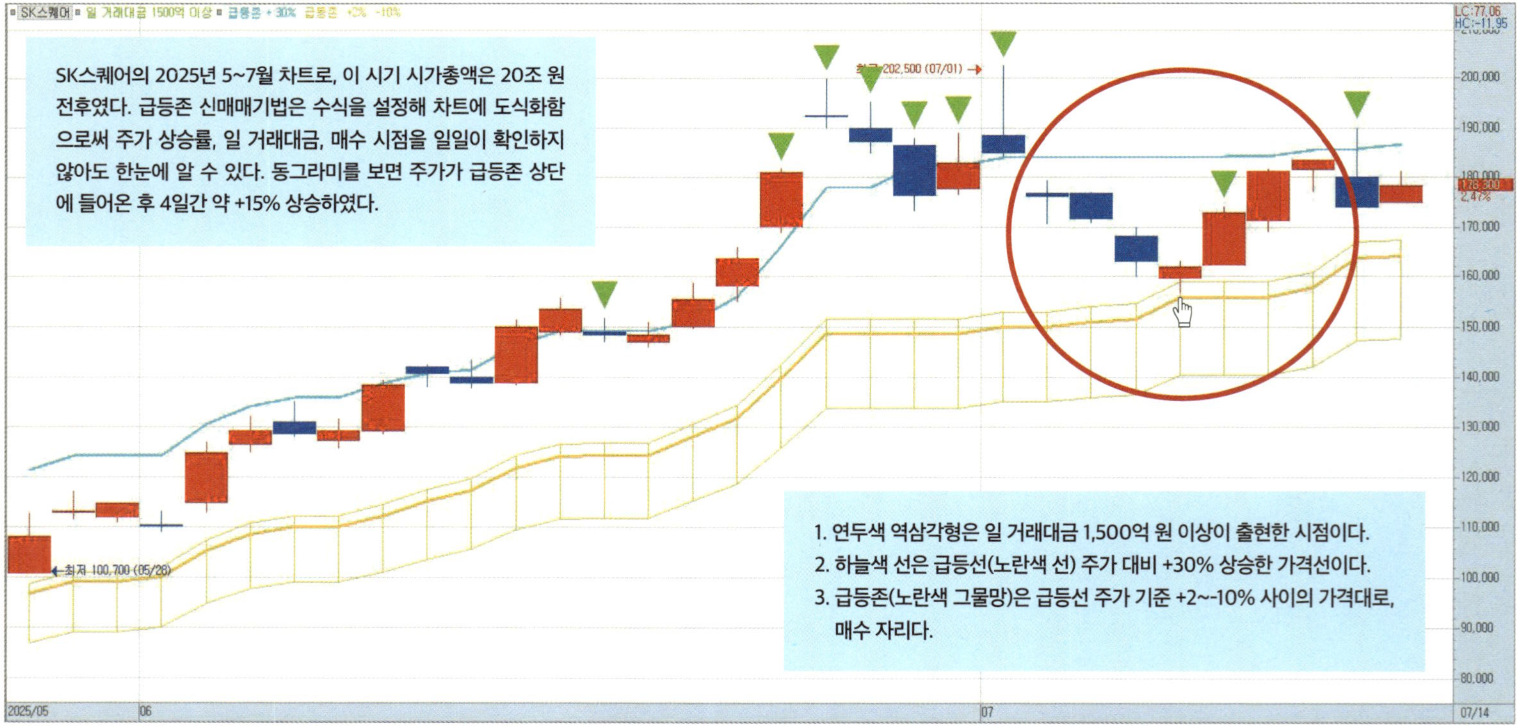

| 실전 차트 4-2 | 2025년 한화에어로스페이스 일봉 차트

한화에어로스페이스의 2025년 1~5월 차트로, 시가총액은 30~40조 원 전후였다. 차트를 보면 일 거래대금 1,500억 원 이상이 매일 출현하였으며 주가가 하늘색 선에 양봉으로 도달하였다. 조건에 해당되므로 급등존 신매매기법의 원칙에 따라 주가가 급등존에 들어오면 매수할 수 있다.

급등존 신매매기법은 매수 후 곧바로 수익을 낼 수 있는 경우도 있지만, 기본적으로 대형주는 주가가 천천히 움직인다는 사실을 알아야 한다. 또한 이 기법은 보유 기간이 10일 전후이지만 대형주의 강한 테마가 지속되는 경우 보유 기간과 투자 비중을 더 올릴 수 있다.

첫 번째 동그라미에서는 1차 매수 후 매도하였던 종목의 주가가 이후 급등존 상단에 들어온 후 +10% 이상 상승하였다가 하락해 급등존 하단에 들어와 다시 1차 매수를 할 수 있었다. 이는 주도테마 또는 대장주일 경우에만 가능하다. 두 번째 동그라미에서는 급등존 상단에서 1차 매수 후 3일 만에 주가가 약 +15% 상승하였다.

| 실전 차트 4-3 | 2023년 한미반도체 일봉 차트

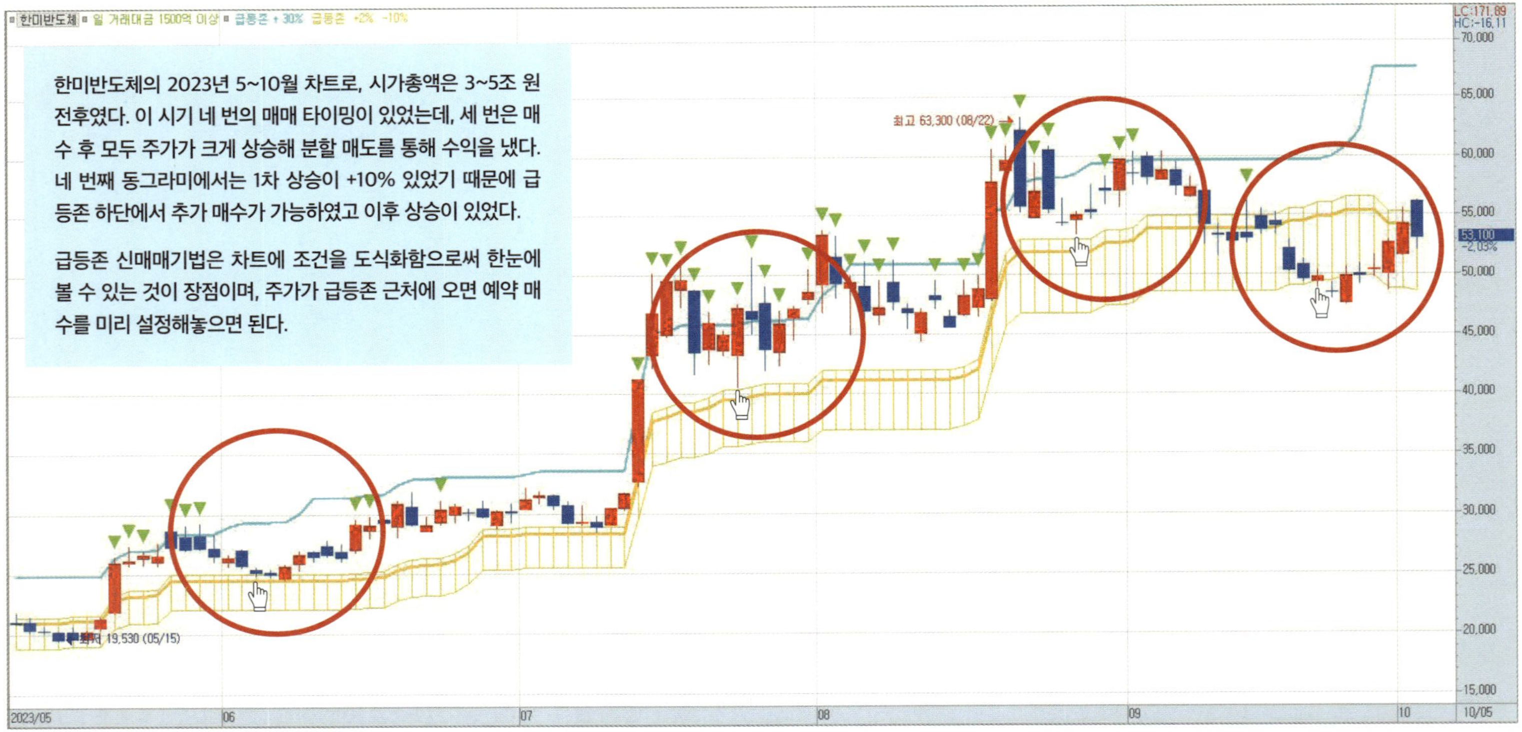

한미반도체의 2023년 5~10월 차트로, 시가총액은 3~5조 원 전후였다. 이 시기 네 번의 매매 타이밍이 있었는데, 세 번은 매수 후 모두 주가가 크게 상승해 분할 매도를 통해 수익을 냈다. 네 번째 동그라미에서는 1차 상승이 +10% 있었기 때문에 급등존 하단에서 추가 매수가 가능하였고 이후 상승이 있었다.

급등존 신매매기법은 차트에 조건을 도식화함으로써 한눈에 볼 수 있는 것이 장점이며, 주가가 급등존 근처에 오면 예약 매수를 미리 설정해놓으면 된다.

| **실전 차트 4-4** | **2024년 한미반도체 일봉 차트**

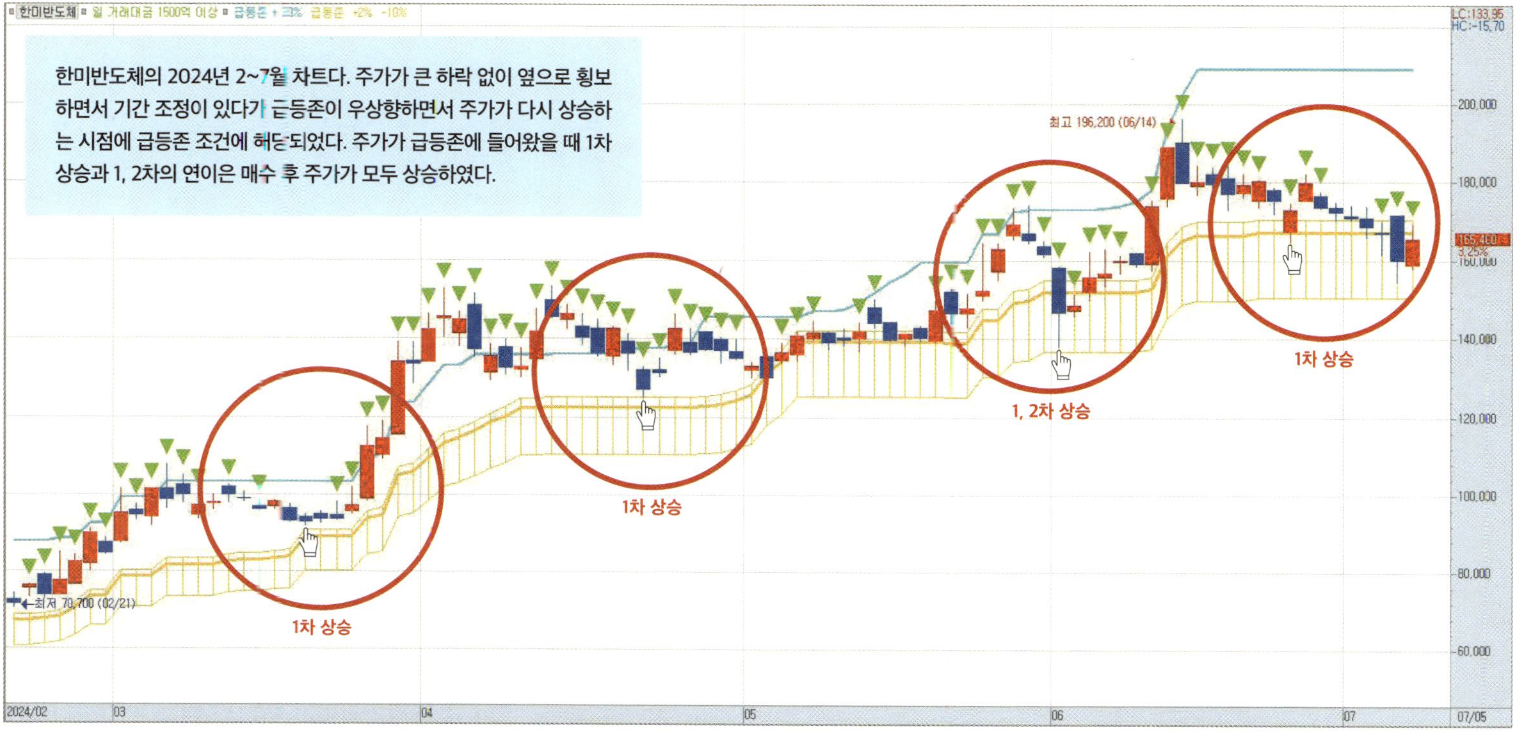

| 실전 차트 4-5 | 2024~2025년 한미반도체 일봉 차트

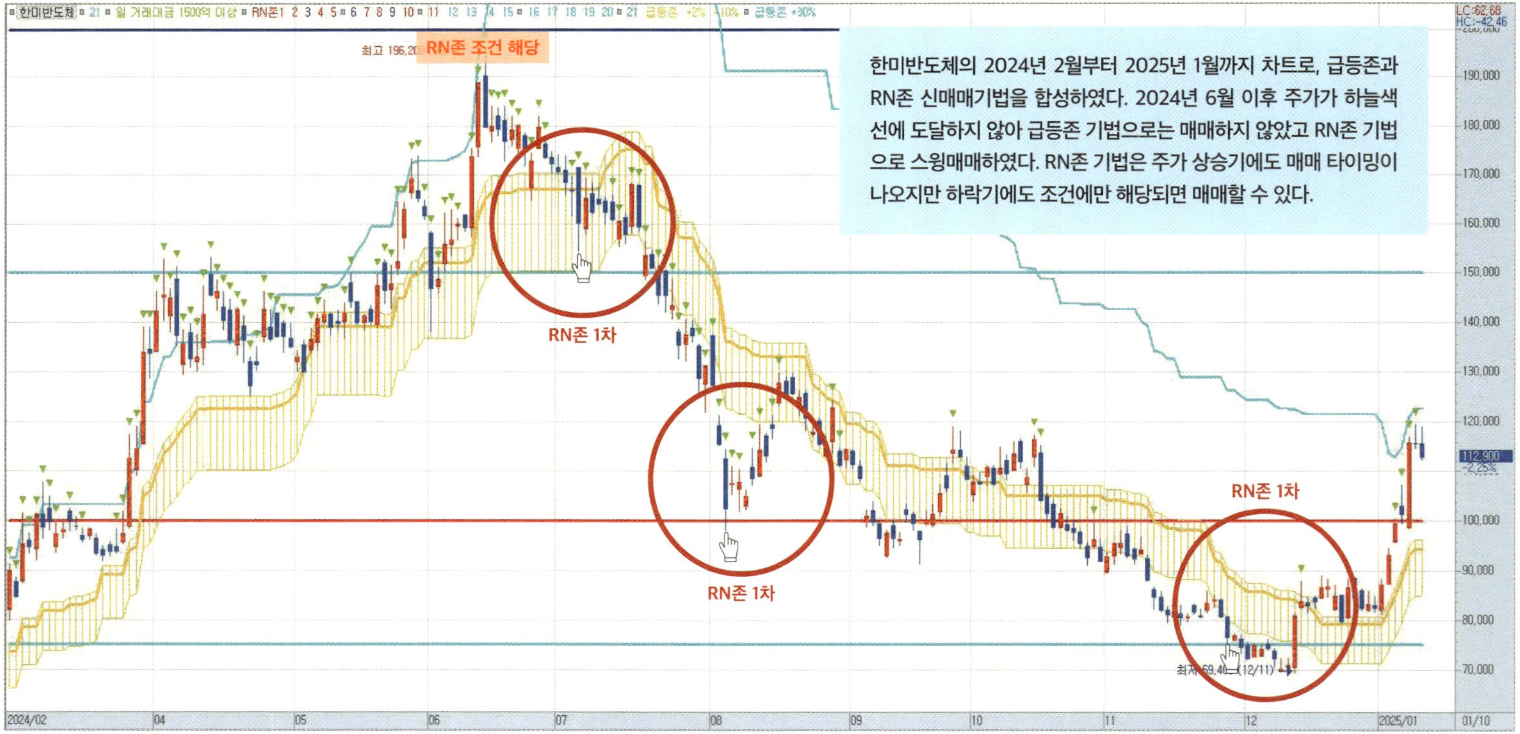

한미반도체의 2024년 2월부터 2025년 1월까지 차트로, 급등존과 RN존 신매매기법을 합성하였다. 2024년 6월 이후 주가가 하늘색 선에 도달하지 않아 급등존 기법으로는 매매하지 않았고 RN존 기법으로 스윙매매하였다. RN존 기법은 주가 상승기에도 매매 타이밍이 나오지만 하락기에도 조건에만 해당되면 매매할 수 있다.

| 실전 차트 4-6 | 2023년 펩트론 일봉 차트

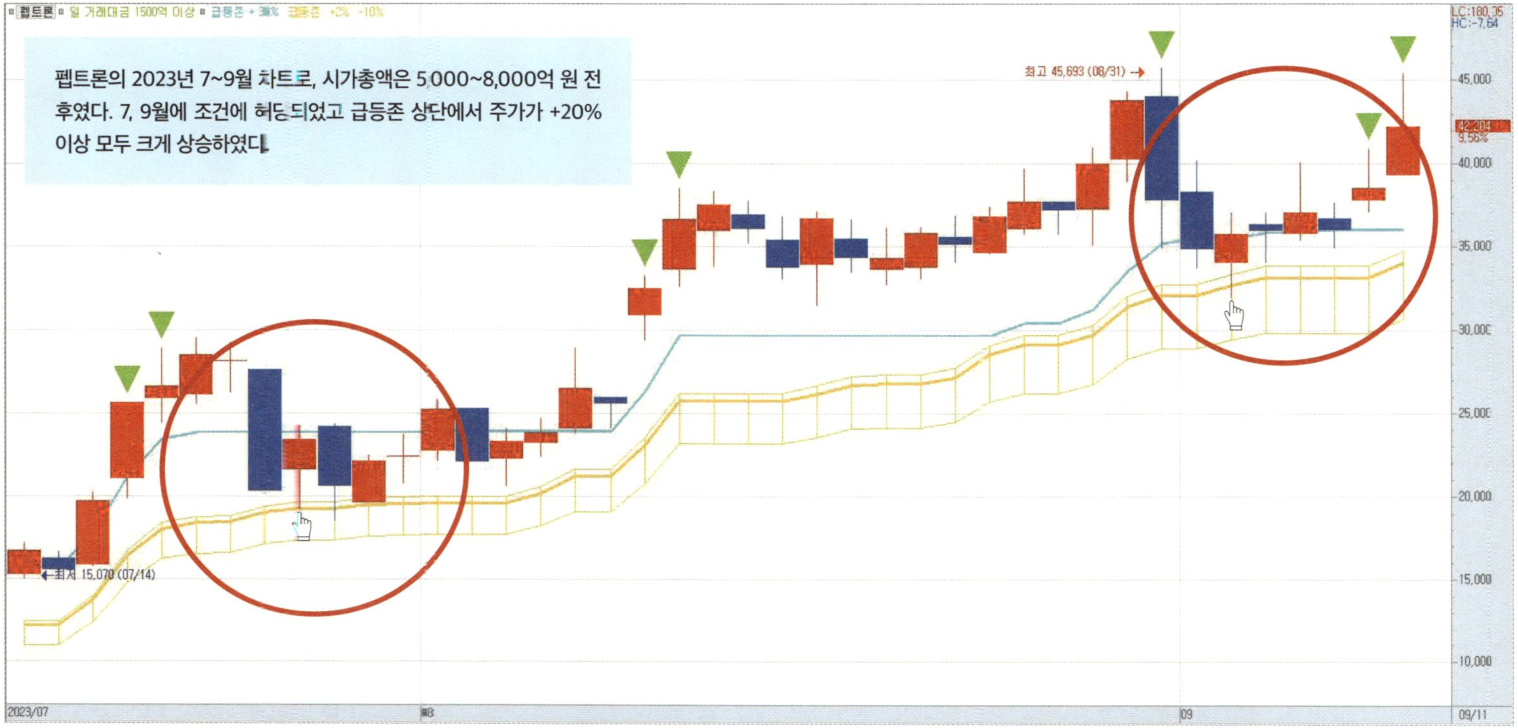

펩트론의 2023년 7~9월 차트로, 시가총액은 5,000~8,000억 원 전후였다. 7, 9월에 조건에 허용되었고 급등존 상단에서 주가가 +20% 이상 모두 크게 상승하였다.

| 실전 차트 4-7 | 2025년 펩트론 일봉 차트

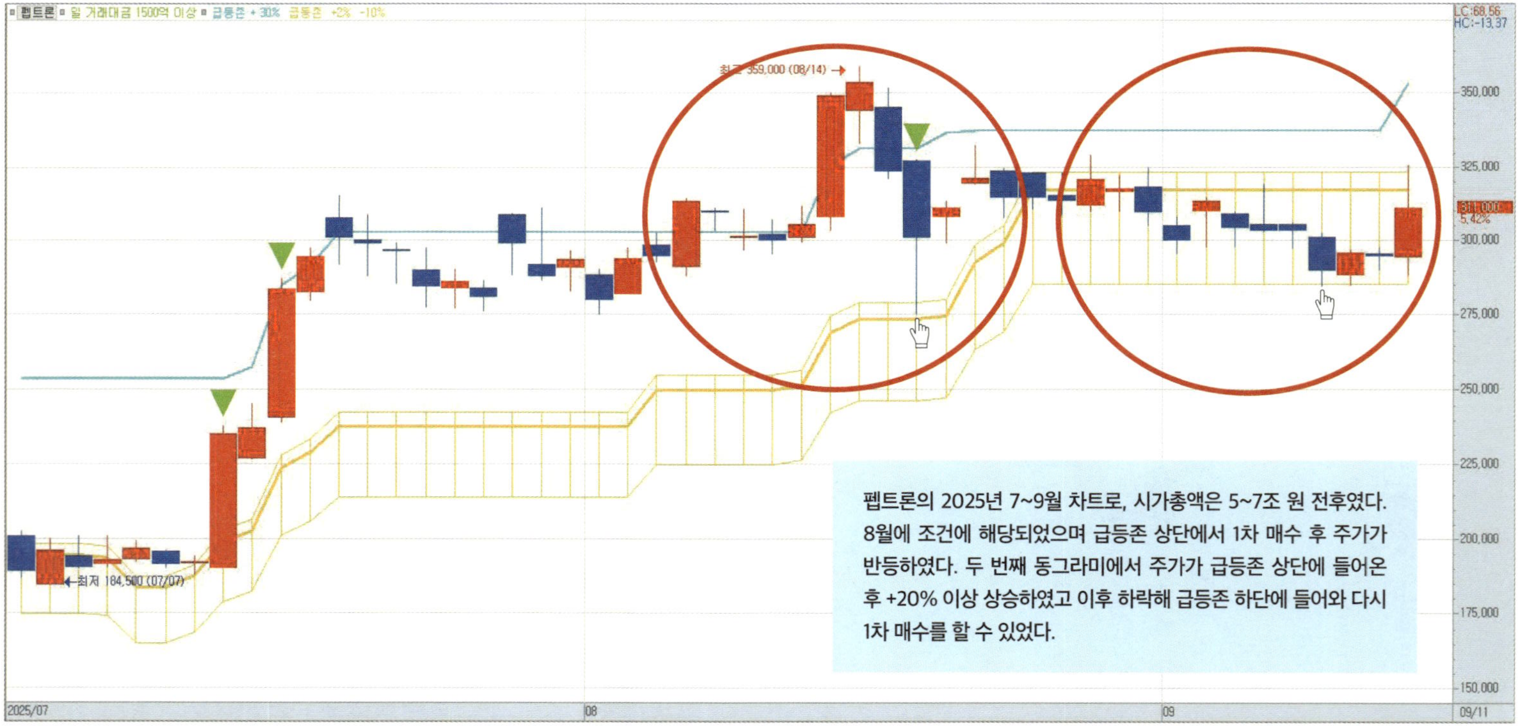
펩트론 일 거래대금 1500억 이상 급등존 + 30% 급등존 +2% -10%
최고 359,000 (08/14)
최저 184,500 (07/07)
LC:68.56
HC:-13.37
350,000
325,000
311,000
5.42%
300,000
275,000
250,000
225,000
200,000
175,000
150,000
2025/07
08
09
09/11
펩트론의 2025년 7~9월 차트로, 시가총액은 5~7조 원 전후였다. 8월에 조건에 해당되었으며 급등존 상단에서 1차 매수 후 주가가 반등하였다. 두 번째 동그라미에서 주가가 급등존 상단에 들어온 후 +20% 이상 상승하였고 이후 하락해 급등존 하단에 들어와 다시 1차 매수를 할 수 있었다.

실전 차트 4-8 | 2020년 두산에너빌리티 일봉 차트

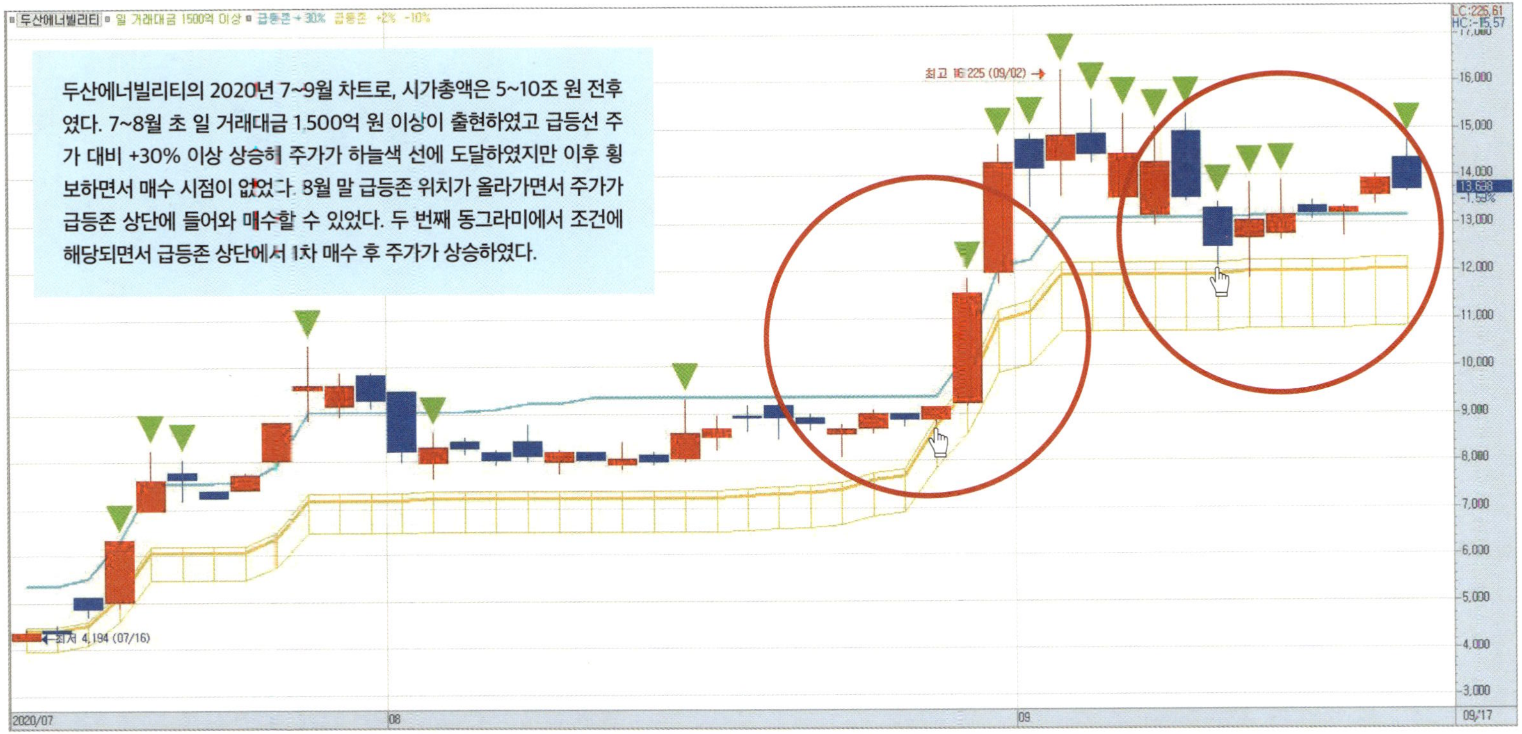

| 실전 차트 4-9 | 2024~2025년 HD현대중공업 일봉 차트

HD현대중공업의 2024년 7월부터 2025년 2월까지 차트로, 시가총액은 20~30조 원 전후의 대형주였다. 주가가 급등선 주가 대비 +30% 이상 상승해 하늘색 선에 도달한 후 하락해 급등존에 들어오면서 매수할 수 있었다. 대형주는 주가가 천천히 상승하므로 하늘색 선에 거의 근접하게 도달하면 급등존 기법을 적용할 수 있다. 두 번째 동그라미에서 1차 매수한 주식을 매도해 수익을 낸 후 곧바로 다시 조건에 해당되어 급등존 상단 1차 매수 공략이 가능하였다.

| 실전 차트 4-10 | 2023~2025년 카페24 일봉 차트

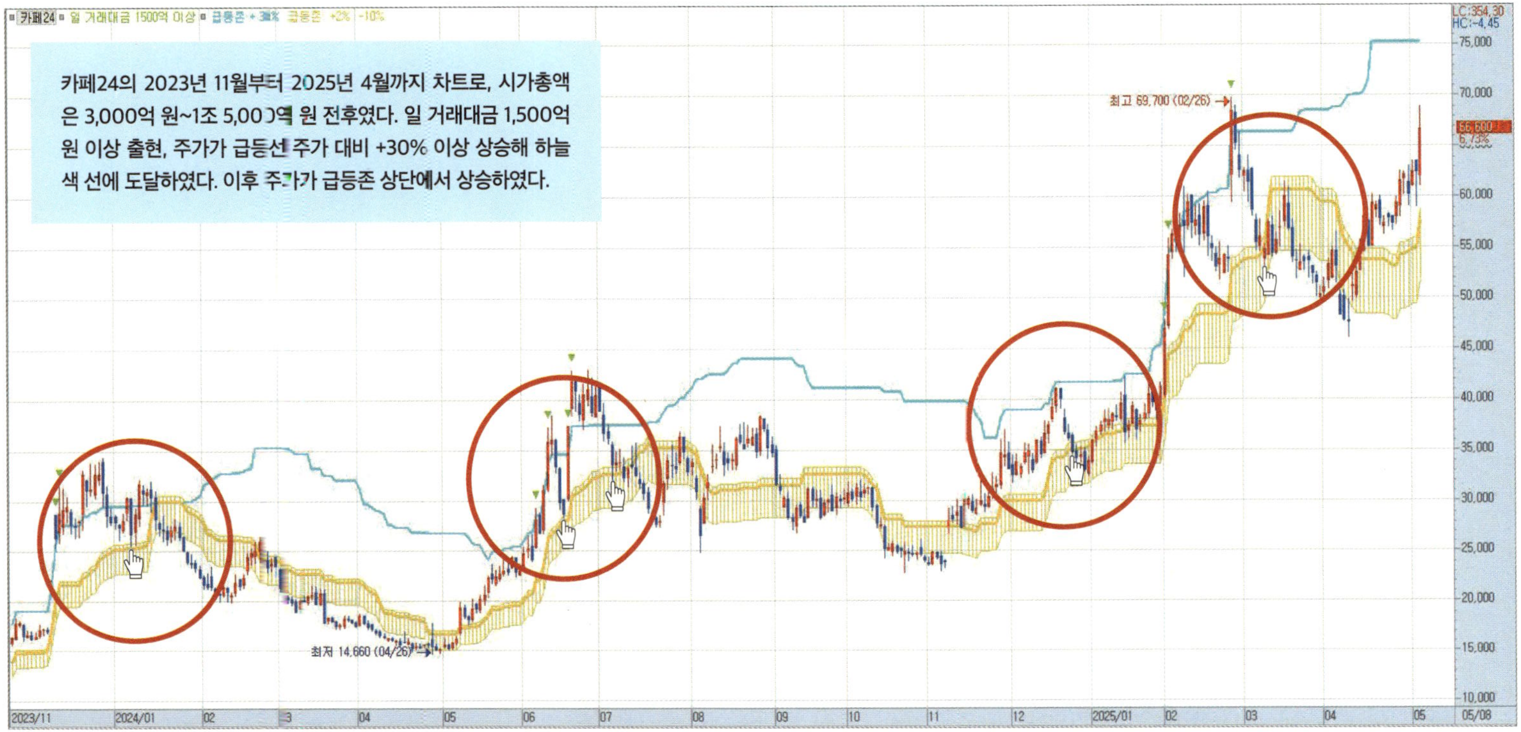

카페24의 2023년 11월부터 2025년 4월까지 차트로, 시가총액은 3,000억 원~1조 5,000억 원 전후였다. 일 거래대금 1,500억 원 이상 출현, 주가가 급등선 주가 대비 +30% 이상 상승해 하늘색 선에 도달하였다. 이후 주가가 급등존 상단에서 상승하였다.

| 실전 차트 4-11 | 2024년 대원전선 일봉 차트

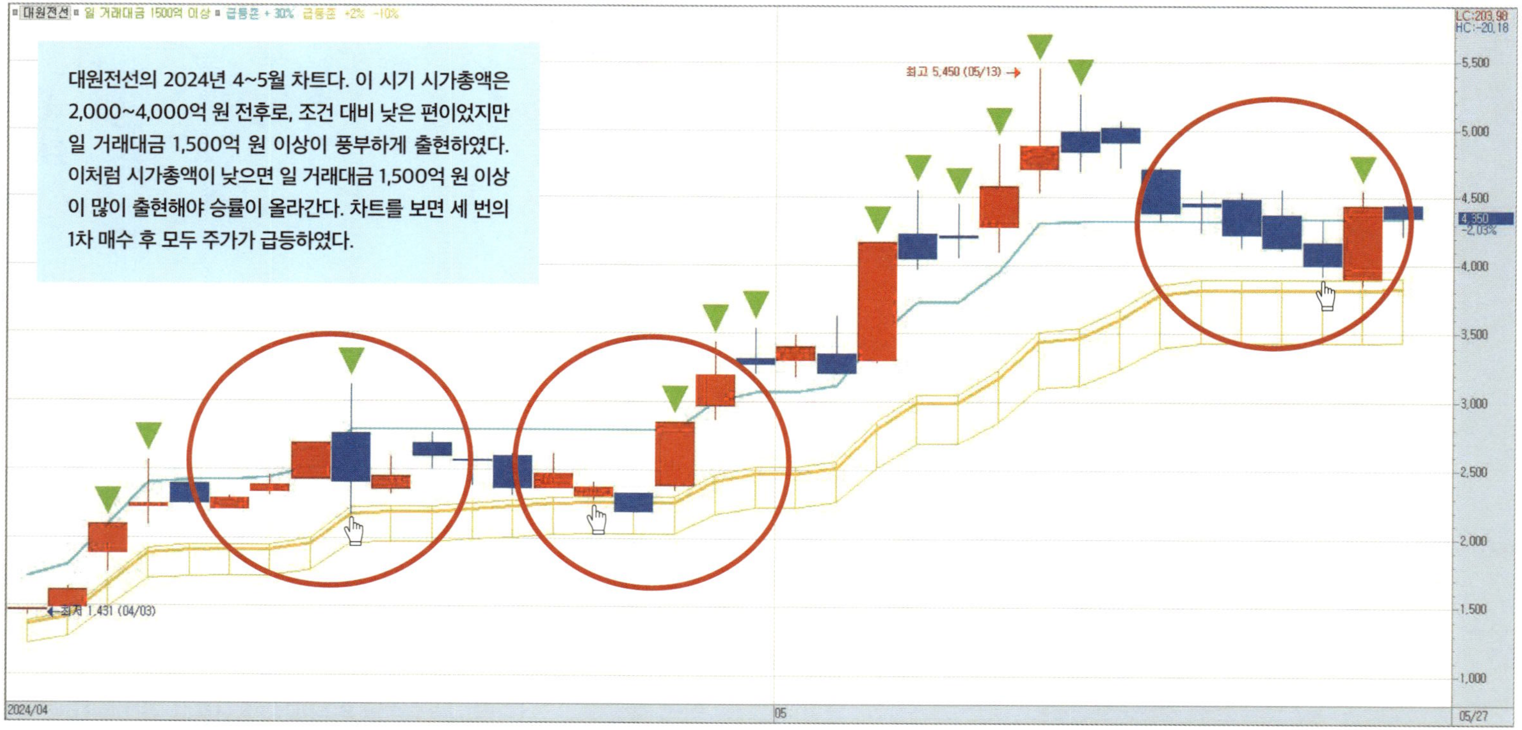

대원전선의 2024년 4~5월 차트다. 이 시기 시가총액은 2,000~4,000억 원 전후로, 조건 대비 낮은 편이었지만 일 거래대금 1,500억 원 이상이 풍부하게 출현하였다. 이처럼 시가총액이 낮으면 일 거래대금 1,500억 원 이상이 많이 출현해야 승률이 올라간다. 차트를 보면 세 번의 1차 매수 후 모두 주가가 급등하였다.

실전 차트 4-12 | 2025년 LIG넥스원 일봉 차트

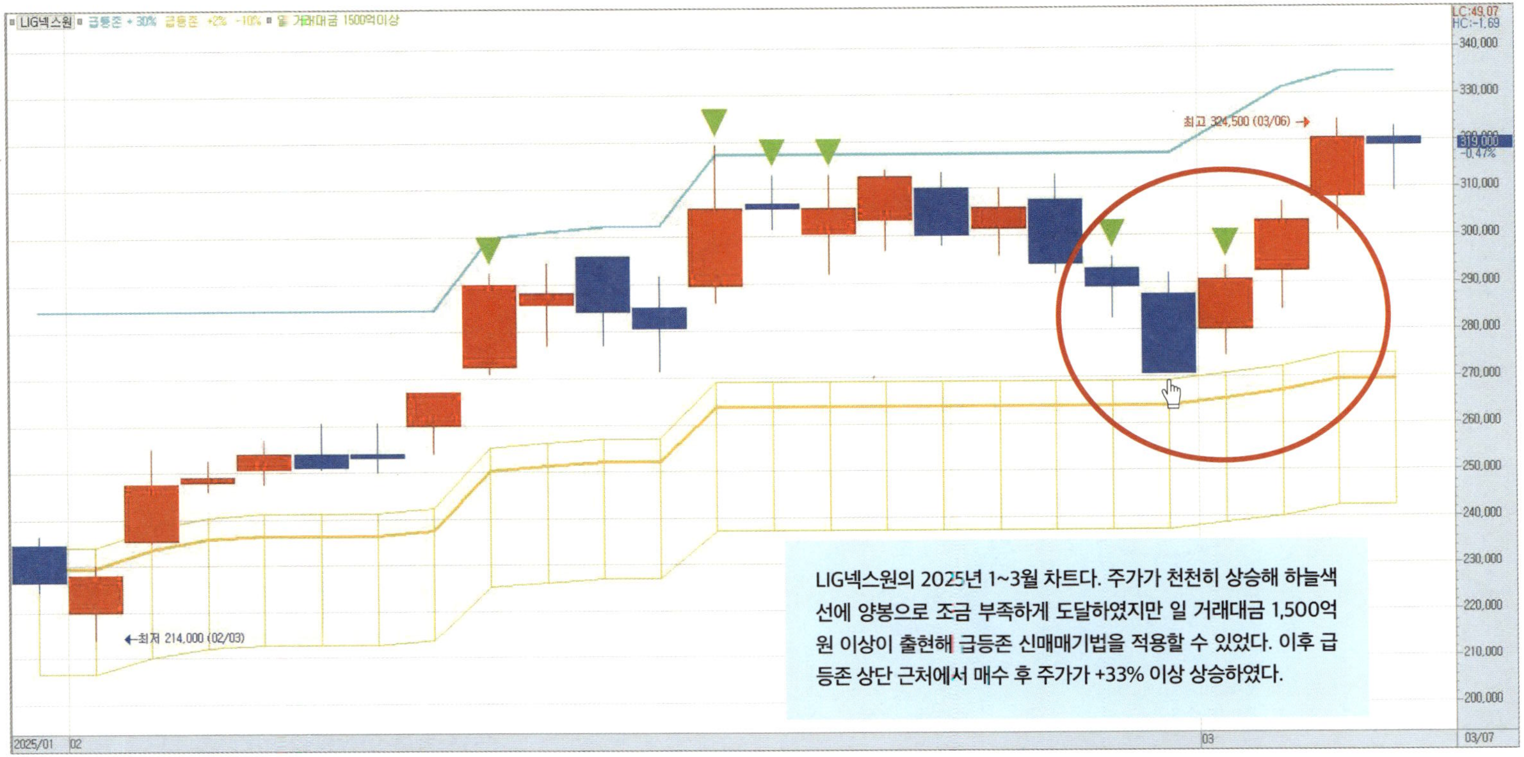
LIG넥스원 급등존 +30% 급등존 +2% -10% 일 거래대금 1500억이상
LC:49.07
HC:-1.69
340,000
330,000
319,000
-0.47%
310,000
300,000
290,000
280,000
270,000
260,000
250,000
240,000
230,000
220,000
210,000
200,000
최고 324,500 (03/06)
최저 214,000 (02/03)
2025/01
02
03
03/07
LIG넥스원의 2025년 1~3월 차트다. 주가가 천천히 상승해 하늘색 선에 양봉으로 조금 부족하게 도달하였지만 일 거래대금 1,500억 원 이상이 출현해 급등존 신매매기법을 적용할 수 있었다. 이후 급등존 상단 근처에서 매수 후 주가가 +33% 이상 상승하였다.

실전 차트 4-13 | 2024년 한전산업 일봉 차트

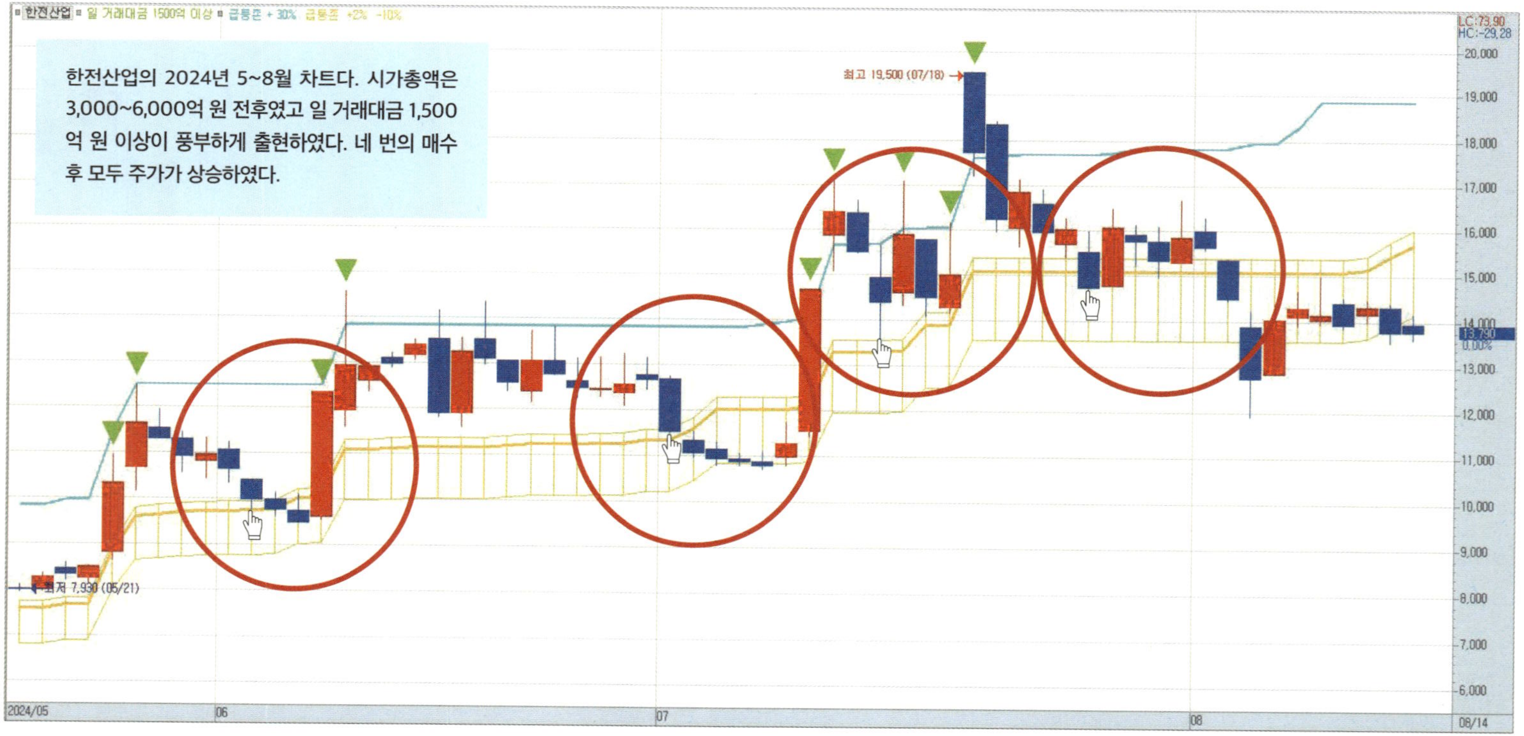

| 실전 차트 4-14 | 2025년 한국전력 일봉 차트

| 실전 차트 4-15 | 2025년 디앤디파마텍 일봉 차트

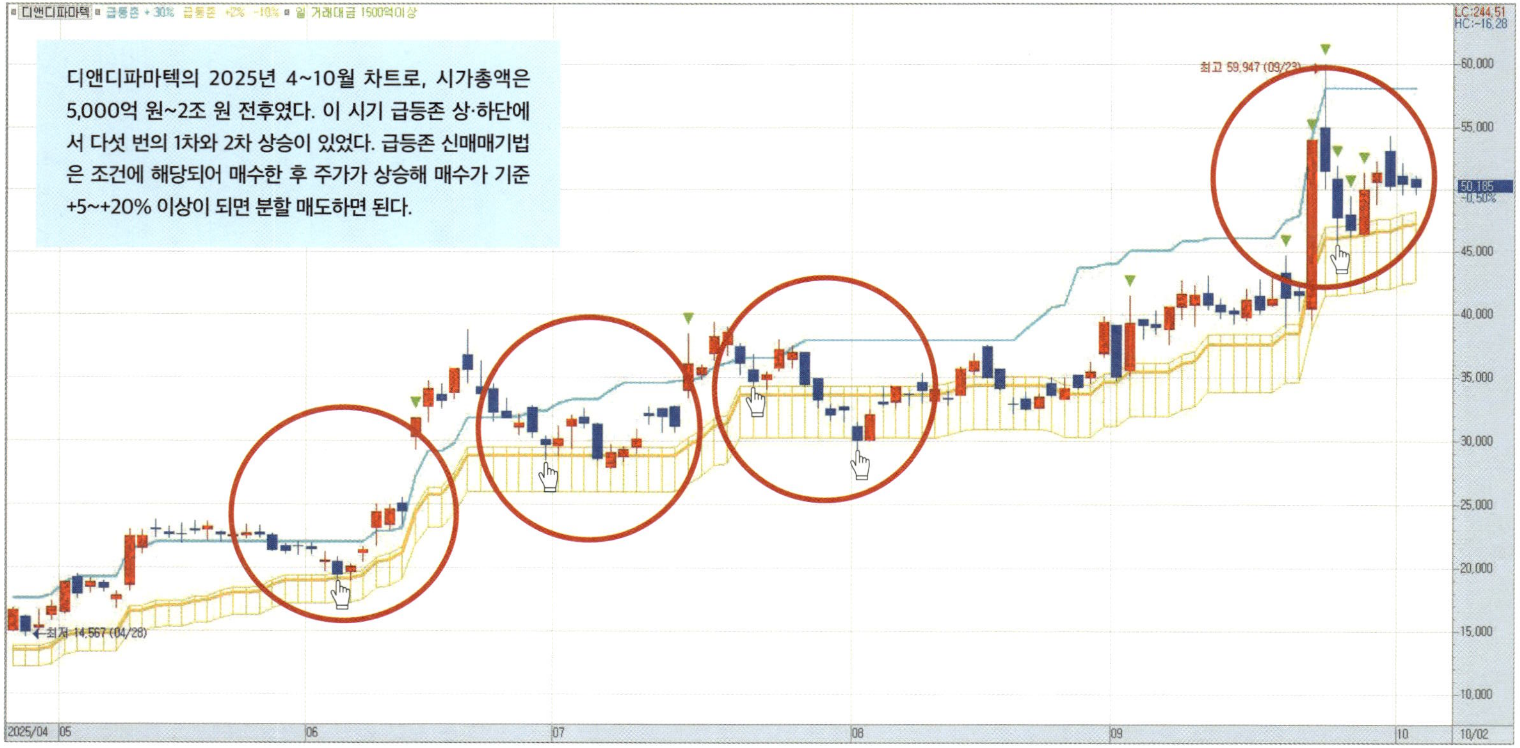
디앤디파마텍 ■ 급등존 + 30% 급등존 +2% -10% ■ 일 거래대금 1500억이상
디앤디파마텍의 2025년 4~10월 차트로, 시가총액은 5,000억 원~2조 원 전후였다. 이 시기 급등존 상·하단에서 다섯 번의 1차와 2차 상승이 있었다. 급등존 신매매기법은 조건에 해당되어 매수한 후 주가가 상승해 매수가 기준 +5~+20% 이상이 되면 분할 매도하면 된다.
최고 59,947 (09/23)
최저 14,567 (04/28)
LC:244.51
HC:-16.28
60,000
55,000
50,185
-0.50%
45,000
40,000
35,000
30,000
25,000
20,000
15,000
10,000
2025/04
05
06
07
08
09
10
10/02

| 실전 차트 4-16 | 2025년 LS ELECTRIC 일봉 차트

LS ELECTRIC의 2025년 1~2월 차트다. 일 거래대금 1,500억 원 이상이 여러 번 출현하였으며, 주가가 상승해 하늘색 선에 도달하였고 이후 급등존 상단에서 큰 폭의 주가 상승이 있었다

| 실전 차트 4-17 | 2020년 알테오젠 일봉 차트

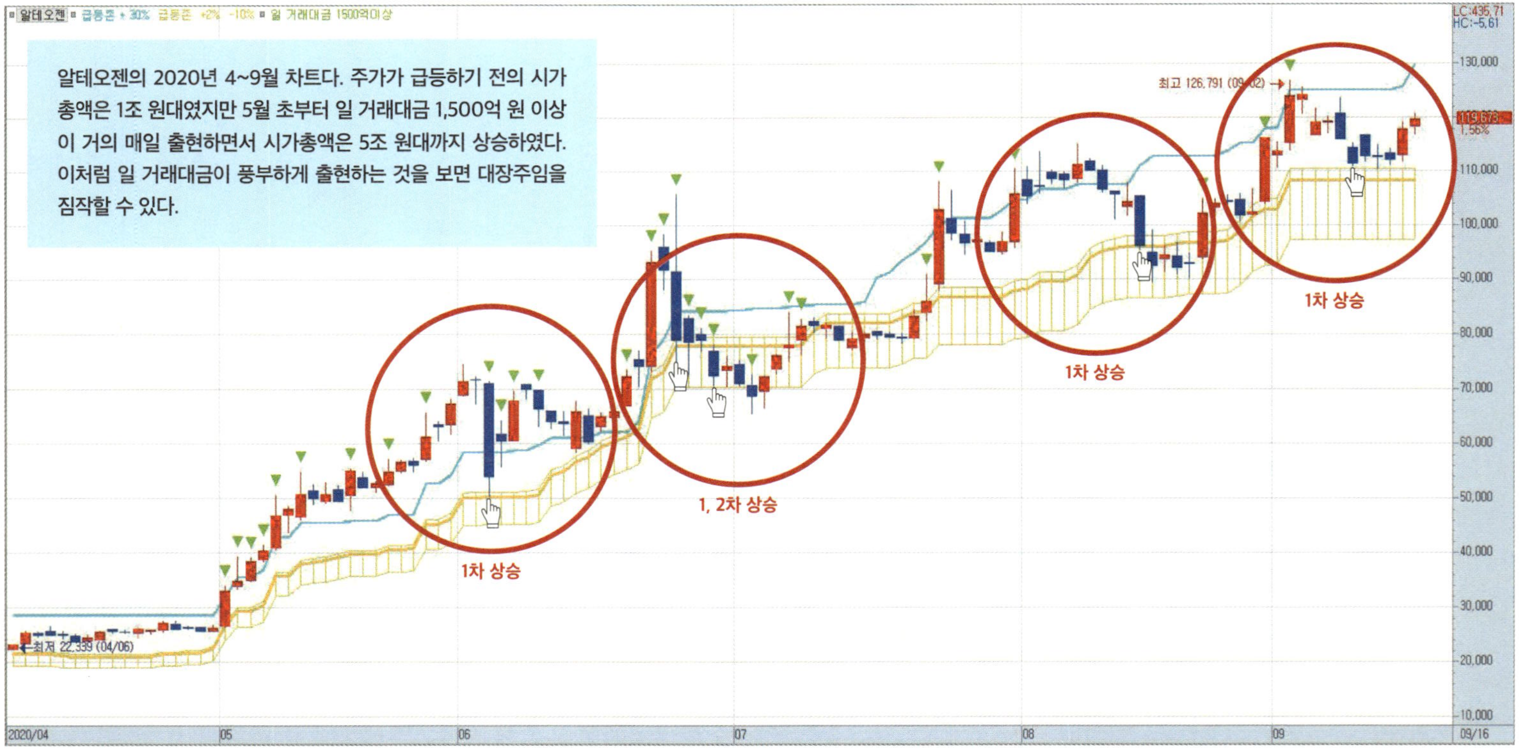

알테오젠의 2020년 4~9월 차트다. 주가가 급등하기 전의 시가총액은 1조 원대였지만 5월 초부터 일 거래대금 1,500억 원 이상이 거의 매일 출현하면서 시가총액은 5조 원대까지 상승하였다. 이처럼 일 거래대금이 풍부하게 출현하는 것을 보면 대장주임을 짐작할 수 있다.

| 실전 차트 4-18 | 2023~2024년 알테오젠 일봉 차트

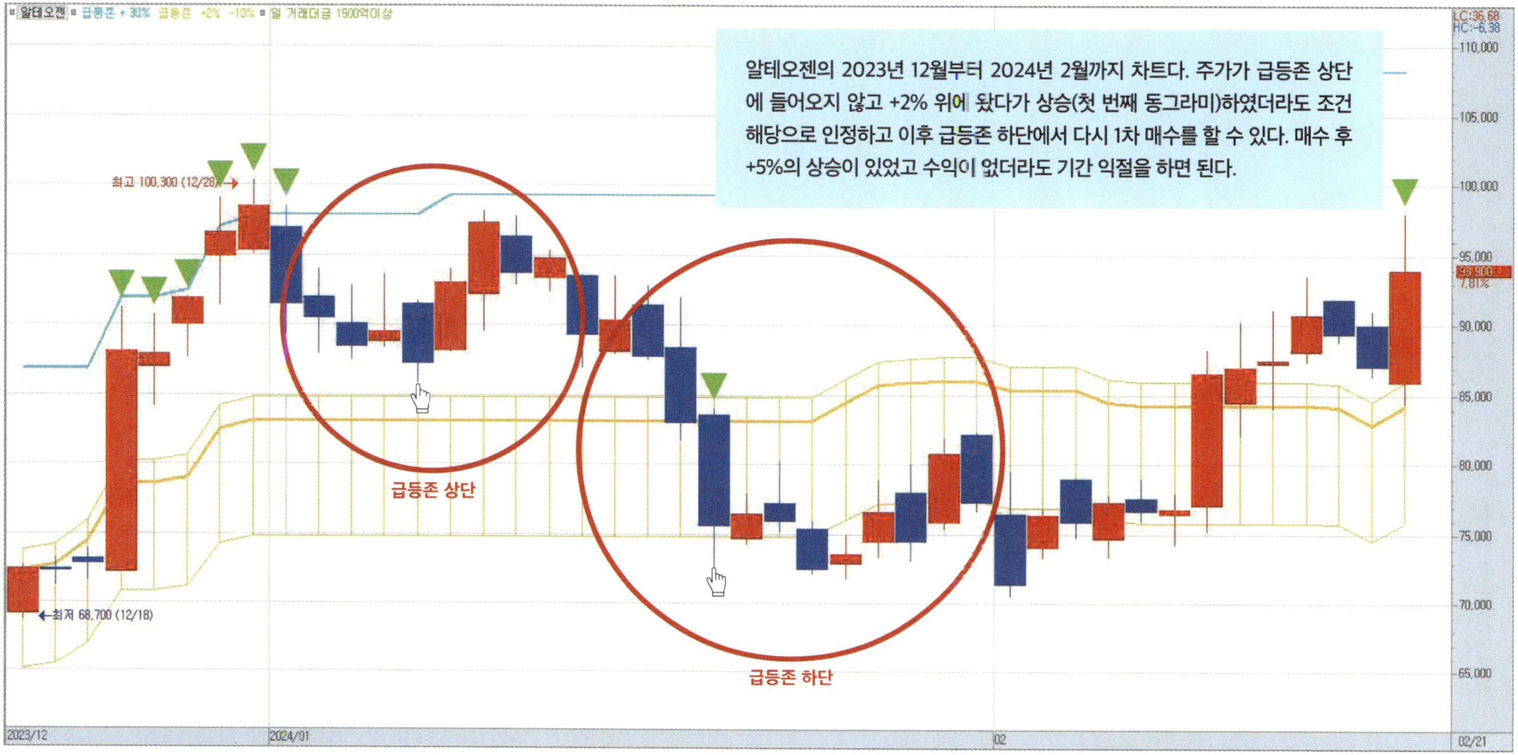

'테마'는 특정 산업의 종목군을 말하며 '주도테마'는 여러 테마 중 주가 상승을 이끄는 테마를 말한다. 주식시장에는 수많은 테마가 있는데, 일시적으로 주가가 상승하는 테마가 있는 반면에 1년부터 몇 년간 주가가 상승하는 테마가 있다. 예를 들어 반도체 산업이 호황이면 관련 종목군이 모인 테마가 주도테마가 된다.

이처럼 주도테마가 형성되면 가령 반도체 주도테마에 속하는 SK하이닉스, 한미반도체, 이수페타시스 등의 종목 중 '대장주'라는 것이 등장한다. 대장주는 테마에 속하는 여러 종목 중에서도 주가를 이끌면서 비교적 더 많이 상승하거나 일 거래대금 1,500억 원 이상이 자주 출현하는 종목을 말한다. 대장주는 보통 주가가 상승할 때는 더 많이 상승하고 하락할 때는 덜 하락한다. 다만 주도테마라도 당시의 시장 상황이나 업종 상황에 따라 사후적으로 움직이기 때문에 초보 투자자가 대응하기는 어려울 수 있다.

이 책에서 소개하는 주도테마를 찾는 확률을 높이는 방법은 각 기법의 '종목 선정 조건'이다. 주도테마의 대장주는 단기, 스윙, 중장기 투자가 모두 가능하다. 단기나 스윙 투자자들은 매일의 주가 대응에 적응돼 있어 중장기 투자를 하기 어렵다. 반대로 중장기 투자자들은 매일 주가에 대응하지 않고 몇 개월 이상 주가가 하락 또는 횡보해도 보유하는 성향이 강하다. 단기나 스윙 투자자라면 기법들의 조건에 해당됐을 때 원칙에 따라 매수하면 80~90% 승률을 얻을 수 있다.

최근에는 반도체, 방산, 조선, 원전, 지주사, 금융, 로봇, 바이오 등이 주도테마다. 바이오 테마는 개별로 움직이는데, 알테오젠, 리가켐바이오, 에이비엘바이오, 펩트론 등 기술 이전이나 실적이 검증된 기업들이 바이오 테마의 대장주 역할을 하고 있다. 또한 그룹 지주사별로 테마가 형성돼 HD현대, 한화, 두산, SK 관련주들의 주가가 함께 상승하기도 했다. 과거에는 2차전지, 로봇, AI, 포스코그룹 등이 주도테마로서 시장을 주도한 적이 있는데, 시장의 주도테마는 언제든 바뀌기 때문에 영원한 주도테마는 없음을 기억하길 바란다.

주도테마는 며칠부터 수년간 유지될 수 있으며 주가가 몇 배에서 10배 이상 상승할 수 있다. 주가는 시장 상황보다 미리 움직이고 산업이 호황일 때는 고점인 경우가 많다. 계속적인 호황일 때는 기간 조정 후 추가로 더 상승하기도 한다. 따라서 시장에서 주도테마로서 신뢰를 얻어 주가가 상승하고 누구나 매수하고자 하는 욕구가 강해질 때 고점이 형성되므로 그 시기까지 기법에 따라 계속 사골처럼 수익을 낼 수 있다.

1차적으로 주도테마로 인정받기 위해서는 이 책에서 소개하는 급등존, 절대존, 33존50존 신매매기법의 경우 주가가 하늘색 선에 도달해야 하고 RN존 신매매기법은 조건에 해당돼야 한다. 또한 일 거래대금 1,500억 원 이상이 자주 출현하는 테마가 주도테마가 될 가능성이 높다. 급등존 기법은 10일 전후로 익절이나 손절을 하는 매매법이므로 일시적으로 기간 조정을 받게 되면 수익이든 이절이든 손절이든 매도할 수밖에 없다. 승률 100%가 되지 못하고 80~90%인 이유다. 가끔 중소형주가 일시적 테마를 곧잘 만들어낼 때가 있는데, 테마가 지속적이지 못하고 시들어버리는 경우가 많아 신중한 선택이 필요하다.

　주식투자는 장기적으로 접근해야 하며 일시적으로 운 좋게 큰 수익을 냈다고 해서 영원히 유지된다는 보장이 없다. 주식시장을 떠날 때의 수익이 진짜 수익이다. 따라서 주식투자를 처음 접하는 입문자나 초보 투자자는 처음 터득하는 투자 습관이 중요하다. 이 책을 통해 토끼보다는 거북이처럼 조금 늦더라도 결국 승리할 수 있는 투자 습관을 기른 후 거래하길 바란다.

| 실전 차트 4-19 | 2023년 코스모신소재 일봉 차트

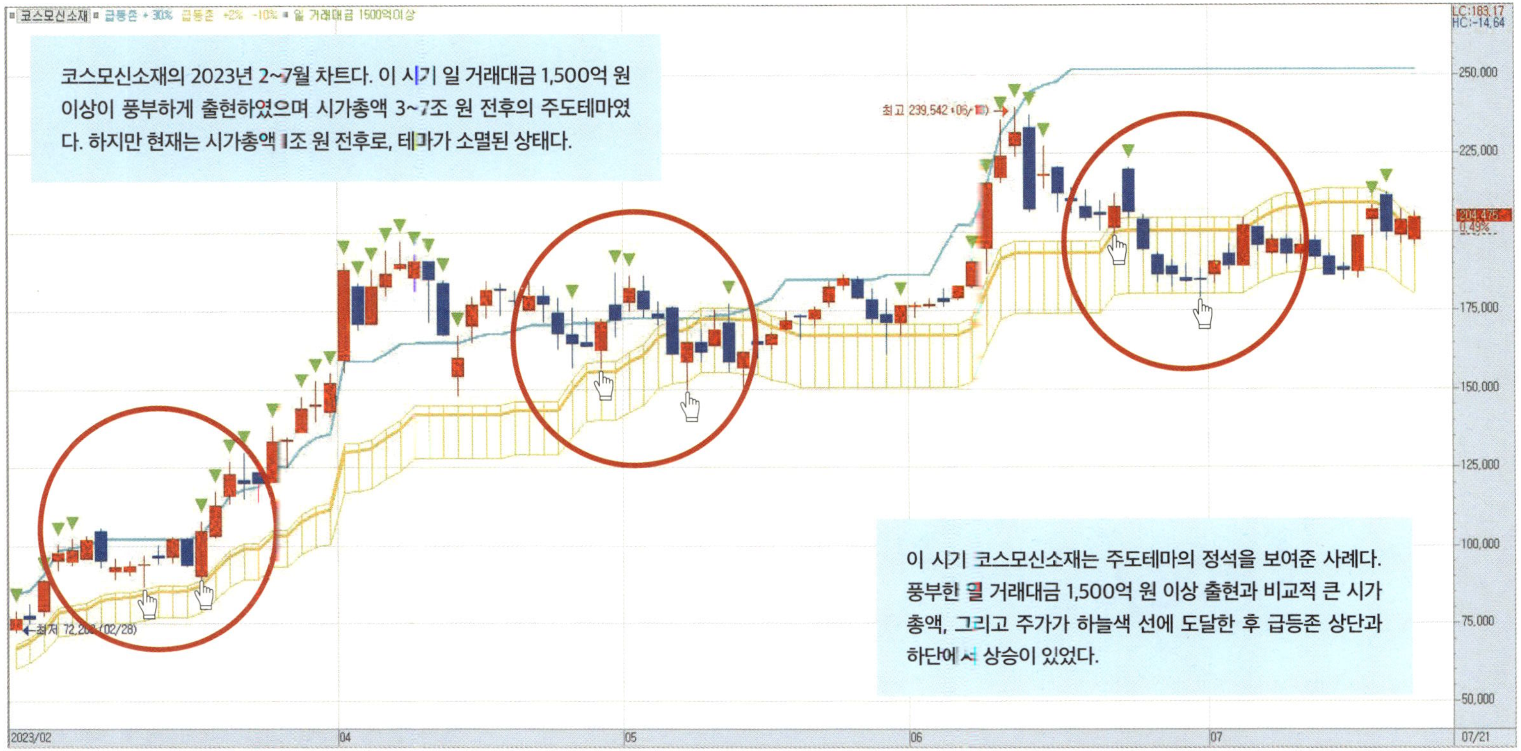
코스모신소재 급등존 + 30% 급등존 +2% -10% 일 거래대금 1500억이상
코스모신소재의 2023년 2~7월 차트다. 이 시기 일 거래대금 1,500억 원 이상이 풍부하게 출현하였으며 시가총액 3~7조 원 전후의 주도테마였다. 하지만 현재는 시가총액 1조 원 전후로, 테마가 소멸된 상태다.
이 시기 코스모신소재는 주도테마의 정석을 보여준 사례다. 풍부한 일 거래대금 1,500억 원 이상 출현과 비교적 큰 시가총액, 그리고 주가가 하늘색 선에 도달한 후 급등존 상단과 하단에서 상승이 있었다.
최저 72,200 (02/28)
LC:183.17
HC:-14.64
250,000
225,000
175,000
150,000
125,000
100,000
75,000
50,000
2023/02
04
05
06
07
07/21

| 실전 차트 4-20 | 2021년 HMM 일봉 차트

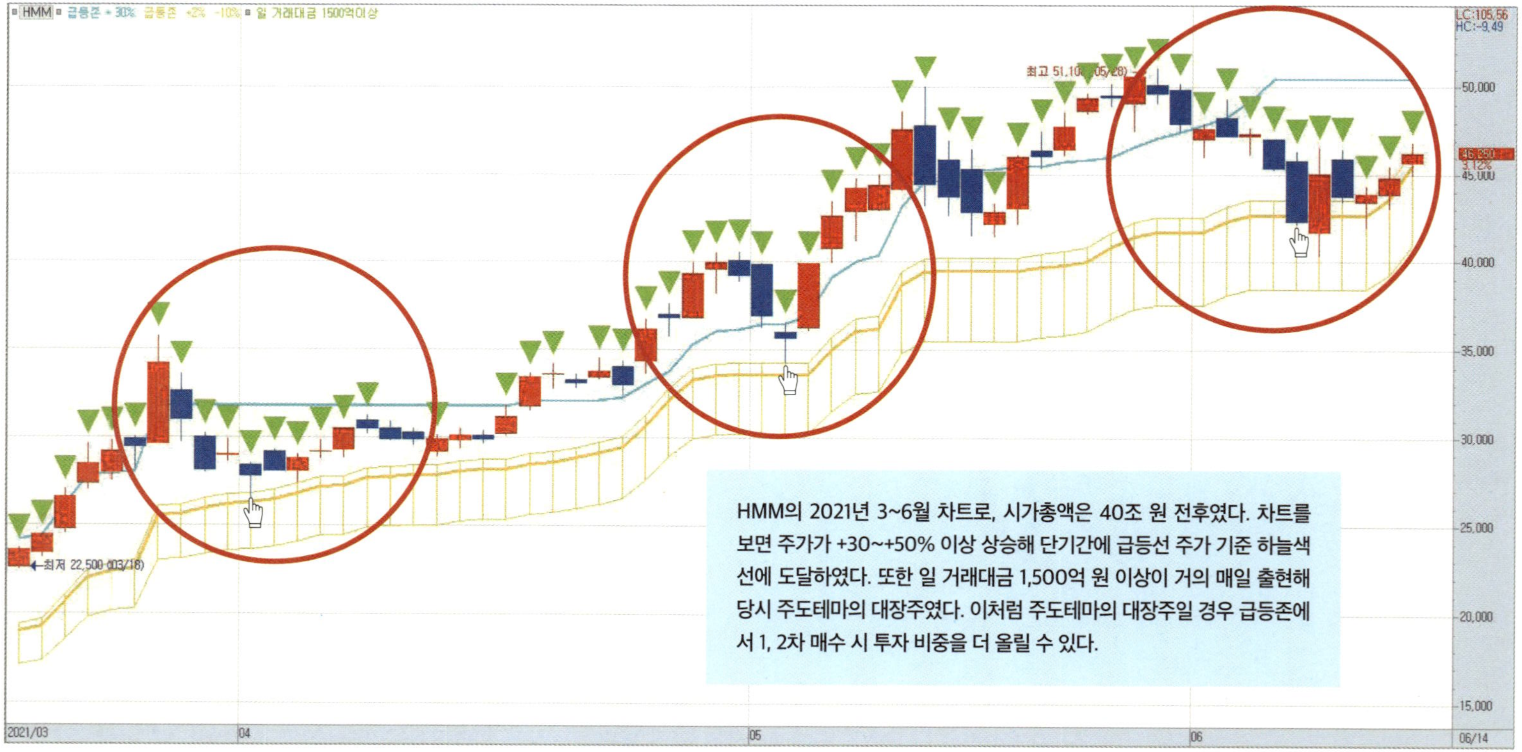

HMM의 2021년 3~6월 차트로, 시가총액은 40조 원 전후였다. 차트를 보면 주가가 +30~+50% 이상 상승해 단기간에 급등선 주가 기준 하늘색 선에 도달하였다. 또한 일 거래대금 1,500억 원 이상이 거의 매일 출현해 당시 주도테마의 대장주였다. 이처럼 주도테마의 대장주일 경우 급등존에서 1, 2차 매수 시 투자 비중을 더 올릴 수 있다.

| 실전 차트 4-21 | 2023년 POSCO홀딩스 일봉 차트

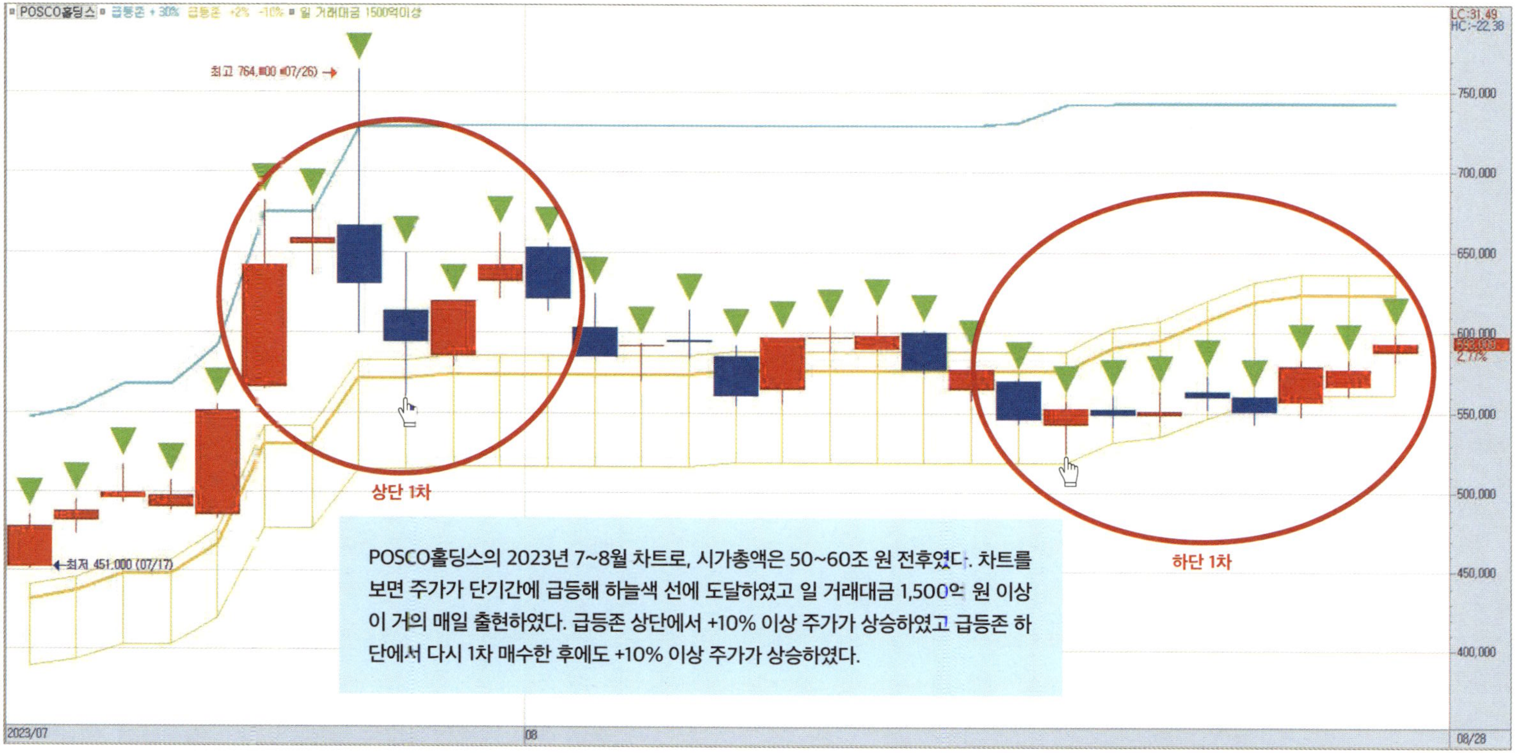

POSCO홀딩스의 2023년 7~8월 차트로, 시가총액은 50~60조 원 전후였다. 차트를 보면 주가가 단기간에 급등해 하늘색 선에 도달하였고 일 거래대금 1,500억 원 이상이 거의 매일 출현하였다. 급등존 상단에서 +10% 이상 주가가 상승하였고 급등존 하단에서 다시 1차 매수한 후에도 +10% 이상 주가가 상승하였다.

| 실전 차트 4-22 | 2024~2025년 코오롱티슈진 일봉 차트

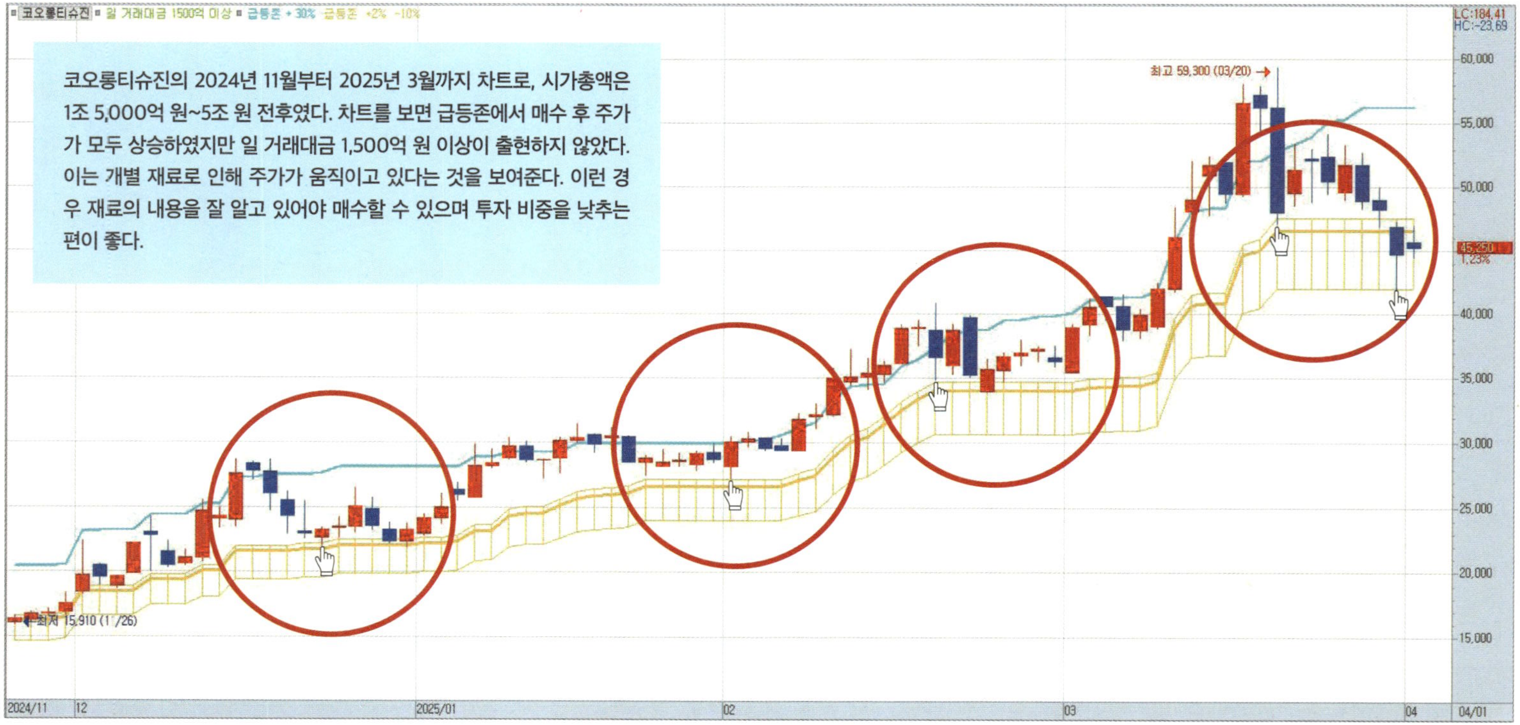

코오롱티슈진의 2024년 11월부터 2025년 3월까지 차트로, 시가총액은 1조 5,000억 원~5조 원 전후였다. 차트를 보면 급등존에서 매수 후 주가가 모두 상승하였지만 일 거래대금 1,500억 원 이상이 출현하지 않았다. 이는 개별 재료로 인해 주가가 움직이고 있다는 것을 보여준다. 이런 경우 재료의 내용을 잘 알고 있어야 매수할 수 있으며 투자 비중을 낮추는 편이 좋다.

| 실전 차트 4-23 | 2023년 인벤티지랩 일봉 차트

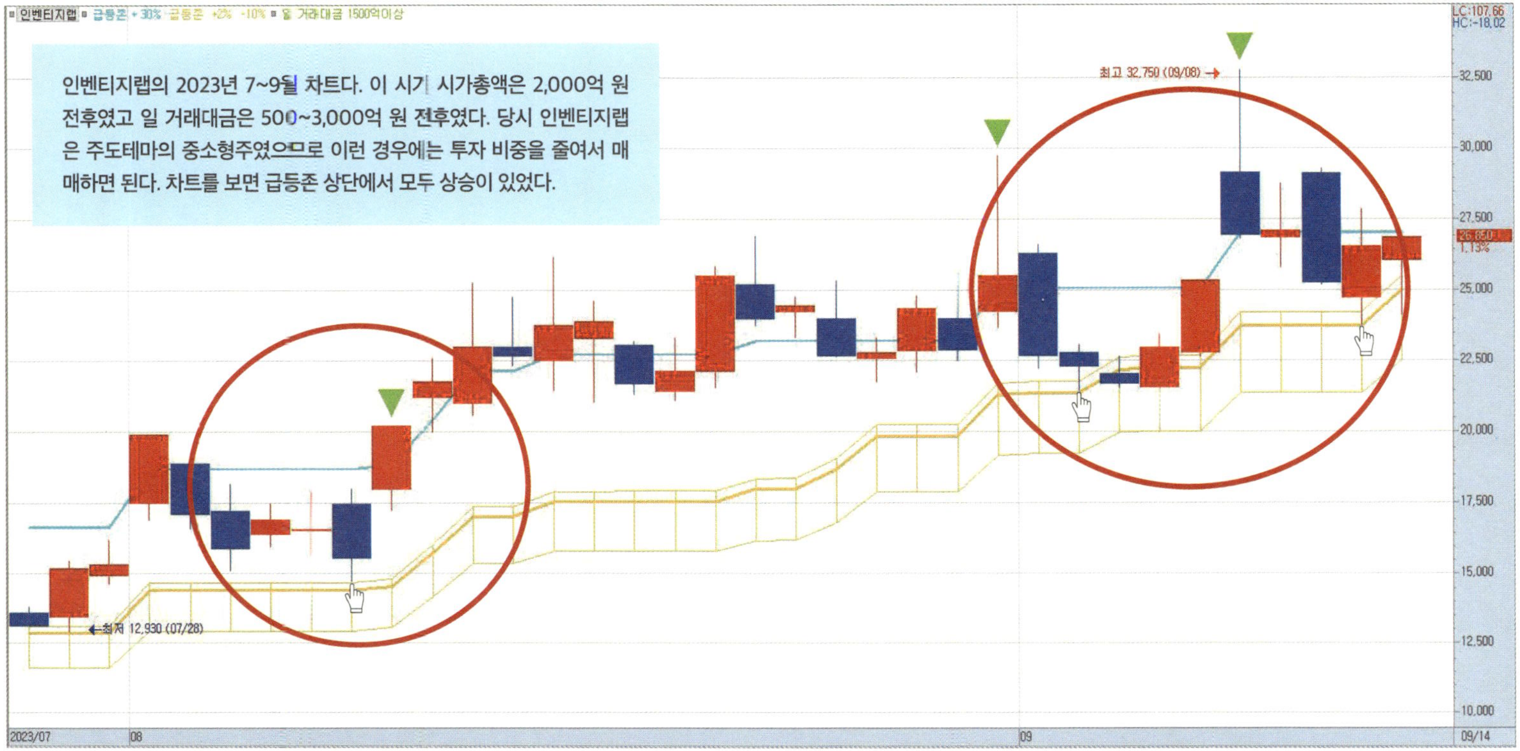

| 실전 차트 4-24 | 2024년 HD현대일렉트릭 일봉 차트

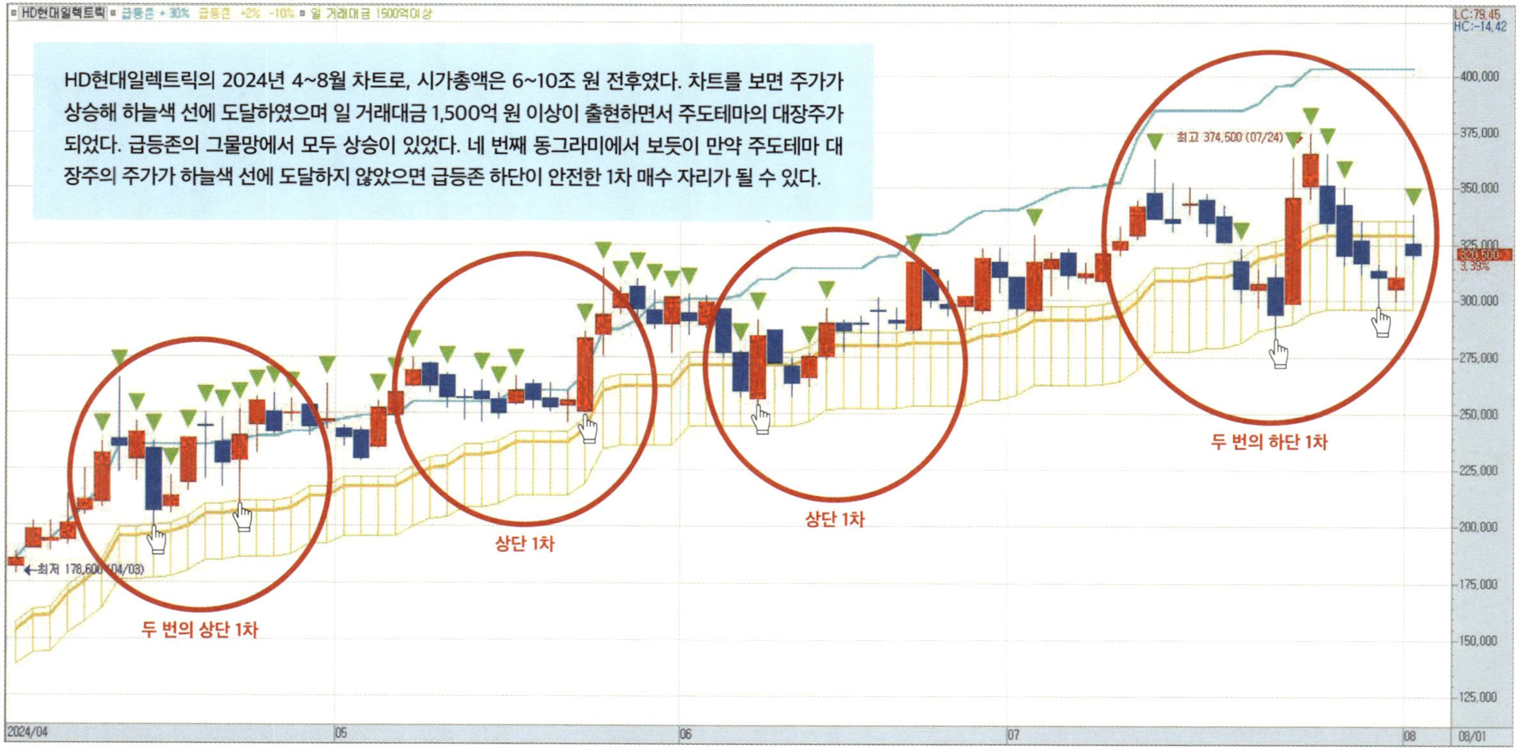

HD현대일렉트릭의 2024년 4~8월 차트로, 시가총액은 6~10조 원 전후였다. 차트를 보면 주가가 상승해 하늘색 선에 도달하였으며 일 거래대금 1,500억 원 이상이 출현하면서 주도테마의 대장주가 되었다. 급등존의 그물망에서 모두 상승이 있었다. 네 번째 동그라미에서 보듯이 만약 주도테마 대장주의 주가가 하늘색 선에 도달하지 않았으면 급등존 하단이 안전한 1차 매수 자리가 될 수 있다.

승률이 확실한데, 왜 급등존 신매매기법의 종목당 투자 비중을 100%가 아닌 10%로 유지하라는 것인지 의문이 생길 수 있다. 그 이유는 대형주의 경우 비중을 조금 더 늘릴 수 있지만 승률이 80~90%이더라도 비중이 크면 한두 번의 수익을 내지 못한 상황으로 인해 큰 손해를 볼 수도 있기 때문이다. 그래서 주식을 100% 비중으로 매수하길 추천하지 않는다.

또한 주식시장은 급작스러운 국내와 글로벌 악재에 늘 노출돼 있어 투자 비중 조절이 필요하다. 물론 물가 상승에 비례해 미국을 비롯해 전 세계 지수는 지속적으로 상승한다. 하지만 급작스러운 악재로 인해 단기간의 폭락 시점에 한두 종목의 투자 비중이 크다면 큰 손실을 볼 수 있다.

특히 주식시장은 개인 투자자에게 불리한 시상이다. 막대한 정보력과 자금력을 가진 기관과 외국인 투자자의 수급 방향에 따라 흔들릴 수밖에 없고 증권사나 언론사도 결코 개인 투자자에게 우호적이지 않다. 주식은 고수익과 고위험이 동시에 공존하는 투자 분야이므로 비중이 커지면 매일의 주가 움직임에 마음이 쉽게 동요되고 원칙대로 매수와 매도를 하기 어려워진다. 또한 좋은 매수 자리에 온 주식을 매수할 기회도 잃게 된다.

무리한 투자 습관은 스트레스를 유발하고 건강까지 해칠 수 있다. 주식시장에서는 꾸준한 수익을 창출하면서 오랫동안 투자를 즐기는 것이 중요하다.

| 실전 차트 4-25 | 2025년 한진칼 일봉 차트

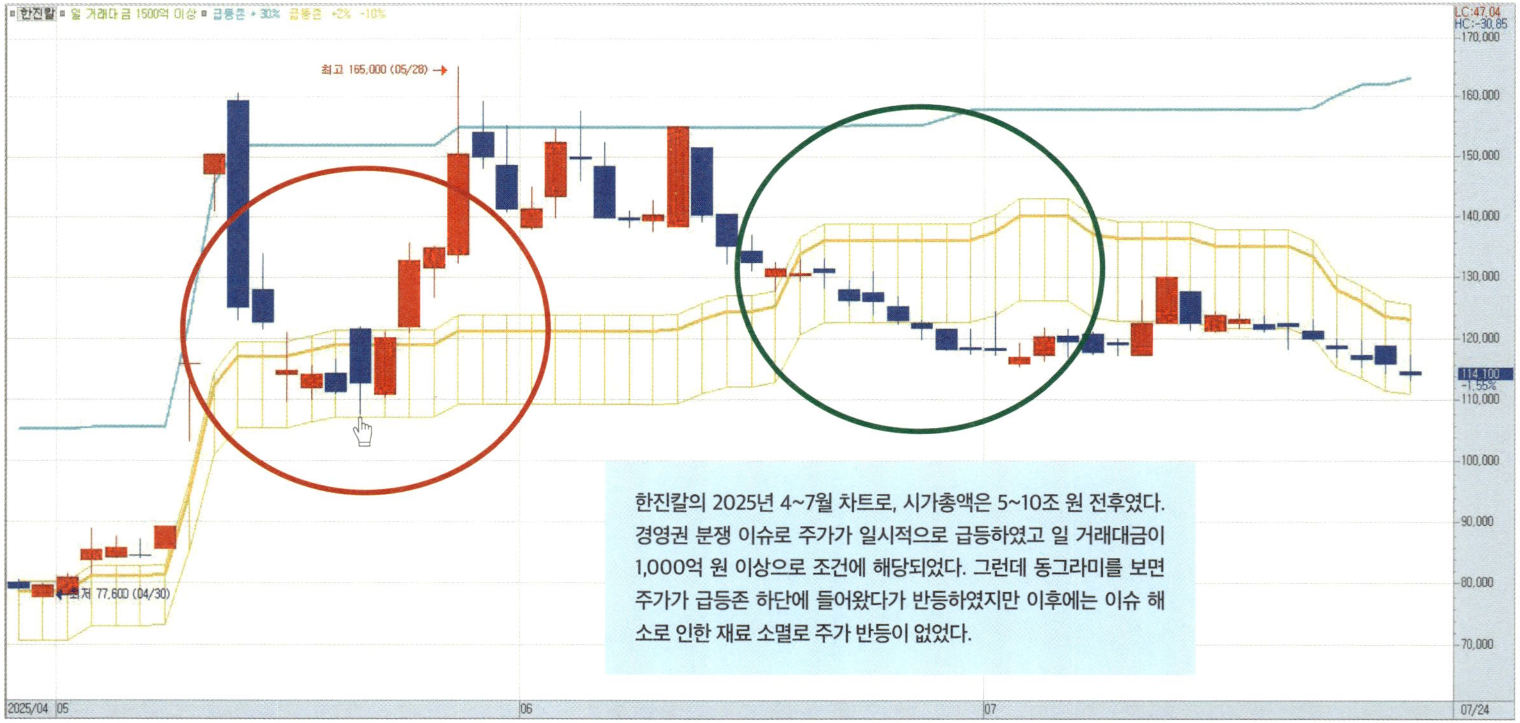

한진칼의 2025년 4~7월 차트로, 시가총액은 5~10조 원 전후였다. 경영권 분쟁 이슈로 주가가 일시적으로 급등하였고 일 거래대금이 1,000억 원 이상으로 조건에 해당되었다. 그런데 동그라미를 보면 주가가 급등존 하단에 들어왔다가 반등하였지만 이후에는 이슈 해소로 인한 재료 소멸로 주가 반등이 없었다.

| 실전 차트 4-26 | 2020~2021년 SK이노베이션 일봉 차트

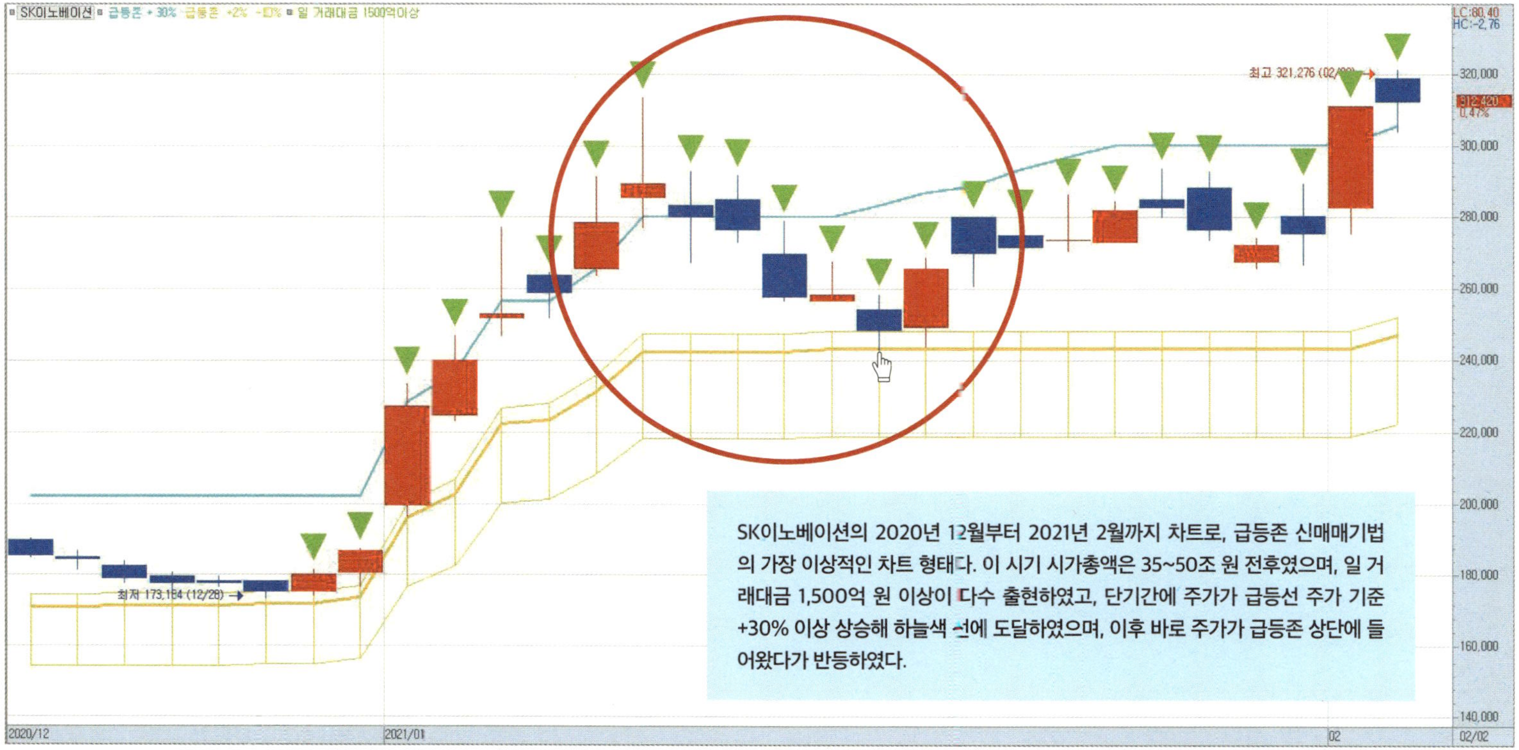

SK이노베이션의 2020년 12월부터 2021년 2월까지 차트로, 급등존 신매매기법의 가장 이상적인 차트 형태다. 이 시기 시가총액은 35~50조 원 전후였으며, 일 거래대금 1,500억 원 이상이 다수 출현하였고, 단기간에 주가가 급등선 주가 기준 +30% 이상 상승해 하늘색 선에 도달하였으며, 이후 바로 주가가 급등존 상단에 들어왔다가 반등하였다.

| 실전 차트 4-27 | 2020~2021년 OCI홀딩스 일봉 차트

OCI홀딩스의 2020년 7월부터 2021년 3월까지 차트다. 시가총액은 5,000억 원 ~1조 5,000억 원 전후였으며 일 거래대금 1,500억 원 이상이 여러 번 출현하였다. 주가가 얼마나 상승하였는지가 중요한 것이 아니라 이 기법으로 얼마나 많은 매수 기회를 얻고 수익을 냈는지가 중요하다. 급등존에서 일곱 번의 매수 자리 이후 주가 가 상승하였고 기간 익절이 한 번(초록색 동그라미) 있었다.

| 실전 차트 4-28 | 2025년 LG씨엔에스 일봉 차트

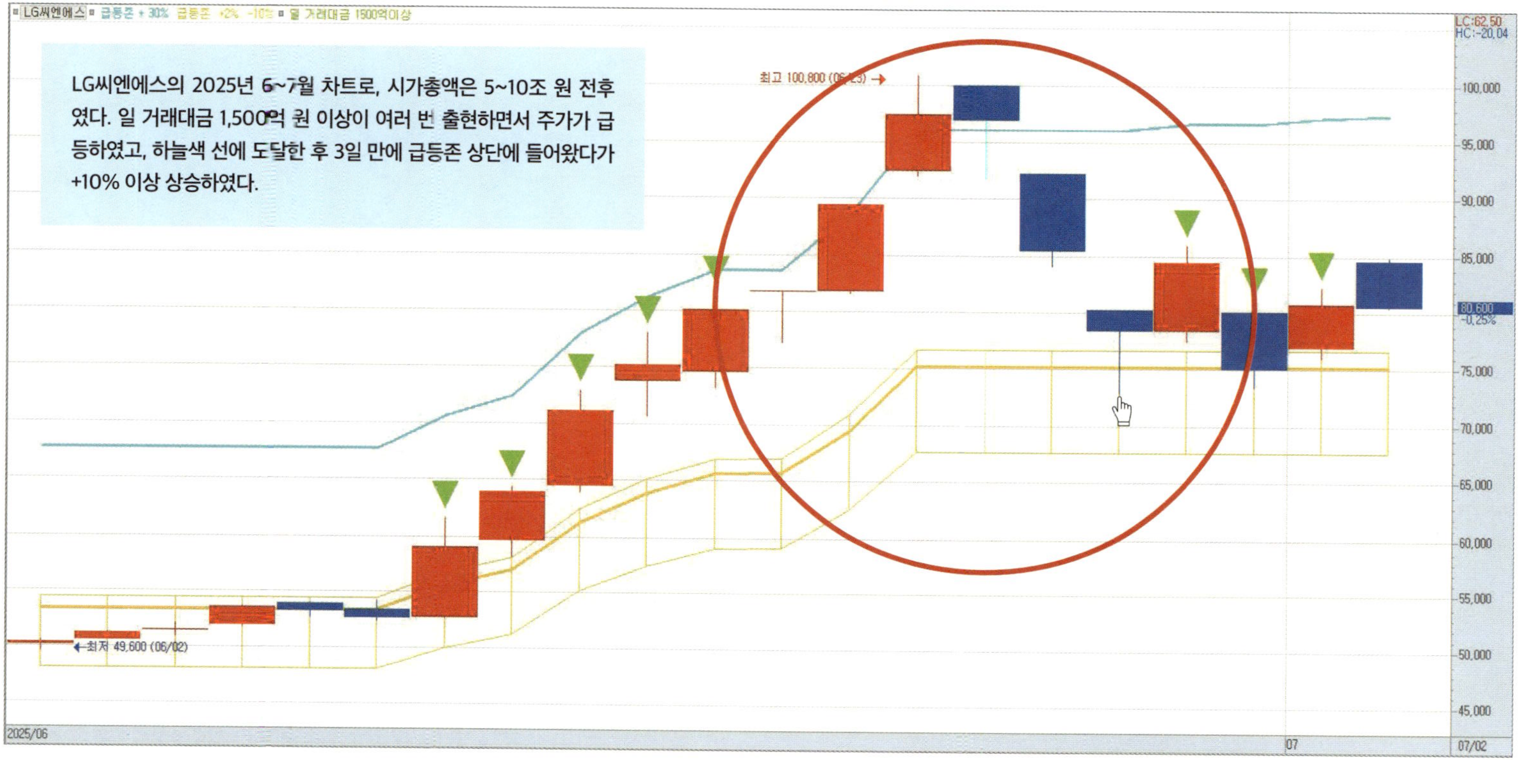

LG씨엔에스의 2025년 6~7월 차트로, 시가총액은 5~10조 원 전후였다. 일 거래대금 1,500억 원 이상이 여러 번 출현하면서 주가가 급등하였고, 하늘색 선에 도달한 후 3일 만에 급등존 상단에 들어왔다가 +10% 이상 상승하였다.

| 실전 차트 4-29 | 2024~2025년 두산 일봉 차트

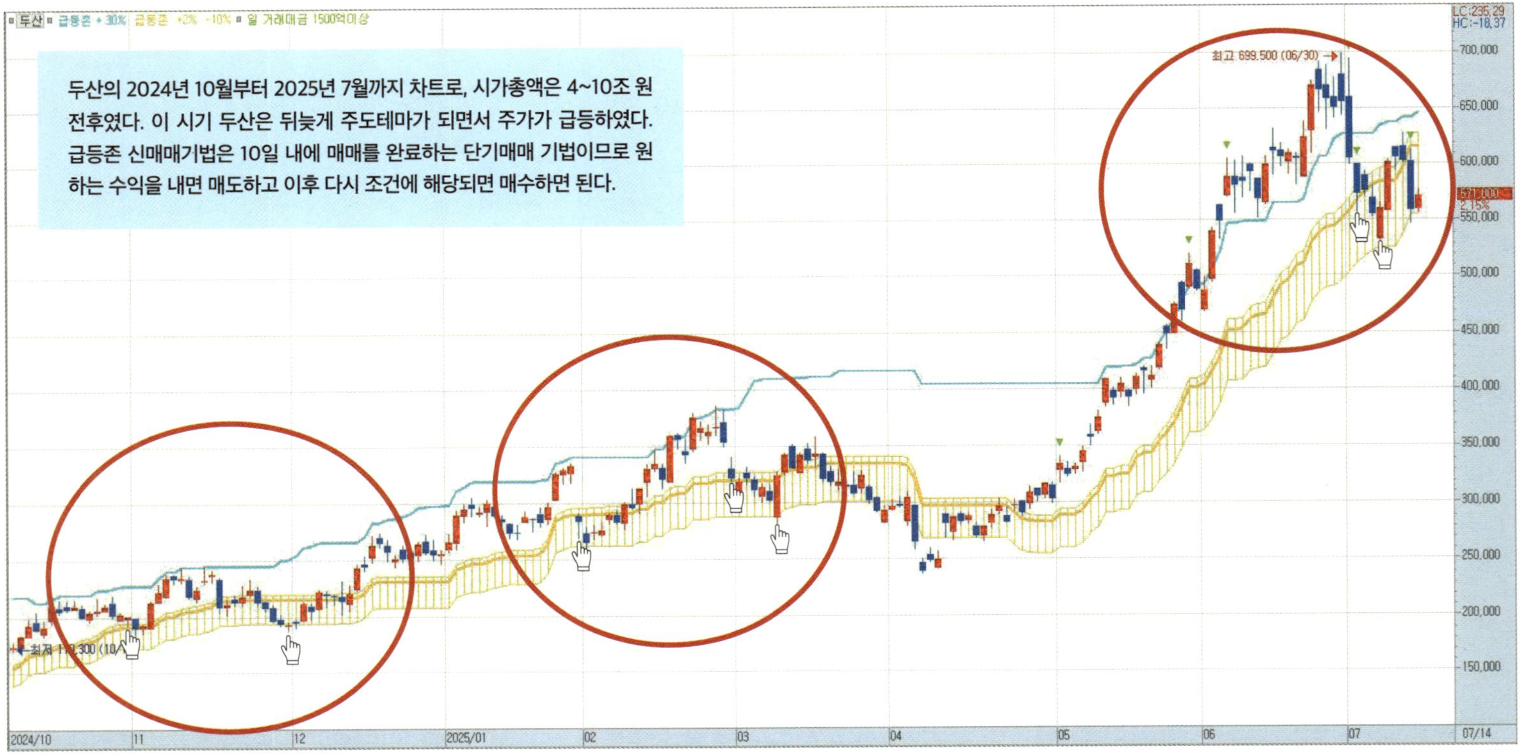

두산의 2024년 10월부터 2025년 7월까지 차트로, 시가총액은 4~10조 원 전후였다. 이 시기 두산은 뒤늦게 주도테마가 되면서 주가가 급등하였다. 급등존 신매매기법은 10일 내에 매매를 완료하는 단기매매 기법이므로 원하는 수익을 내면 매도하고 이후 다시 조건에 해당되면 매수하면 된다.

| 실전 차트 4-30 | 2023년 에코프로비엠 일봉 차트

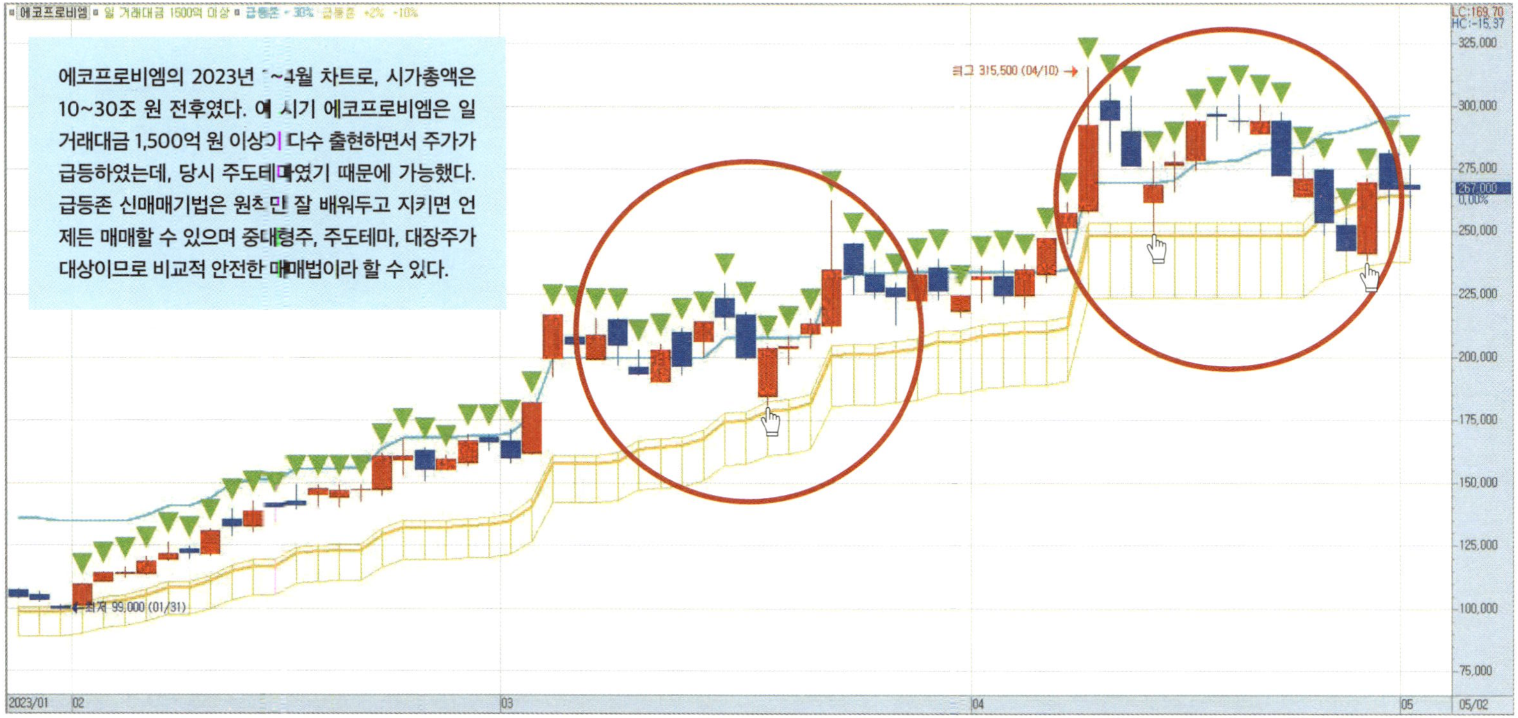

에코프로비엠 ▫ 일 거래대금 1500억 이상 ▫ 급등존 - 30% 급등존 +2% -10%
에코프로비엠의 2023년 1~4월 차트로, 시가총액은 10~30조 원 전후였다. 이 시기 에코프로비엠은 일 거래대금 1,500억 원 이상이 다수 출현하면서 주가가 급등하였는데, 당시 주도테마였기 때문에 가능했다. 급등존 신매매기법은 원칙만 잘 배워두고 지키면 언제든 매매할 수 있으며 중대형주, 주도테마, 대장주가 대상이므로 비교적 안전한 매매법이라 할 수 있다.
최고 315,500 (04/10)
최저 99,000 (01/31)
LC:169.70
HC:-15.37
325,000
300,000
275,000
267,000
0.00%
250,000
225,000
200,000
175,000
150,000
125,000
100,000
75,000
2023/01
02
03
04
05
05/02

| 실전 차트 4-31 | 2023년 에코프로비엠 일봉 차트

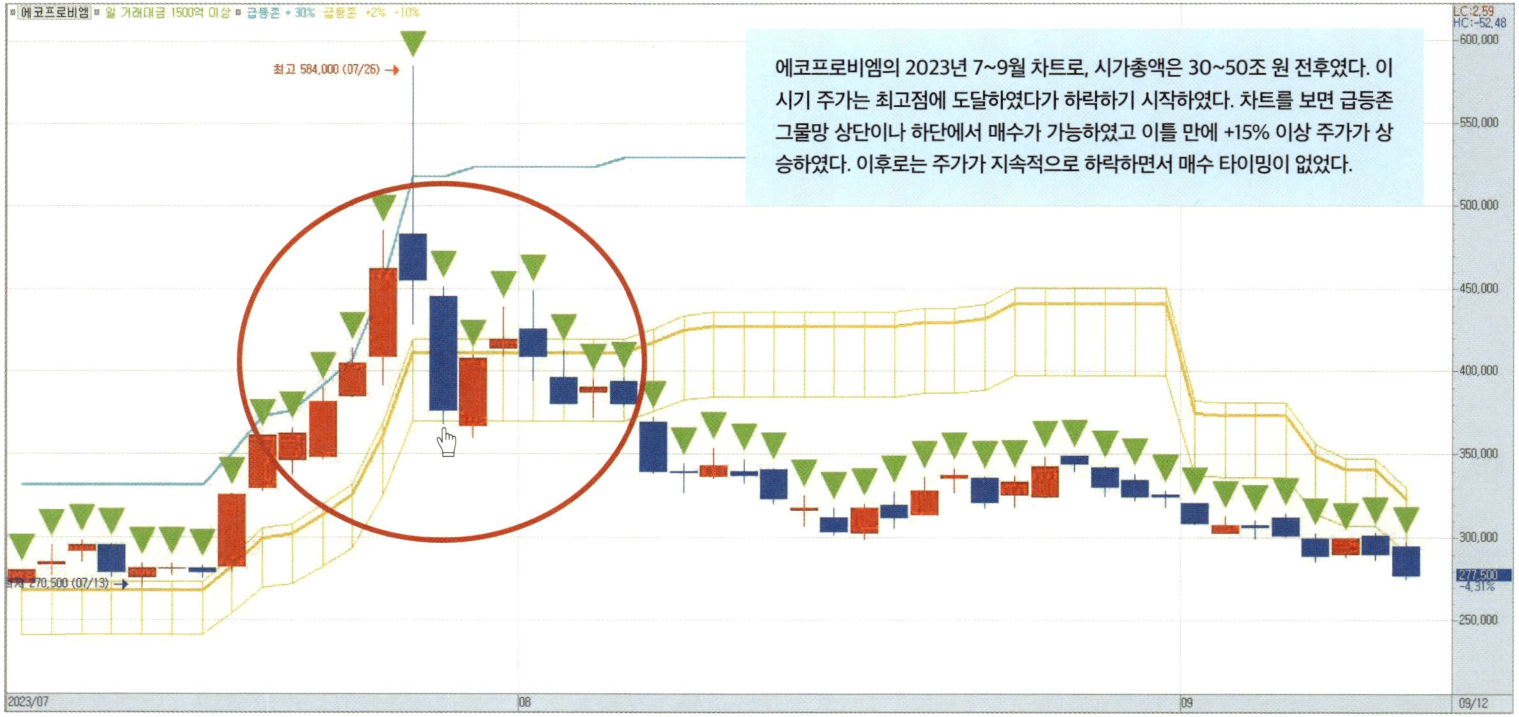
에코프로비엠
일 거래대금 1500억 이상
급등존 + 30%
급등존 +2% -10%
최고 584,000 (07/26)
270,500 (07/13)
에코프로비엠의 2023년 7~9월 차트로, 시가총액은 30~50조 원 전후였다. 이 시기 주가는 최고점에 도달하였다가 하락하기 시작하였다. 차트를 보면 급등존 그물망 상단이나 하단에서 매수가 가능하였고 이틀 만에 +15% 이상 주가가 상승하였다. 이후로는 주가가 지속적으로 하락하면서 매수 타이밍이 없었다.
LC:2.59
HC:-52.48
600,000
550,000
500,000
450,000
400,000
350,000
300,000
277,500
-4.31%
250,000
2023/07
08
09
09/12

| 실전 차트 4-32 | 2024년 유한양행 일봉 차트

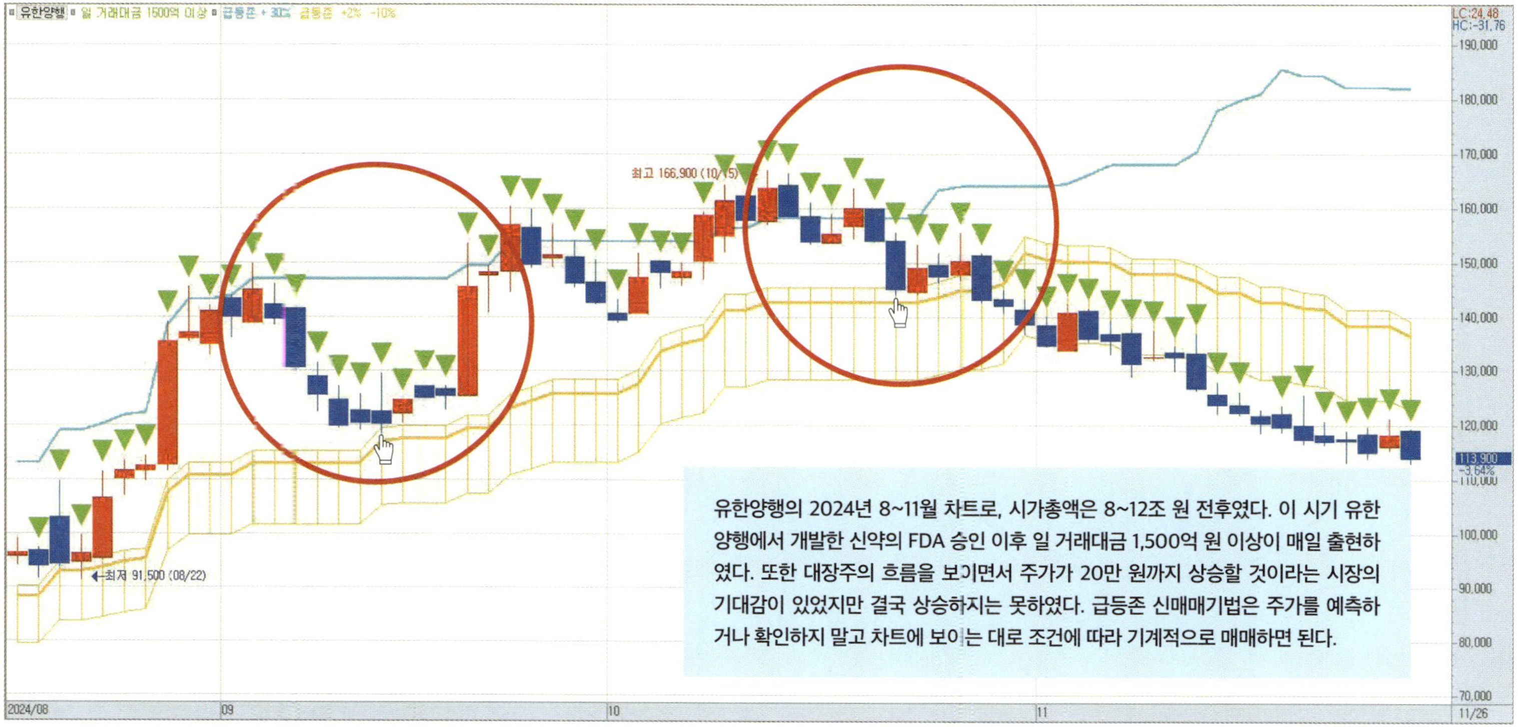

유한양행의 2024년 8~11월 차트로, 시가총액은 8~12조 원 전후였다. 이 시기 유한양행에서 개발한 신약의 FDA 승인 이후 일 거래대금 1,500억 원 이상이 매일 출현하였다. 또한 대장주의 흐름을 보기면서 주가가 20만 원까지 상승할 것이라는 시장의 기대감이 있었지만 결국 상승하지는 못하였다. 급등존 신매매기법은 주가를 예측하거나 확인하지 말고 차트에 보이는 대로 조건에 따라 기계적으로 매매하면 된다.

| 실전 차트 4-33 | 2023년 신성텔타테크 일봉 차트

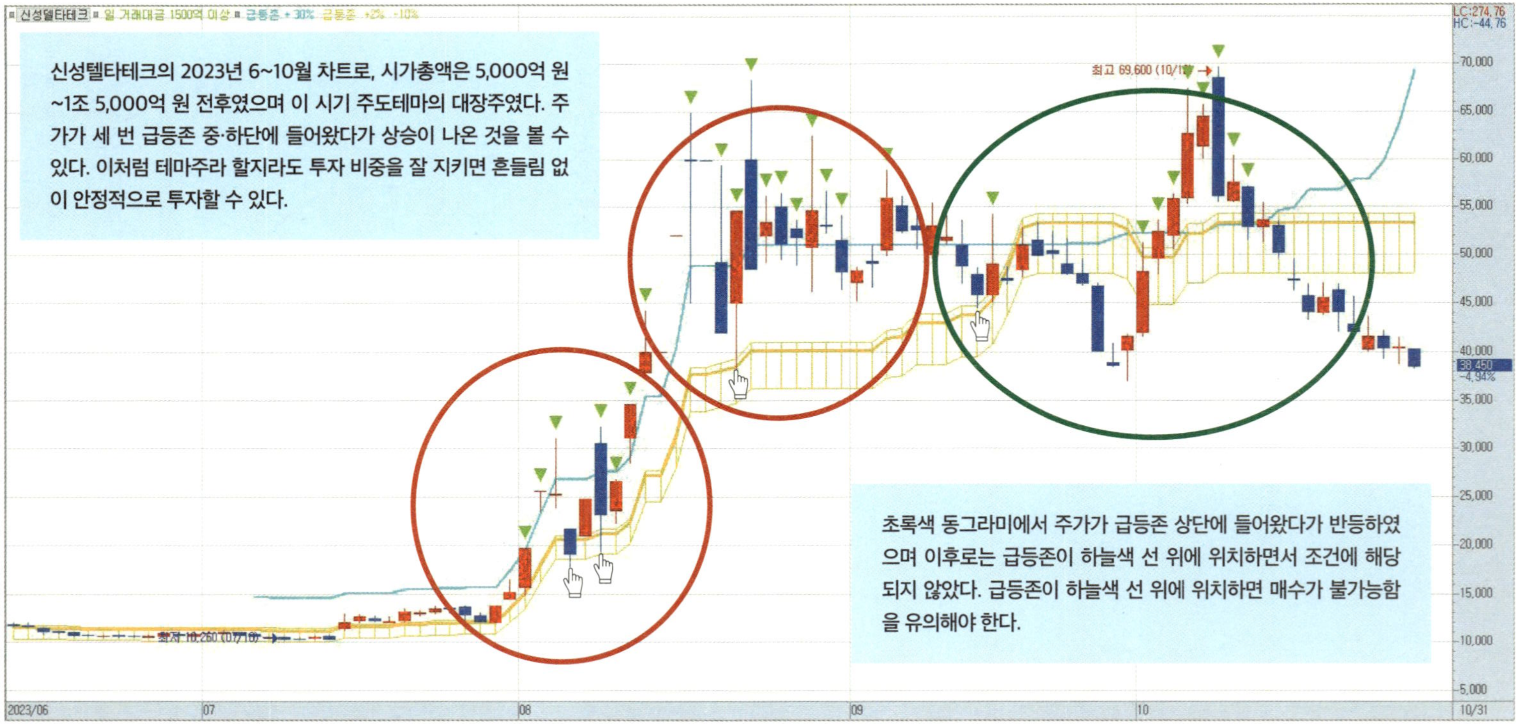
신성델타테크
신성텔타테크의 2023년 6~10월 차트로, 시가총액은 5,000억 원 ~1조 5,000억 원 전후였으며 이 시기 주도테마의 대장주였다. 주가가 세 번 급등존 중·하단에 들어왔다가 상승이 나온 것을 볼 수 있다. 이처럼 테마주라 할지라도 투자 비중을 잘 지키면 흔들림 없이 안정적으로 투자할 수 있다.
초록색 동그라미에서 주가가 급등존 상단에 들어왔다가 반등하였으며 이후로는 급등존이 하늘색 선 위에 위치하면서 조건에 해당되지 않았다. 급등존이 하늘색 선 위에 위치하면 매수가 불가능함을 유의해야 한다.
최고 69,600 (10/11)
LC:274.76
HC:-44.76
70,000
65,000
60,000
55,000
50,000
45,000
40,000
38,450
-4.94%
35,000
30,000
25,000
20,000
15,000
10,000
5,000
2023/06
07
08
09
10
10/31

| 실전 차트 4-34 | 2023~2024년 신성텔타테크 일봉 차트

신성텔타테크의 2023년 12월부터 2024년 3월까지 차트다. 기간 조정 후 다시 주가가 상승하며 급등존의 노란색 그물망에 들어왔다. 어부가 물때를 따라 물고기가 다니는 길에 그물을 던져놓고 잡듯이 이 기법 역시 그물에 걸린 물고기를 잡기만 하면 된다.

실전 차트 4-35 | 2023년 루닛 일봉 차트

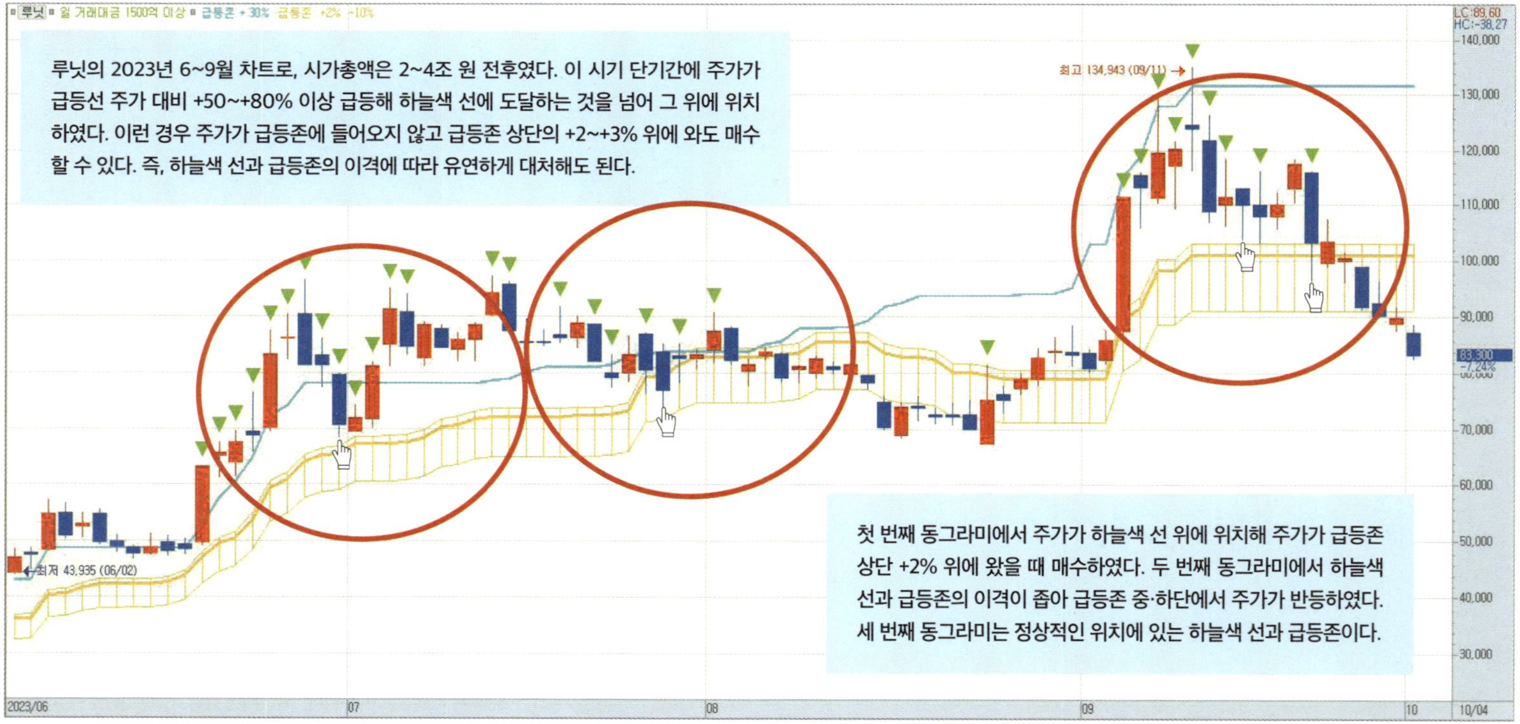

| 실전 차트 4-36 | 2024~2025년 루닛 일봉 차트

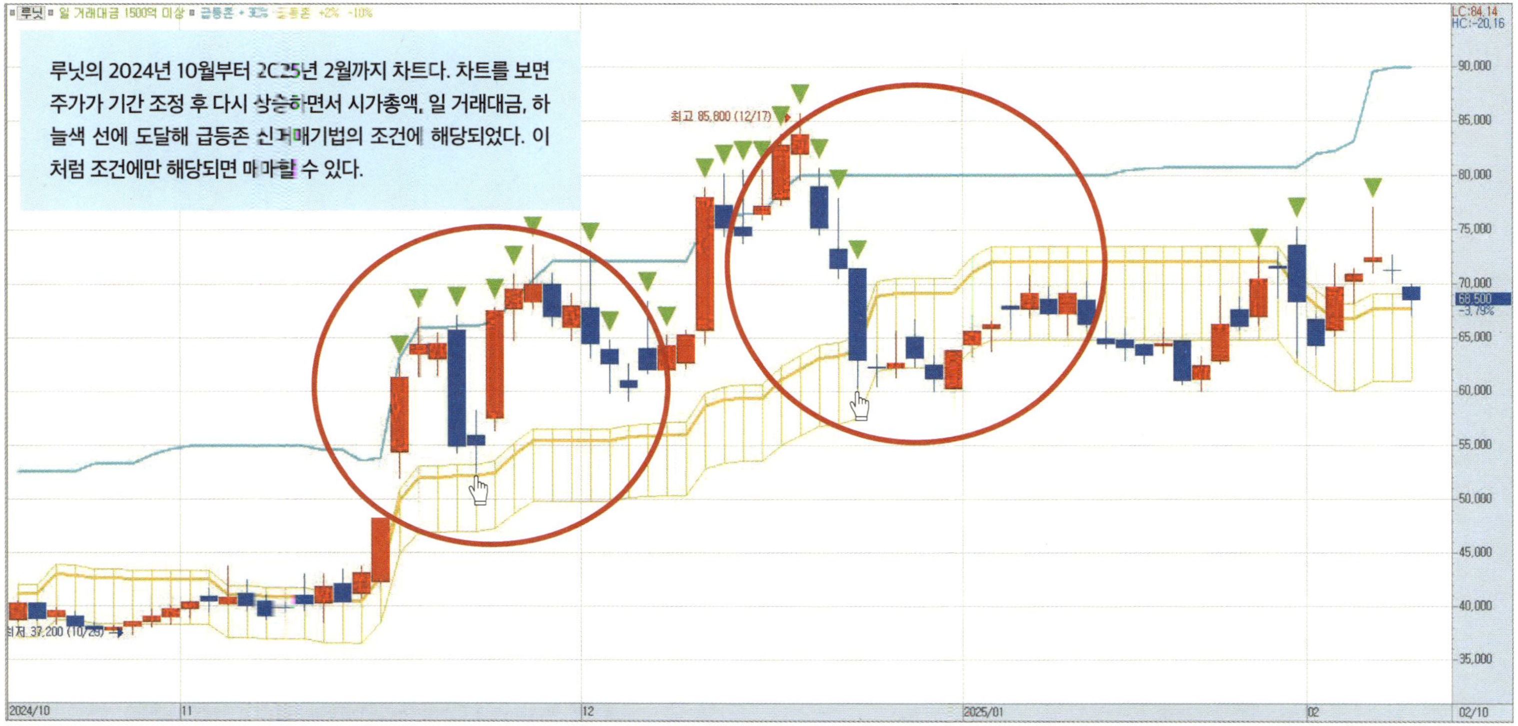

루닛의 2024년 10월부터 2025년 2월까지 차트다. 차트를 보면 주가가 기간 조정 후 다시 상승하면서 시가총액, 일 거래대금, 하늘색 선에 도달해 급등존 신규매기법의 조건에 해당되었다. 이처럼 조건에만 해당되면 마마할 수 있다.

| 실전 차트 4-37 | 2024~2025년 이수페타시스 일봉 차트

| 실전 차트 4-38 | 2024년 일진전기 일봉 차트

실전 차트 4-39 | 2024~2025년 산일전기 일봉 차트

산일전기의 2024년 7월부터 2025년 9월까지 차트로, 시가총액은 1~4조 원 전후였다. 급등존과 RN존 신매매 기법을 합성해 매매한 사례다. 반드시 각 기법에 대해 모두 터득한 후에 시도해보길 바란다.

| 실전 차트 4-40 | 2025년 클로봇 일봉 차트

클로봇의 2025년 1~5월 차트로, 당시 신규 상장주였으며 시가총액은 3,000~5,000억 원 전후였다. 일 거래대금 1,500억 원 이상이 다수 출현하였고 주가가 하늘색 선에 도달하였으며, 이후 급등존 상단과 하단에 모두 들어왔다가 반등하였다.

신규 상장된 종목에 대해서는 투자자들이 잘 모르는 경우가 많다. 급등존 신매매기법은 종목 분석 없이 조건에만 해당되면 원칙에 따라 매매하면 된다.

| 실전 차트 4-41 | 2023년 폴라리스오피스 일봉 차트

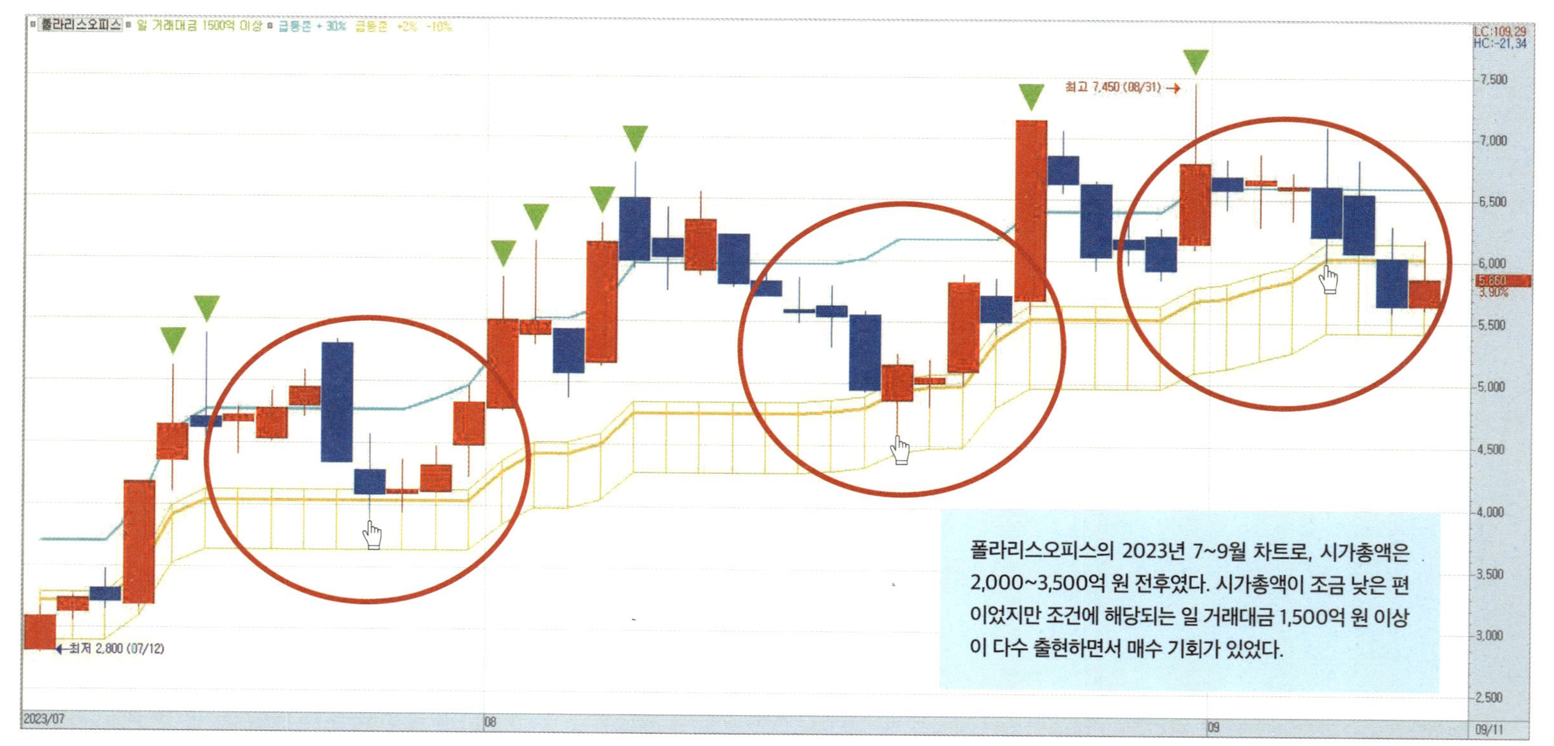

폴라리스오피스의 2023년 7~9월 차트로, 시가총액은 2,000~3,500억 원 전후였다. 시가총액이 조금 낮은 편이었지만 조건에 해당되는 일 거래대금 1,500억 원 이상이 다수 출현하면서 매수 기회가 있었다.

실전 차트 4-42 | 2021년 다날 일봉 차트

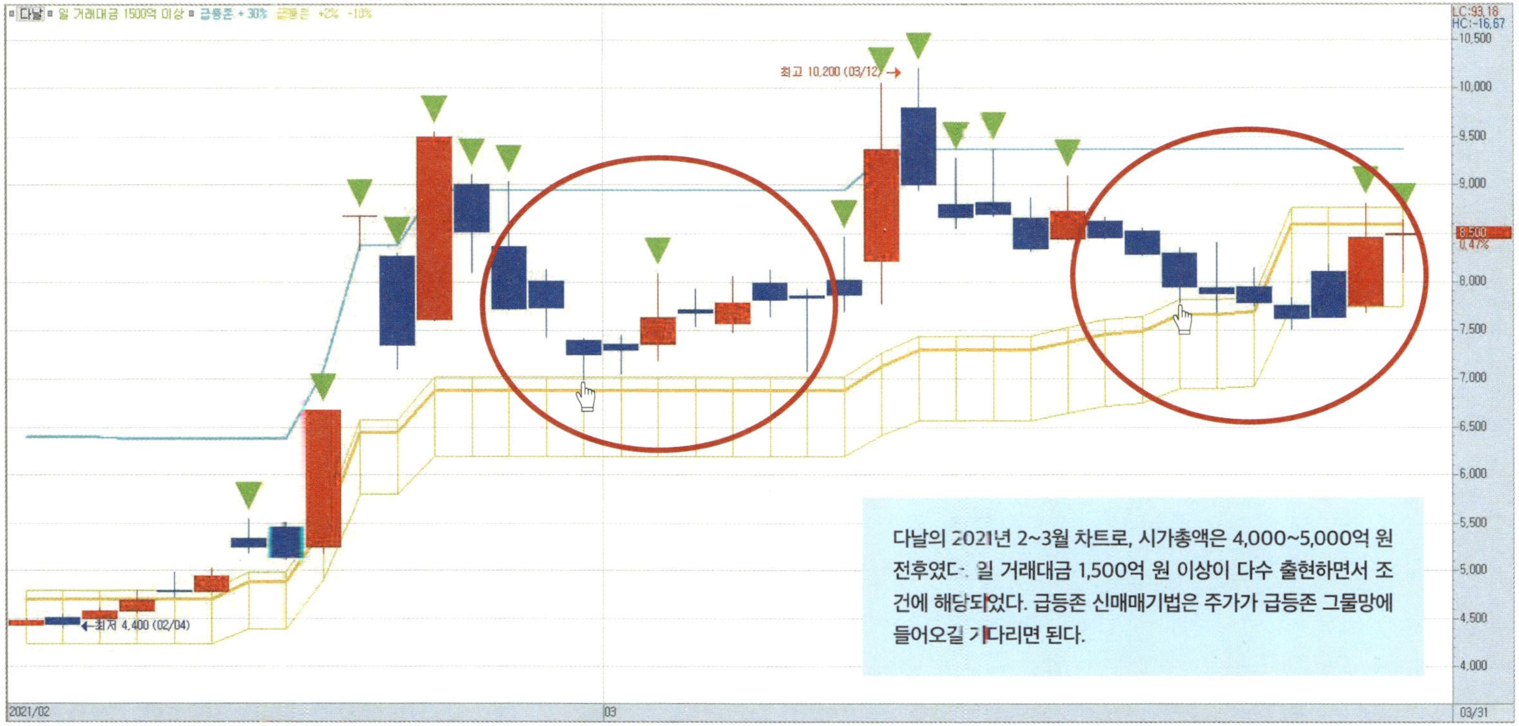

다날의 2021년 2~3월 차트로, 시가총액은 4,000~5,000억 원 전후였다. 일 거래대금 1,500억 원 이상이 다수 출현하면서 조건에 해당되었다. 급등존 신매매기법은 주가가 급등존 그물망에 들어오길 기다리면 된다.

| 실전 차트 4-43 | 2025년 다날 일봉 차트

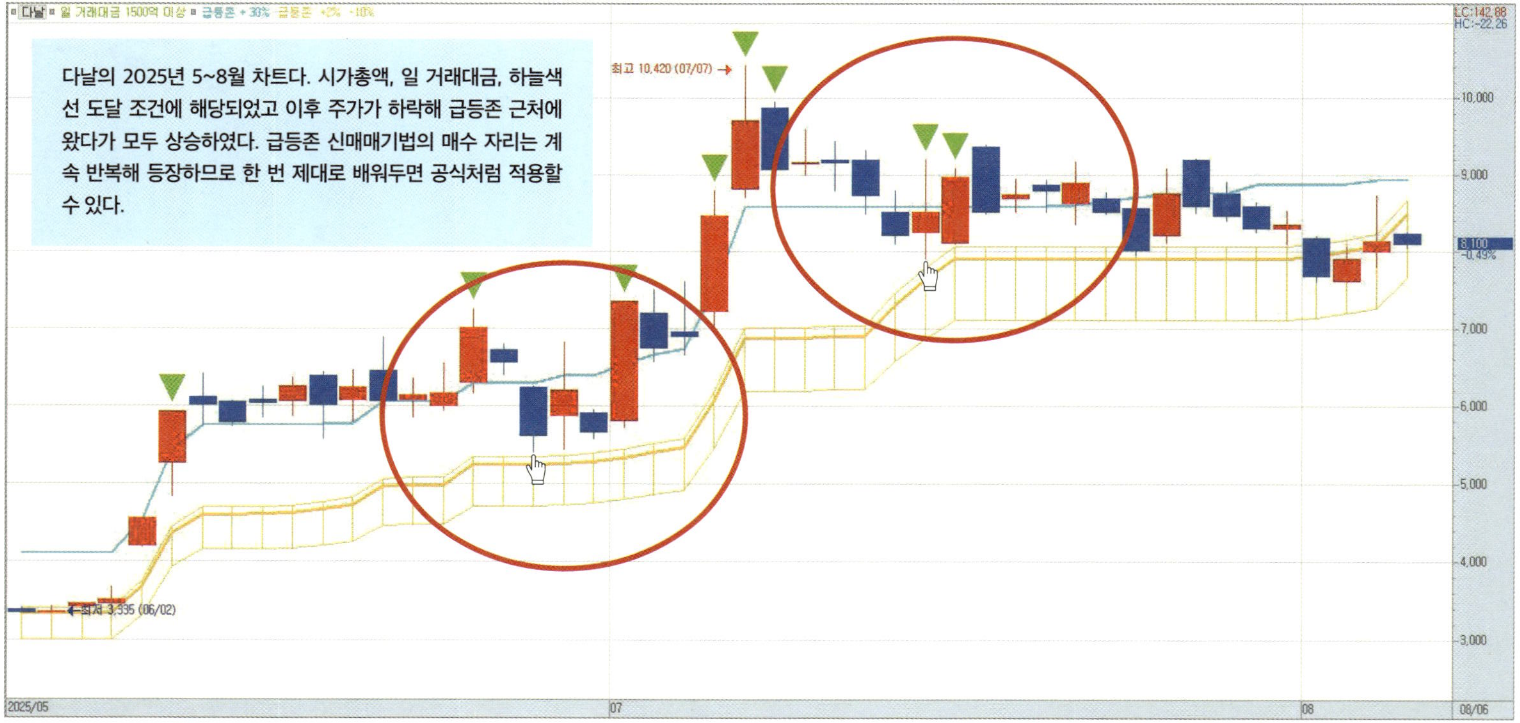

다날의 2025년 5~8월 차트다. 시가총액, 일 거래대금, 하늘색 선 도달 조건에 해당되었고 이후 주가가 하락해 급등존 근처에 왔다가 모두 상승하였다. 급등존 신매매기법의 매수 자리는 계속 반복해 등장하므로 한 번 제대로 배워두면 공식처럼 적용할 수 있다.

실전 차트 4-44 | 2025년 한화 일봉 차트

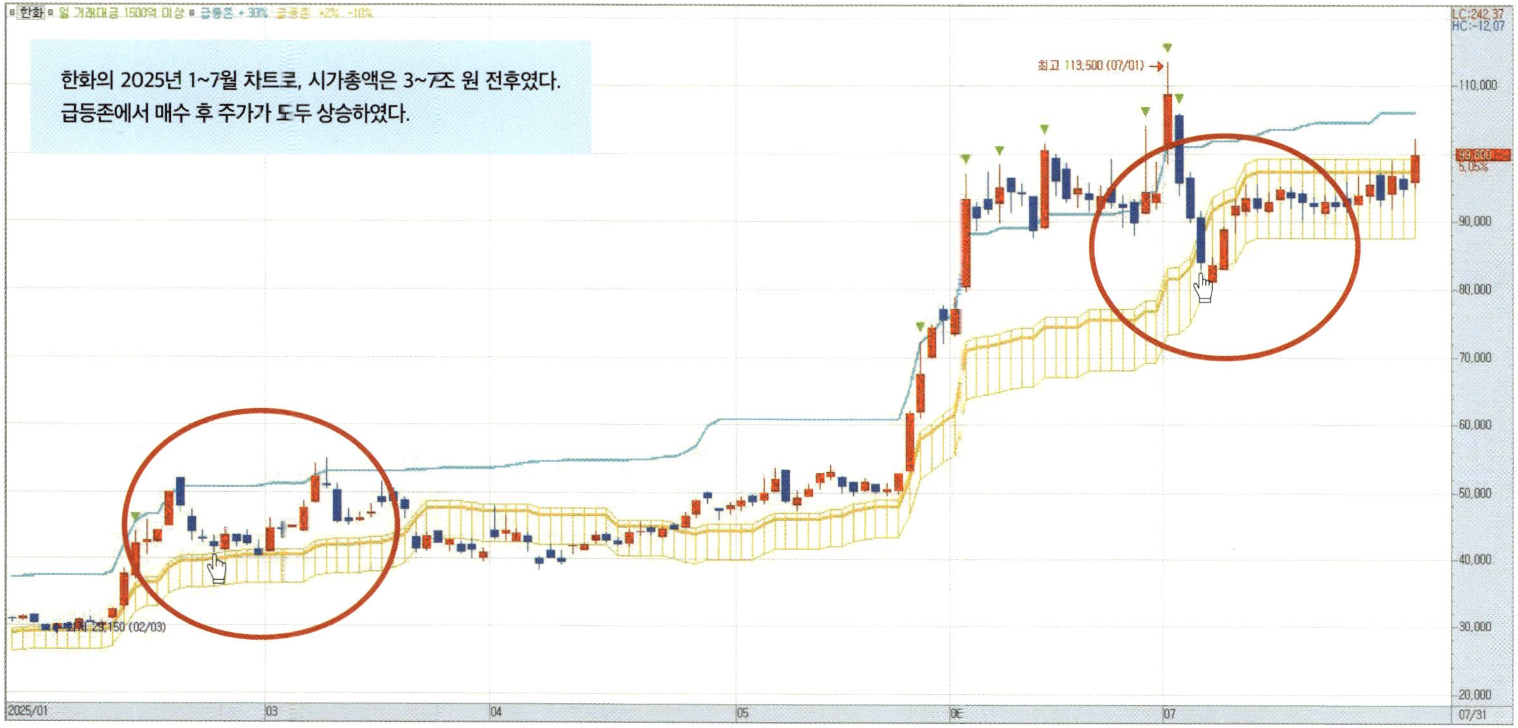

한화의 2025년 1~7월 차트로, 시가총액은 3~7조 원 전후였다.
급등존에서 매수 후 주가가 도두 상승하였다.

최고 113,500 (07/01)

2

유의 사례

급등존 신매매기법은 차트만 보고 기계적으로 거래하기 때문에 특정 종목의 재료 소멸이 있거나, 매수했는데 예측할 수 없는 실적 부진 뉴스가 나오면 익절이나 손절을 해야 할 수 있다. 또한 주식투자 경험이 적은 초보 투자자는 뉴스와 테마 분석에 한계가 있어 어쩔 수 없이 익절이나 손절을 해야 할 수 있다. 이런 경우들을 모두 유의해야 한다.

따라서 같은 조건이라면 시가총액 상위 순의 종목을 매수하는 것을 추천하며, 적절한 투자 비중을 지키는 것이 리스크를 줄이고 안정적인 투자를 할 수 있는 방법이다. 이후 충분한 경험이 쌓이면 종목에 따라 투자 비중을 늘릴 수 있다.

정상적인 익절과 손절을 한 경우

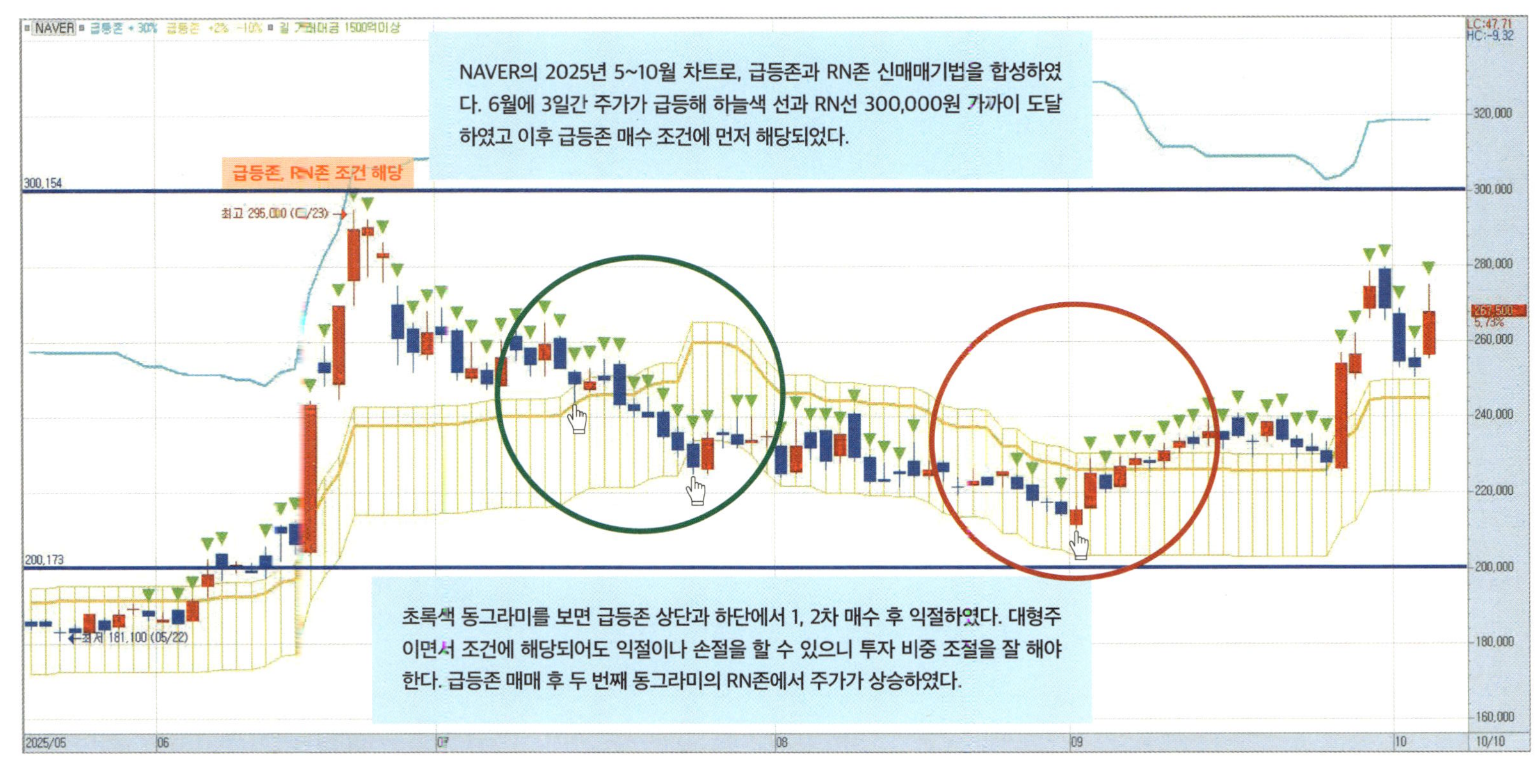

| 실전 차트 4-46 | 2025년 대원전선 일봉 차트

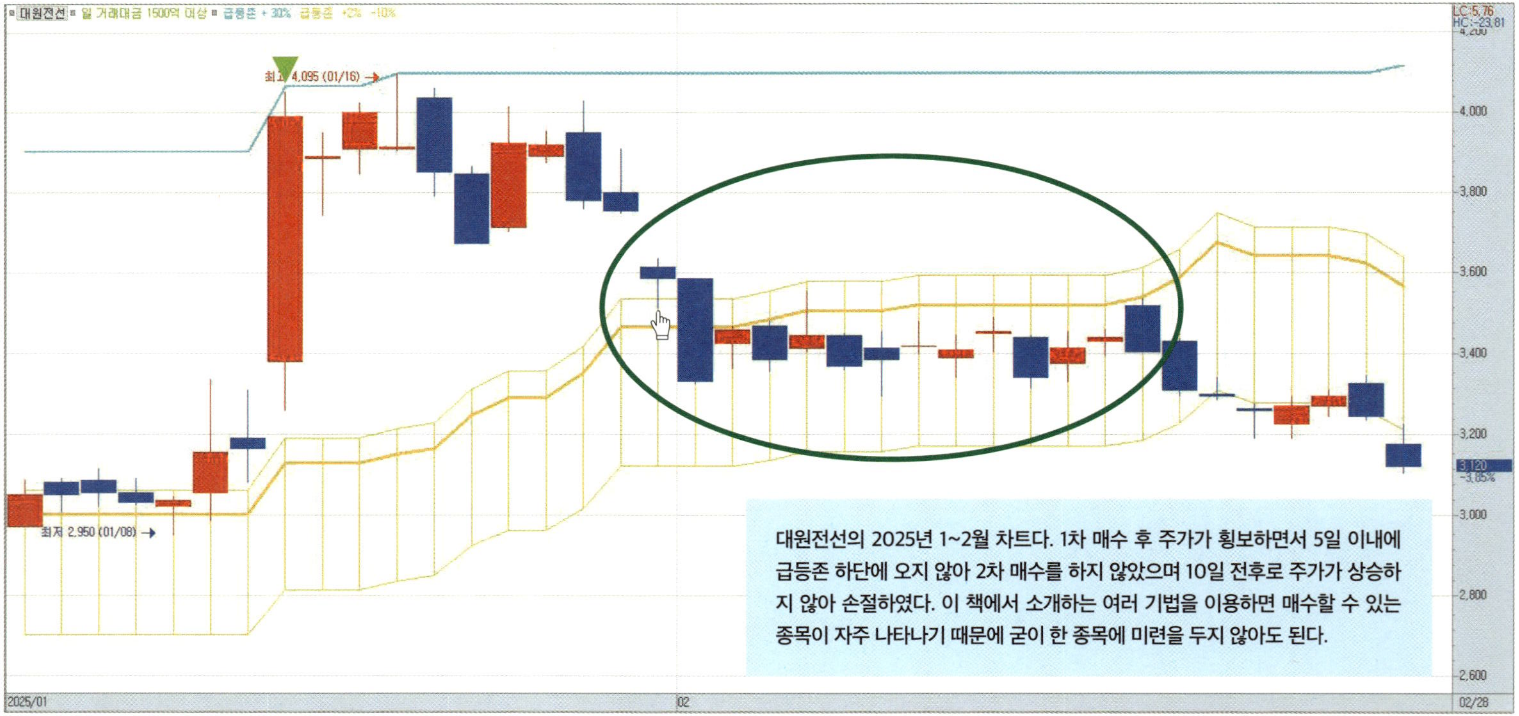

대원전선의 2025년 1~2월 차트다. 1차 매수 후 주가가 횡보하면서 5일 이내에 급등존 하단에 오지 않아 2차 매수를 하지 않았으며 10일 전후로 주가가 상승하지 않아 손절하였다. 이 책에서 소개하는 여러 기법을 이용하면 매수할 수 있는 종목이 자주 나타나기 때문에 굳이 한 종목에 미련을 두지 않아도 된다.

| 실전 차트 4-47 | 2023~2024년 포스코DX 일봉 차트

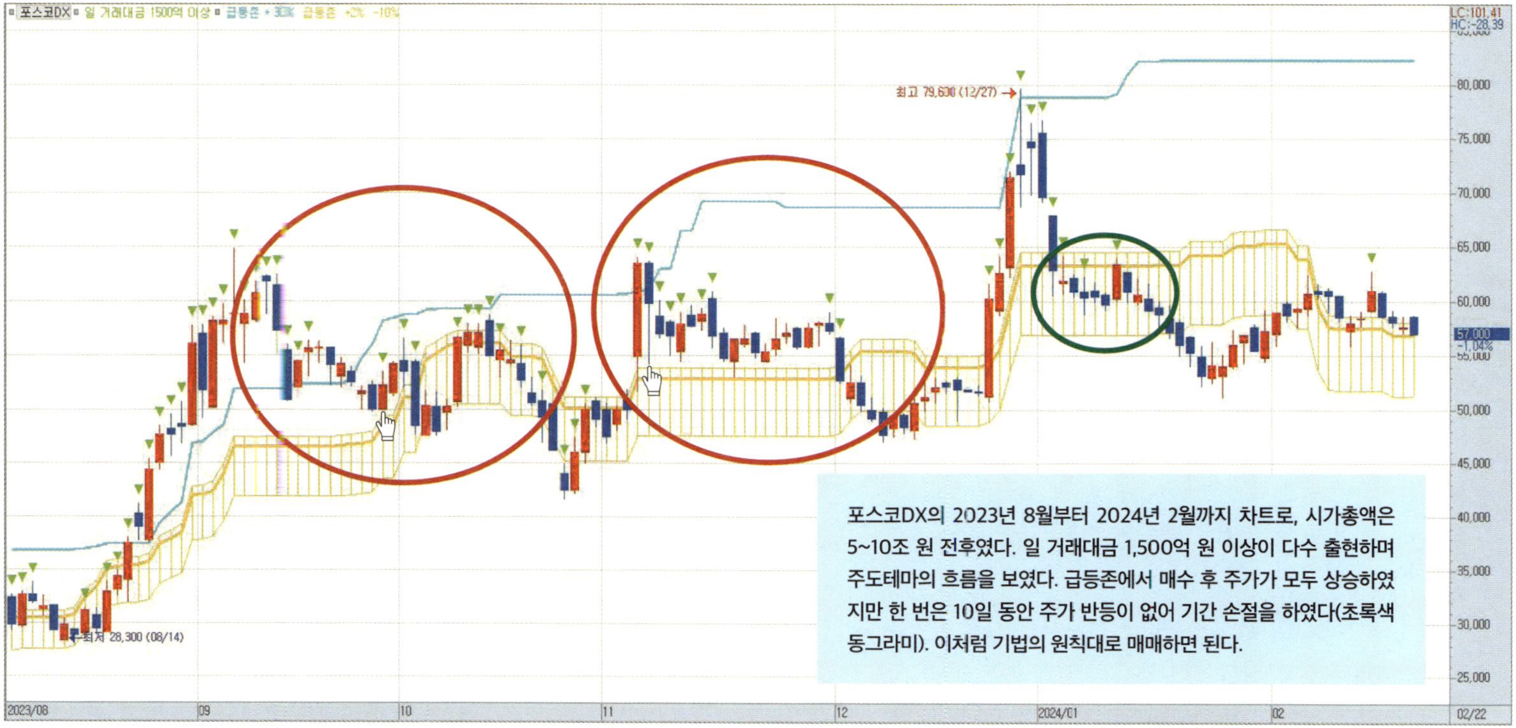

포스코DX의 2023년 8월부터 2024년 2월까지 차트로, 시가총액은 5~10조 원 전후였다. 일 거래대금 1,500억 원 이상이 다수 출현하며 주도테마의 흐름을 보였다. 급등존에서 매수 후 주가가 모두 상승하였지만 한 번은 10일 동안 주가 반등이 없어 기간 손절을 하였다(초록색 동그라미). 이처럼 기법의 원칙대로 매매하면 된다.

344

| 실전 차트 4-48 | 2024년 SKC 일봉 차트

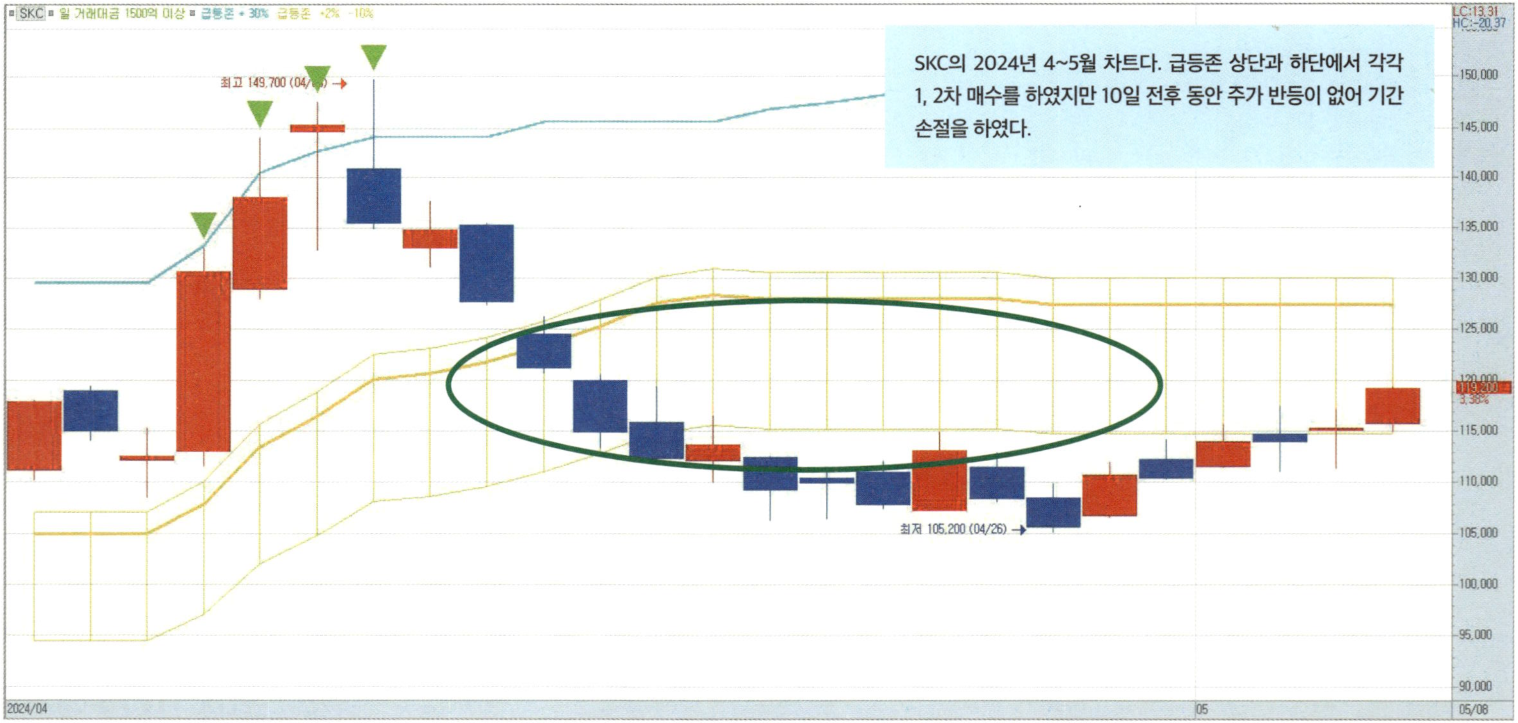

| 실전 차트 4-49 | 2024년 SKC 일봉 차트

SKC의 2024년 3~7월 차트도, [실전 차트 4-48]의 기간을 포함하고 있다. 시가총액은 4~8조 원 전후였다. 급등존과 RN존 신매매기법을 합성해 차트를 보면, 즉 단기와 스윙 매매의 관점에서 보면 확실한 매매 타이밍이 보일 것이다.

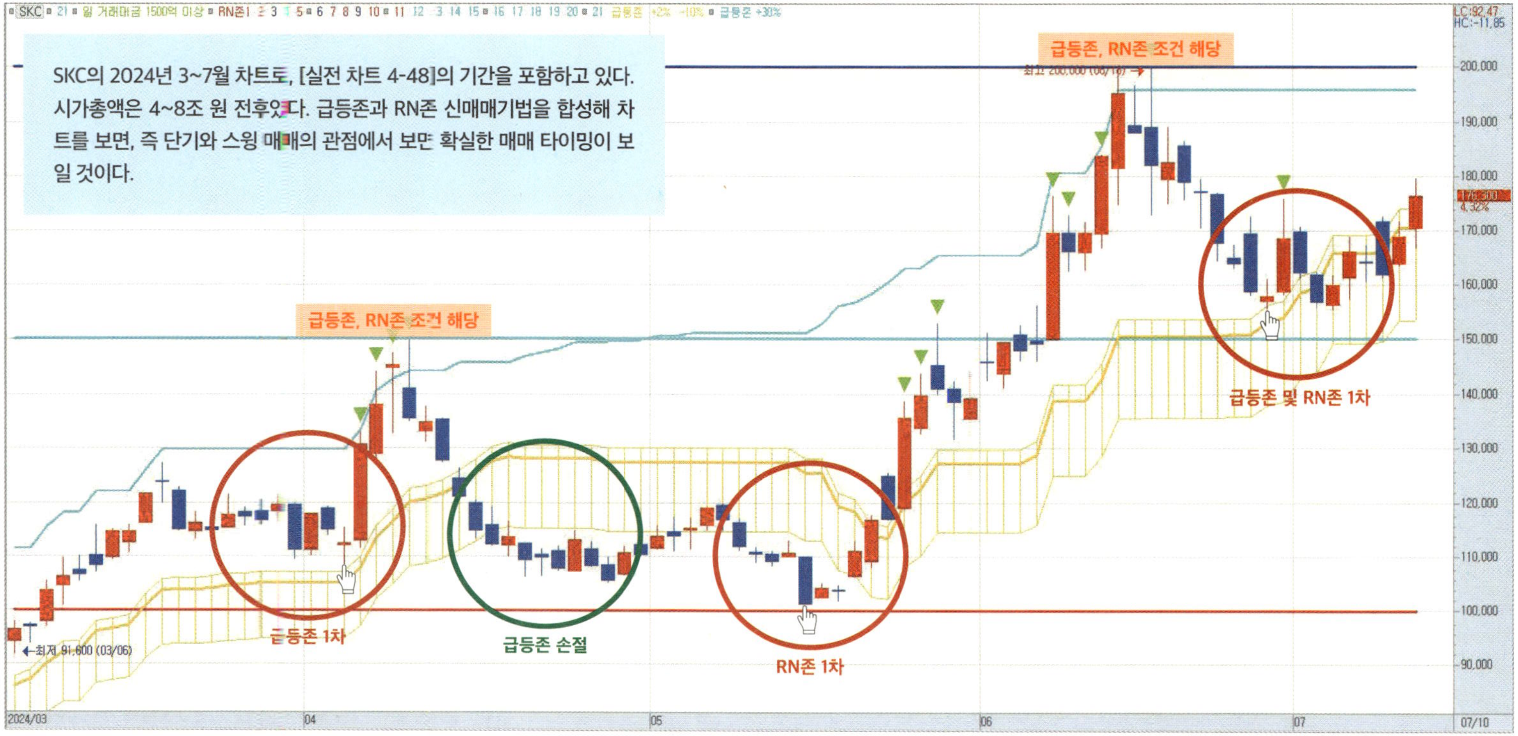

| 실전 차트 4-50 | 2023년 삼천당제약 일봉 차트

단기 재료 소멸과 개별 악재가 있는 경우

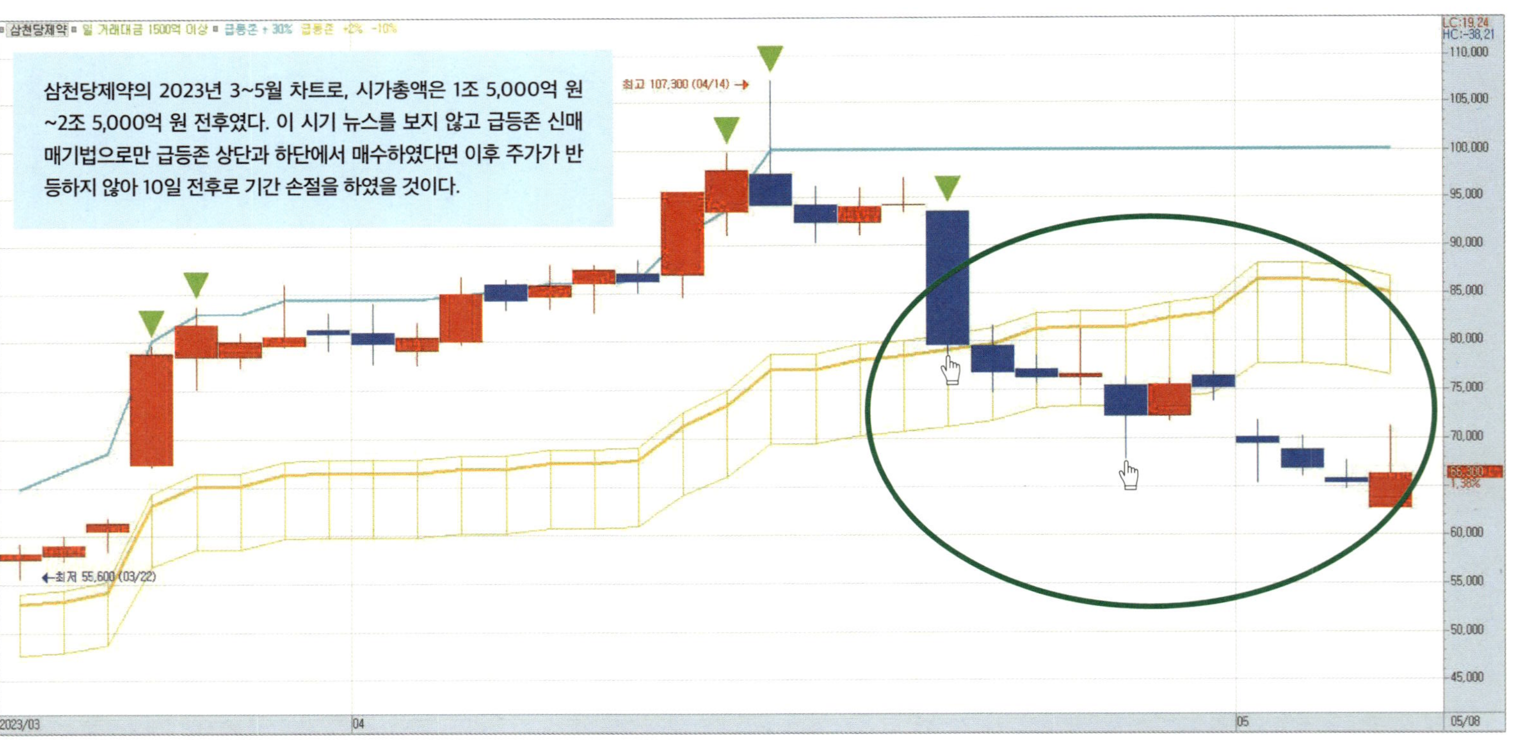

| 실전 차트 4-51 | 2023년 삼천당제약 일봉 차트

| 실전 차트 4-52 | 2023~2024년 셀트리온 일봉 차트

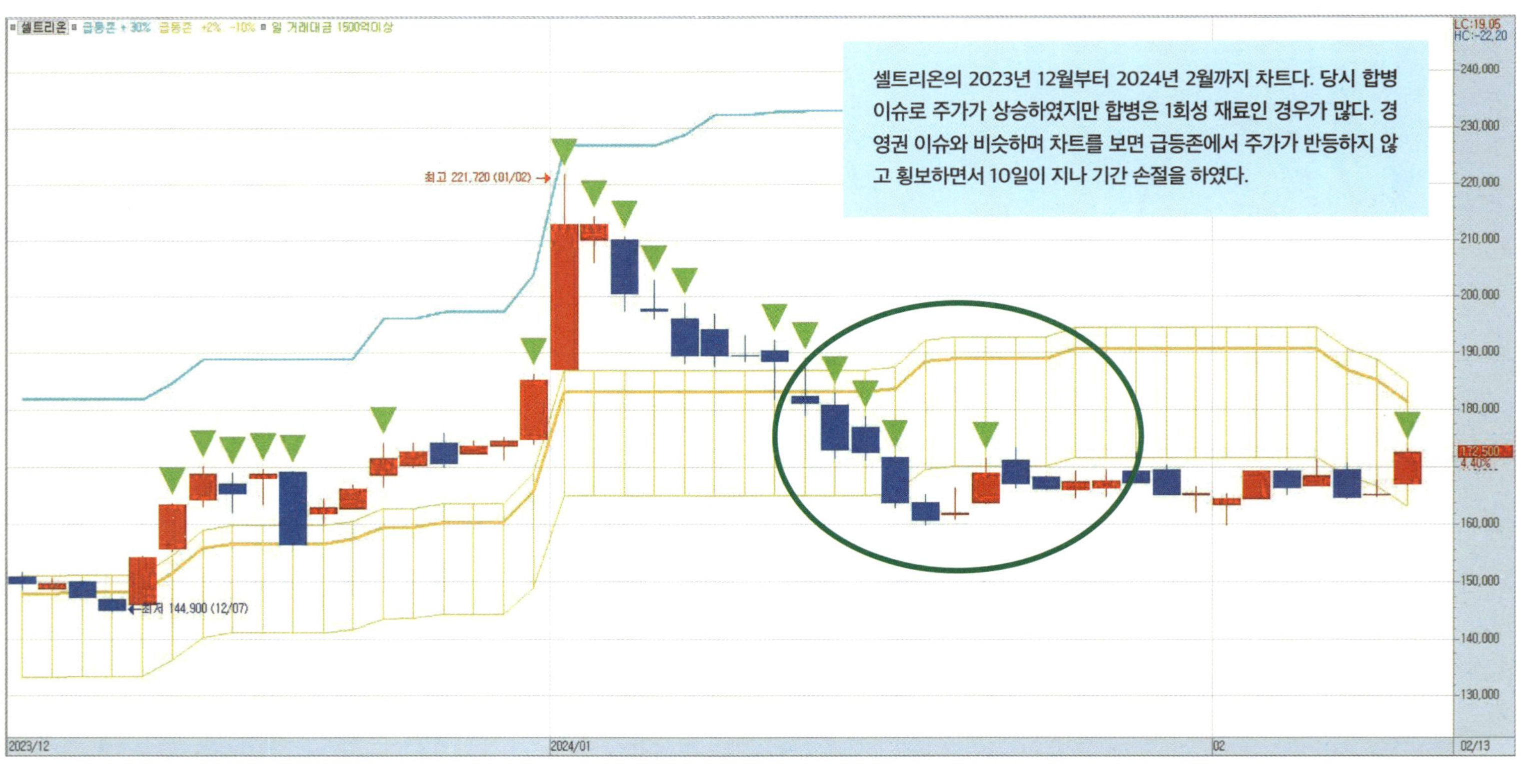

1회성 합병과 경영권 이슈 후 재료가 소멸된 경우

| 실전 차트 4-53 | 2023년 에스엠 일봉 차트

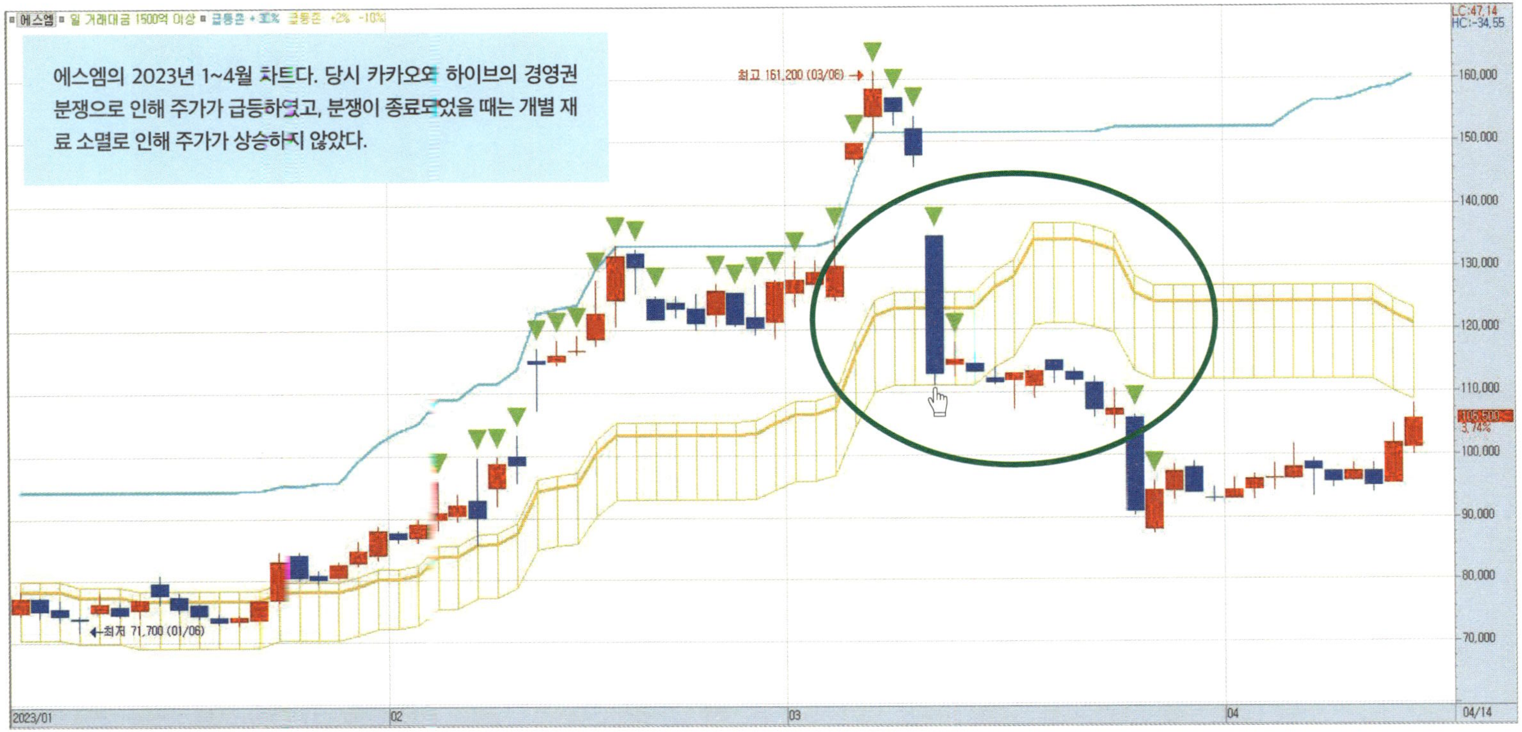

| 실전 차트 4-54 | 2023년 뷰노 일봉 차트

주가가 1년 이내에 8~10배 급등한 경우

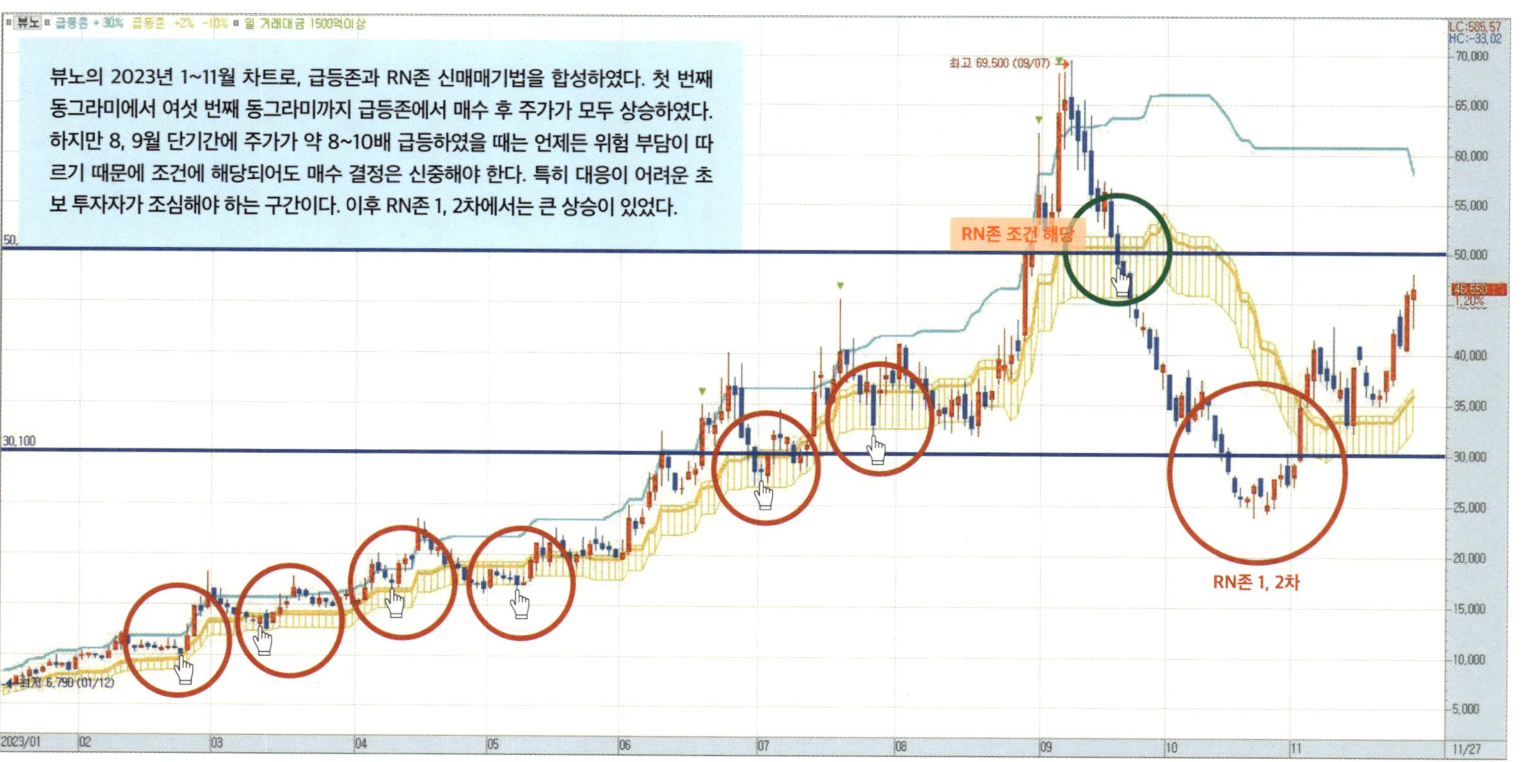

주가가 고점인 시점에 증권사의 목표가 상향 리포트가 나온 경우

| 실전 차트 4-55 | 2023년 현대오토에버 일봉 차트

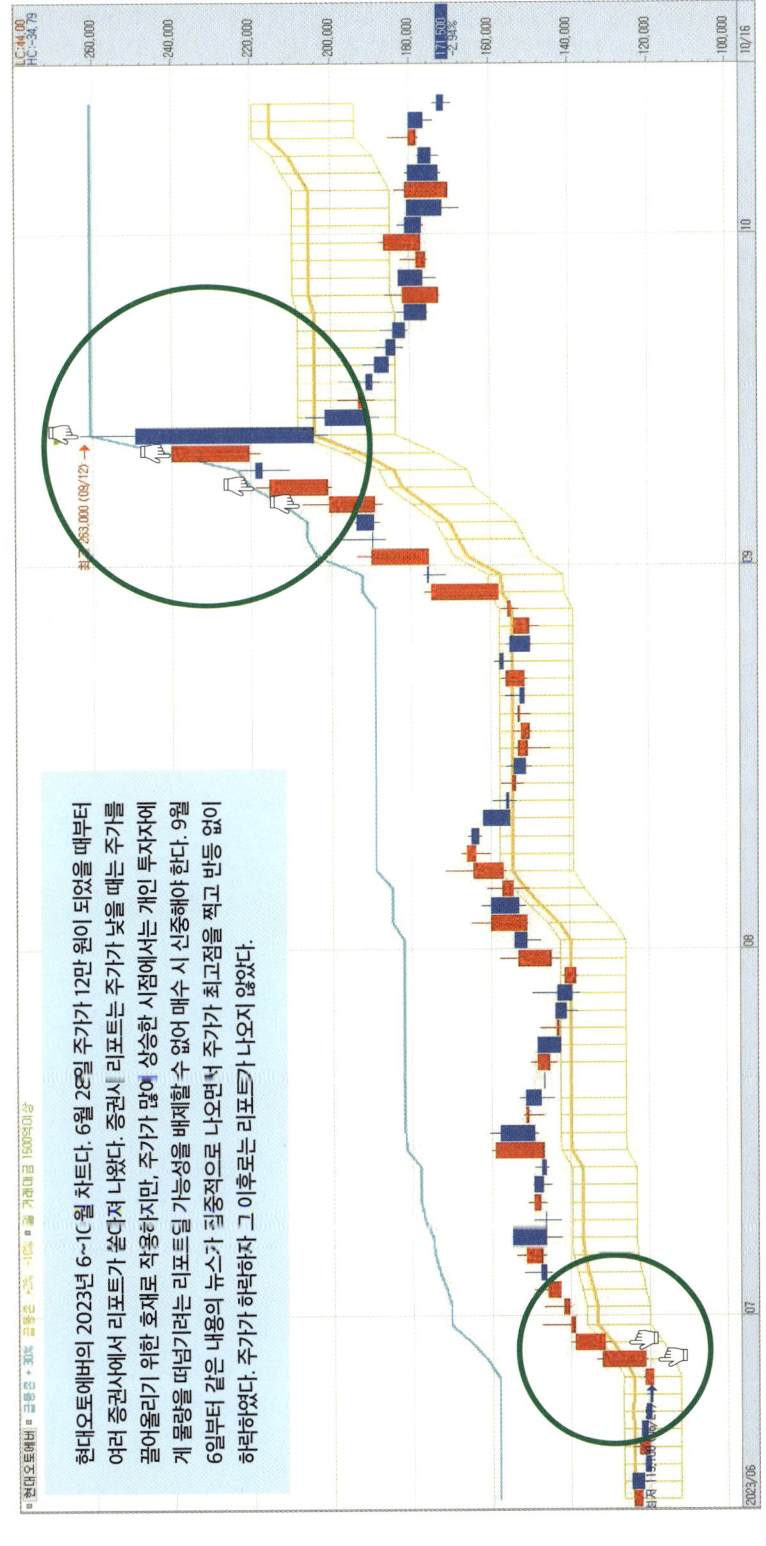

다음은 [실전 차트 4-55] 시기에 증권사에서 나왔던 현대오토에버 리포트들이다.

2023/09/12	09:10:50	'현대오토에버' 52주 신고가 경신, 오너와 한배를 타자 - DS투자증권, BUY	현대오토에
2023/09/11	09:09:11	'현대오토에버' 52주 신고가 경신, 오너와 한배를 타자 - DS투자증권, BUY	현대오토에
2023/09/08	10:25:13	'현대오토에버' 52주 신고가 경신, 오너와 한배를 타자 - DS투자증권, BUY	현대오토에
2023/09/07	10:43:07	'현대오토에버' 52주 신고가 경신, 오너와 한배를 타자 - DS투자증권, BUY	현대오토에
2023/09/06	10:49:06	'현대오토에버' 52주 신고가 경신, 오너와 한배를 타자 - DS투자증권, BUY	현대오토에
2023/08/02	10:25:13	'현대오토에버' 52주 신고가 경신, 2023Review: 숨길 수 없는 성장 잠재력 -	현대오토에
2023/07/17	15:32:06	'현대오토에버' 52주 신고가 경신, 2023Preview: SDV의 큰 흐름을 타고 - 유진	현대오토에
2023/07/14	13:29:16	'현대오토에버' 52주 신고가 경신, 2023Preview: SDV의 큰 흐름을 타고 - 유진	현대오토에

급등존 신매매기법의 핵심 포인트만 다시 한 번 짚고 넘어가겠다.

1. 주가가 상승하여 양봉으로 하늘색 선에 도달해야 한다.
2. 한국거래소 기준 시가총액 3,000억 원 이상인 종목은 일 거래대금 1,500억 원 이상이 여러 번 출현해야 한다(시가총액 5조 원 이상인 경우 일 거래대금 1,000억 원도 가능함).
3. 주가가 급등존에 들어왔을 때 매수한다.
4. 급등존 상단에서 5% 투자 비중으로 1차 매수하고 추가 하락 시 급등존 하단에서 5% 투자 비중으로 2차 매수한다.
5. 종목당 투자 비중은 총 금액의 10%를 유지한다. 그 이유는
   ① 여러 테마와 종목이 동시에 나올 수 있기 때문이다.
   ② 여러 종목의 매수가를 지정해 예약 매수를 설정해둬야 하기 때문이다.
   ③ 1, 2차에 나누어 분할 매수를 해야 하는 경우가 발생하기 때문이다.
   ④ 매수할 종목이 많지 않을 경우 종목당 투자 비중을 15%로 늘릴 수 있다. 다만 15% 비중이라도 6종목만 매수해도 거의 100%가 되므로 결코 적은 비중이 아니다.

6. 가능한 한 주도테마나 대장주를 매수하는 습관을 길러야 한다. 주도테마나 대장주는 거래대금을 보면 알 수 있으며, 보통 일 거래대금 1,500억 원 이상이 풍부하게 출현하고 주가가 상승해 하늘색 선에 빨리 도달한다.

7. 단기매매로 접근할 것인지, 스윙매매로 접근할 것인지는 일부 주도테마의 종목 분석이 필요할 수 있다. 단기든 스윙이든 핵심은 조건 해당 여부와 급등존 그물망이 매수 자리라는 것이다.

CHAPTER

3

국내
급등존
신매매기법
설정 방법

1

설정 방법

다음은 국내 급등존 신매매기법의 모든 지표가 추가된 차트 환경이다. 이어서 나오는 설정법을 그대로 따라 하면 어렵지 않게 구축할 수 있을 것이다.

| 실전 차트 4-56 | 국내 급등존 신매매기법 차트 환경 설정 예시

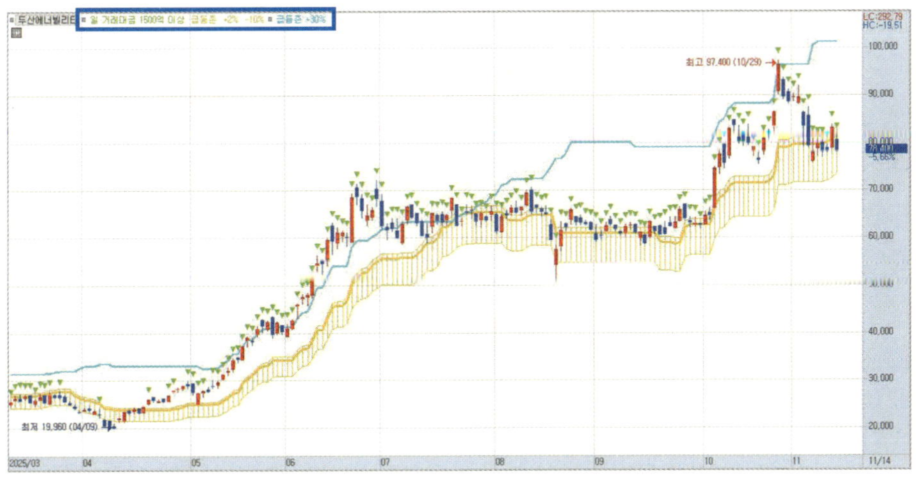

급등존 가격선 설정하기

| 차트 환경 설정법 1 |

키움증권의 '영웅문' HTS를 실행한 후 좌측 상단의 검색창에 '6600'을 입력해 검색한다.

| 차트 환경 설정법 2 |

'통합키움차트' 창이 활성화되면 ①의 보조지표 클릭 후 키보드의 Delete 키를 눌러 이동평균선을 삭제한다. 이어서 ②의 보조지표 클릭 후 키보드의 Delete 키를 눌러 거래량을 삭제한다.

두 보조지표가 삭제된 화면은 위 그림과 같다.

| 차트 환경 설정법 3 |

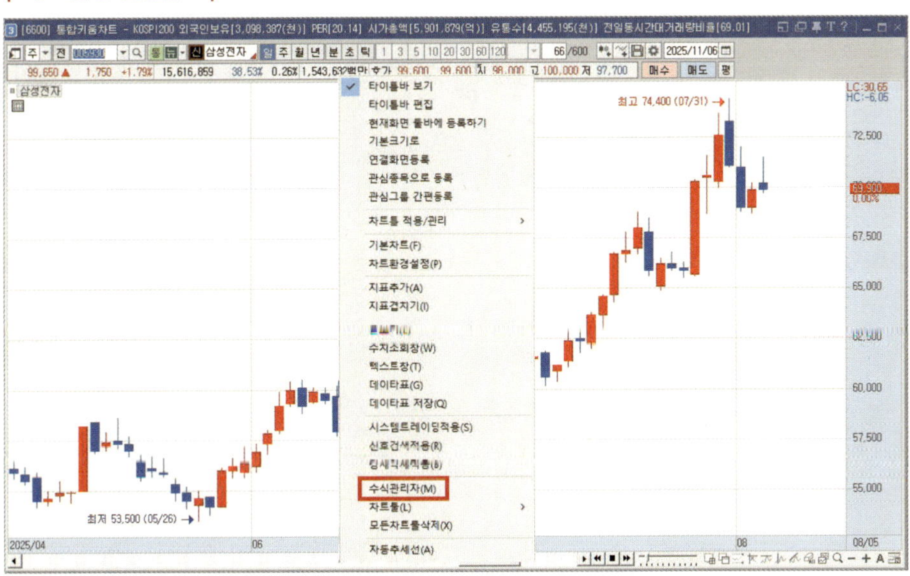

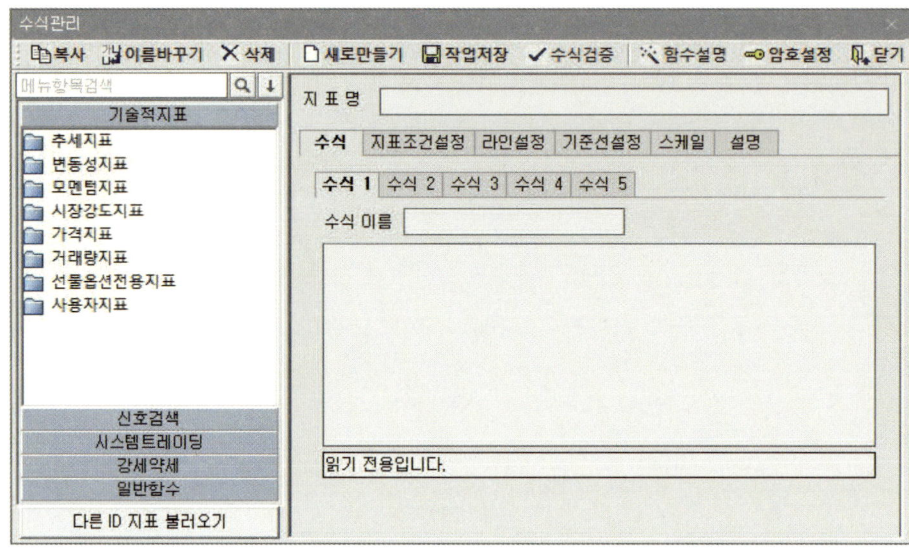

차트 화면에서 마우스 오른쪽 버튼을 눌러 '수식관리자'를 클릭해 '수식관리' 창을 활성화시킨다.

| 차트 환경 설정법 4 | 첫 번째 지표의 수식 설정

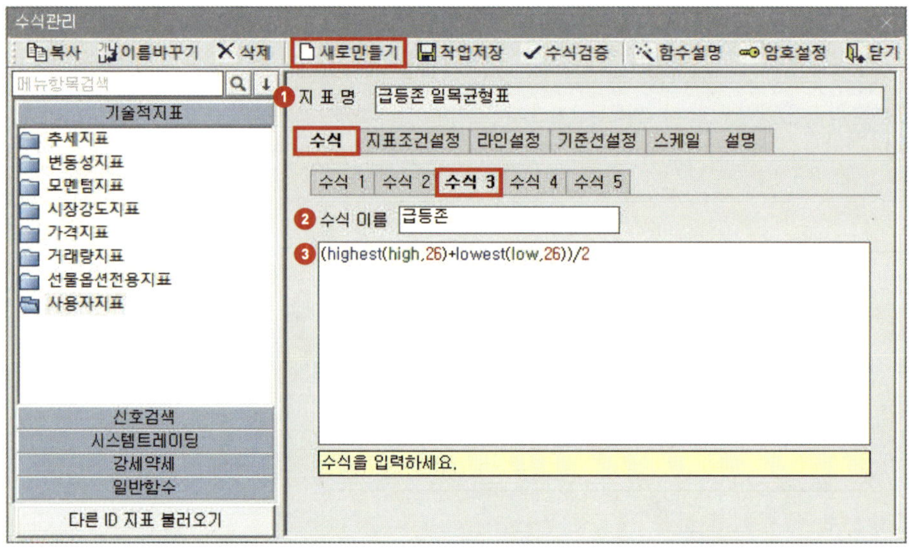

'수식관리' 창이 활성화되면 '새로만들기'를 클릭한 후 순서대로 '① 지표명'에 '급등존 일목균형표', '수식→수식 3' 탭의 '② 수식 이름'에 '급등존', ③ 공란에 '(highest(high,26)+lowest(low,26))/2'를 입력한다. 이때 반드시 '수식 3'부터 설정해야 한다.

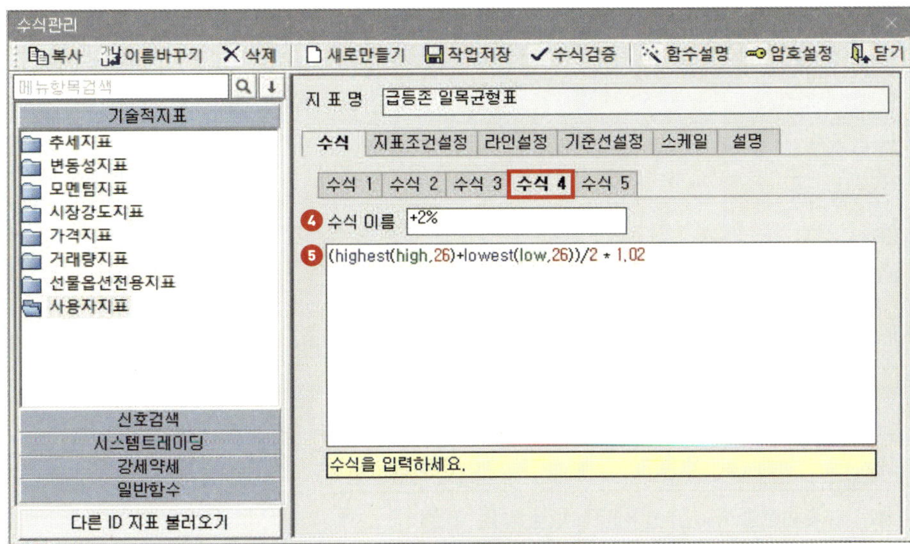

이어서 '수식 4' 탭의 '④ 수식 이름'에 '+2%', ⑤ 공란에 '(highest(high,26)+lowest(low,26))/2*1.02'를 입력한다.

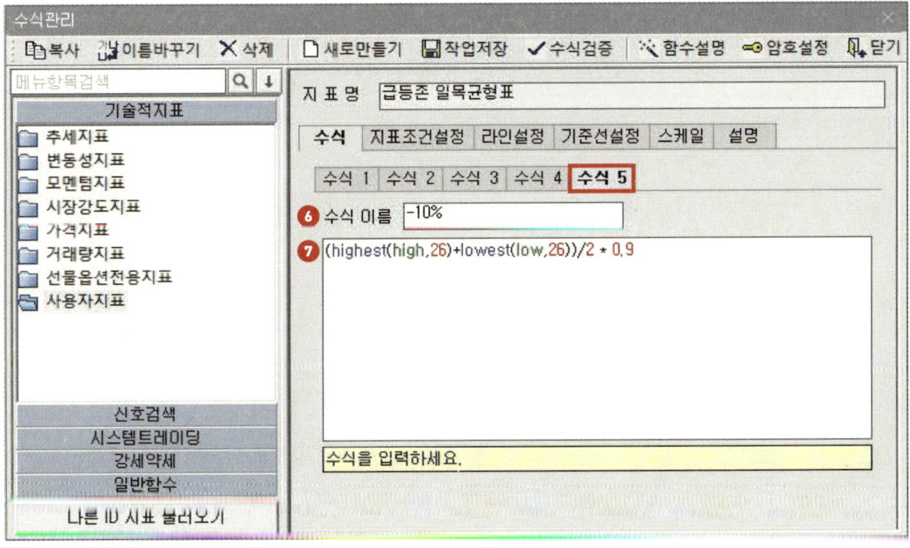

이어서 '수식 5' 탭의 '⑥ 수식 이름'에 '-10%', ⑦ 공란에 '(highest(high,26)+lowest(low,26))/2*0.9'를 입력한다.

첫 번째 지표의 '수식 3~5' 수식 이름과 공란의 수식 값을 정리하면 다음과 같다.

구분	수식 이름	공란(수식 값)
수식 1	(없음)	(없음)
수식 2	(없음)	(없음)
수식 3	급등존	(highest(high,26)+lowest(low,26))/2
수식 4	+2%	(highest(high,26)+lowest(low,26))/2*1.02
수식 5	-10%	(highest(high,26)+lowest(low,26))/2*0.9

| 차트 환경 설정법 5 | 첫 번째 지표의 라인 설정

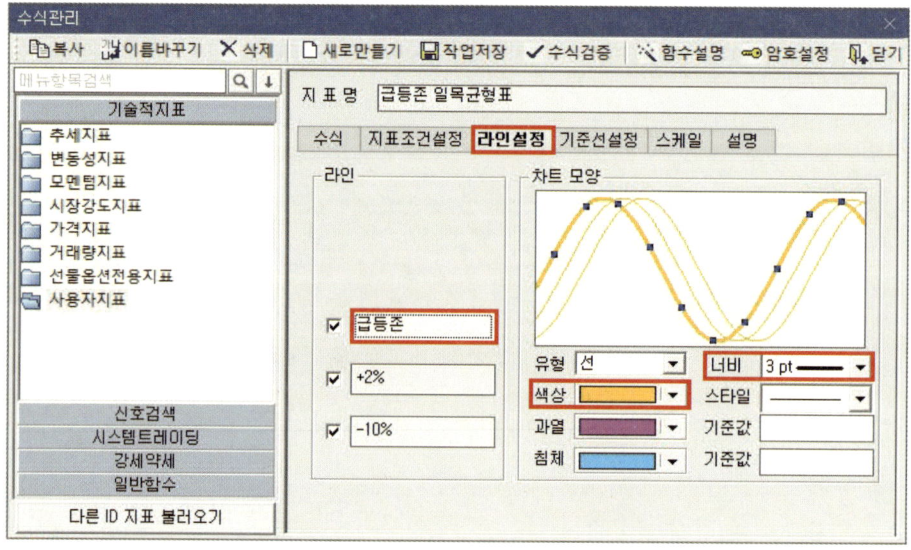

'라인설정' 탭의 '라인' 항목에서 '급등존'을 클릭한 후 오른쪽에서 '색상'은 '황금색(노란색)', '너비'는 '3pt'로 설정한다. 참고로 급등존의 라인 설정은 독자의 이해를 돕기 위한 예시일 뿐이므로 라인의 색상과 너비는 각자의 취향에 맞게 자유롭게 설정해도 된다.

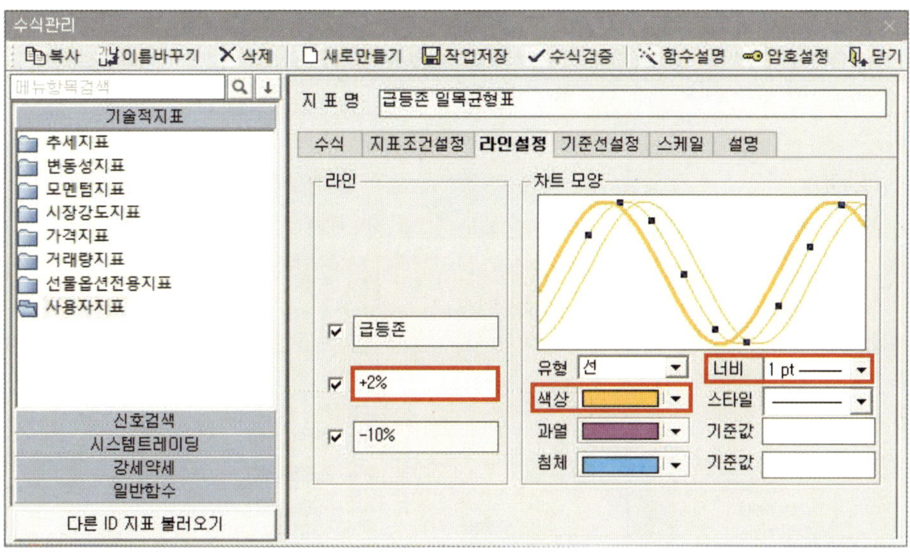

이어서 '라인' 항목에서 '+2%'를 클릭한 후 오른쪽에서 '색상'은 '황금색(노란색)', '너비'는 '1pt'로 설정한다.

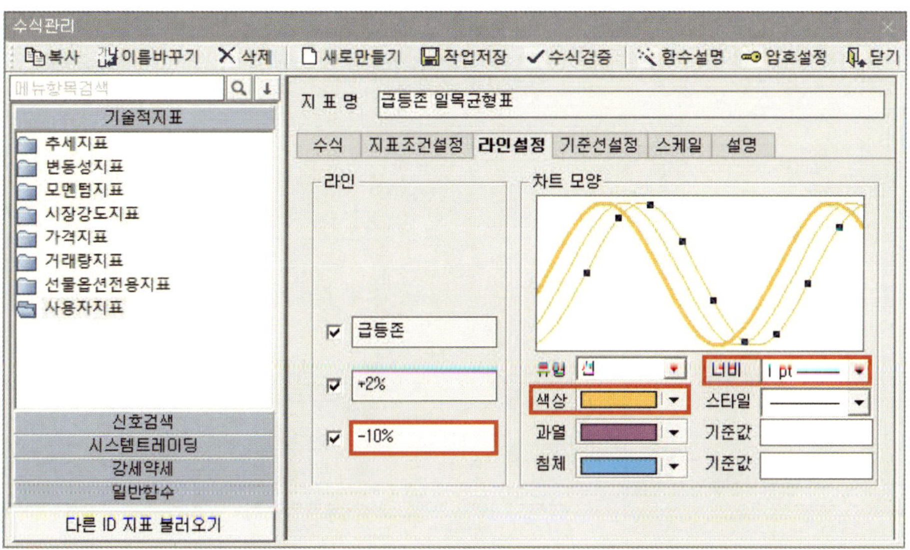

이어서 '라인' 항목에서 '-10%'를 클릭한 후 오른쪽에서 '색상'은 '황금색(노란색)', '너비'는 '1pt'로 설정한다.

| 차트 환경 설정법 6 |

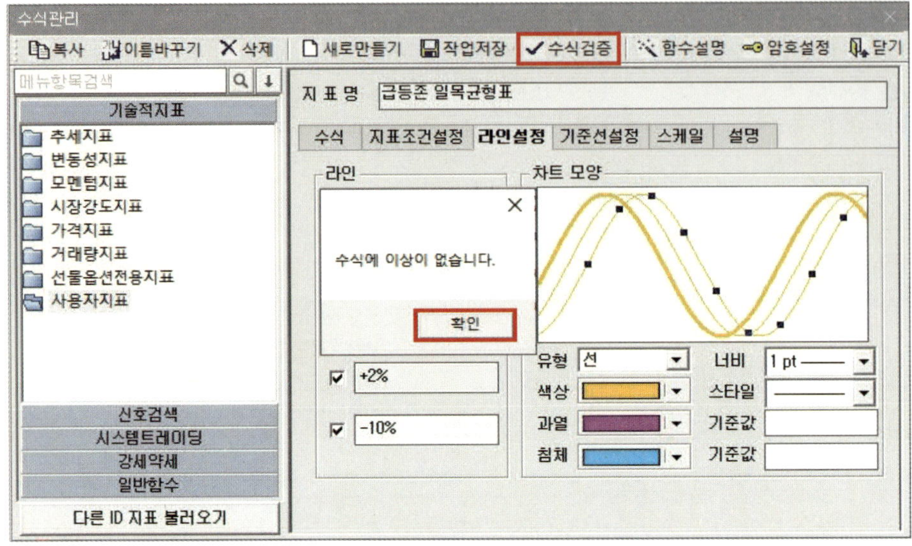

모든 설정이 완료되면 상단의 '수식검증'을 눌러 이상이 없는지 확인한다.

| 차트 환경 설정법 7 |

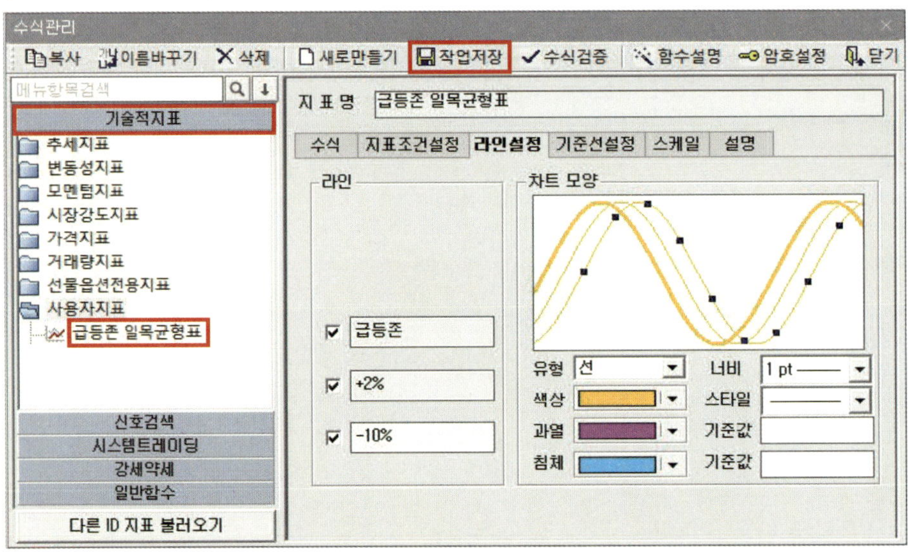

상단의 '작업저장'을 눌러 좌측 '기술적지표' 창에 '급등존 일목균형표' 지표가 생성됐는지 확인
한다.

362

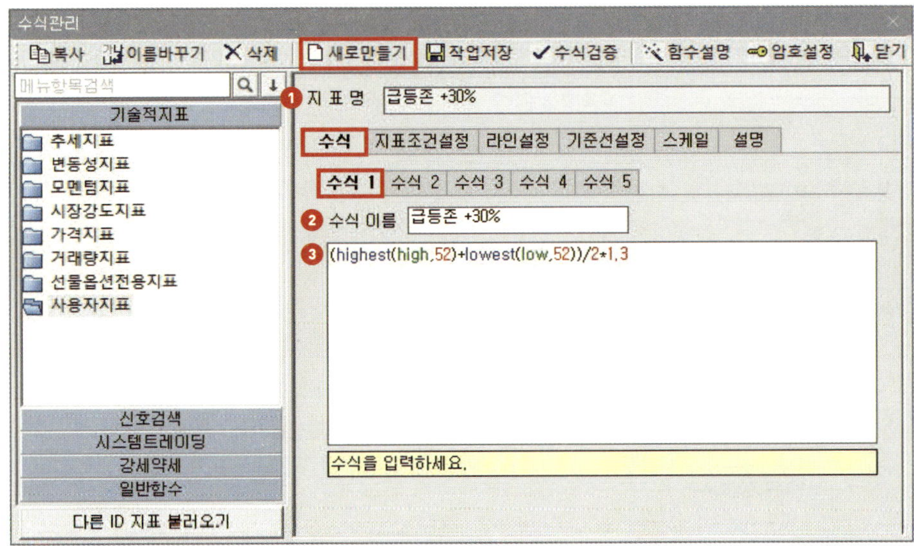

'수식관리' 창에서 '새로만들기'를 클릭한 후 순서대로 '① 지표명'에 '급등존 +30%', '수식→수식 1' 탭의 '② 수식 이름'에 '급등존 +30%', ③ 공란에 '(highest(high,52)+lowest(low,52))/2*1.3'을 입력한다.

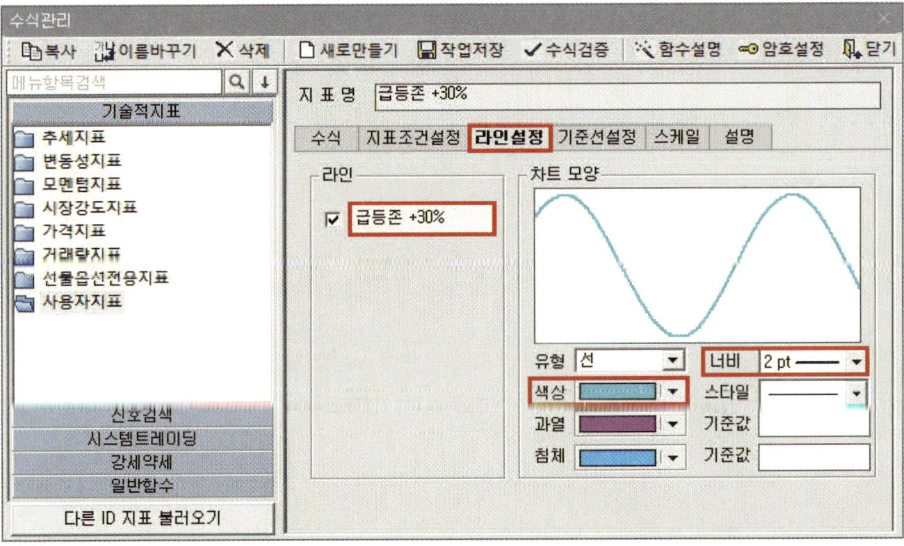

'라인설정' 탭의 '라인' 항목에서 '급등존 +30%'를 클릭한 후 오른쪽에서 '색상'은 '옥색(하늘색)', '너비'는 '2pt'로 설정한다.

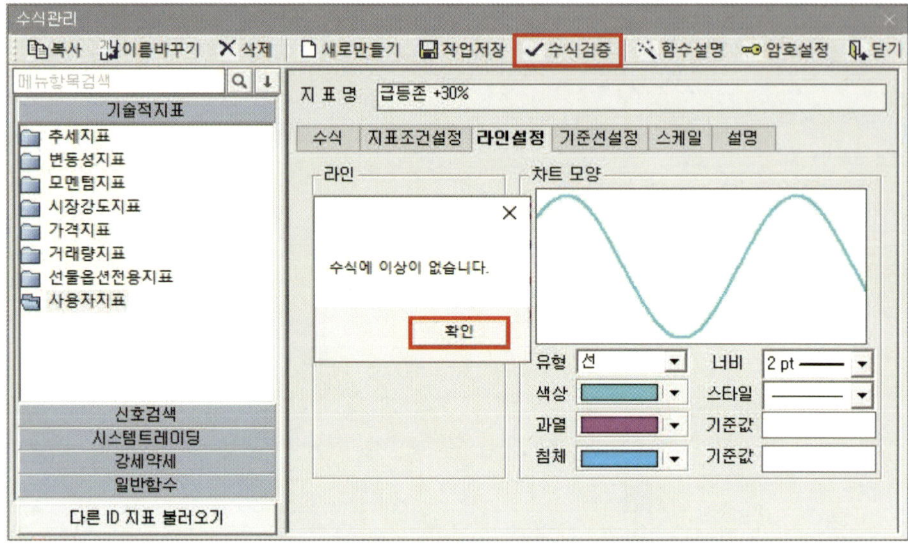

모든 설정이 완료되면 상단의 '수식검증'을 눌러 이상이 없는지 확인한다.

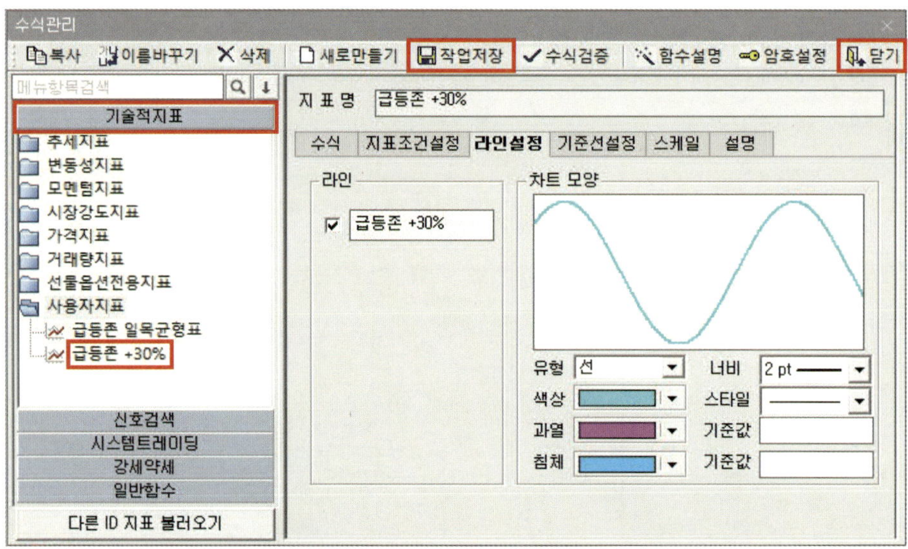

상단의 '작업저장'을 눌러 좌측 '기술적지표' 창에 '급등존 +30%' 지표가 생성됐는지 확인한 후 우측 상단의 '닫기'를 클릭한다.

급등존 보조지표 적용하기

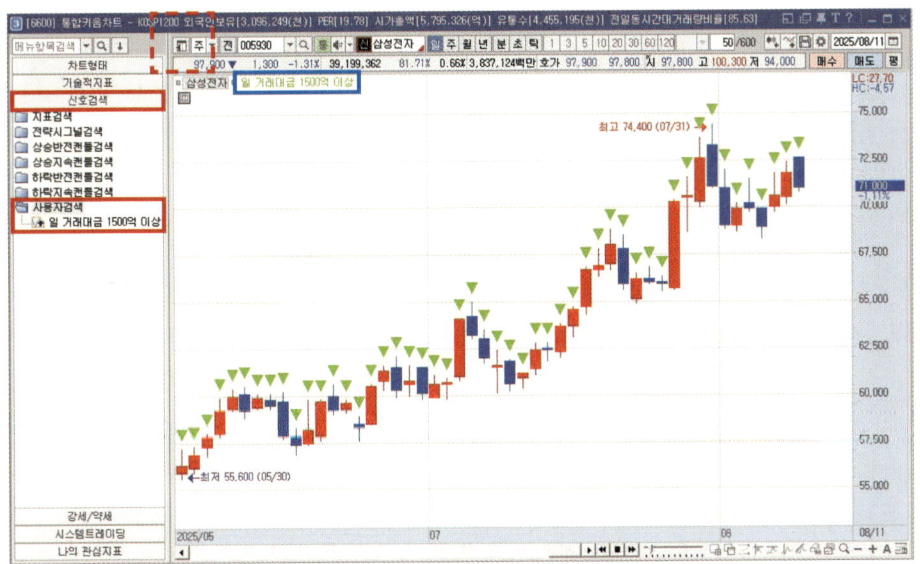

'통합키움차트' 창 좌측의 리스트 창에서 '신호검색→사용자검색→일 거래대금 1500억 이상'을 순서대로 클릭해 차트에 적용한다. '일 거래대금 1500억 이상'은 앞서 파트 1의 챕터 3 [차트 환경 설정법 24~26]에서 설정한 것이다(122쪽 참고). 만약 좌측에 리스트 창이 보이지 않는다면 상단의 '좌측메뉴 보이기/감추기(창 모양 ▣)'를 클릭한다. 지표가 적용되면 차트 좌측 상단에 파란색 상자와 같이 표기된다.

'통합키움차트' 창 좌측의 리스트 창에서 '기술적지표→사용자지표'를 순서대로 클릭하면 앞서
설정한 2개의 급등존 가격선 지표가 나타난다.

| 차트 환경 설정법 14 |

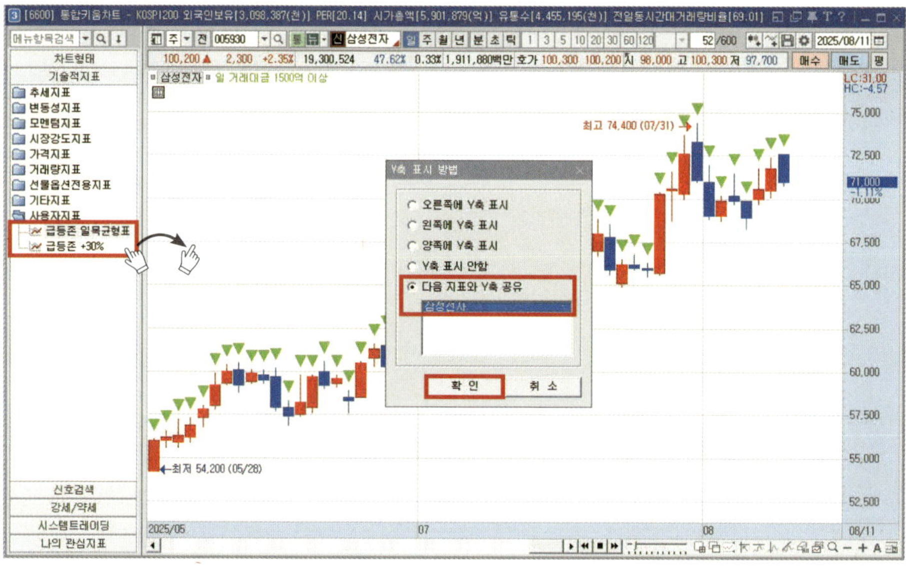

2개의 지표를 하나씩 마우스로 드래그해 우측 차트로 이동시키면 'Y축 표시 방법' 창이 나타난
다. 여기에서 '다음 지표와 Y축 공유'와 아래의 종목명을 선택한 후 '확인'을 누르면 해당 지표가
차트에 적용된다.

모든 지표 적용이 성공적으로 완료되면 차트 좌측 상단에 파란색 상자와 같이 표기되며 이 중 '급등존 +2% -10%' 지표를 마우스로 더블 클릭한다.

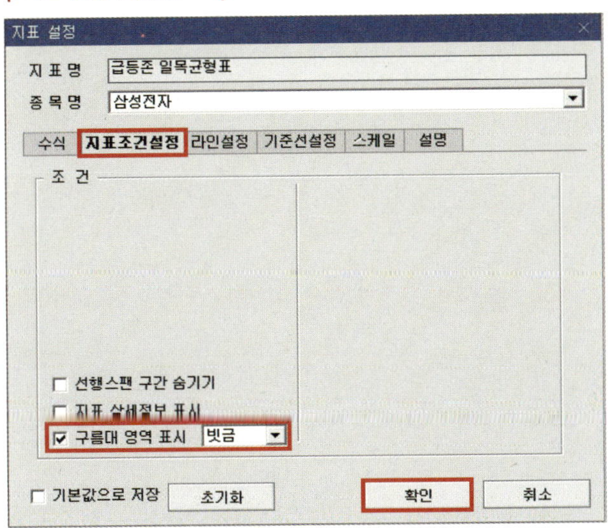

'지표 설정' 창이 활성화되면 '지표조건설정' 탭을 클릭해 하단의 '구름대 영역 표시'에서 '빗금'을 선택하고 '확인'을 누르면 이제 급등존 매매를 위한 설정이 완료됐다. 차트에서 지표를 삭제하는 방법은 [차트 환경 설정법 2]를 참고하면 된다.

PART

5

국내 절대존 신매매기법

1

국내
절대존
신매매기법
종목 선정 원칙

1

절대존
신매매기법이란?

절대존 신매매기법은 일목균형표의 5개의 선 중 하나의 선을 이용한 기법으로, 여기에 내가 만든 조건을 추가해서 정형화해 승률을 80~90%로 높였다. 이 책에서는 '절대존 신매매기법'이라고 이름 지었다.

급등존 신매매기법이 당일에서 10일 이내로 주식을 보유하고 마무리하는 단기매매에 적합한 기법이라면, 절대존 신매매기법은 당일에서 1개월 전후로 주식을 보유하고 마무리하는 단기와 스윙 매매에 적합한 기법이라고 할 수 있다. 특히 매일 주식시장을 들여다볼 수 없고 느긋하게 중대형주 위주로 거래하려는 투자자에게 적합하다.

주로 한국거래소 기준 시가총액 10조 원이 넘는 중대형주가 대상이며, 시가총액 3,000억 원 이상인 종목 중에는 일 거래대금 1,500억 원 이상이 여러 번 출현하고 주가가 절대선(최근 120일간의 최고가와 최저가의 평균값) 대비 +30% 이상 상승해야 이후 절대존에서 80~90% 이상의 확률로 상승한다. 절대선은 그

날의 주가 움직임에 따라 변하는 선이 아니며, 당일의 절대선이 한 번 정해지면 며칠 동안은 잘 변하지 않으므로 처음 이 기법을 접하는 초보 투자자도 쉽게 거래할 수 있다.

절대존은 대부분 주가 상승기에 출현하며 주가가 하늘색 선에 도달해야만 이후 조건에 해당되기 때문에 정배열 구간의 기법이라고 할 수 있다. 또한 주가가 급격하게 상승 또는 하락, 횡보하면 절대존도 일정 기간에 따라 같이 움직이며 이에 따라 하늘색 선과 절대존의 이격이 팽창과 수축을 한다. 절대존 신매매기법은 33존50존 신매매기법과 다르며 보유 기간으로 보면 단기와 스윙 매매의 중간 포지션을 가지고 있다.

절대존 수식 구성은 다음과 같다.

그리고 수식을 통해 절대존이 HTS 차트에 자동 생성되게 만들었다. 설정 방법은 챕터 3에 자세히 설명했다.

다음은 절대존 신매매기법의 예시 차트다. 주성엔지니어링의 2023년 3월부터 2024년 4월까지 차트로, 일 거래대금 1,500억 원 이상이 출현하면 연두색 역삼각형 또는 화살표가 자동 생성되며 절대선 주가 대비 +30% 상승 가격인 하늘색 선, 빨간색의 굵은 선인 절대선과 이 절대선 주가 기준 +2~-10% 사이를 가리키는 빨간색 그물망인 절대존이 자동 수식 설정돼 있다. 이 시기 주성엔지니어링은 시가총액 3,000억 원 이상이었으며, 차트를 보면 일 거래대금 1,500억 원 이상이 여러 번 출현했고, 주가가 절대선 대비 +30% 이상 상승해 하늘색 선에 도달하면서 조건에 해당됐다.

절대존 신매매기법에서 일 거래대금 1,500억 원 이상 출현 조건이 왜 중요할까? 삼성전자나 SK하이닉스 같은 초대형주는 시가총액이 커서 일 거래대금 1,500억 원 이상 출현 조건이 중요하지 않다. 하지만 다른 일반 종목들은 일 거래대금 1,500억 원 이상이 출현하면 당일 주식시장의 중심에 놓일 수 있다.

세력이 개입되지 않고서는 이 거래대금을 만들기 무척 어렵다. 간혹 일부 시가총액이 낮은 종목 중 일시적인 이슈나 재료에 의해 거래대금이 폭발하는 경우가 있는데, 이런 종목들은 주의해야 한다. 거래대금이 지속적으로 폭발하면서 2차, 3차 이상의 시세를 만들면 주도대마가 되지만, 일시적인 재료나 이슈로 인해 거래대금이 폭발하면서 1차 시세로 끝나는 경우가 있기 때문이다.

따라서 절대존 신매매기법의 다른 매수 조건에 해당되면서 일 거래대금 조건마저 해당된다면 절대존에서 80~90% 이상의 확률로 주가가 상승하는 안전한 원리가 성립된다.

2

종목 선정 조건

절대존 신매매기법의 국내 종목 선정 조건은 다음과 같다. 시가총액 10조 원 이상인 종목은 다음의 ③번 조건에만 부합하면 되지만, 10조 원 미만인 종목은 다음의 3가지 조건에 모두 부합해야 한다.

① 시가총액 3,000억 원 이상인 종목

국내 주식시장에 상장된 시가총액 3,000억 원 이상인 거래 대상 종목은 2025년 9월 말 기준 약 720개이며 이 기법의 적용 대상이 될 수 있다. 그리고 시가총액 3,000억 원 이상인 종목일지라도 주가가 하늘색 선에 도달할 때 일 거래대금 1,500억 원 이상이 여러 번 출현해야 한다. 시가총액이 낮으면서 일 거래대금도 적으면 80~90%의 승률을 기대할 수 없다. 시가총액이 낮은 종목은 테마의 정확도가 높고 대장주인 경우에만 거래할 수 있다.

② 일 거래대금 1,500억 원 이상이 여러 번 출현한 종목

일 거래대금 1,500억 원 이상이 여러 번 출현한 종목이 대상이다. 다만 시가
총액 5조 원 이상인 종목은 일 거래대금 1,000억 원 이상이면 대상이 된다.
그 이유는 시가총액 5조 원 이상인 종목 중에는 주가가 급하게 상승하지 않
고 천천히 조금씩 상승하는 경우가 있기 때문이다.

**③ ①, ②번 조건에 해당되면서 절대선 주가 대비 +30% 이상 상승해 양봉이 하
늘색 선에 도달한 종목**

②, ③번 조건은 차트에 수식으로 설정해 도식화함으로써 아주 쉽게 확인할
수 있다. 아울러 ①, ②번 조건에 해당되는 종목을 찾는 방법은 파트 1에서
자세히 설명했다.

3

매수 방법

절대존 신매매기법의 3가지 종목 선정 조건에 해당된 국내 종목을 매수하는 방법은 다음과 같다.

① 주가가 절대존 내 절대선 기준 상단에 들어오면 5% 투자 비중으로 1차 매수를 한다.

② 1차 매수 후 주가가 매도(매도 방법은 378쪽 참고) 가능한 가격만큼 오르면 분할해 전량 매도한다. 이후 동일한 종목의 주가가 하락해 절대존 하단에 들어왔을 때 5% 투자 비중으로 다시 1차 매수를 한다. 절대존 하단에서 다시 1차 매수를 하는 종목은 주도테마나 대장주이어야 가능하다.

③ 1차 매수 후 주가가 매도(매도 방법은 378쪽 참고) 가능한 가격만큼 오르지 않

거나 하락하면 절대존 하단에서 5% 투자 비중으로 2차 매수를 한다. 다만 1차 매수 후 15일이 지난 시점에 2차 매수를 하면 안 된다.

④ 주가가 절대존 상단에 도달하지 않고 절대선 기준 +5% 위에서 +10% 이상 상승하면 한 템포 늦춰 이후 주가가 절대존 중·하단에 들어왔을 때 5% 투자 비중으로 1차 매수를 하고 추가 하락하면 5% 투자 비중으로 2차 매수를 한다. 다만 1차 매수 후 15일이 지난 시점에 2차 매수를 하면 안 된다.

이 기법은 분할 매수를 포함해 종목당 투자 비중은 10%를 넘지 않아야 한다. 즉, 비중 분산 투자가 이 기법의 핵심이다. 수선에 해당되는 종목이 복수로 동시에 나올 수도 있고, 주가가 절대선 근처에 도달한 종목이 있으면 매수하기 위해 매수가에 주문을 넣거나 미리 예약 매수를 설정해둘 필요가 있기 때문이다. 또한 같은 테마에서 여러 종목이 동시에 조건에 해당되면 시가총액 상위 순으로 매수한다.

4

매도 방법

절대존 신매매기법으로 1차 매수 또는 2차 매수해 보유하고 있는 국내 종목을 매도하는 방법은 다음과 같다.

① 1차 매수 후 주가가 상승해 매수가 대비 +7~+20% 이상이 되면 매수한 주식은 분할해 전량 매도한다.

② 1차 매수 후 매도 없이 연이어 2차 매수한 경우에는 1, 2차 매수가의 평균 매수 단가 대비 +7~+20% 이상이 되면 주식을 일시 또는 임의의 비율로 분할해 전량 매도한다. 절대존 신매매기법으로 매수한 주식의 총 보유 기간은 1개월 전후이며 1개월 전후로 익절이나 손절을 해야 한다.

5

유의 사항

절대존 신매매기법을 실행할 때 다음의 사항들은 꼭 유의하길 바란다.

① 같은 테마에서 여러 종목이 동시에 매수 자리에 올 경우 시가총액 상위 순의 대형주를 매수하는 것이 좋으며 같은 테마로 2종목을 초과해 매수하면 안 된다.

② 1년 이내에 주가가 8~10배 전후로 상승(시가총액 1조 원 미만)한 종목은 패스한다.

③ 매수 전 재료 소멸이나 실적 악화 등의 악재가 있는 종목은 매수하면 안 된다.

| 표 5-1 | 신매매기법별 정리

구분	국내 RN존	미국 (ETF) RN존	급등존	절대존	33존50존
시가총액	5조 원 이상	상위 500위 이내 (ETF는 상위 50위 이내)	5조 원 이상	5조 원 이상	5조 원 이상
	3,000억 원 이상		3,000억 원 이상	3,000억 원 이상	3,000억 원 이상
거래대금	1,000억 원 이상	1주당 1달러 이상	1,000억 원 이상	1,000억 원 이상	1,000억 원 이상
	1,500억 원 이상		1,500억 원 이상	1,500억 원 이상	1,500억 원 이상
매수 비중	1차 5%	1차 5%	1차 5%	1차 5%	1차 5%
	2차 10%	2차 10%	2차 5%	2차 5%	2차 5%
1차 매수 기준	라운드넘버선 -4% 이내	라운드넘버선 -4% 이내	급등존 상단	절대존 상단	33존50존 상단
2차 매수 기준	1차 매수가 대비 -20%	1차 매수가 대비 -20%	급등존 하단	절대존 하단	33존50존 하단
2차 매수 시기	1차 매수 후 45일 이내	1차 매수 후 45일 이내	1차 매수 후 5일 이내	1차 매수 후 15일 이내	1차 매수 후 30일 이내
매도 기준	매수가 대비 +7~+20% 상승 시 일시 또는 분할해 전량 매도	매수가 대비 +7~+20% 상승 시 일시 또는 분할해 전량 매도	매수가 대비 +5~+20% 상승 시 분할해 전량 매도	매수가 대비 +7~+20% 상승 시 분할해 전량 매도	매수가 대비 +7~+20% 상승 시 분할해 전량 매도
보유 기간	2~3개월 전후	2~3개월 전후	10일 전후	1개월 전후	2개월 전후
특이 사항	신매매기법별 기준은 승률이 높은 공통 사항이므로 단기매매와 중장기 투자 시 본인의 기준을 적용해 매매할 수 있다.				

2

국내
절대존
신매매기법
실전 투자 사례

1
실전 사례

이번 챕터에서는 여러 종목 중 특히 중대형주 위주의 실전 종목의 차트 사례들을 보면서 배워보겠다. 이 책에서 소개하는 신매매기법들은 단순 명료하지만 주식시장은 역동적이다 보니 대응할 수 있는 세부 스킬에 대해 자세한 사례들과 함께 살펴볼 필요가 있다. 실전 투자 사례들의 차트에서 어떤 일이 있었는지, 어떻게 접근하는지 등을 상세하게 적어뒀으니 실제 거래 시 많은 도움이 될 것이다.

| 실전 차트 5-2 | 2023~2024년 이수페타시스 일봉 차트

| 실전 차트 5-3 | 2023~2024년 이수페타시스 일봉 차트

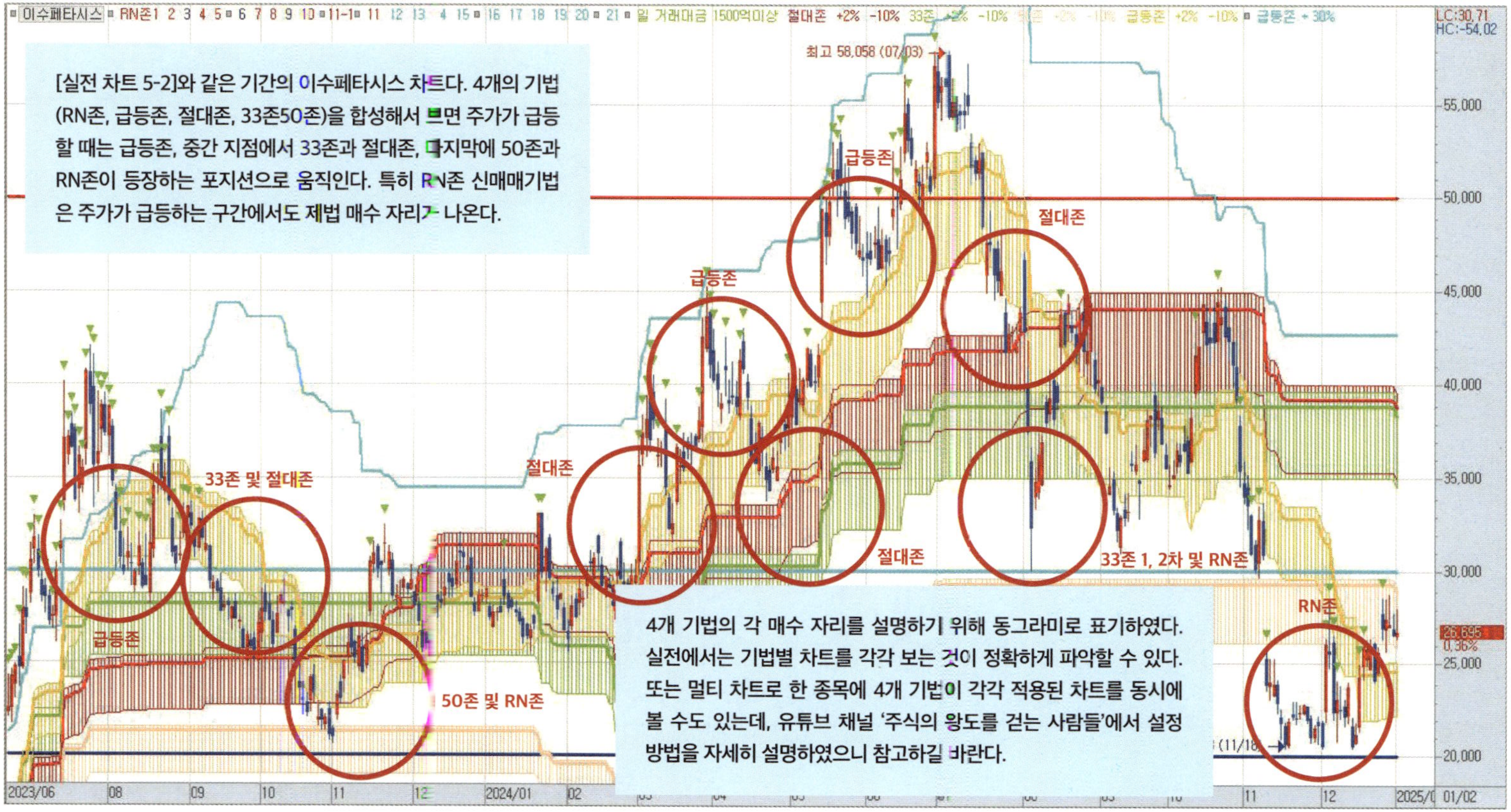

이수페타시스 RN존1 2 3 4 5 6 7 8 9 10 11-1 11 12 13 4 15 16 17 18 19 20 21 일 거래대금 1500억이상 절대존 +2% -10% 33존 +2% -10% 급등존 +2% -10% 급등존 + 30%
LC:30.71
HC:-54.02
최고 58,058 (07/03)
[실전 차트 5-2]와 같은 기간의 이수페타시스 차트다. 4개의 기법(RN존, 급등존, 절대존, 33존50존)을 합성해서 보면 주가가 급등할 때는 급등존, 중간 지점에서 33존과 절대존, 마지막에 50존과 RN존이 등장하는 포지션으로 움직인다. 특히 RN존 신매매기법은 주가가 급등하는 구간에서도 제법 매수 자리가 나온다.
33존 및 절대존
급등존
50존 및 RN존
절대존
급등존
급등존
절대존
절대존
33존 1, 2차 및 RN존
RN존
4개 기법의 각 매수 자리를 설명하기 위해 동그라미로 표기하였다. 실전에서는 기법별 차트를 각각 보는 것이 정확하게 파악할 수 있다. 또는 멀티 차트로 한 종목에 4개 기법이 각각 적용된 차트를 동시에 볼 수도 있는데, 유튜브 채널 '주식의 왕도를 걷는 사람들'에서 설정 방법을 자세히 설명하였으니 참고하길 바란다.
55,000
50,000
45,000
40,000
35,000
30,000
26,695
0.36%
25,000
20,000
2023/06
08
09
10
11
12
2024/01
02
11
12
2025/0
01/02

실전 차트 5-4 | 2023~2024년 한미반도체 일봉 차트

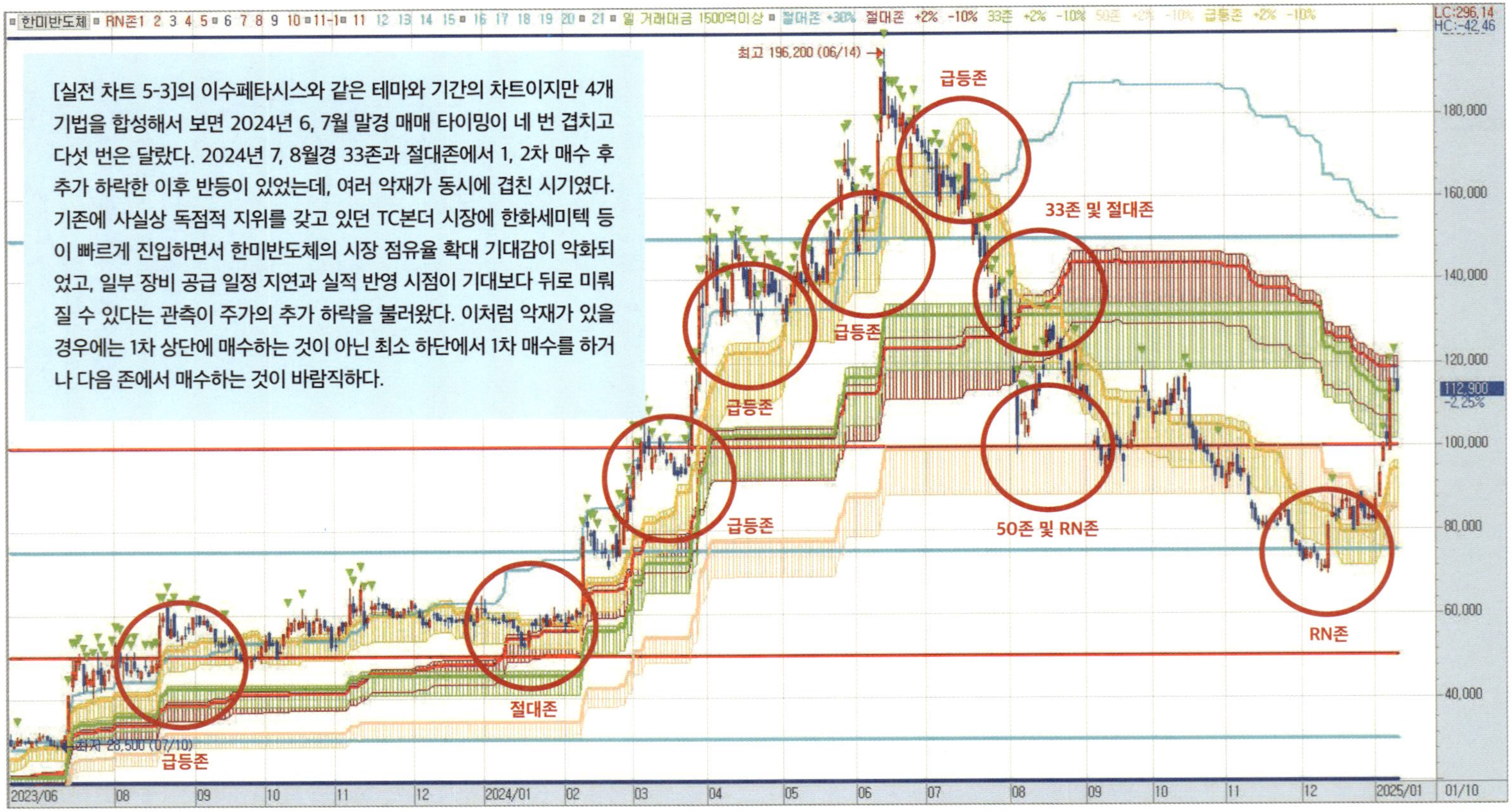

[실전 차트 5-3]의 이수페타시스와 같은 테마와 기간의 차트이지만 4개 기법을 합성해서 보면 2024년 6, 7월 말경 매매 타이밍이 네 번 겹치고 다섯 번은 달랐다. 2024년 7, 8월경 33존과 절대존에서 1, 2차 매수 후 추가 하락한 이후 반등이 있었는데, 여러 악재가 동시에 겹친 시기였다. 기존에 사실상 독점적 지위를 갖고 있던 TC본더 시장에 한화세미텍 등이 빠르게 진입하면서 한미반도체의 시장 점유율 확대 기대감이 악화되었고, 일부 장비 공급 일정 지연과 실적 반영 시점이 기대보다 뒤로 미뤄질 수 있다는 관측이 주가의 추가 하락을 불러왔다. 이처럼 악재가 있을 경우에는 1차 상단에 매수하는 것이 아닌 최소 하단에서 1차 매수를 하거나 다음 존에서 매수하는 것이 바람직하다.

| **실전 차트 5-5** | 2022~2023년 포스코퓨처엠 일봉 차트

포스코퓨처엠의 2022년 8월부터 2023년 9월까지 차트로, 시가총액은 15~50조 원 전후였다. 차트를 보면 1년 동안 절대존 상단에서 네 번, 하단에서 한 번, 총 다섯 번의 매매 타이밍이 있었다.

이처럼 절대존 신매매기법의 조건에 해당되는 종목들의 70~80% 정도가 주도테마나 대장주다. 이 기법은 대장주를 일부러 찾을 필요도 없으며 정해진 매수 자리에서 편안하게 매수해 수익을 낼 수 있는 매매법이다.

| 실전 차트 5-6 | 2024~2025년 펩트론 일봉 차트

펩트론의 2024년 6월부터 2025년 7월까지 차트다. 차트를 보면 조건에 해당되었고 주가가 모두 상승하였다. 네 번째 동그라미를 보면 주가가 하한가까지 하락하면서 절대존에 들어왔고 이후 결국 상승하였다.

만약 투자 비중이 높았다면 주가의 추가 하락에 대한 두려움에 손절하였거나 호가창만 바라보다 수익을 내지 못하고 매도하였을 가능성이 높다. 두려움을 이길 수 있는 방법은 강철 심장이 아니라 투자 비중 원칙을 지키는 길밖에 없다.

| **실전 차트 5-7** | **2024~2025년 효성중공업 일봉 차트**

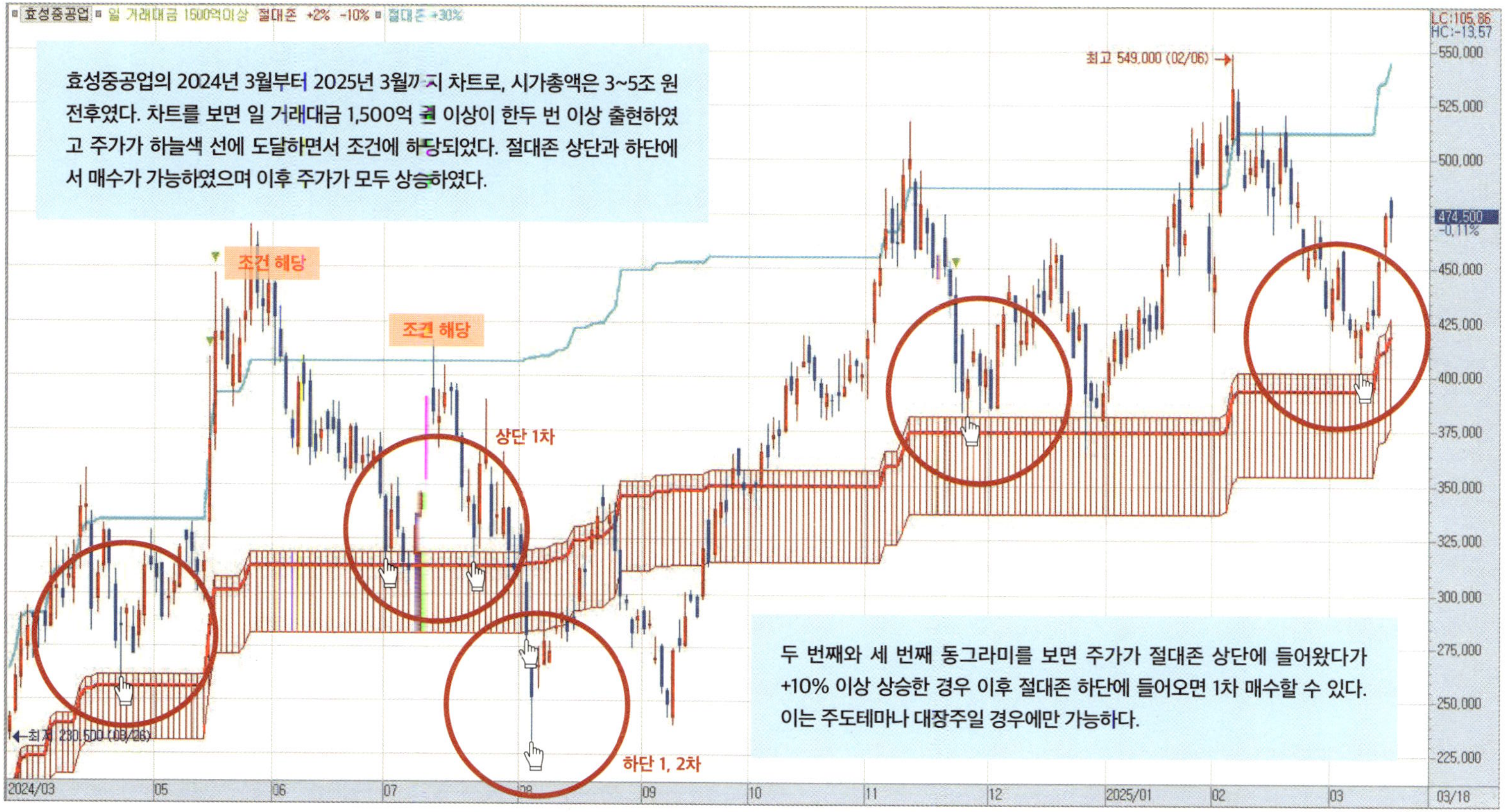

| 실전 차트 5-8 | 2024년 SK하이닉스 일봉 차트

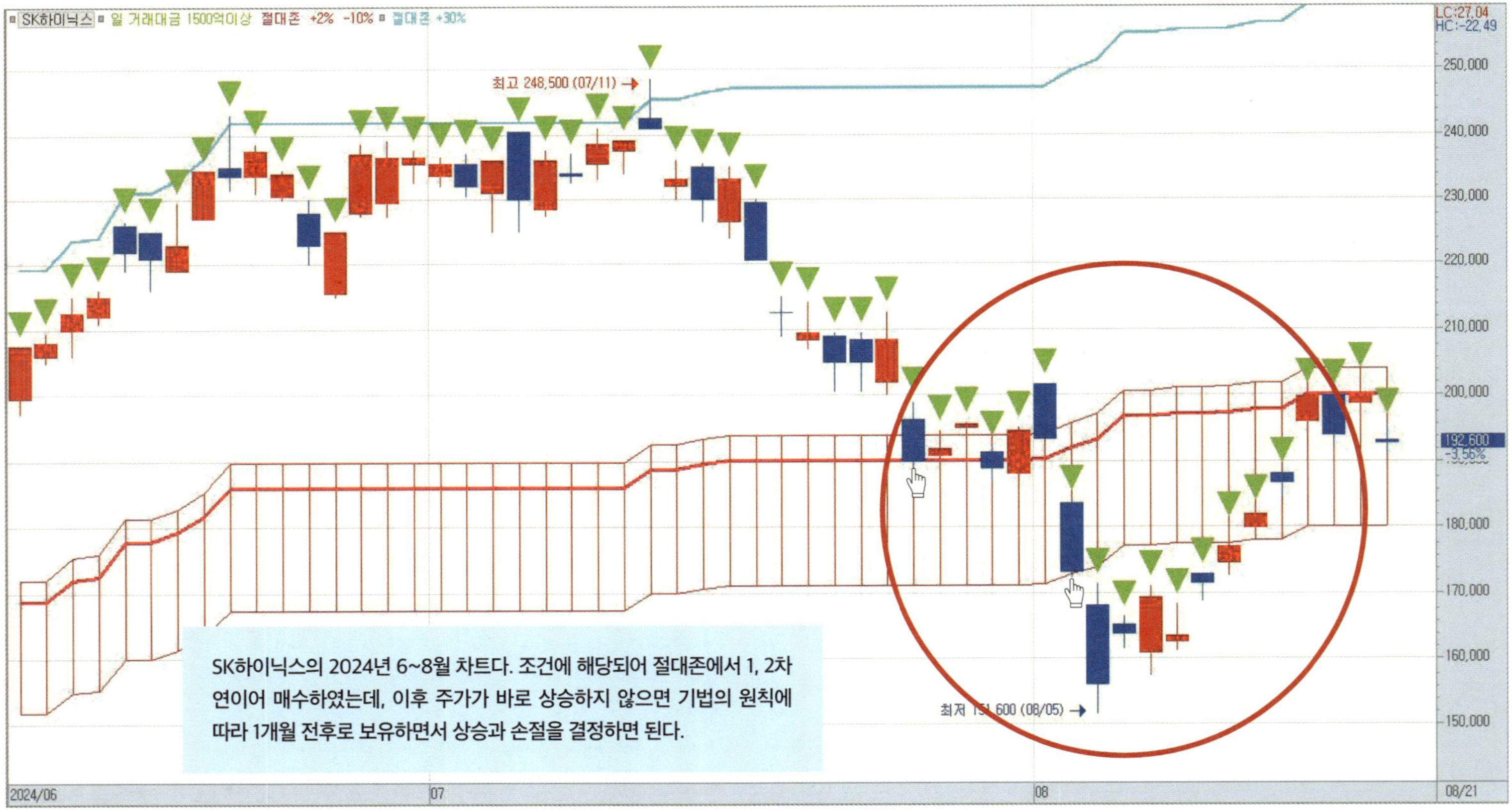

SK하이닉스의 2024년 6~8월 차트다. 조건에 해당되어 절대존에서 1, 2차 연이어 매수하였는데, 이후 주가가 바로 상승하지 않으면 기법의 원칙에 따라 1개월 전후로 보유하면서 상승과 손절을 결정하면 된다.

| 실전 차트 5-9 | 2020년 삼성바이오로직스 일봉 차트

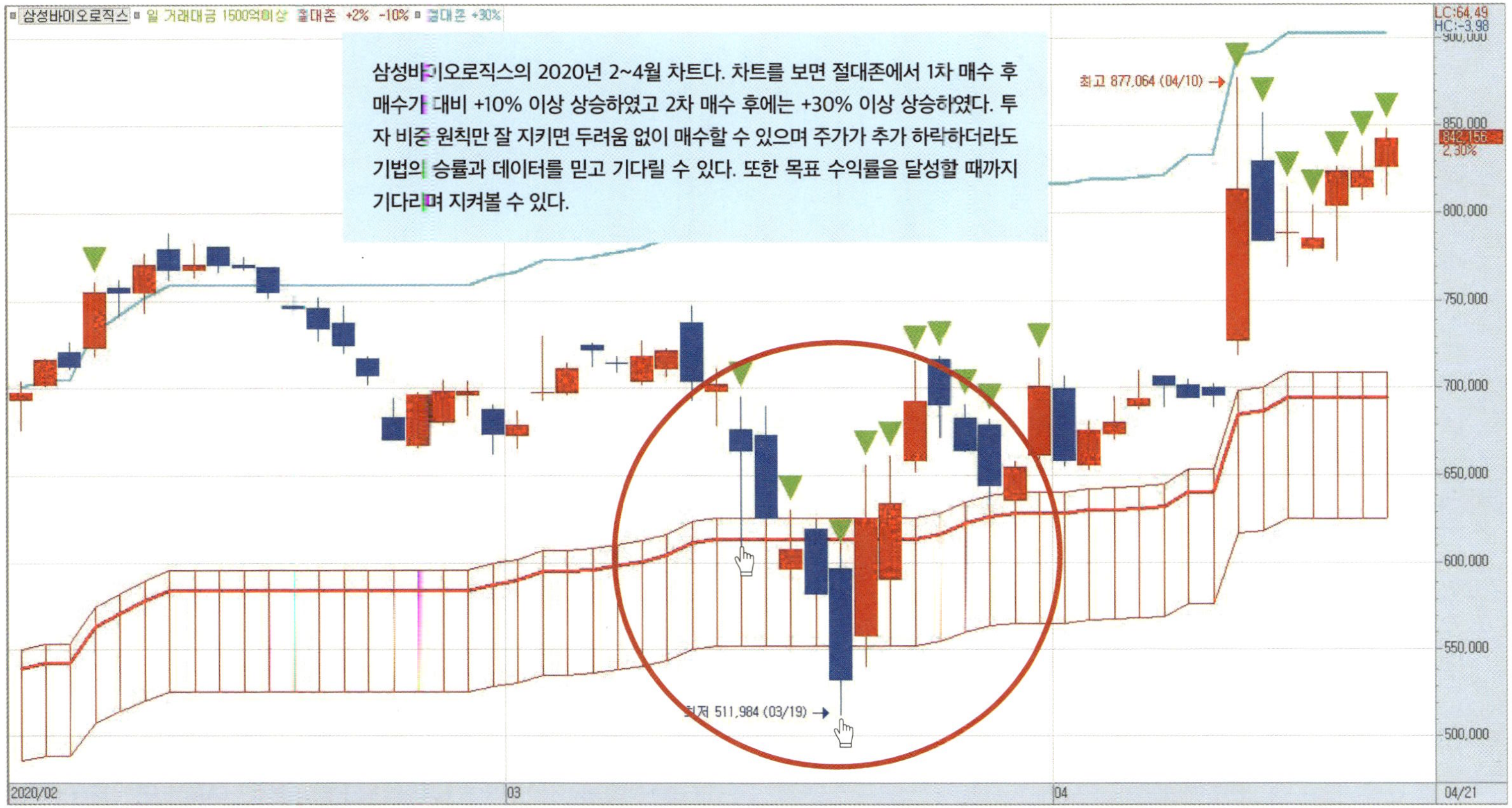

삼성바이오로직스의 2020년 2~4월 차트다. 차트를 보면 절대존에서 1차 매수 후 매수가 대비 +10% 이상 상승하였고 2차 매수 후에는 +30% 이상 상승하였다. 투자 비중 원칙만 잘 지키면 두려움 없이 매수할 수 있으며 주가가 추가 하락하더라도 기법의 승률과 데이터를 믿고 기다릴 수 있다. 또한 목표 수익률을 달성할 때까지 기다리며 지켜볼 수 있다.

실전 차트 5-10 | 2024~2025년 한화에어로스페이스 일봉 차트

한화에어로스페이스의 2024년 10월부터 2025년 1월까지 차트다. 차트를 보면 절대존 상단에서 1차에 연이어 하단에서 2차 매수할 수 있었고 이후 절대선까지 주가가 상승하였다. 2025년에는 주가가 많이 상승하였는데, 추세가 살아 있거나 상승 재료가 확실하다면 중기로 보유해 수익을 극대화할 수 있다.

| 실전 차트 5-11 | 2025년 이수스페셜티케미컬 일봉 차트

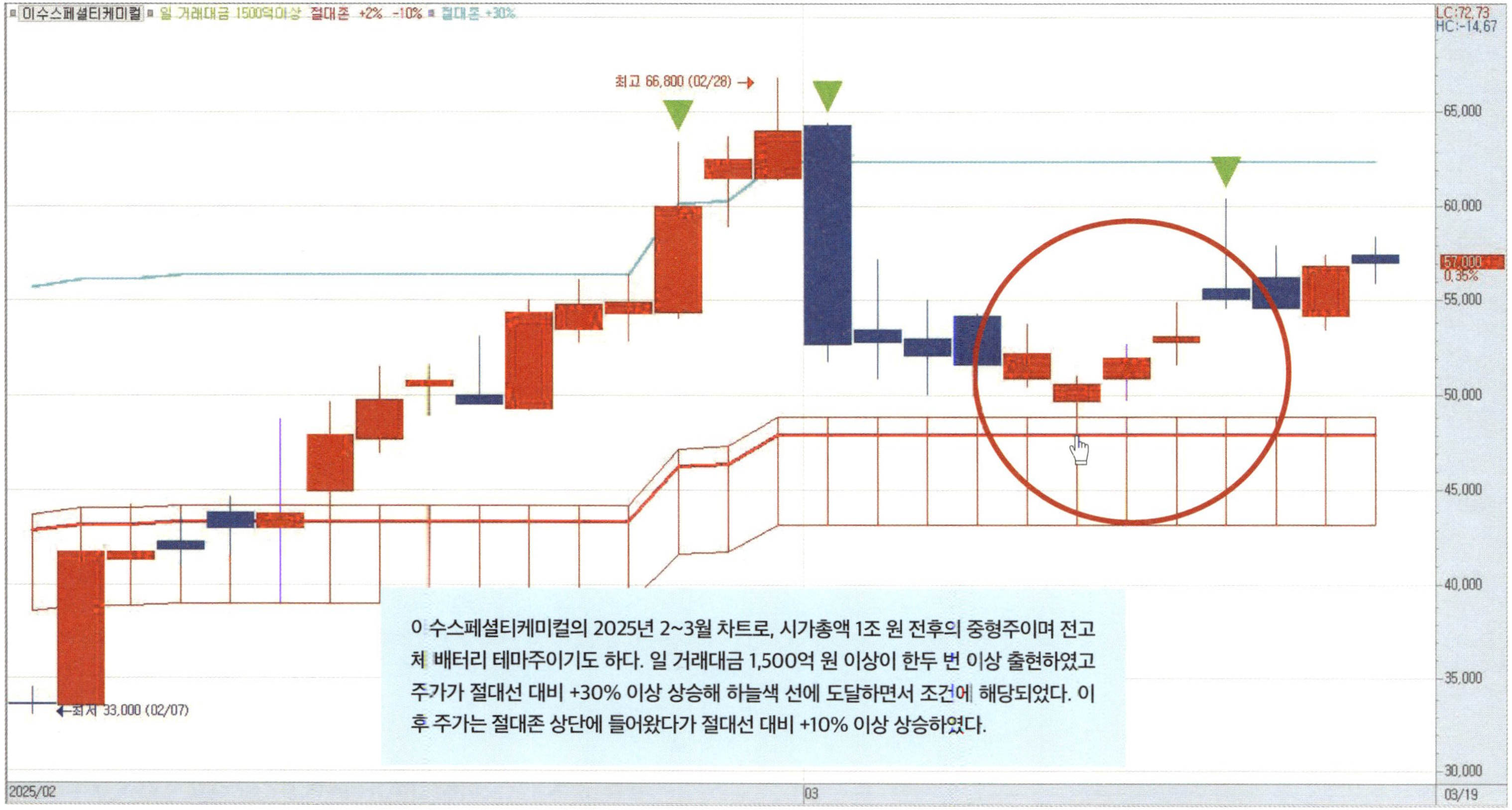
이수스페셜티케미컬 일 거래대금 1500억이상 절대존 +2% -10% 절대존 +30%
LC:72.73
HC:-14.67
최고 66,800 (02/28)
최저 33,000 (02/07)
65,000
60,000
57,000
0.35%
55,000
50,000
45,000
40,000
35,000
30,000
2025/02
03
03/19
이수스페셜티케미컬의 2025년 2~3월 차트로, 시가총액 1조 원 전후의 중형주이며 전고체 배터리 테마주이기도 하다. 일 거래대금 1,500억 원 이상이 한두 번 이상 출현하였고 주가가 절대선 대비 +30% 이상 상승해 하늘색 선에 도달하면서 조건에 해당되었다. 이후 주가는 절대존 상단에 들어왔다가 절대선 대비 +10% 이상 상승하였다.

HD현대일렉트릭이 2022년 5월부터 2024년 1월까지 차트로, 시가총액은 1~2조 원 전후였다. 이 사례처럼 일 거래대금 1,500억 원 이상이 출현하지 않고도 주가가 상승하는 경우가 있다. 만약 일 거래대금 1,500억 원 이상은 출현하지 않고 1,000억 원 이상만 여러 번 출현해 매수하기 애매하다면 주가 상승 이유가 무엇인지 테마를 분석해 접근하여야 한다.

| 실전 차트 5-13 | 2020년 리가켐바이오 일봉 차트

리가켐바이오의 2020년 4~12월 차트로, 시가총액은 1~2조 원 전후였다. 차트를 보면 조건에 해당되었으며 세 번째, 네 번째, 다섯 번째 동그라미에 서는 주가가 절대존 상단의 약 +1% 위에 왔다가 상승하였다. 이처럼 종목이 강할 경우 분할 매수를 예상하고 +1~+2% 위에서도 매수할 수 있다. 이 시 기는 코로나19 팬데믹 영향으로 금리 인하와 더불어 양적 완화의 시기였다.

| 실전 차트 5-14 | 2023~2025년 리가켐바이오 일봉 차트

실전 차트 5-15 | 2024~2025년 HD현대마린엔진 일봉 차트

HD현대마린엔진의 2024년 4월부터 2025년 7월까지 차트로, 시가총액은 5,000억 원~3조 원 전후였다. 차트를 보면 주가가 상승해 하늘색 선에 도달하면서 조건에 해당되었고 이후 여섯 번 매수 후 모두 상승하였다. 이처럼 절대존 신매매기법은 주가가 상승해야 조건에 해당되며, RN존 신매매기법은 주가가 상승하든 하락하든 RN선에 도달하면 조건에 해당된다.

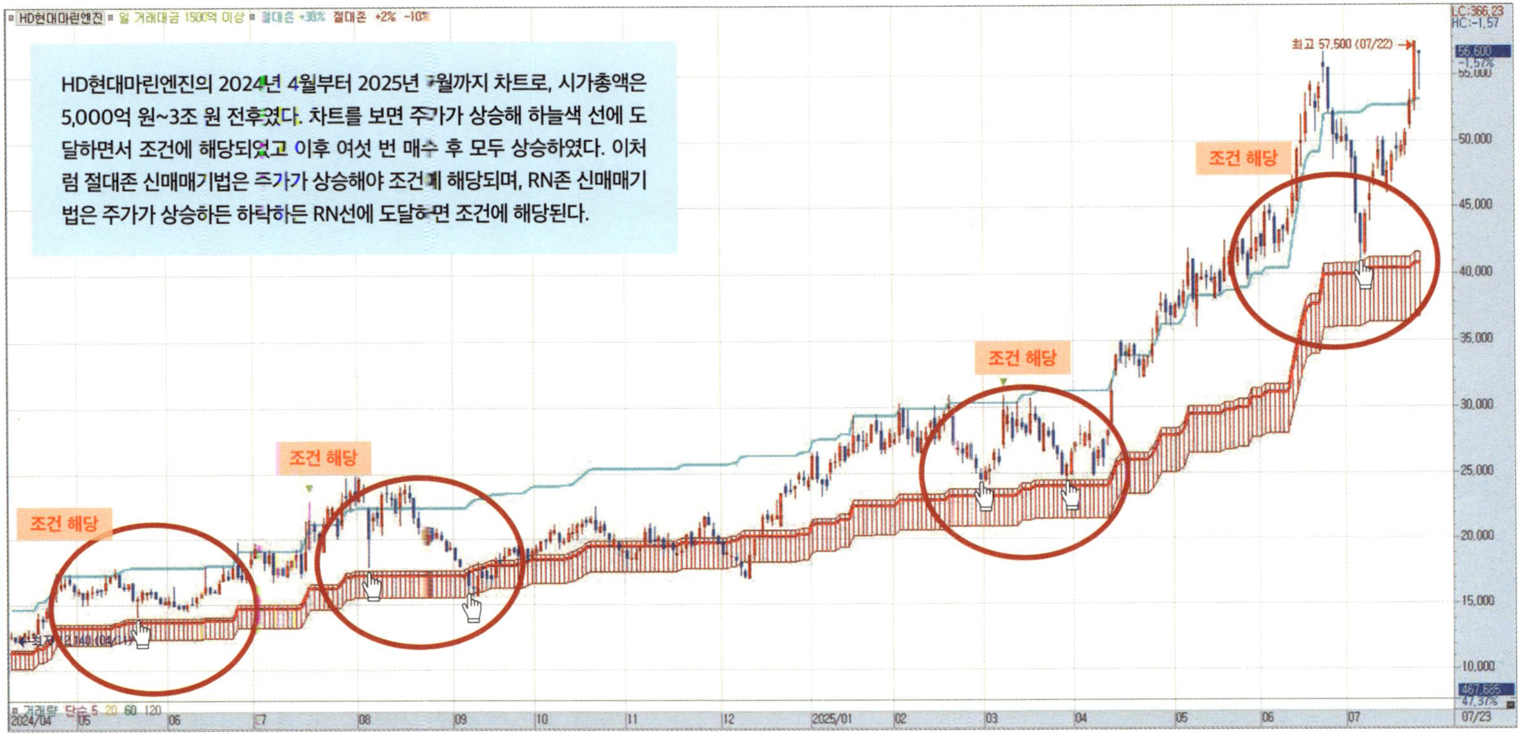

| 실전 차트 5-16 | 2025년 HD현대에너지솔루션 일봉 차트

HD현대에너지솔루션의 2025년 4~6월 차트로, HD현대그룹주 중 뒤늦게 주가가 상승한 사례다. 차트를 보면 일 거래대금 1,500억 원 이상은 출현하지 않았지만 상한가와 일 거래대금 1,000억 원 이상이 출현하였다. 주가가 절대존 상단에 들어왔다가 이후 강하게 상승하였다.

실전 차트 5-17 | 2025년 HD현대중공업 일봉 차트

기관이나 외국인 투자자 같은 선도 세력들은 글로벌 업종의 흐름을 미리 파악하고 개별 회사의 정보를 수시로 취득해 실적 등을 확인하면서 막대한 자금을 동원해 주식을 꾸준히 매수하고 매도한다. 반면에 개인 투자자들은 자금이나 정보에 취약해 주가의 고점을 쉽게 예측할 수 없으며 국내나 글로벌 사건이나 이슈에 쉽게 흔들리기 때문에 큰 수익을 내기 힘들다. 더불어 최근에는 각종 SNS에서 흘러나오는 혼동된 정보가 많아 이런 정보의 홍수 속에서 현명한 판단을 하기란 더욱 어렵다.

이 책에서 소개하는 매매 기법들은 조건에 해당되면 투자 비중을 정해 기계적인 매수와 매도를 반복함으로써 수익을 낼 수 있다. 주도테마를 몰라도, 정보가 없어도 잃지 않고 꾸준한 수익을 낼 수 있다. 다른 사람의 도움 없이 스스로 쌓아 올린 실력에서 나오는 수익은 오래 가며 주식시장을 떠날 때까지 꾸준할 것이다.

| 실전 차트 5-18 | 2024~2025년 한화비전 일봉 차트

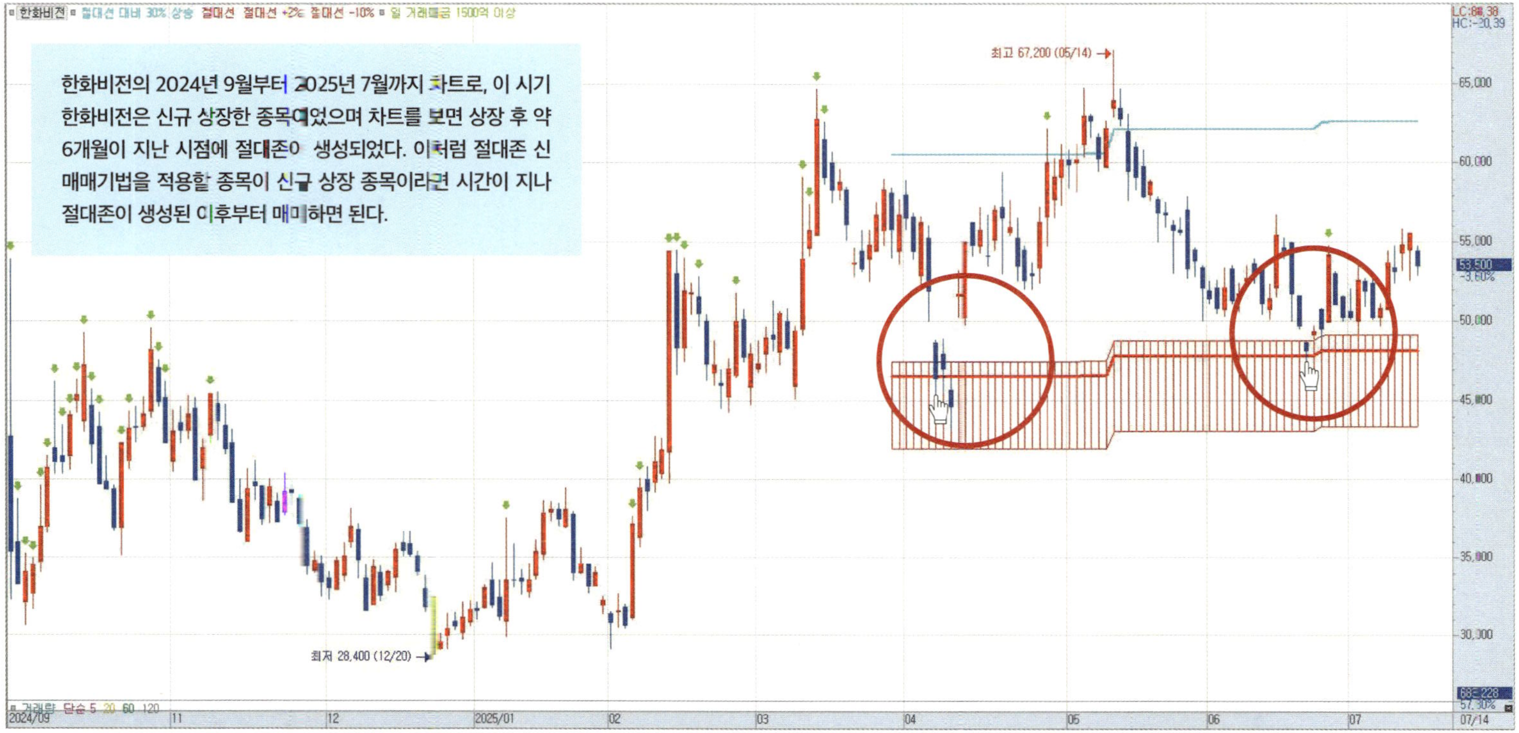

한화비전의 2024년 9월부터 2025년 7월까지 차트로, 이 시기 한화비전은 신규 상장한 종목이었으며 차트를 보면 상장 후 약 6개월이 지난 시점에 절대존이 생성되었다. 이처럼 절대존 신매매기법을 적용할 종목이 신규 상장 종목이라면 시간이 지나 절대존이 생성된 이후부터 매매하면 된다.

| 실전 차트 5-19 | 2024~2025년 로보티즈 일봉 차트

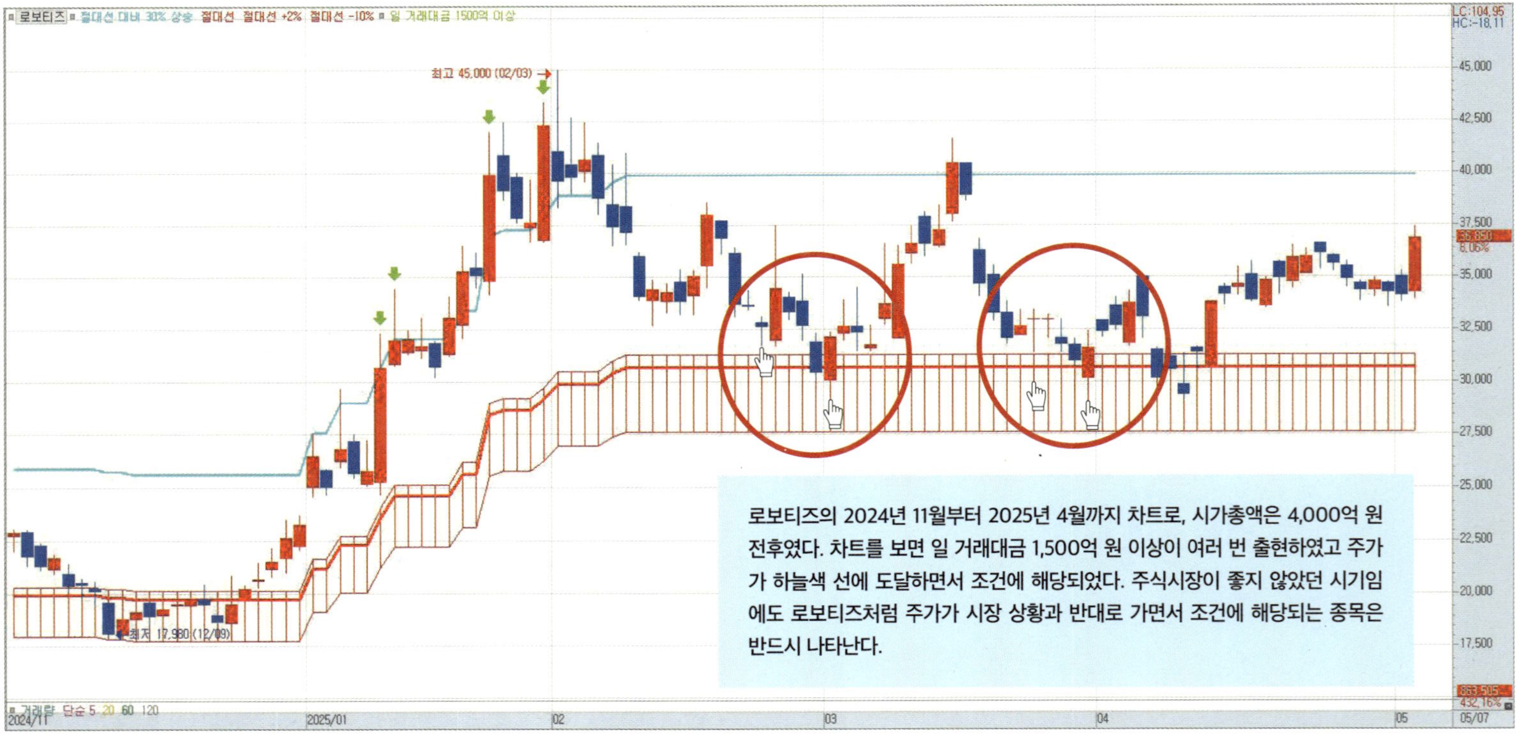

로보티즈의 2024년 11월부터 2025년 4월까지 차트로, 시가총액은 4,000억 원 전후였다. 차트를 보면 일 거래대금 1,500억 원 이상이 여러 번 출현하였고 주가가 하늘색 선에 도달하면서 조건에 해당되었다. 주식시장이 좋지 않았던 시기임에도 로보티즈처럼 주가가 시장 상황과 반대로 가면서 조건에 해당되는 종목은 반드시 나타난다.

실전 차트 5-20 | 2023년 애경케미칼 일봉 차트

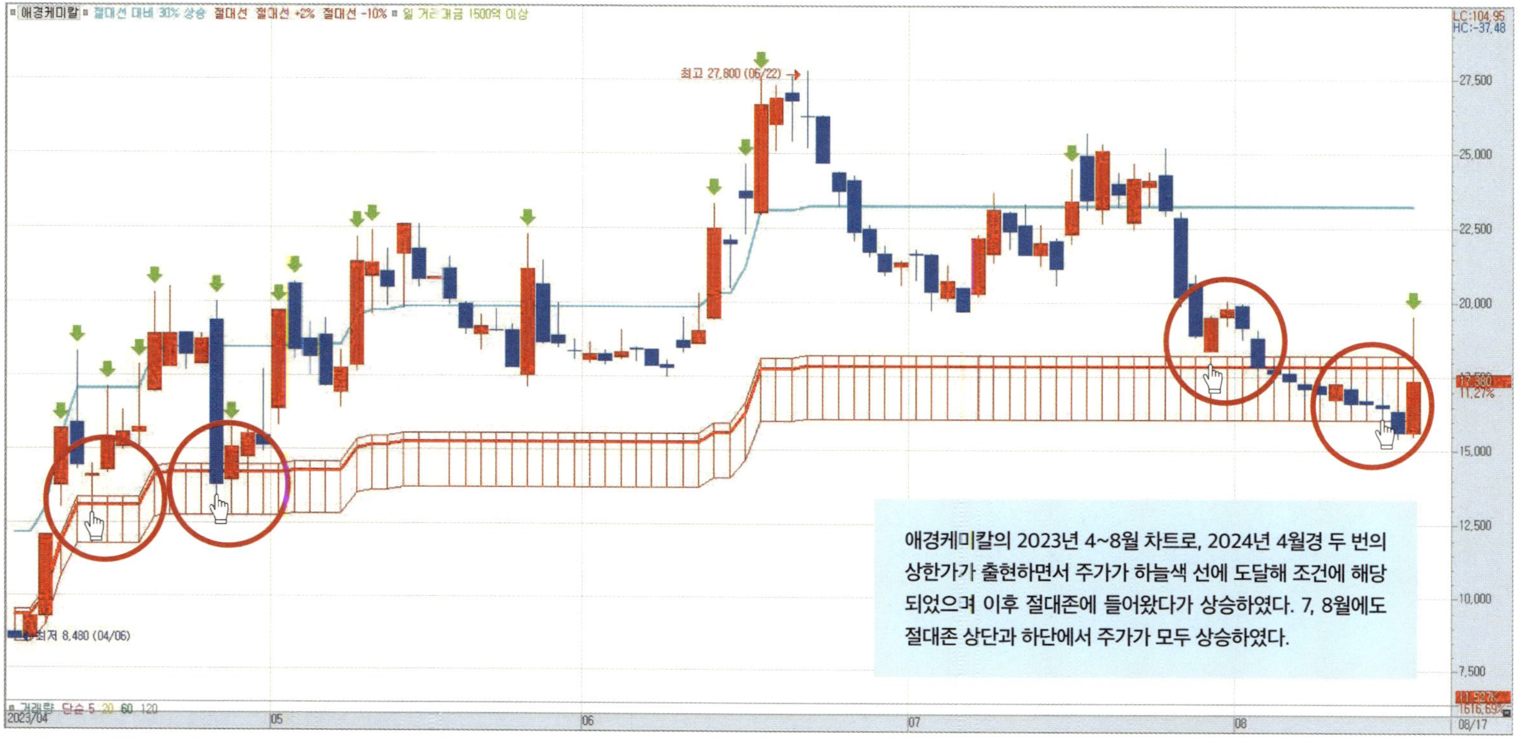

애경케미칼의 2023년 4~8월 차트로, 2024년 4월경 두 번의 상한가가 출현하면서 주가가 하늘색 선에 도달해 조건에 해당되었으며 이후 절대존에 들어왔다가 상승하였다. 7, 8월에도 절대존 상단과 하단에서 주가가 모두 상승하였다.

| 실전 차트 5-21 | 2025년 올릭스 일봉 차트

| 실전 차트 5-22 | 2023년 ISC 일봉 차트

ISC의 2023년 6~11월 차트로, 시가총액은 1조 원 전후였다. ISC는 반도체 핵심 부품소재 제조 기업이다. 주가가 하늘색 선에 도달한 후 빠르게 하락해 절대존에 들어오면 이후 주가도 빠르게 반등하는 경향이 있지만, 천천히 하락해 절대존에 들어오면 이때는 거래량이 많이 줄어든 시점이므로 주가가 다시 상승하는 데 시간이 더 소요될 수 있다.

| 실전 차트 5-23 | 2024년 유일로보틱스 일봉 차트

| 실전 차트 5-24 | 2025년 유일로보틱스 일봉 차트

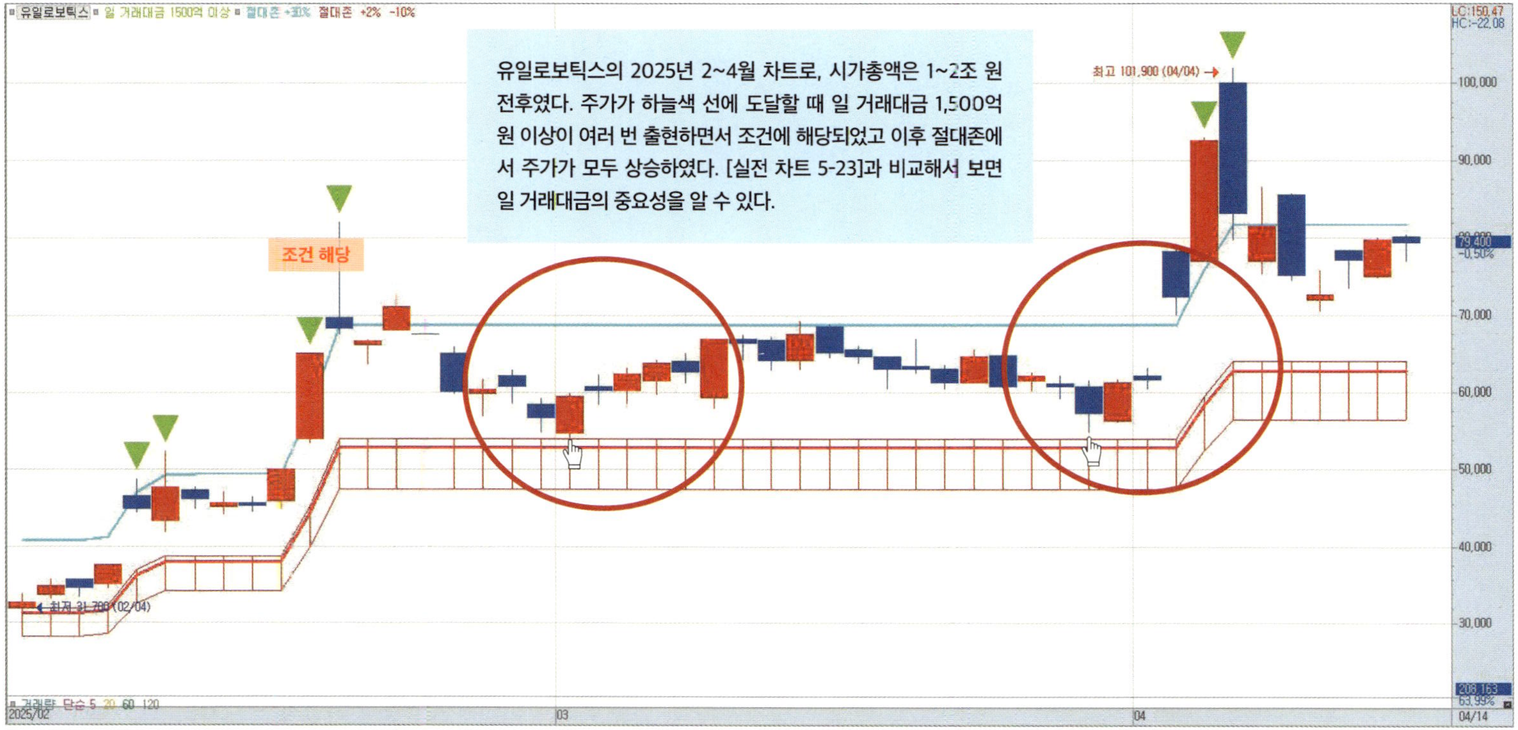

| 실전 차트 5-25 | 2023~2025년 한올바이오파마 일봉 차트

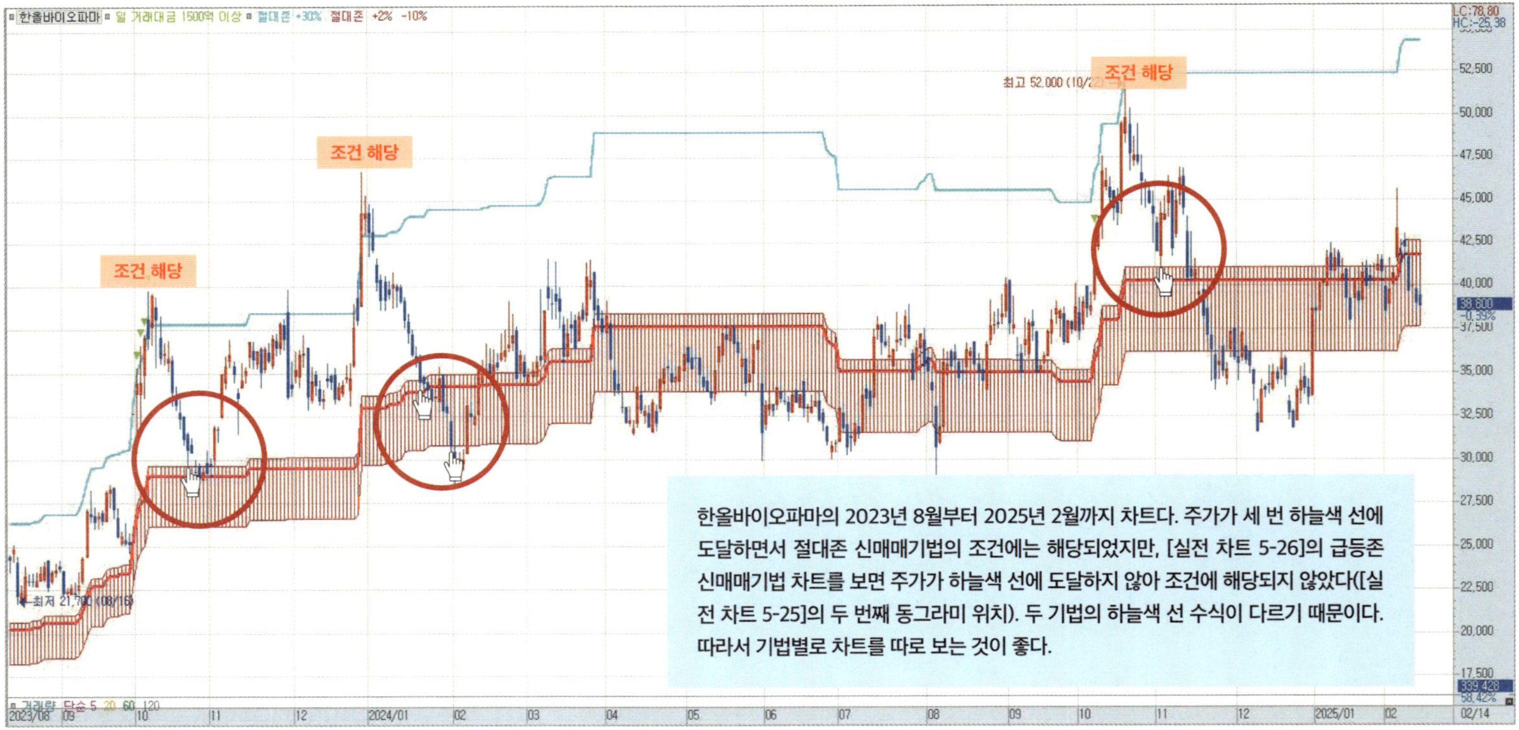

한올바이오파마의 2023년 8월부터 2025년 2월까지 차트다. 주가가 세 번 하늘색 선에 도달하면서 절대존 신매매기법의 조건에는 해당되었지만, [실전 차트 5-26]의 급등존 신매매기법 차트를 보면 주가가 하늘색 선에 도달하지 않아 조건에 해당되지 않았다([실전 차트 5-25]의 두 번째 동그라미 위치). 두 기법의 하늘색 선 수식이 다르기 때문이다. 따라서 기법별로 차트를 따로 보는 것이 좋다.

| **실전 차트 5-26** | 2023~2024년 한올바이오파마 일봉 차트

한올바이오파마의 2023년 9월부터 2024년 2월까지 차트로, [실전 차트 5-25]와
일부 같은 기간의 급등존 신마기법 차트다. 두 차트를 비교해 보면 주가가 절대
존에서는 하늘색 선 위에 있지만 급등존에서는 하늘색 선 아래에 있다. 두 기법의
수식이 달라서 나타나는 현상으로, 기법별로 각각의 차트로 보는 것이 정확하다.

| 실전 차트 5-27 | 2024년 와이씨 일봉 차트

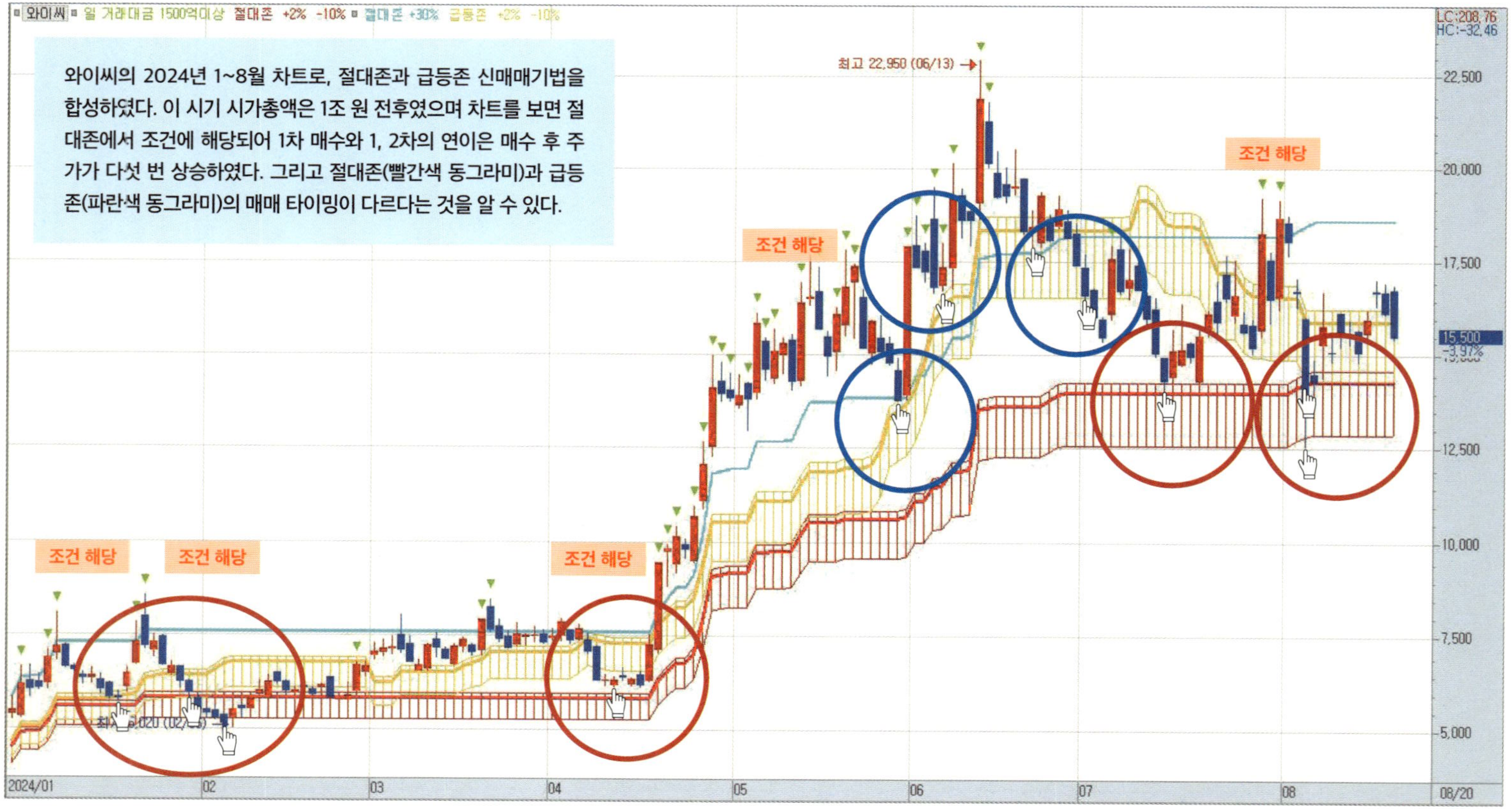

와이씨의 2024년 1~8월 차트로, 절대존과 급등존 신매매기법을 합성하였다. 이 시기 시가총액은 1조 원 전후였으며 차트를 보면 절대존에서 조건에 해당되어 1차 매수와 1, 2차의 연이은 매수 후 주가가 다섯 번 상승하였다. 그리고 절대존(빨간색 동그라미)과 급등존(파란색 동그라미)의 매매 타이밍이 다르다는 것을 알 수 있다.

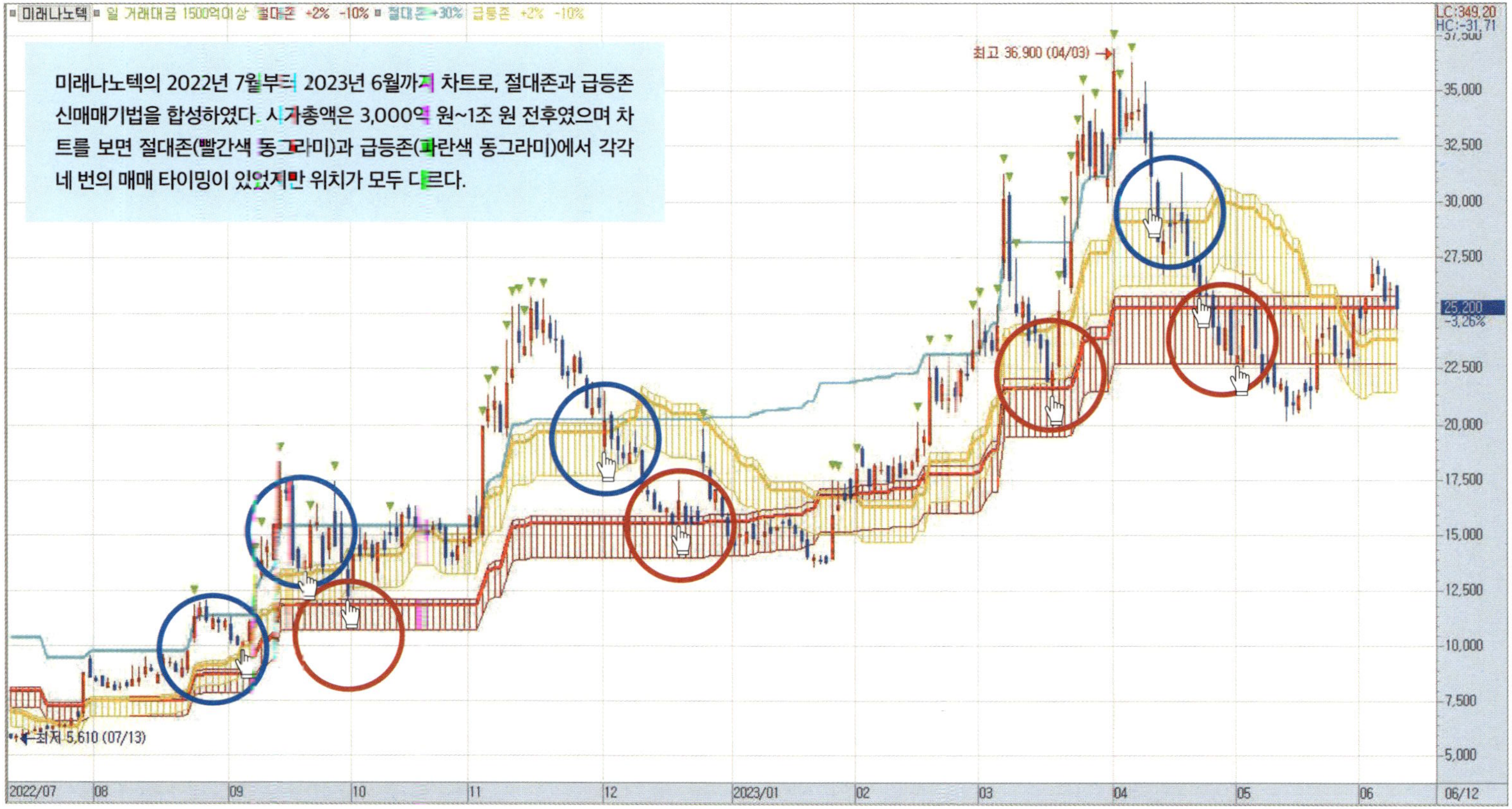

| 실전 차트 5-28 | 2022~2023년 미래나노텍 일봉 차트

| 실전 차트 5-29 | 2024년 바이넥스 일봉 차트

| 실전 차트 5-30 | 2021~2023년 엘앤에프 일봉 차트

엘앤에프의 2021년 9월부터 2023년 5월까지 차트로, 절대존과 급등존 신매매기법을 합성하였다. 파란색 동그라미가 급등존 매수 자리이고 빨간색 동그라미가 절대존 매수 자리다. 이 시기 시가총액은 5~10조 원 전후였으며 일 거래대금 1,500억 원 이상이 폭발적으로 출현하면서 조건에 해당되었다.

| 실전 차트 5-31 | 2025년 코나아이 일봉 차트

코나아이의 2025년 3~7월 차트로, 절대존과 급등존 신매매기법을 합성하였다. 이 시기 시가총액은 7,000억 원~1조 원 전후였다. 일 거래대금과 하늘색 선 도달 조건은 차트에 자동으로 나타나 보이기 때문에 어느 거래에서든 참고가 될 것이다. 차트를 보면 절대존(빨간색 동그라미)과 급등존(파란색 동그라미)에서 매수 후 주가가 모두 상승하였다.

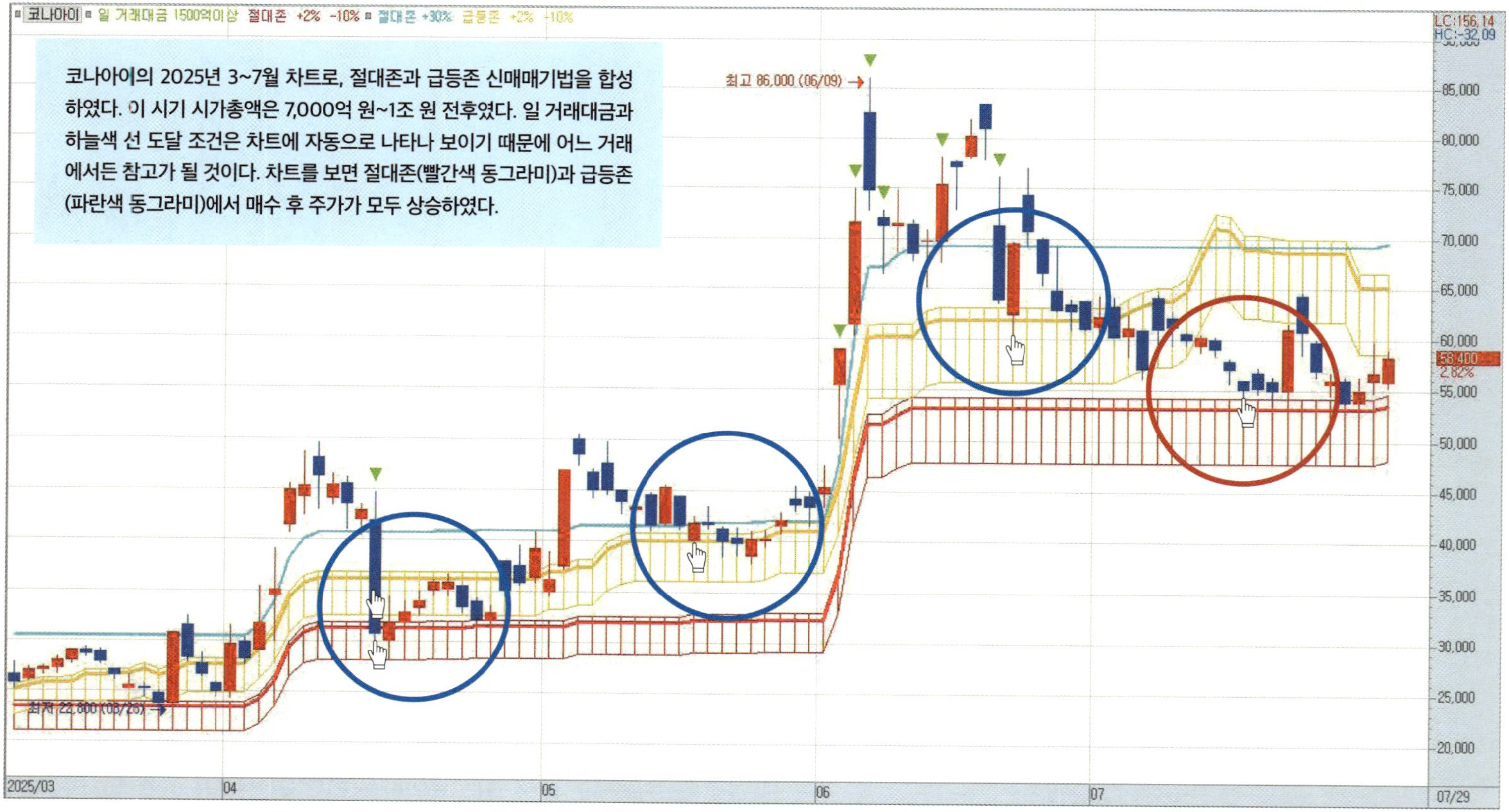

| 실전 차트 5-32 | 2025년 KBI동양철관 일봉 차트

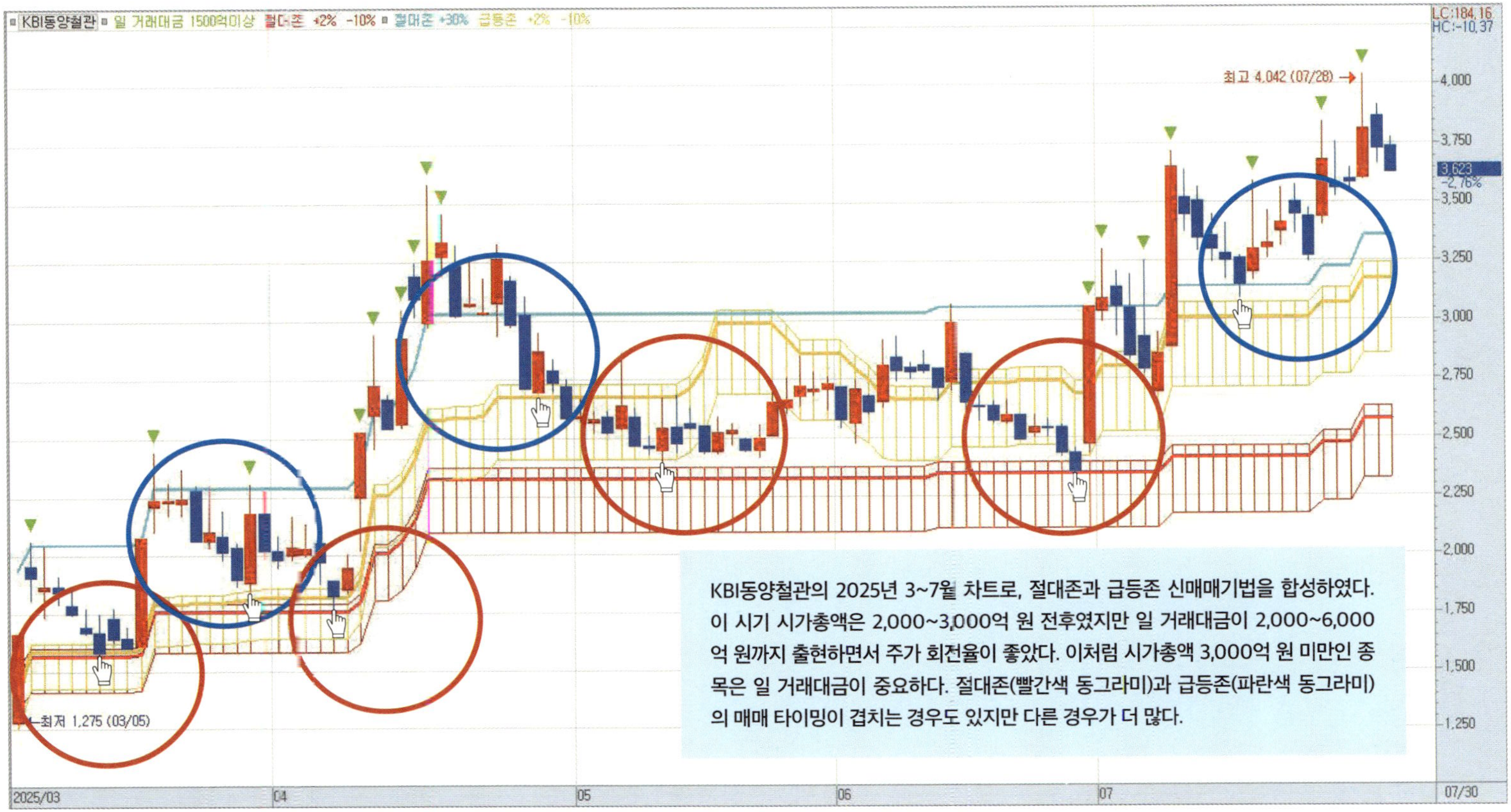

KBI동양철관의 2025년 3~7월 차트로, 절대존과 급등존 신매매기법을 합성하였다. 이 시기 시가총액은 2,000~3,000억 원 전후였지만 일 거래대금이 2,000~6,000억 원까지 출현하면서 주가 회전율이 좋았다. 이처럼 시가총액 3,000억 원 미만인 종목은 일 거래대금이 중요하다. 절대존(빨간색 동그라미)과 급등존(파란색 동그라미)의 매매 타이밍이 겹치는 경우도 있지만 다른 경우가 더 많다.

2

유의 사례

절대존 신매매기법은 차트만 보고 기계적으로 거래하기 때문에 특정 종목의 재료 소멸이 있거나, 매수했는데 예측할 수 없는 실적 부진 뉴스가 나오면 익절이나 손절을 해야 할 수 있다. 또한 주식투자 경험이 적은 초보 투자자는 뉴스와 테마 분석에 한계가 있어 어쩔 수 없이 익절이나 손절을 해야 할 수 있다. 이런 경우들을 모두 유의해야 한다.

따라서 같은 조건이라면 시가총액 상위 순의 종목을 매수하는 것을 추천하며, 적절한 투자 비중을 지키는 것이 리스크를 줄이고 안정적인 투자를 할 수 있는 방법이다. 이후 충분한 경험이 쌓이면 종목에 따라 투자 비중을 늘릴 수 있다.

정상적인 익절과 손절을 한 경우

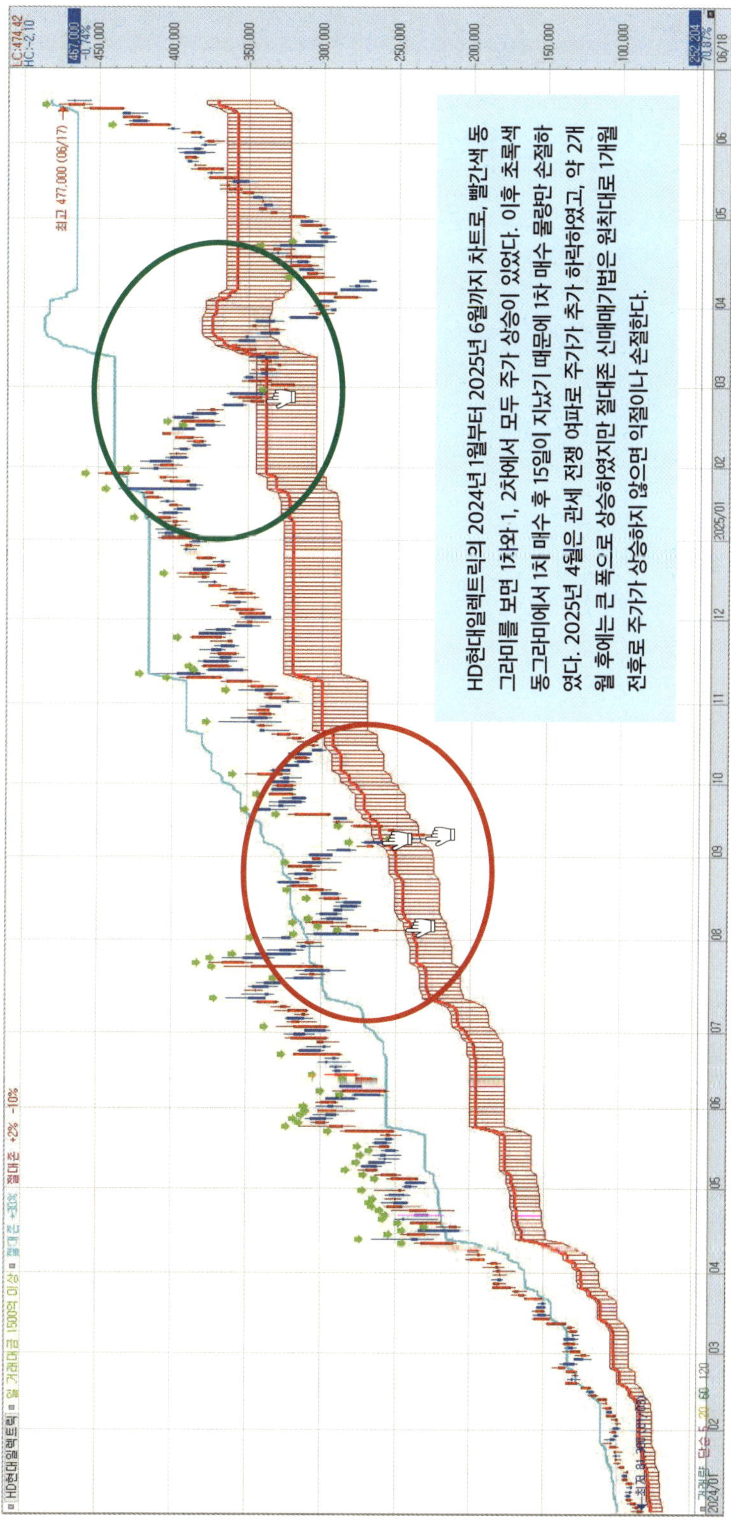

| 실전 차트 5-33 | 2024~2025년 HD현대일렉트릭 일봉 차트

| 실전 차트 5-34 | 2025년 하이젠알앤엠 일봉 차트

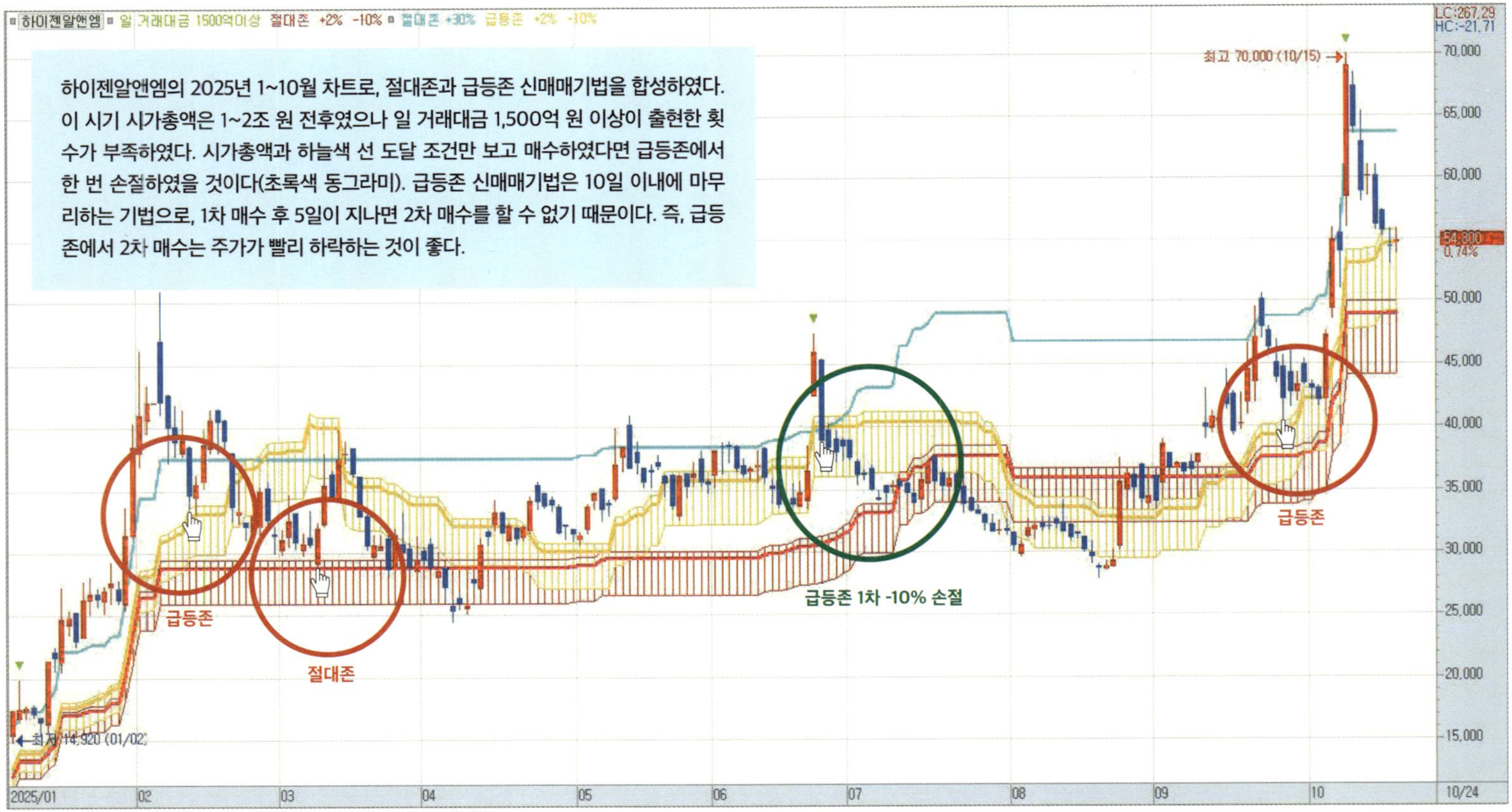

하이젠알앤엠의 2025년 1~10월 차트로, 절대존과 급등존 신매매기법을 합성하였다. 이 시기 시가총액은 1~2조 원 전후였으나 일 거래대금 1,500억 원 이상이 출현한 횟수가 부족하였다. 시가총액과 하늘색 선 도달 조건만 보고 매수하였다면 급등존에서 한 번 손절하였을 것이다(초록색 동그라미). 급등존 신매매기법은 10일 이내에 마무리하는 기법으로, 1차 매수 후 5일이 지나면 2차 매수를 할 수 없기 때문이다. 즉, 급등존에서 2차 매수는 주가가 빨리 하락하는 것이 좋다.

절대존 신매매기법의 핵심 포인트만 다시 한 번 짚고 넘어가겠다.

1. 주가가 상승하여 양봉으로 하늘색 선에 도달해야 한다.

2. 한국거래소 기준 시가총액 3,000억 원 이상인 종목은 일 거래대금 1,500억 원 이상이 여러 번 출현해야 한다(시가총액 5조 원 이상인 경우 일 거래대금 1,000억 원도 가능함).

3. 주가가 절대존에 들어왔을 때 매수한다.

4. 절대존 상단에서 5% 투자 비중으로 1차 매수하고 추가 하락 시 절대존 하단에서 5% 투자 비중으로 2차 매수한다.

5. 종목당 투자 비중은 총 금액의 10%를 유지한다. 그 이유는

　① 여러 테마와 종목이 동시에 나올 수 있기 때문이다.

　② 여러 종목의 매수가를 지정해 예약 매수를 설정해둬야 하기 때문이다.

　③ 1, 2차에 나누어 분할 매수를 해야 하는 경우가 발생하기 때문이다.

6. 절대존 신매매기법은 단기, 스윙, 중기 매매의 매수 포인트가 될 수 있다.

절대존 신매매기법에 대한 설명은 여기서 마무리하고자 한다. 특히 절대존 기법의 실전 사례 챕터에서는 절대존, 급등존, 33존50존, RN존 기법을 합성한 차트와 절대존과 급등존을 합성한 차트의 여러 사례를 살펴봤다.

3

국내
절대존
신매매기법
설정 방법

1

설정 방법

다음은 국내 절대존 신매매기법의 모든 지표가 추가된 차트 환경이다. 이어서 나오는 설정법을 그대로 따라 하면 어렵지 않게 구축할 수 있을 것이다.

| 실전 차트 5-35 | 국내 절대존 신매매기법 차트 환경 설정 예시

절대존 가격선 설정하기

| 차트 환경 설정법 1 |

키움증권의 '영웅문' HTS를 실행한 후 좌측 상단의 검색창에 '6600'을 입력해 검색한다.

| 차트 환경 설정법 2 |

'통합키움차트' 창이 활성화되면 ①의 보조지표 클릭 후 키보드의 Delete 키를 눌러 이동평균선을 삭제한다. 이어서 ②의 보조지표 클릭 후 키보드의 Delete 키를 눌러 거래량을 삭제한다.

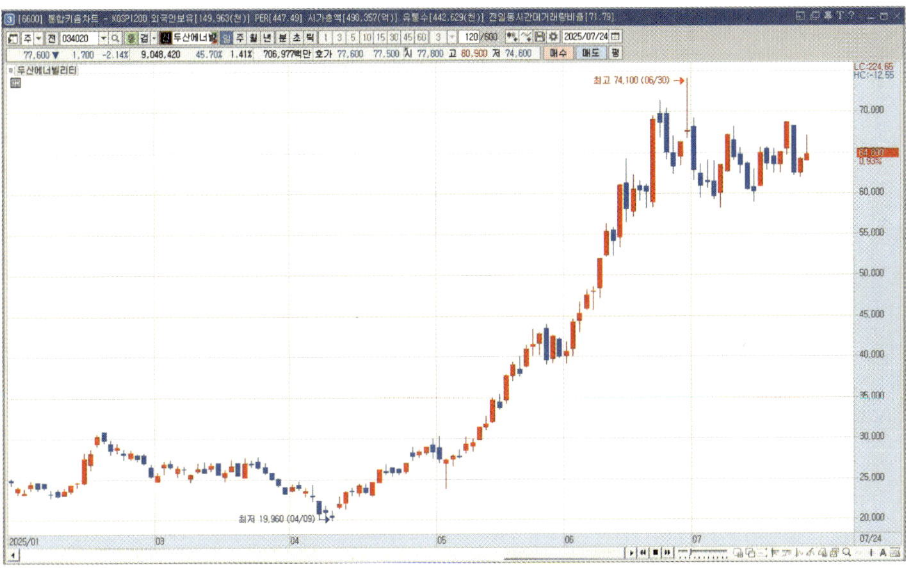

두 보조지표가 삭제된 화면은 위 그림과 같다.

| 차트 환경 설정법 3 |

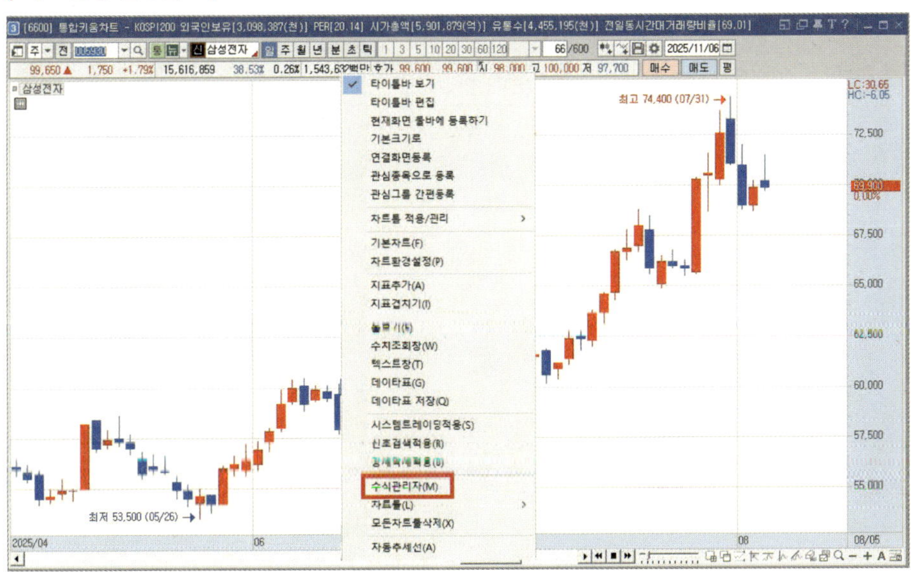

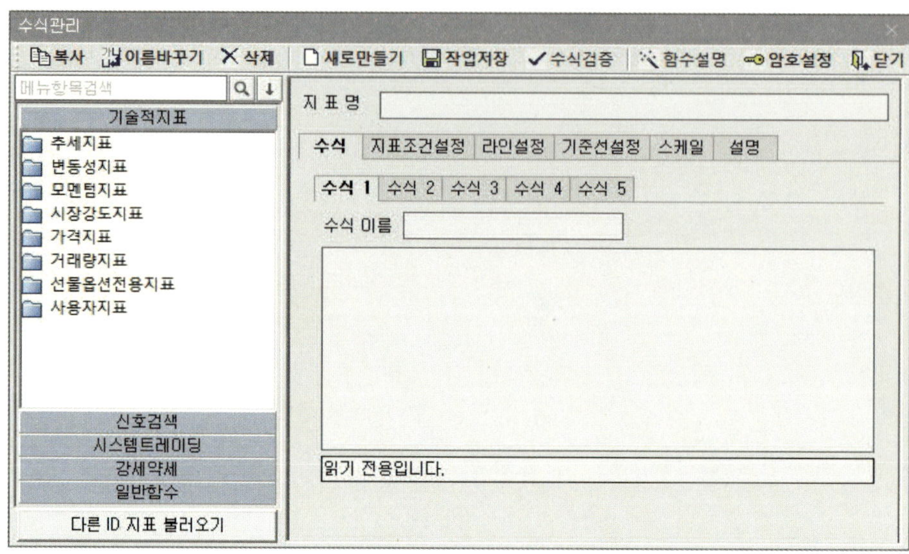

차트 화면에서 마우스 오른쪽 버튼을 눌러 '수식관리자'를 클릭해 '수식관리' 창을 활성화시킨다.

| 차트 환경 설정법 4 | 첫 번째 지표의 수식 설정

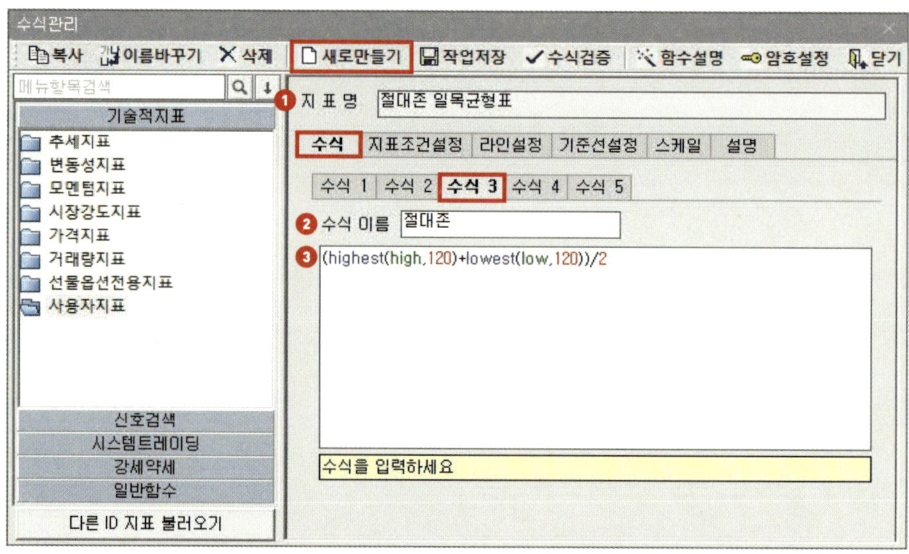

'수식관리' 창이 활성화되면 '새로만들기'를 클릭한 후 순서대로 '① 지표명'에 '절대존 일목균형표', '수식→수식 3' 탭의 '② 수식 이름'에 '절대존', ③ 공란에 '(highest(high,120)+lowest(low,120))/2'를 입력한다. 이때 반드시 '수식 3'부터 설정해야 한다.

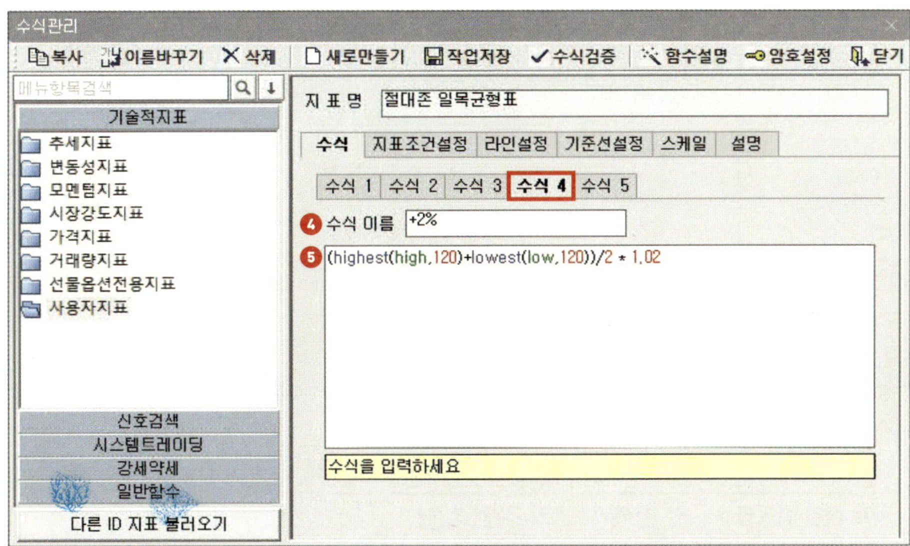

이어서 '수식 4' 탭의 '④ 수식 이름'에 '+2%', ⑤ 공란에 '(highest(high,120)+lowest(low,120))/2*1.02'를 입력한다.

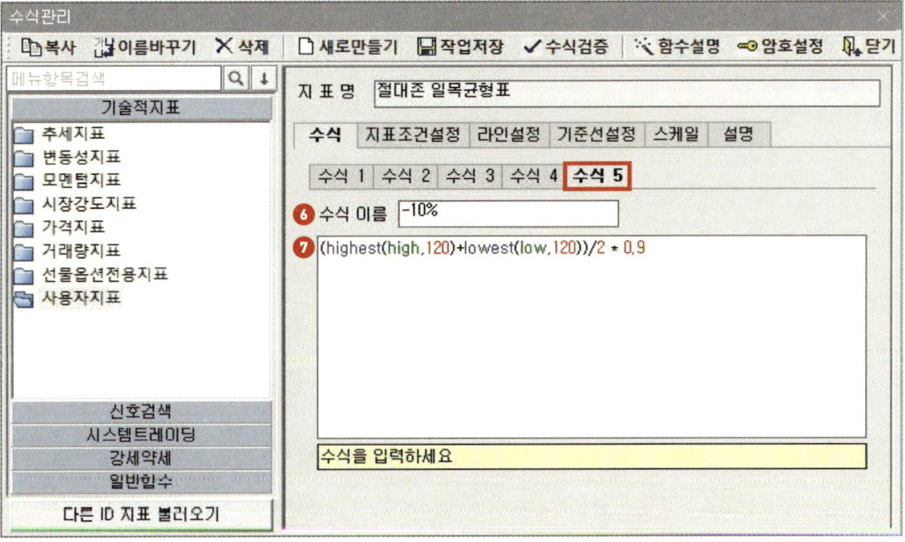

이어서 '수식 5' 탭의 '⑥ 수식 이름'에 '-10%', ⑦ 공란에 '(highest(high,120)+lowest(low,120))/2*0.9'를 입력한다.

첫 번째 지표의 '수식 3~5' 수식 이름과 공란의 수식 값을 정리하면 다음과 같다.

구분	수식 이름	공란(수식 값)
수식 1	(없음)	(없음)
수식 2	(없음)	(없음)
수식 3	절대존	(highest(high,120)+lowest(low,120))/2
수식 4	+2%	(highest(high,120)+lowest(low,120))/2*1.02
수식 5	-10%	(highest(high,120)+lowest(low,120))/2*0.9

| 차트 환경 설정법 5 | 첫 번째 지표의 라인 설정

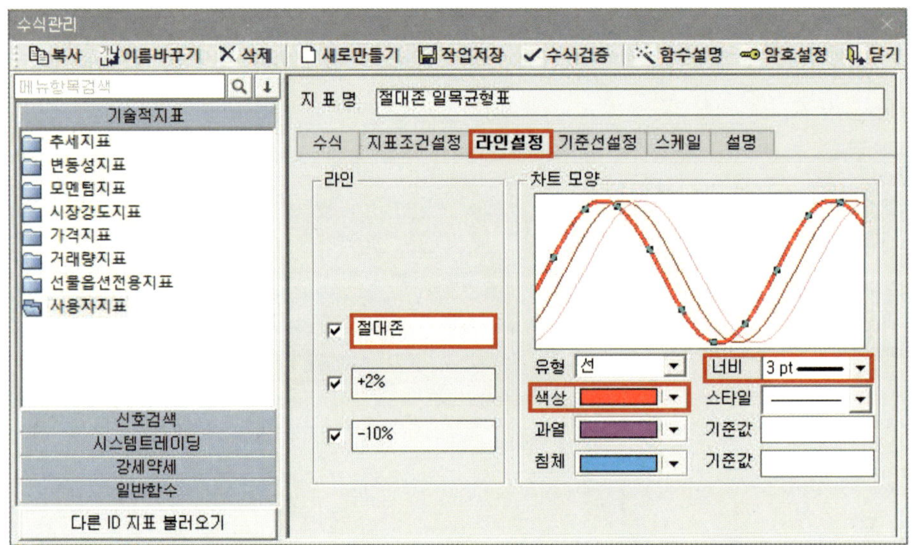

'라인설정' 탭의 '라인' 항목에서 '절대존'을 클릭한 후 오른쪽에서 '색상'은 '빨강', '너비'는 '3pt'로
설정한다. 참고로 절대존의 라인 설정은 독자의 이해를 돕기 위한 예시일 뿐이므로 라인의 색상
과 너비는 각자의 취향에 맞게 자유롭게 설정해도 된다.

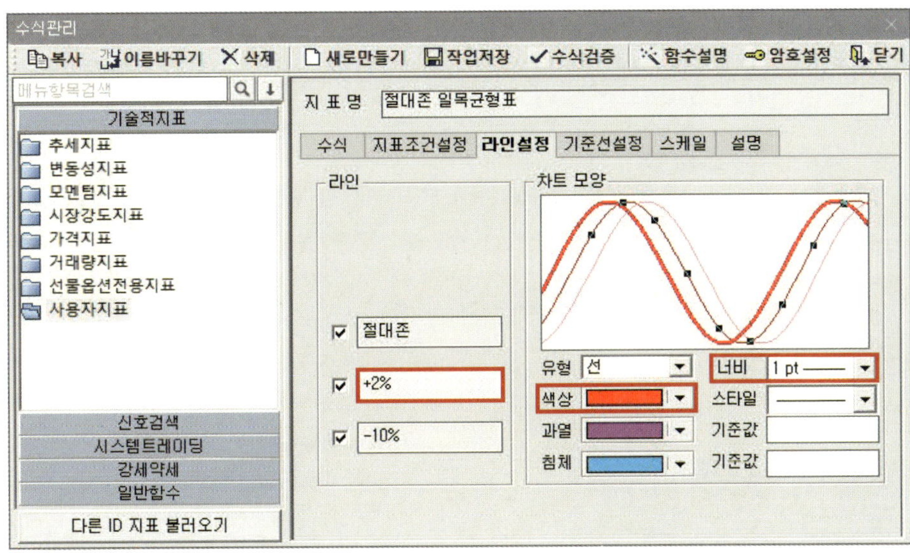

이어서 '라인' 항목에서 '+2%'를 클릭한 후 오른쪽에서 '색상'은 '빨강', '너비'는 '1pt'로 설정한다.

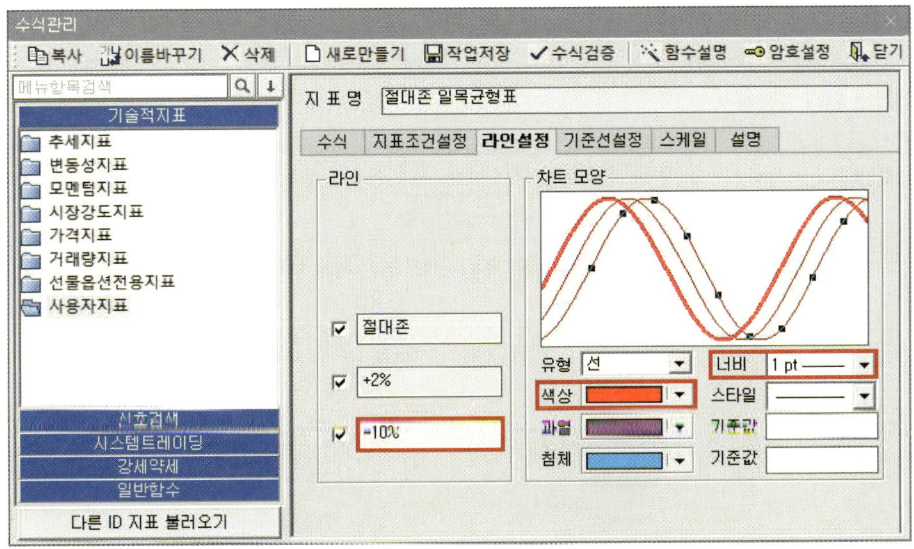

이어서 '라인' 항목에서 '-10%'를 클릭한 후 오른쪽에서 '색상'은 '빨강', '너비'는 '1pt'로 설정한다.

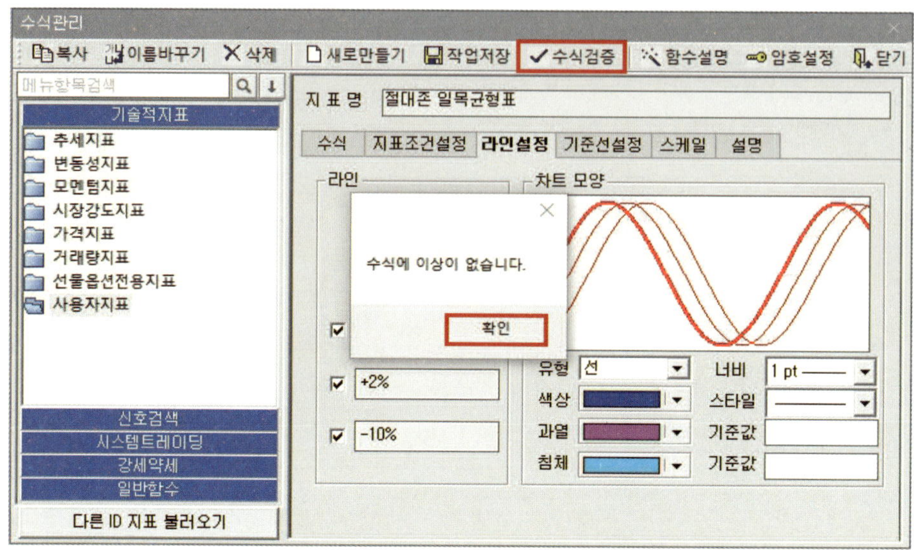

모든 설정이 완료되면 상단의 '수식검증'을 눌러 이상이 없는지 확인한다.

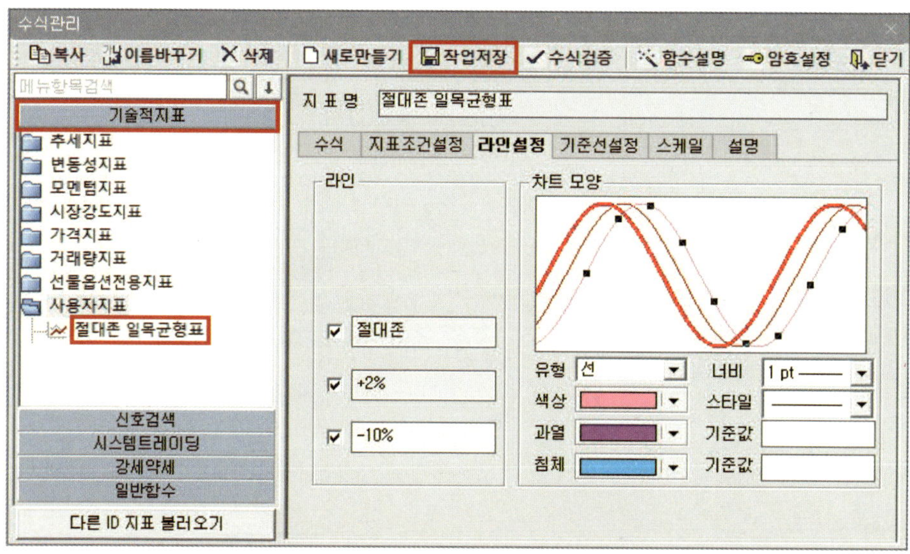

상단의 '작업저장'을 눌러 좌측 '기술적지표' 창에 '절대존 일목균형표' 지표가 생성됐는지 확인
한다.

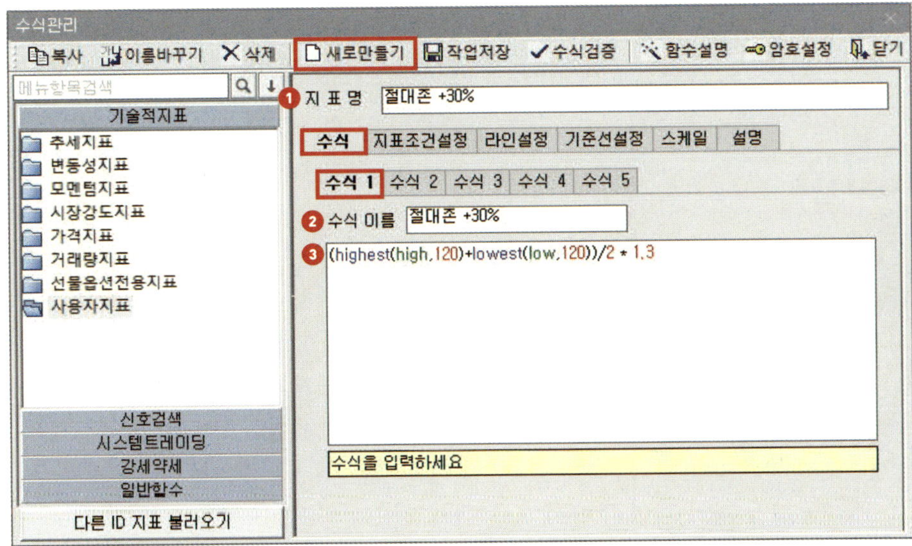

'수식관리' 창에서 '새로만들기'를 클릭한 후 순서대로 '① 지표명'에 '절대존 +30%', '수식→수식 1' 탭의 '② 수식 이름'에 '절대존 +30%', ③ 공란에 '(highest(high,120)+lowest(low,120))/2*1.3' 을 입력한다.

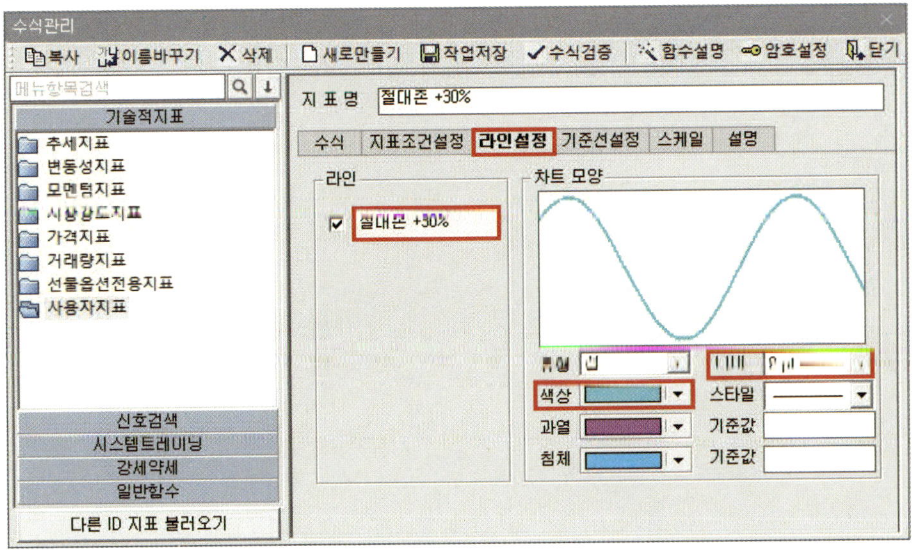

'라인설정' 탭의 '라인' 항목에서 '절대존 +30%'를 클릭한 후 오른쪽에서 '색상'은 '옥색(하늘색)', '너비'는 '2pt'로 설정한다.

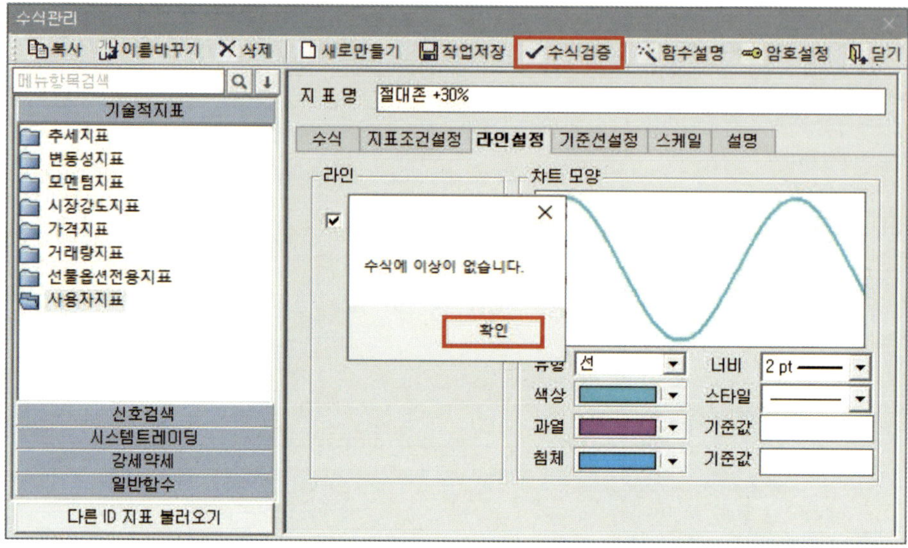

모든 설정이 완료되면 상단의 '수식검증'을 눌러 이상이 없는지 확인한다.

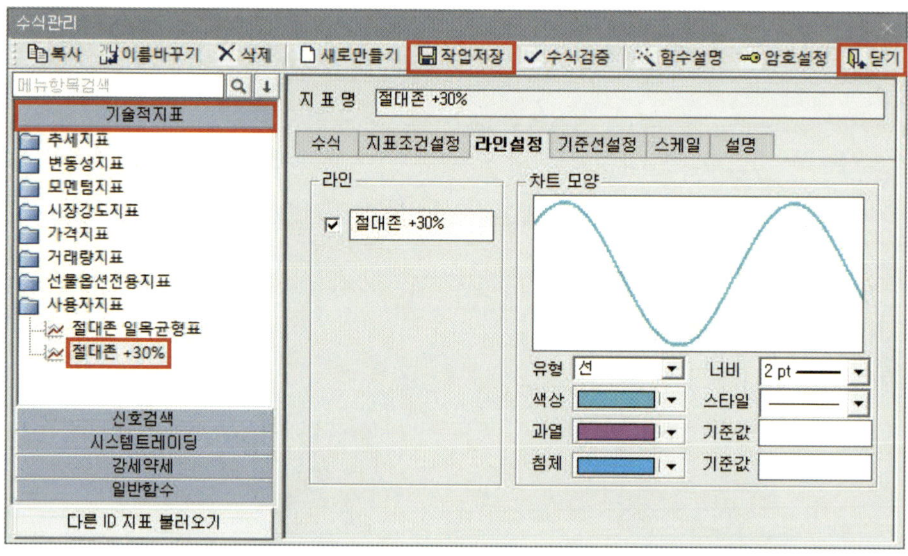

상단의 '작업저장'을 눌러 좌측 '기술적지표' 창에 '절대존 +30%' 지표가 생성됐는지 확인한 후 우측 상단의 '닫기'를 클릭한다.

절대존 보조지표 적용하기

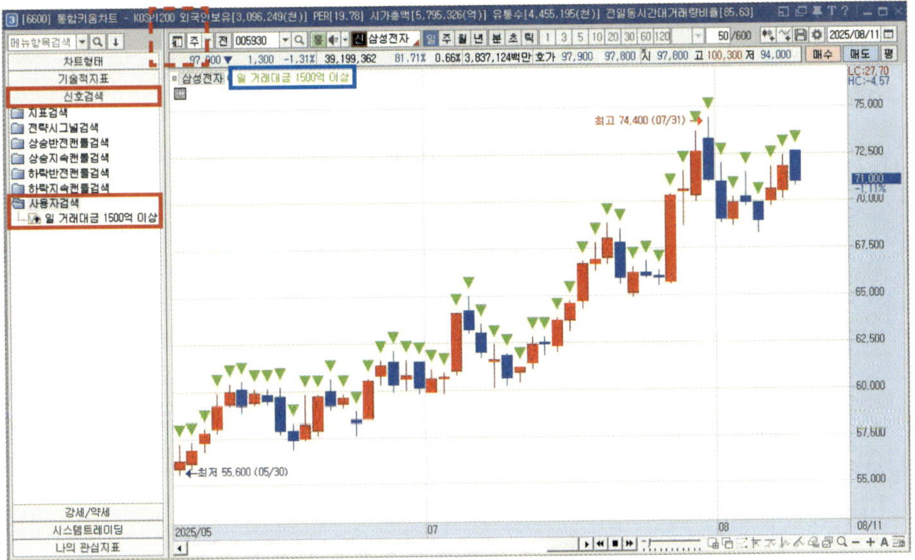

'통합키움차트' 창 좌측의 리스트 창에서 '신호검색→사용자검색→일 거래대금 1500억 이상'을 순서대로 클릭해 차트에 적용한다. '일 거래대금 1500억 이상'은 앞서 파트 1의 챕터 3 [차트 환경 설정법 24~26]에서 설정한 것이다(122쪽 참고). 만약 좌측에 리스트 창이 보이지 않는다면 상단의 '좌측메뉴 보이기/감추기(창 모양 🔲)'를 클릭한다. 지표가 적용되면 차트 좌측 상단에 파란색 상자와 같이 표기된다.

'통합키움차트' 창 좌측의 리스트 창에서 '기술적지표→사용자지표'를 순서대로 클릭하면 앞서 설정한 2개의 절대존 가격선 지표가 나타난다.

2개의 지표를 하나씩 마우스로 드래그해 우측 차트로 이동시키면 'Y축 표시 방법' 창이 나타난다. 여기에서 '다음 지표와 Y축 공유'와 아래의 종목명을 선택한 후 '확인'을 누르면 해당 지표가 차트에 적용된다.

모든 지표 적용이 성공적으로 완료되면 차트 좌측 상단에 파란색 상자와 같이 표기되며 이 중 '절대존 +2% -10%' 지표를 마우스로 더블 클릭한다.

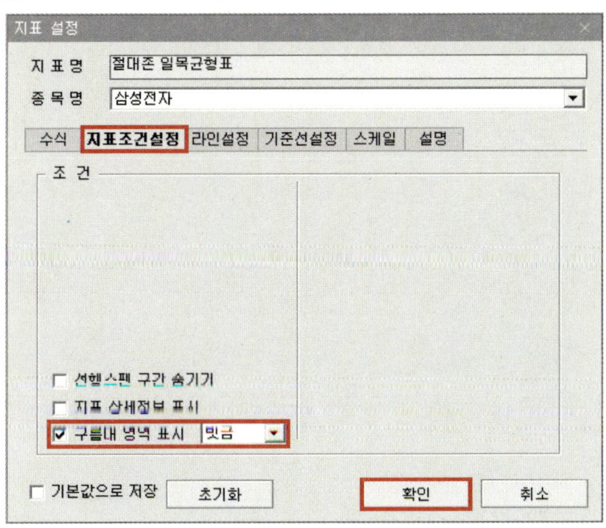

'지표 설정' 창이 활성화되면 '지표조건설정' 탭을 클릭해 하단의 '구름대 영역 표시'에서 '빗금'을 선택하고 '확인'을 누르면 이제 절대존 매매를 위한 설정이 완료됐다. 차트에서 지표를 삭제하는 방법은 [차트 환경 설정법 2]를 참고하면 된다.

PART
6

국내·미국
33존50존
신매매기법

1

국내·미국
33존50존
신매매기법
종목 선정 원칙

1

33존50존
신매매기법이란?

33존50존 신매매기법에서 '33존50존'의 의미는 말 그대로 고점 대비 주가가 -33~-50% 하락했을 때 각 존에서 매수한다는 말이다. 여기에 내가 만든 조건을 추가해서 정형화해 승률을 80~90%로 높인 기법이 33존50존 신매매기법이다. 주로 한국거래소 기준 시가총액 10조 원이 넘는 중대형주를 대상으로 거래하며, 시가총액 3,000억 원 이상의 종목들도 거래할 수 있으나 조건은 일 거래대금 1,500억 원 이상이 여러 번 출현하고 주가가 상승해 이 책에서 지정한 하늘색 선에 도달해야 한다.

이 기법은 초보 투자자나 직장인 투자자가 느긋하게 주식을 매수해 수익을 낼 수 있는 단순하면서도 강력한 매매법이다. 단기매매도 가능하지만 2개월 전후 동안 투자할 수 있는 스윙매매 투자자에게 적합하다.

앞서 배운 라운드넘버존 신매매기법은 차트상 가격이 고정돼 있는 존에서 매매한다면, 33존50존 신매매기법은 차트상 가격이 변화하는 존에서 매매하는 방식이다. 주가가 급격하게 상승 또는 하락, 횡보하면 33존50존도 일정 기간에 따라 같이 움직이며 하늘색 선과 33존50존의 이격이 팽창과 수축을 한다.

33존50존 수식 구성은 다음과 같다.

그리고 수식을 통해 33존50존이 HTS 차트에 자동 생성되게 만들었으며 여기서 말하는 절대선은 파트 5의 절대선과 동일하다. 설정 방법은 챕터 3에 자세히 설명했다.

이제 33존50존 신매매기법에 대해 하나씩 살펴보겠다. 급등존과 절대존 신매매기법과 마찬가지로 33존50존 신매매기법은 주가 하락 구간이 아닌 정배열 구간에서 80% 이상 매매 타이밍이 나타나기 때문에 정배열 매매 기법이라고 볼 수 있다. 주가 정배열 초기의 33존50존은 스윙과 중기 투자에서 중요한 매수 자리이기도 하다.

또한 이 기법은 라운드넘버존 신매매기법과 상호 보완적인 관계다. 라운드넘버존 신매매기법은 조건에 해당되면 주가의 상승과 하락 구간의 고정 가격에서 여러 차례 거래할 수 있지만 33존50존 신매매기법은 각 존에서 한두 번만 거래할 수 있다. 물론 조건에 다시 해당되면 또 다시 거래할 수 있다. 아울러 33존50존 신매매기법은 조건에 해당되면 모든 가격대에서 하락의 퍼센트를 이용해 거래할 수 있으며, 라운드넘버존 신매매기법과 매매 타이밍이 겹치는 경우도 일부 있지만 다른 경우가 더 많다.

특히 33존50존 신매매기법은 중대형주 매매 시 빛을 발한다. 이 기법은 기본적으로 스윙매매이며 단기매매도 가능하지만 1~2개월 정도의 기간을 두고 투자하는 기법이다. 다른 기법들처럼 해당 종목이 주도테마일 경우에는 중기 투자도 가능하다. 수식이 설정된 차트가 복잡해 보일 수 있으나 한 번 배워두면 라운드넘버존과 급등존 신매매기법처럼 다루기가 쉽다.

다음은 33존50존 신매매기법의 예시 차트다. 일 거래대금 1,500억 원 이상, 절대선 주가 대비 +30% 상승 가격, 33존 +2~-10%와 50존 +2~-10% 구간이 자동 수식 설정돼 있다. 일 거래대금 1,500억 원 이상이 출현하면 연두색 역삼각형 또는 화살표가 자동 생성되며 하늘색 선은 절대선 주가 대비 +30% 상승한 가격선이다. 33존 기준선은 연두색의 굵은 선을 가리키며 33존은 이 기준선 주가 기준 +2~-10% 사이의 연두색 그물망을 가리킨다. 50존 기준선은 살구색의 굵은 선을 가리키며 50존은 이 기준선 주가 기준 +2~-10% 사이의 살구색 그물망을 가리킨다. [실전 차트 6-1]을 보면 일 거래대금 1,500억 원 이상이 출현했고 주가가 절대선 대비 +30% 이상 상승해 하늘색 선에 도달했다. 시가총액 조건에만 해당되면 매매할 수 있다.

| 실전 차트 6-1 | 2009~2012년 SK하이닉스 일봉 차트

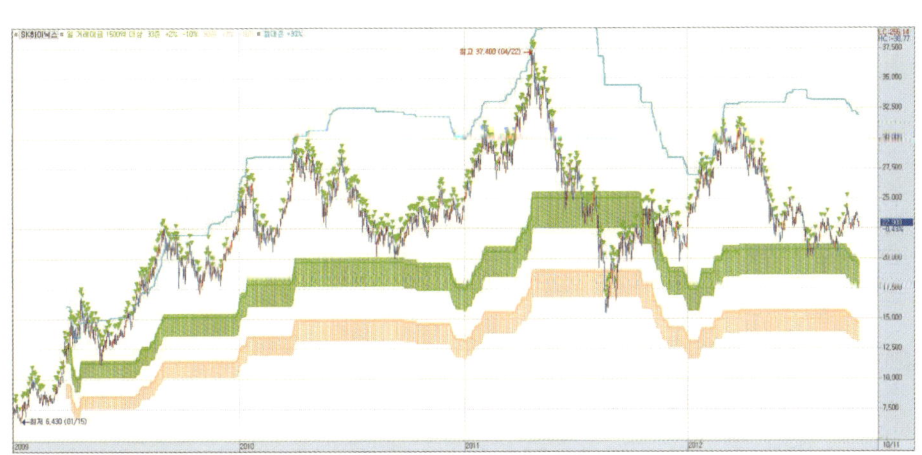

　33존50존 신매매기법은 국내 주식뿐 아니라 미국 주식에도 적용해 거래할 수 있으며 승률도 동일하다. 미국 33존50존 신매매기법은 챕터 2의 실전 사례에서 국내 사례와 함께 소개했다.

2

종목 선정 조건

33존50존 신매매기법의 국내 종목 선정 조건은 다음과 같다. 시가총액 10조 원 이상인 종목은 다음의 ③번 조건에만 부합하면 되지만, 10조 원 미만인 종목은 다음의 3가지 조건에 모두 부합해야 한다.

① 시가총액 3,000억 원 이상인 종목

국내 주식시장에 상장된 시가총액 3,000억 원 이상인 거래 대상 종목은 2025년 9월 말 기준 약 720개이며 이 기법의 적용 대상이 될 수 있다. 그리고 시가총액 3,000억 원 이상인 종목일지라도 주가가 하늘색 선에 도달할 때 일 기래대금 1,500억 원 이상이 여러 번 출현해야 한다. 시가총액이 낮으면서 일 거래대금도 적으면 80~90%의 승률을 기대될 수 없다. 시기총액이 낮은 종목은 테마의 정확도가 높고 대장주인 경우에만 거래할 수 있다.

② 일 거래대금 1,500억 원 이상이 여러 번 출현한 종목

일 거래대금 1,500억 원 이상이 여러 번 출현한 종목이 대상이다. 다만 시가총액 5조 원 이상인 종목은 일 거래대금 1,000억 원 이상이면 대상이 된다. 그 이유는 시가총액 5조 원 이상인 종목 중에는 주가가 급하게 상승하지 않고 천천히 조금씩 상승하는 경우가 있기 때문이다.

③ ①, ②번 조건에 해당되면서 절대선 주가 대비 +30% 이상 상승해 양봉이 하늘색 선에 도달한 종목

②, ③번 조건은 차트에 수식으로 설정해 도식화함으로써 아주 쉽게 확인할 수 있다. 아울러 ①, ②번 조건에 해당되는 종목을 찾는 방법은 파트 1에서 자세히 설명했다.

3

매수 방법

33존50존 신매매기법의 3가지 종목 선정 조건에 해당된 국내 종목을 매수하는 방법은 다음과 같다.

① 주가가 각각 33존과 50존 내 상단에 들어오면 5% 투자 비중으로 1차 매수를 한다.

② 1차 매수 후 수기기 매도(매도 방법은 445쪽 참고) 가능한 가격만큼 오르면 분할해 전량 매도한다. 이후 동일한 종목의 주가가 하락해 각각 33존과 50존 히단에 들어왔을 때 5% 투자 비중으로 다시 1차 매수를 한다. 각각 33존과 50존 하단에서 다시 1차 매수를 하는 종목은 주도테마나 대장주일 가능성이 높다.

③ 1차 매수 후 주가가 매도(매도 방법은 445쪽 참고) 가능한 가격만큼 오르지 않
거나 하락하면 각각 33존과 50존 하단에서 5% 투자 비중으로 2차 매수를
한다. 다만 주가가 1차 매수 후 2차 매수 자리에 오기까지 1개월이 넘어간
다면 1차 매수에 그쳐야 한다.

④ 주가가 각각 33존과 50존 상단에 도달하지 않고 각 존의 기준선 기준 +5%
위에서 +10% 이상 상승하면 한 템포 늦춰 이후 주가가 각각 33존과 50존
중·하단에 들어왔을 때 5% 투자 비중으로 1차 매수를 하고 추가 하락하면
5% 투자 비중으로 2차 매수를 한다. 다만 주가가 1차 매수 후 2차 매수 자
리에 오기까지 1개월이 넘어간다면 1차 매수에 그쳐야 한다.

이 기법은 분할 매수를 포함해 종목당 투자 비중은 10%를 넘지 말아야 한
다. 즉, 비중 분산 투자가 이 기법의 핵심이다. 조건에 해당되는 종목이 복수로
동시에 나올 수도 있고, 주가가 각각 33존과 50존 기준선 근처에 도달한 종목
이 있으면 매수하기 위해 매수가에 주문을 넣거나 미리 예약 매수를 설정해둘
필요가 있기 때문이다. 또한 같은 테마에서 여러 종목이 동시에 조건에 해당되
면 시가총액 상위 순으로 매수한다.

4

매도 방법

33존50존 신매매기법으로 1차 매수 또는 2차 매수해 보유하고 있는 국내 종목을 매도하는 방법은 다음과 같다.

① 1차 매수 후 주가가 상승해 매수가 대비 +7~+20% 이상이 되면 매수한 주식은 분할해 전량 매도한다.

② 1사 매수 후 매도 없이 연이어 2차 매수한 경우에는 1, 2차 매수가의 평균 매수 단가 대비 +7~+20% 이상이 되면 주식을 일시 또는 임의의 비율로 분할해 전량 매도한다. 1차 매수와 1차 매수 후 매도 없이 연이어 2차 매수한 이후 주가가 빠르게 반등하는 경우도 있지만 그렇지 않은 경우도 있으므로 1주일에서 2개월의 투자 기간을 두고 접근해야 한다. 그리고 2개월 전후로 익절이나 손절을 해야 한다.

5

유의 사항

33존50존 신매매기법을 실행할 때 다음의 사항들은 꼭 유의하길 바란다.

① 같은 테마에서 여러 종목이 동시에 매수 자리에 올 경우 시가총액 상위 순의 대형주를 매수하는 것이 좋으며 같은 테마로 2종목을 초과해 매수하면 안 된다.

② 1년 이내에 주가가 8~10배 전후로 상승(시가총액 1조 원 미만)한 종목은 패스한다.

③ 매수 전 재료 소멸이나 실적 악화 등의 악재가 있는 종목은 매수하면 안 된다.

구분	국내 RN존	미국 (ETF) RN존	급등존	절대존	33존50존
시가총액	5조 원 이상	상위 500위 이내 (ETF는 상위 50위 이내)	5조 원 이상	5조 원 이상	5조 원 이상
	3,000억 원 이상		3,000억 원 이상	3,000억 원 이상	3,000억 원 이상
거래대금	1,000억 원 이상	1주당 1달러 이상	1,000억 원 이상	1,000억 원 이상	1,000억 원 이상
	1,500억 원 이상		1,500억 원 이상	1,500억 원 이상	1,500억 원 이상
매수 비중	1차 5%	1차 5%	1차 5%	1차 5%	1차 5%
	2차 10%	2차 10%	2차 5%	2차 5%	2차 5%
1차 매수 기준	라운드넘버선 -4% 이내	라운드넘버선 -4% 이내	급등존 상단	절대존 상단	33존50존 상단
2차 매수 기준	1차 매수가 대비 -20%	1차 매수가 대비 -20%	급등존 하단	절대존 하단	33존50존 하단
2차 매수 시기	1차 매수 후 45일 이내	1차 매수 후 45일 이내	1차 매수 후 5일 이내	1차 매수 후 15일 이내	1차 매수 후 30일 이내
매도 기준	매수가 대비 +7~+20% 상승 시 일시 또는 분할해 전량 매도	매수가 대비 +7~+20% 상승 시 일시 또는 분할해 전량 매도	매수가 대비 +5~+20% 상승 시 분할해 전량 매도	매수가 대비 +7~+20% 상승 시 분할해 전량 매도	매수가 대비 +7~+20% 상승 시 분할해 전량 매도
보유 기간	2~3개월 전후	2~3개월 전후	10일 전후	1개월 전후	2개월 전후
특이 사항	신매매기법별 기준은 승률이 높은 공통 사항이므로 단기매매와 중장기 투자 시 본인의 기준을 적용해 매매할 수 있다.				

2

국내·미국
33존50존
신매매기법
실전 투자 사례

1

국내 실전 사례

이번 챕터에서는 여러 종목 중 특히 중대형주 위주의 실전 종목의 차트 사례들을 보면서 배워보겠다. 이 책에서 소개하는 신매매기법들은 단순 명료하지만 주식시장은 역동적이다 보니 내용할 수 있는 세부 스킬에 대해 자세한 사례들과 함께 살펴볼 필요가 있다. 실전 투자 사례들의 차트에서 어떤 일이 있었는지, 어떻게 접근하는지 등을 상세하게 적어뒀으니 실제 거래 시 많은 도움이 될 것이다.

| 실전 차트 6-2 | 2022~2025년 한화에어로스페이스 일봉 차트

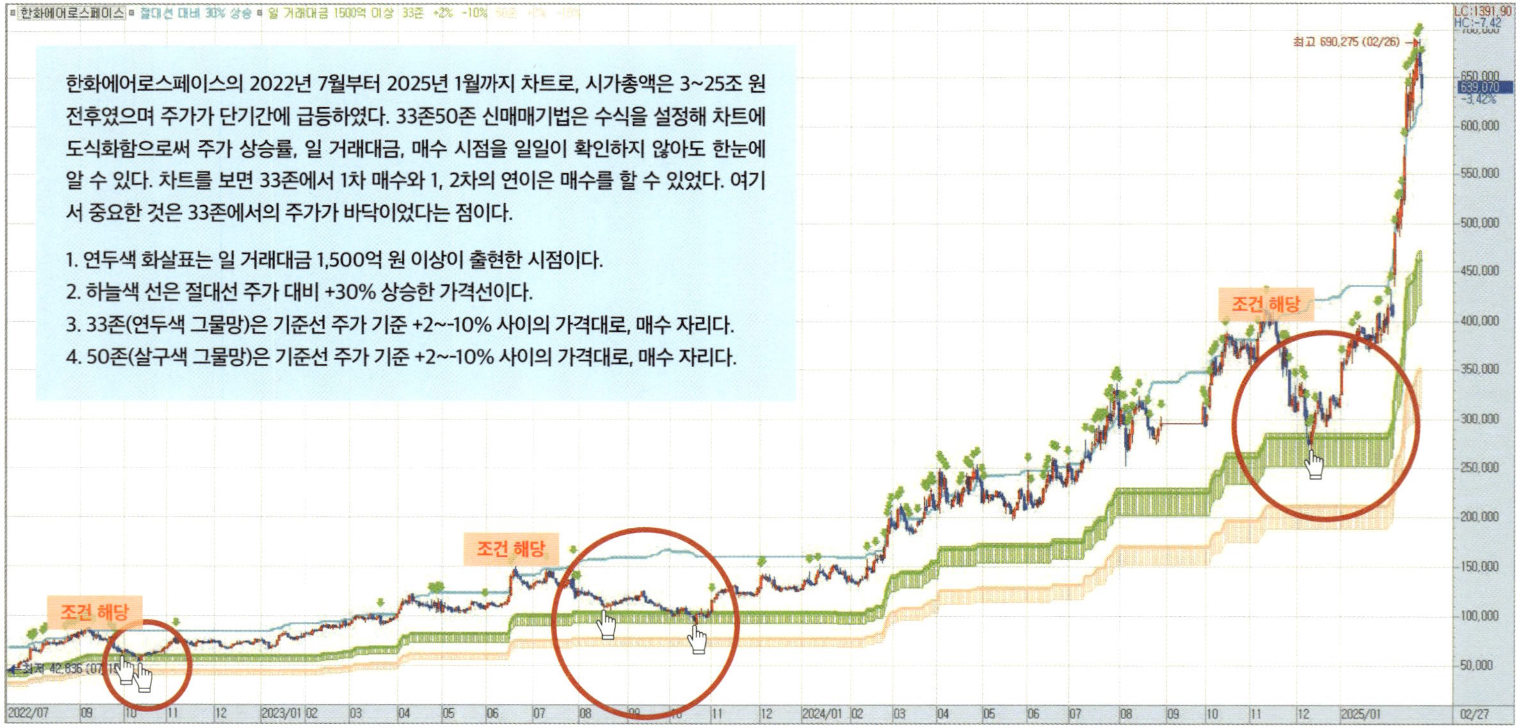

한화에어로스페이스의 2022년 7월부터 2025년 1월까지 차트로, 시가총액은 3~25조 원 전후였으며 주가가 단기간에 급등하였다. 33존50존 신매매기법은 수식을 설정해 차트에 도식화함으로써 주가 상승률, 일 거래대금, 매수 시점을 일일이 확인하지 않아도 한눈에 알 수 있다. 차트를 보면 33존에서 1차 매수와 1, 2차의 연이은 매수를 할 수 있었다. 여기서 중요한 것은 33존에서의 주가가 바닥이었다는 점이다.

1. 연두색 화살표는 일 거래대금 1,500억 원 이상이 출현한 시점이다.
2. 하늘색 선은 절대선 주가 대비 +30% 상승한 가격선이다.
3. 33존(연두색 그물망)은 기준선 주가 기준 +2~-10% 사이의 가격대로, 매수 자리다.
4. 50존(살구색 그물망)은 기준선 주가 기준 +2~-10% 사이의 가격대로, 매수 자리다.

| 실전 차트 6-3 | 2024~2025년 SK하이닉스 일봉 차트

| 실전 차트 6-4 | 2023~2025년 이수스페셜티케미컬 일봉 차트

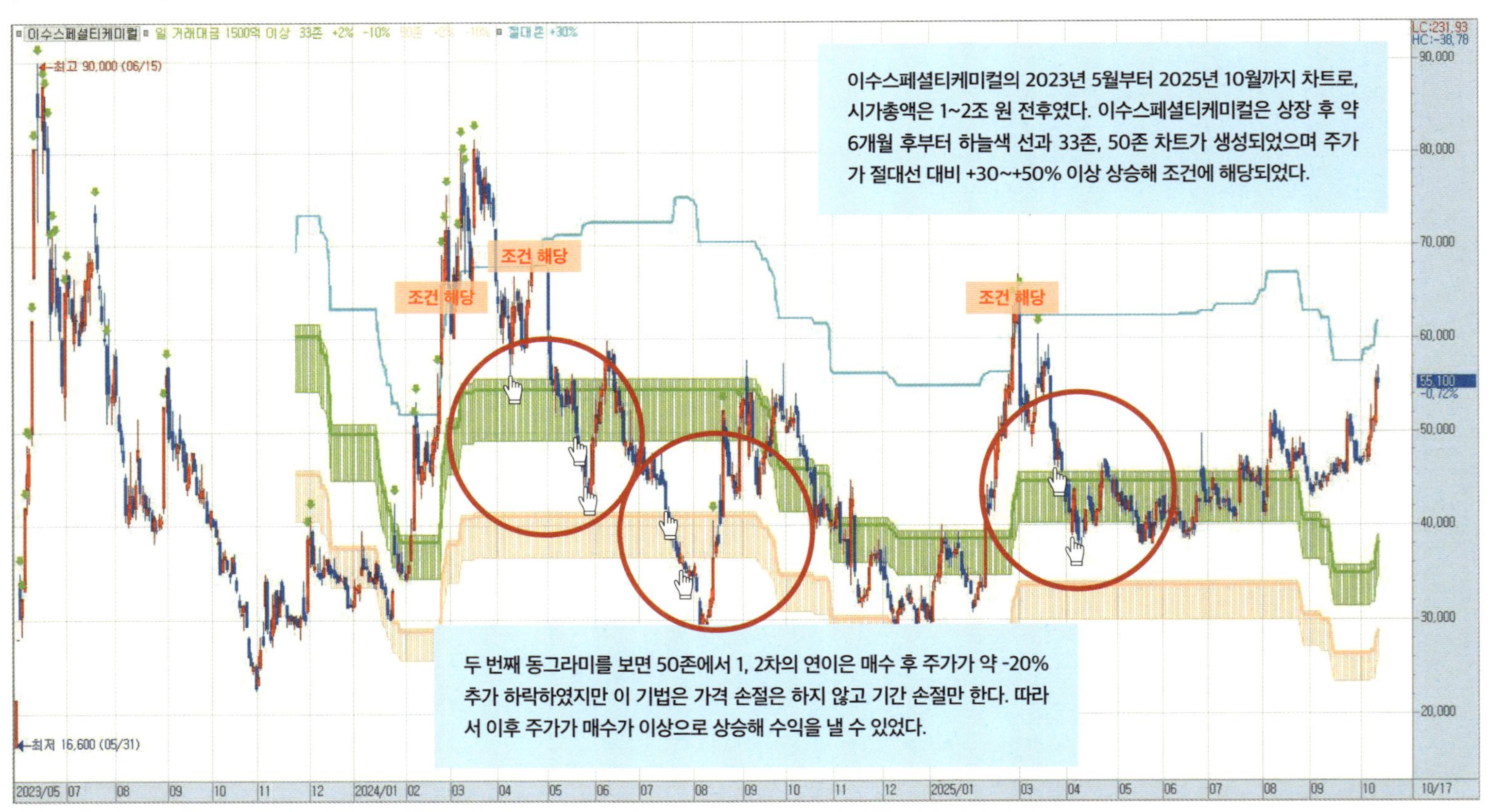

| 실전 차트 6-5 | 2023~2025년 이수스페셜티케미컬 일봉 차트

[실전 차트 6-4]와 같은 기간의 이수스페셜티케미컬 차트로, 33존50존과 RN존 신매매기법을 합성하였다. 차트를 보면 매수 자리가 겹치는 경우도 있지만 두 기법은 기본적으로 다른 기법이다. 조건에만 해당되면 주가가 상승하든 하락하든 33존50존과 RN존 신매매기법에서 크게 벗어나지 않는다.

실전 차트 6-6 | 2025년 올릭스 일봉 차트

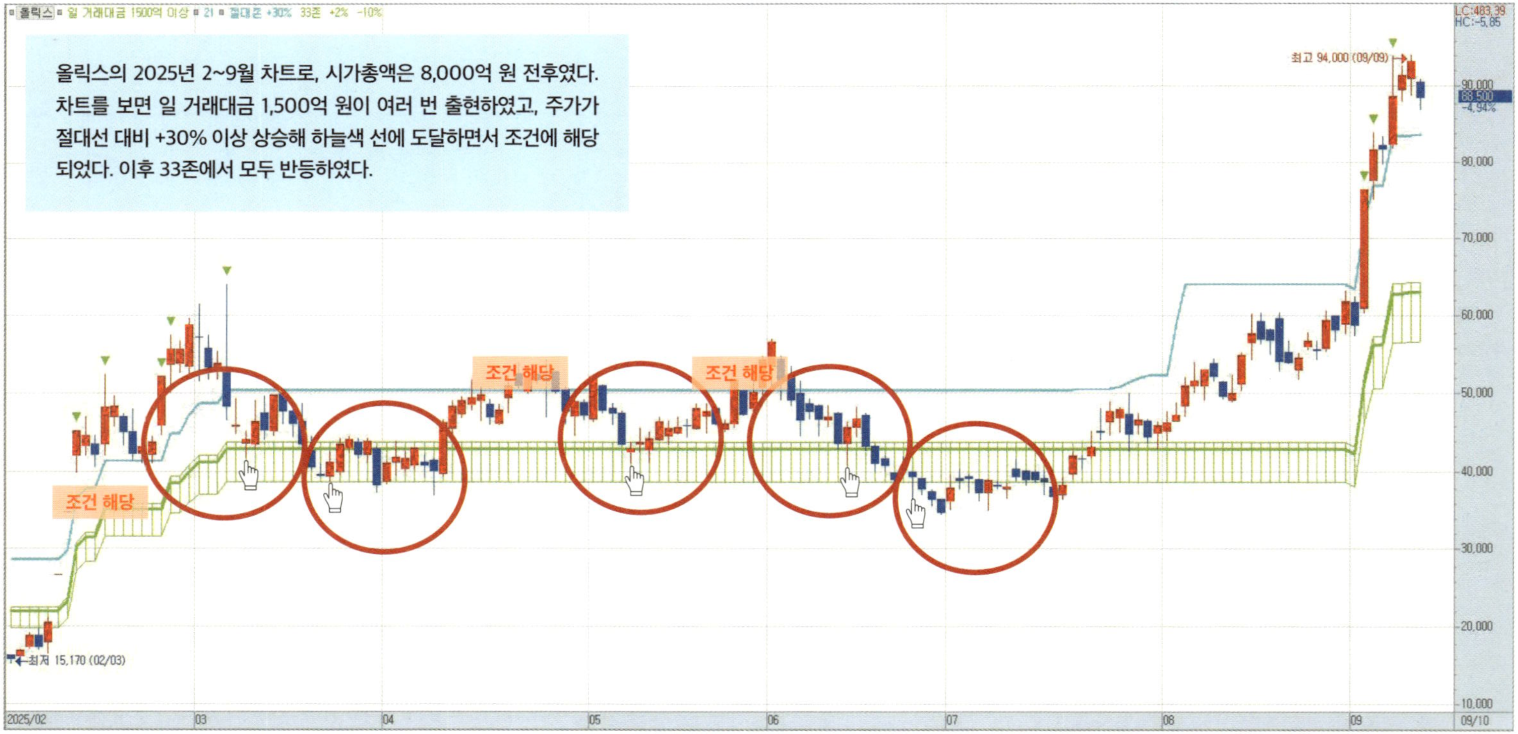

올릭스의 2025년 2~9월 차트로, 시가총액은 8,000억 원 전후였다. 차트를 보면 일 거래대금 1,500억 원이 여러 번 출현하였고, 주가가 절대선 대비 +30% 이상 상승해 하늘색 선에 도달하면서 조건에 해당되었다. 이후 33존에서 모두 반등하였다.

| **실전 차트 6-7** | 2025년 올릭스 일봉 차트

[실전 차트 6-6]과 같은 기간의 올릭스 RN존 신매매기법 차트다. 33존50존과 같은 위치에서 조건에 해당되었지만 이후 매수 시점이 오지 않았다. 이처럼 가격대나 조건에 따라 매수 시점이 다르다는 것을 알 수 있다. 두 기법은 기본적으로 스윙매매를 추구하므로 상호 보완적인 관계다.

| 실전 차트 6-8 | 2020~2022년 두산에너빌리티 일봉 차트

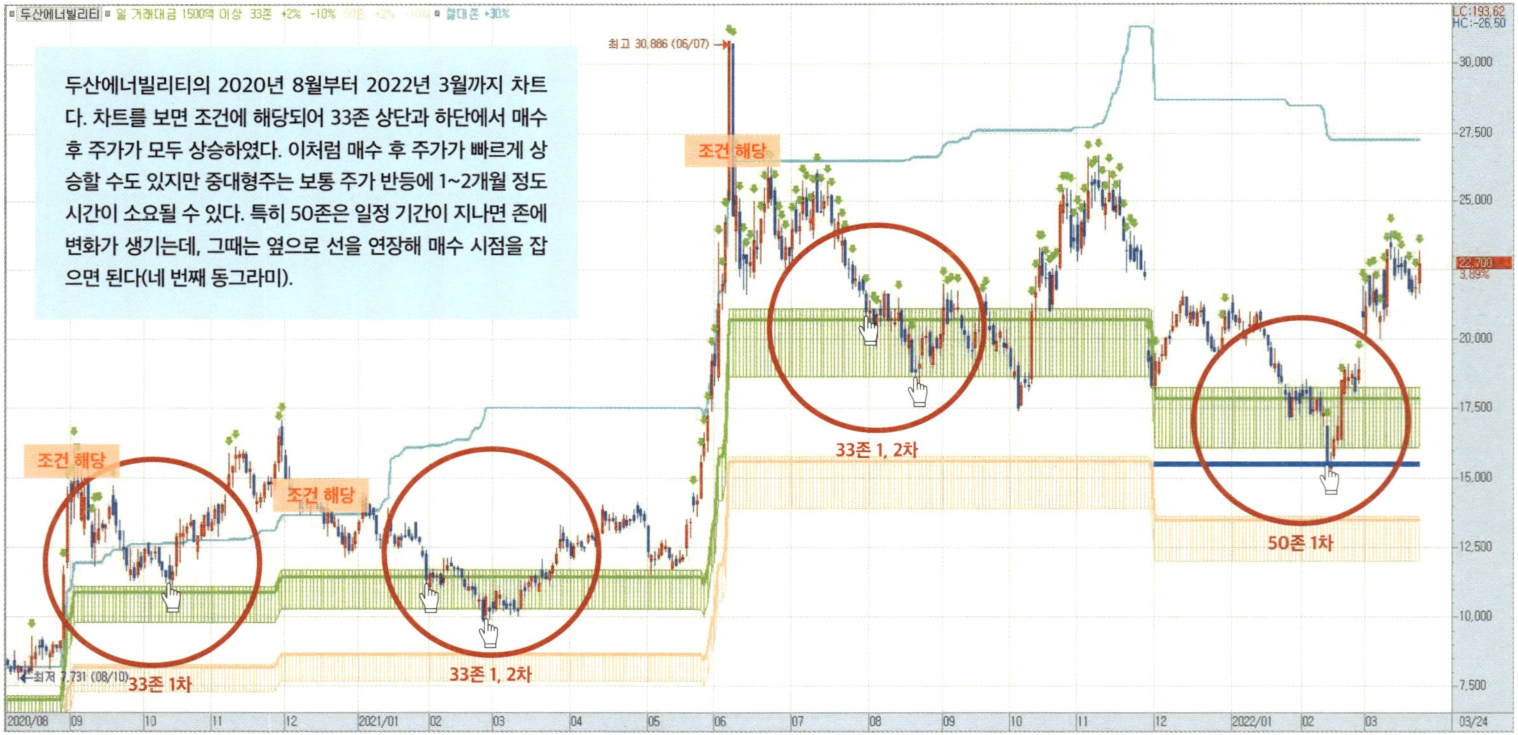

두산에너빌리티의 2020년 8월부터 2022년 3월까지 차트다. 차트를 보면 조건에 해당되어 33존 상단과 하단에서 매수 후 주가가 모두 상승하였다. 이처럼 매수 후 주가가 빠르게 상승할 수도 있지만 중대형주는 보통 주가 반등에 1~2개월 정도 시간이 소요될 수 있다. 특히 50존은 일정 기간이 지나면 존에 변화가 생기는데, 그때는 옆으로 선을 연장해 매수 시점을 잡으면 된다(네 번째 동그라미).

실전 차트 6-9 | 2024~2025년 두산에너빌리티 일봉 차트

| 실전 차트 6-10 | 2023~2024년 POSCO홀딩스 일봉 차트

| 실전 차트 6-11 | 2018~2020년 삼성바이오로직스 일봉 차트

삼성바이오로직스의 2018년 2월부터 2020년 6월까지 차트로, 시가총액은 20~30조 원 전후였다. 차트를 보면 일 거래대금 1,500억 원 이상이 풍부하게 출현하였으며, 주가가 절대선 대비 +30% 이상 상승해 하늘색 선에 도달하면서 조건에 해당되었다. 각각 33존과 50존에서 1차 매수 후 모두 상승하였다.

| 실전 차트 6-12 | 2020~2021년 두산퓨어셀 일봉 차트

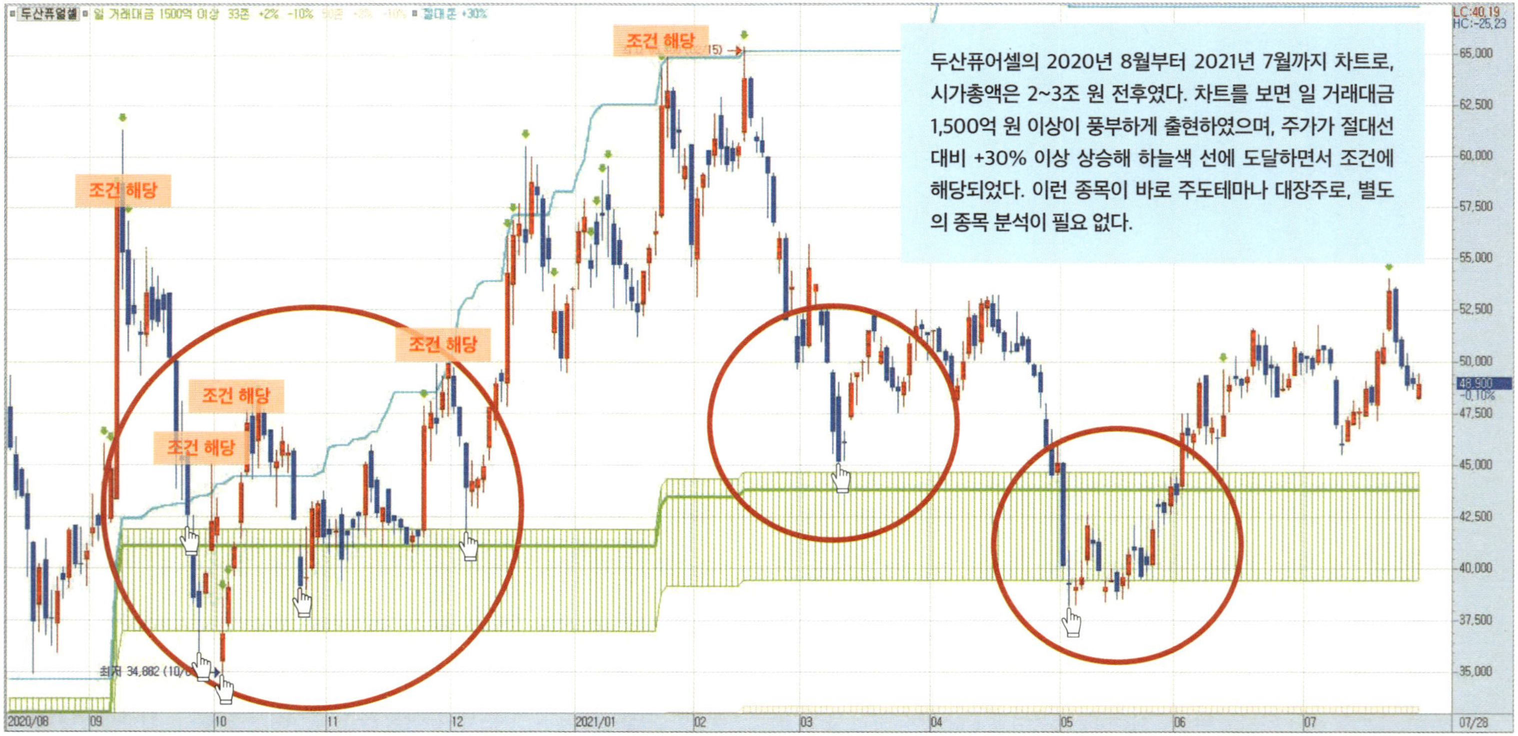
두산퓨어셀
일 거래대금 1500억 이상
절대준 +30%
조건 해당
조건 해당
조건 해당
조건 해당
조건 해당
두산퓨어셀의 2020년 8월부터 2021년 7월까지 차트로, 시가총액은 2~3조 원 전후였다. 차트를 보면 일 거래대금 1,500억 원 이상이 풍부하게 출현하였으며, 주가가 절대선 대비 +30% 이상 상승해 하늘색 선에 도달하면서 조건에 해당되었다. 이런 종목이 바로 주도테마나 대장주로, 별도의 종목 분석이 필요 없다.
LC:40.19
HC:-25.23
65,000
62,500
60,000
57,500
55,000
52,500
50,000
48,900
-0.10%
47,500
45,000
42,500
40,000
37,500
35,000
최저 34,882
2020/08
09
10
11
12
2021/01
02
03
04
05
06
07
07/28

| 실전 차트 6-13 | 2023년 신성델타테크 일봉 차트

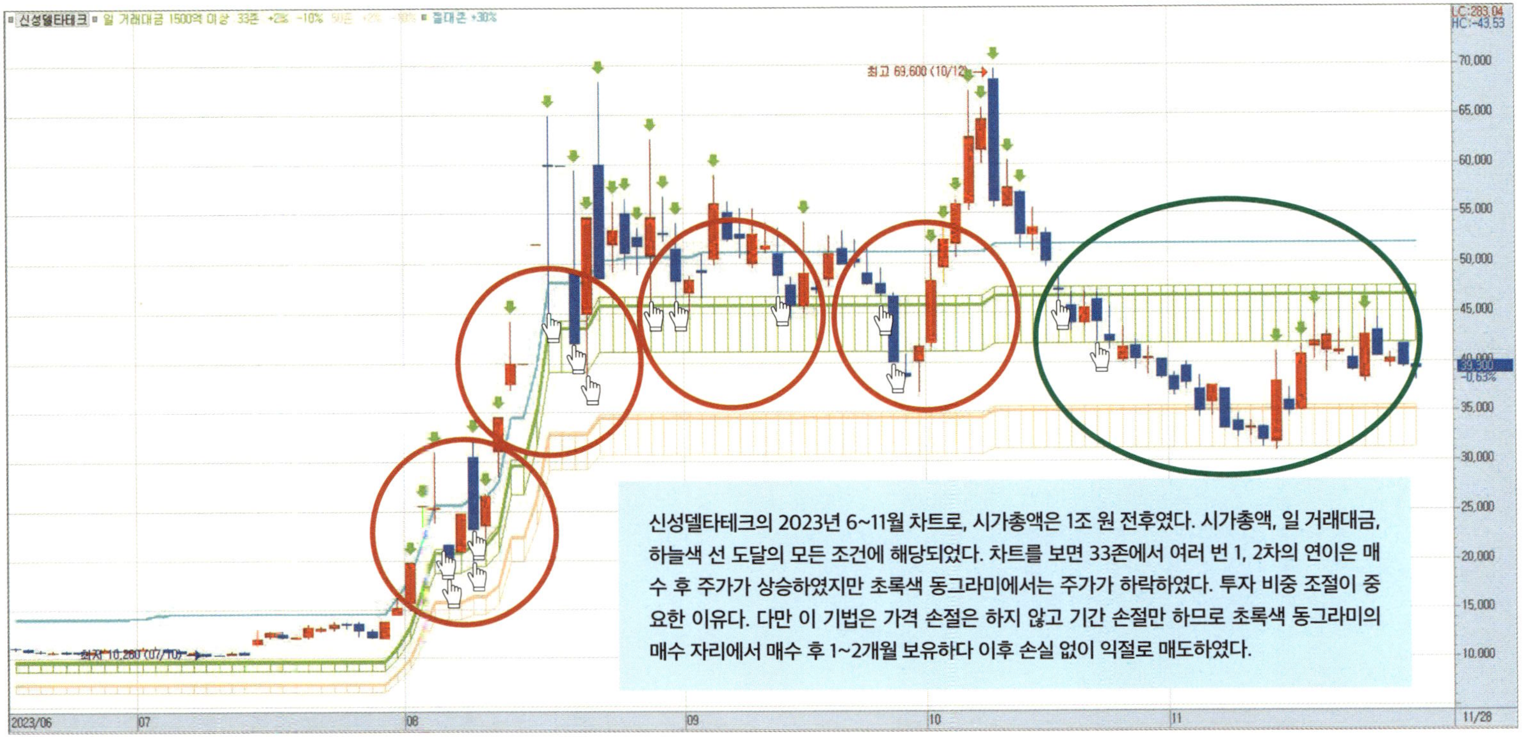

| 실전 차트 6-14 | 2024년 신성델타테크 일봉 차트

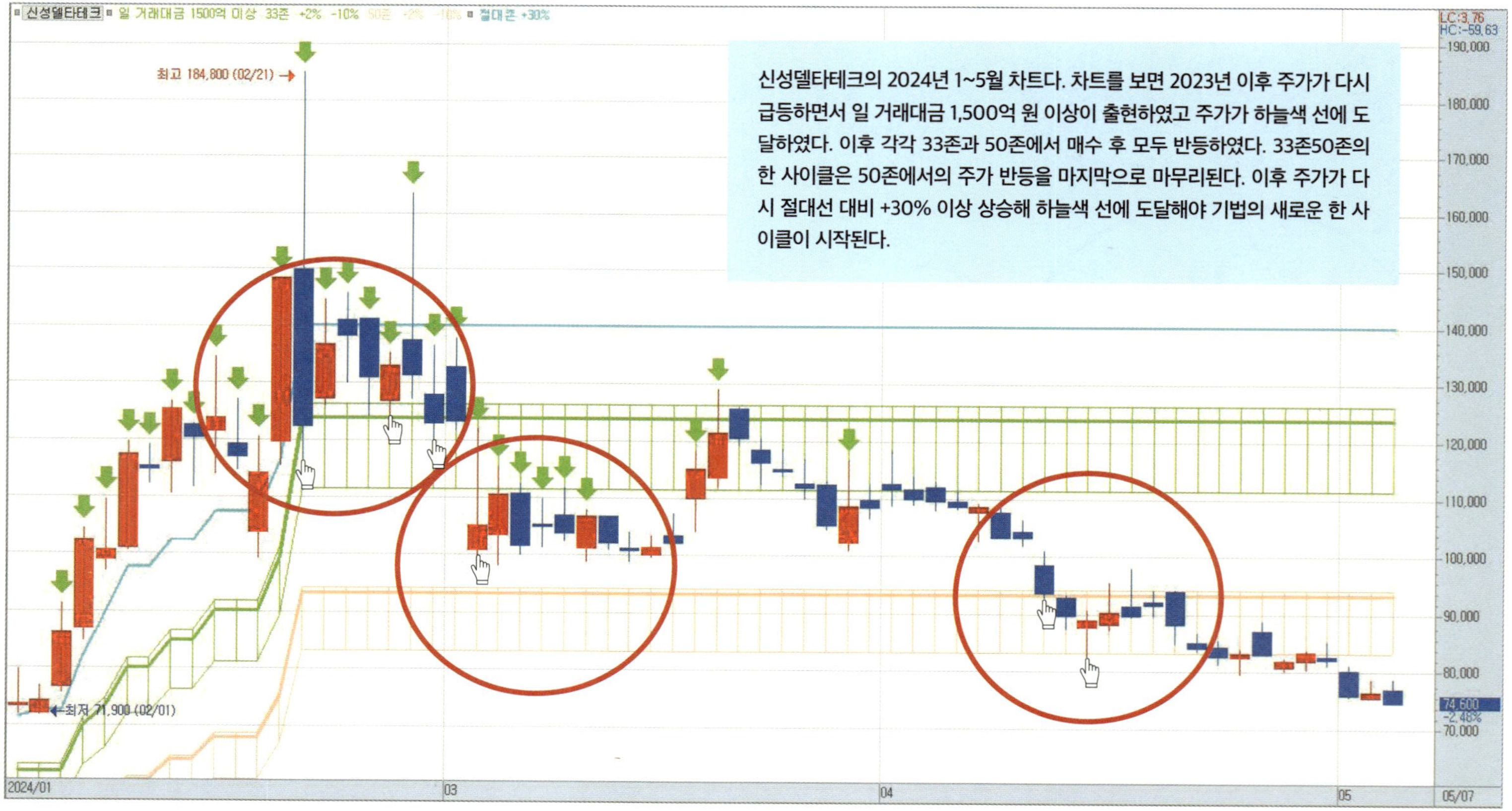
신성델타테크 일 거래대금 1500억 이상 33존 +2% -10% 50존 +2% -10% 절대존 +30%
최고 184,800 (02/21) →
←최저 71,900 (02/01)
신성델타테크의 2024년 1~5월 차트다. 차트를 보면 2023년 이후 주가가 다시 급등하면서 일 거래대금 1,500억 원 이상이 출현하였고 주가가 하늘색 선에 도달하였다. 이후 각각 33존과 50존에서 매수 후 모두 반등하였다. 33존50존의 한 사이클은 50존에서의 주가 반등을 마지막으로 마무리된다. 이후 주가가 다시 절대선 대비 +30% 이상 상승해 하늘색 선에 도달해야 기법의 새로운 한 사이클이 시작된다.
LC:3.76
HC:-59.63
190,000
180,000
170,000
160,000
150,000
140,000
130,000
120,000
110,000
100,000
90,000
80,000
74,600
-2.48%
70,000
2024/01
03
04
05
05/07

실전 차트 6-15 | 2024~2025년 신성델타테크 일봉 차트

| 실전 차트 6-16 | 2023~2024년 엔켐 일봉 차트

엔켐의 2023년 12월부터 2024년 9월까지 차트로, 시가총액은 4조 원 전후였다. 차트를 보면 주가가 단기간에 급등하면서 하늘색 선과 33존 50존과의 이격이 좁아지는데, 그럼에도 불구하고 매수 후 주가가 모두 상승하였다. 50존은 이 기법 한 사이클의 마지막 존이다.

| 실전 차트 6-17 | 2024~2025년 엔켐 일봉 차트

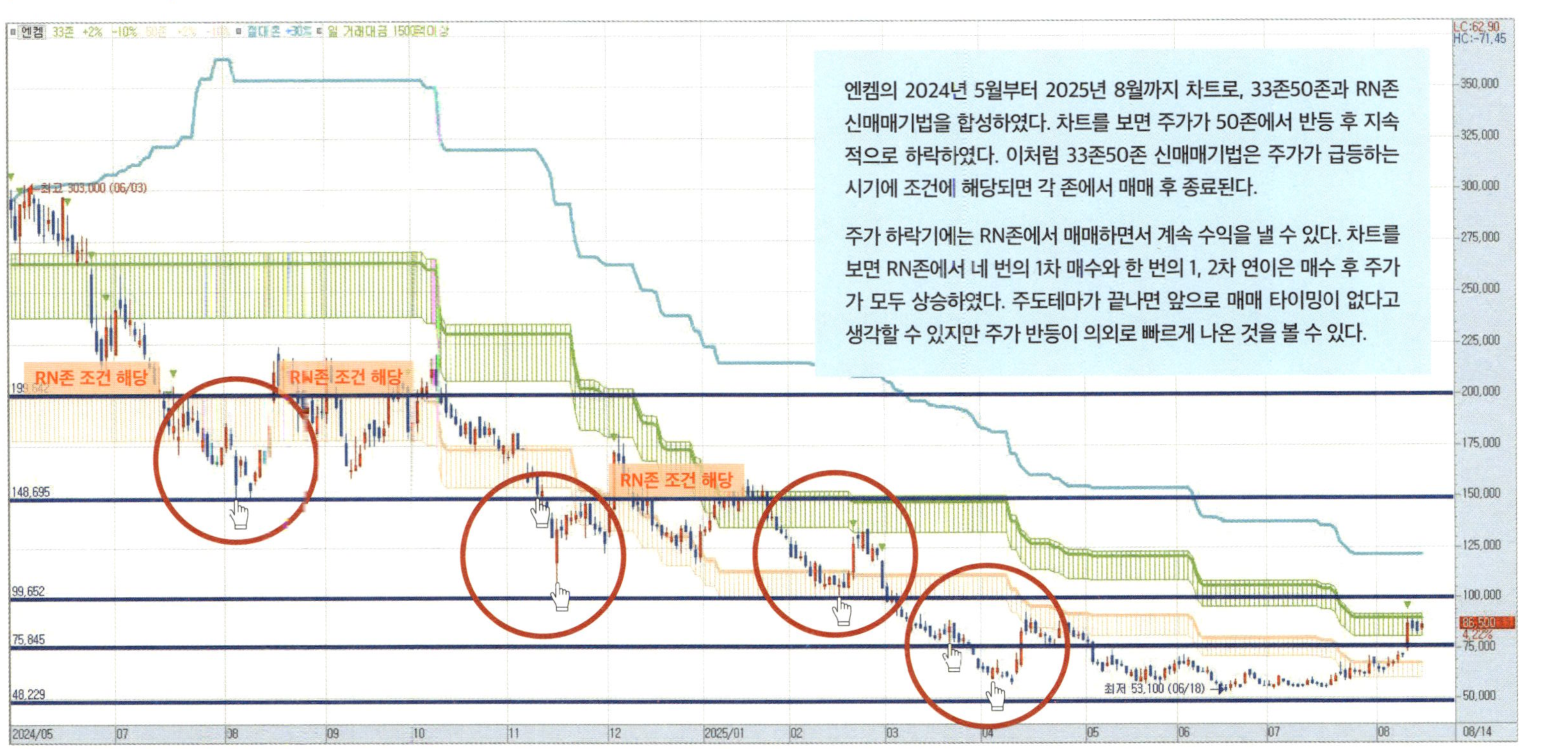

| 실전 차트 6-18 | 2020~2022년 에스티팜 일봉 차트

에스티팜의 2020년 7월부터 2022년 3월까지 차트로, 시가총액은 2조 원 전후였다. 차트를 보면 33존에서 1차 매수와 1, 2차 연이은 매수 후 주가가 모두 상승하였다.

| 실전 차트 6-19 | 2024~2025년 에스티팜 일봉 차트

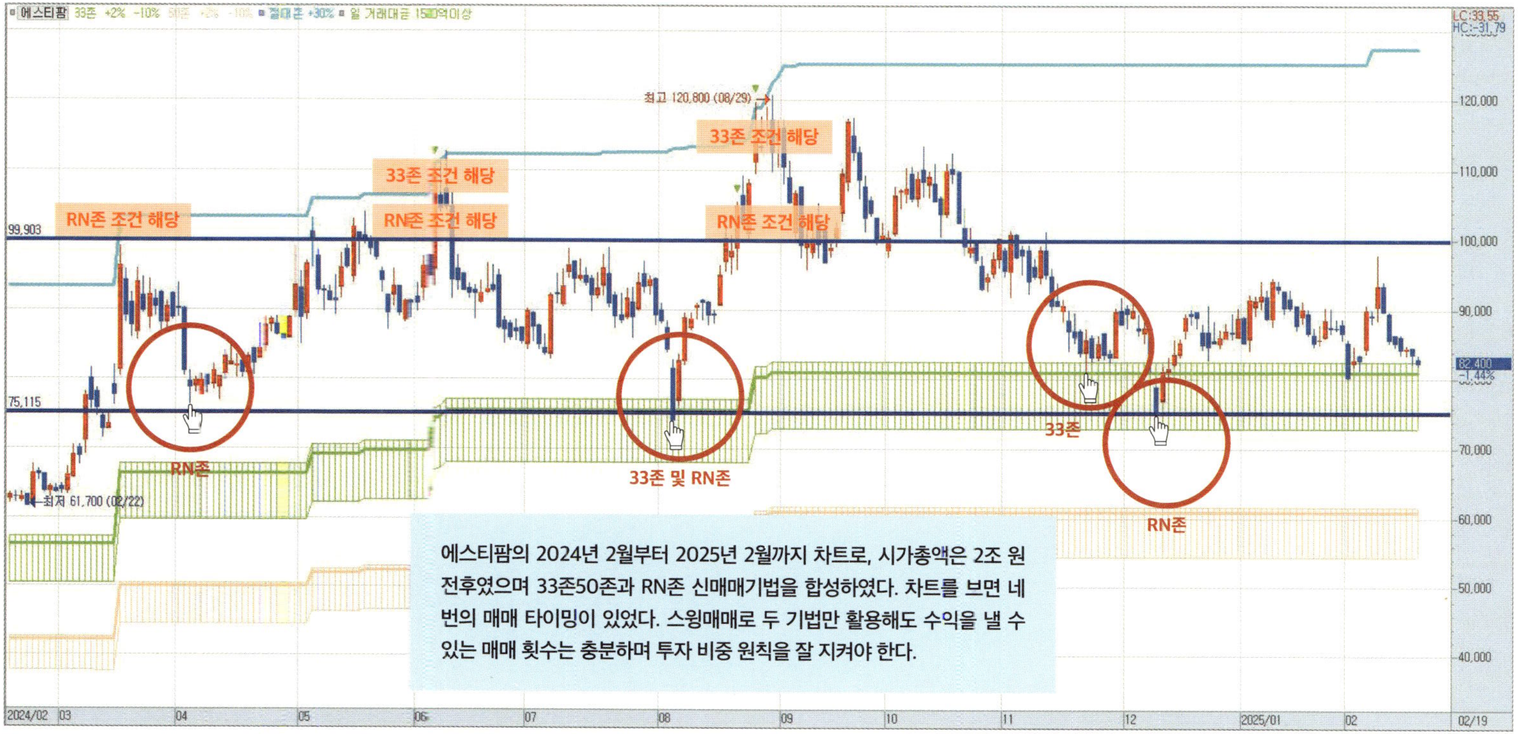

에스티팜의 2024년 2월부터 2025년 2월까지 차트로, 시가총액은 2조 원 전후였으며 33존50존과 RN존 신매매기법을 합성하였다. 차트를 보면 네 번의 매매 타이밍이 있었다. 스윙매매로 두 기법만 활용해도 수익을 낼 수 있는 매매 횟수는 충분하며 투자 비중 원칙을 잘 지켜야 한다.

| 실전 차트 6-20 | 2024~2025년 일진전기 일봉 차트

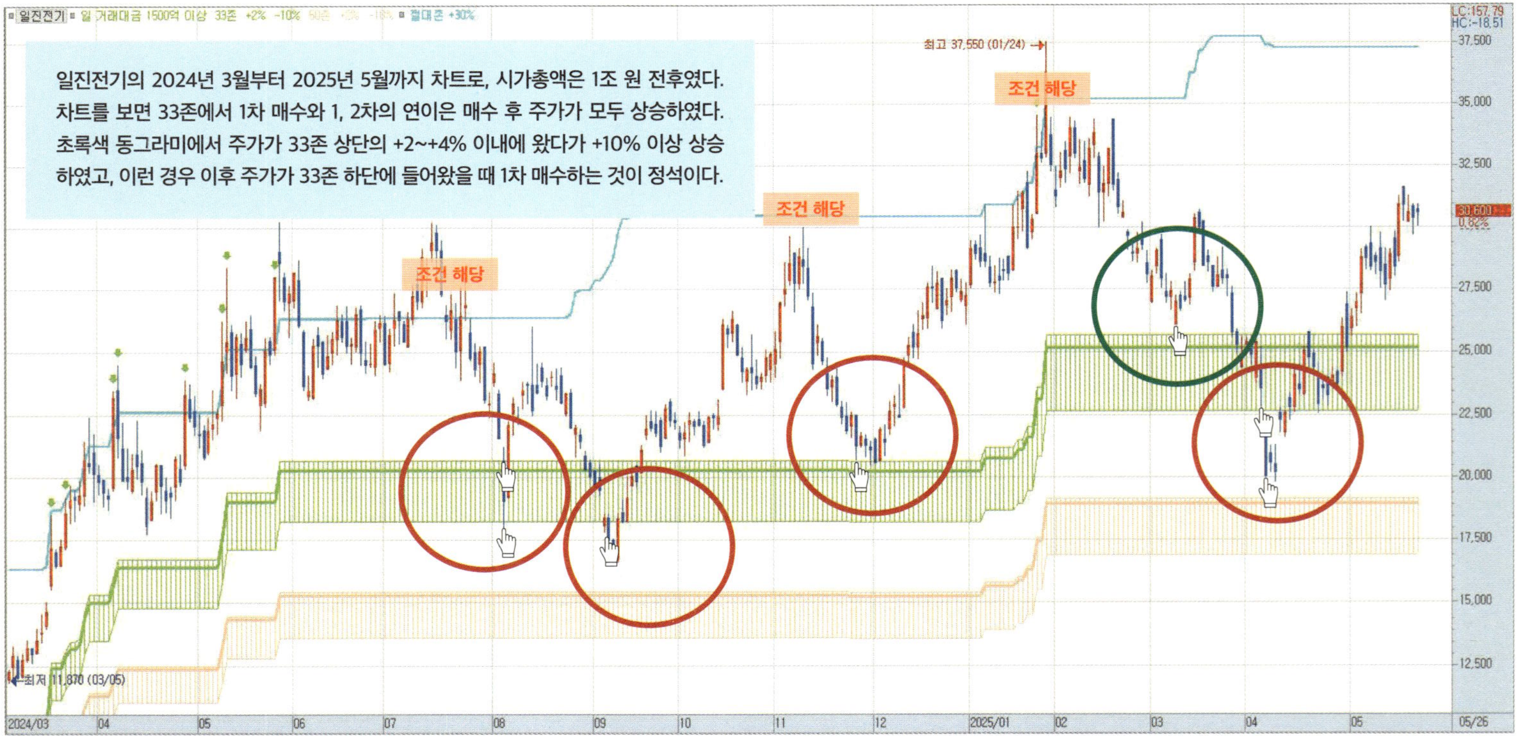
일진전기 일 거래대금 1500억 이상 33존 +2% -10% 절대존 +30%
일진전기의 2024년 3월부터 2025년 5월까지 차트로, 시가총액은 1조 원 전후였다. 차트를 보면 33존에서 1차 매수와 1, 2차의 연이은 매수 후 주가가 모두 상승하였다. 초록색 동그라미에서 주가가 33존 상단의 +2~+4% 이내에 왔다가 +10% 이상 상승하였고, 이런 경우 이후 주가가 33존 하단에 들어왔을 때 1차 매수하는 것이 정석이다.
최고 37,550 (01/24)
조건 해당
조건 해당
조건 해당
최저 11,870 (03/05)
LC:157.79
HC:-18.51
37,500
35,000
32,500
30,600
0.82%
27,500
25,000
22,500
20,000
17,500
15,000
12,500
2024/03
04
05
06
07
08
09
10
11
12
2025/01
02
03
04
05
05/26

실전 차트 6-21 | 2020~2025년 SK바이오팜 일봉 차트

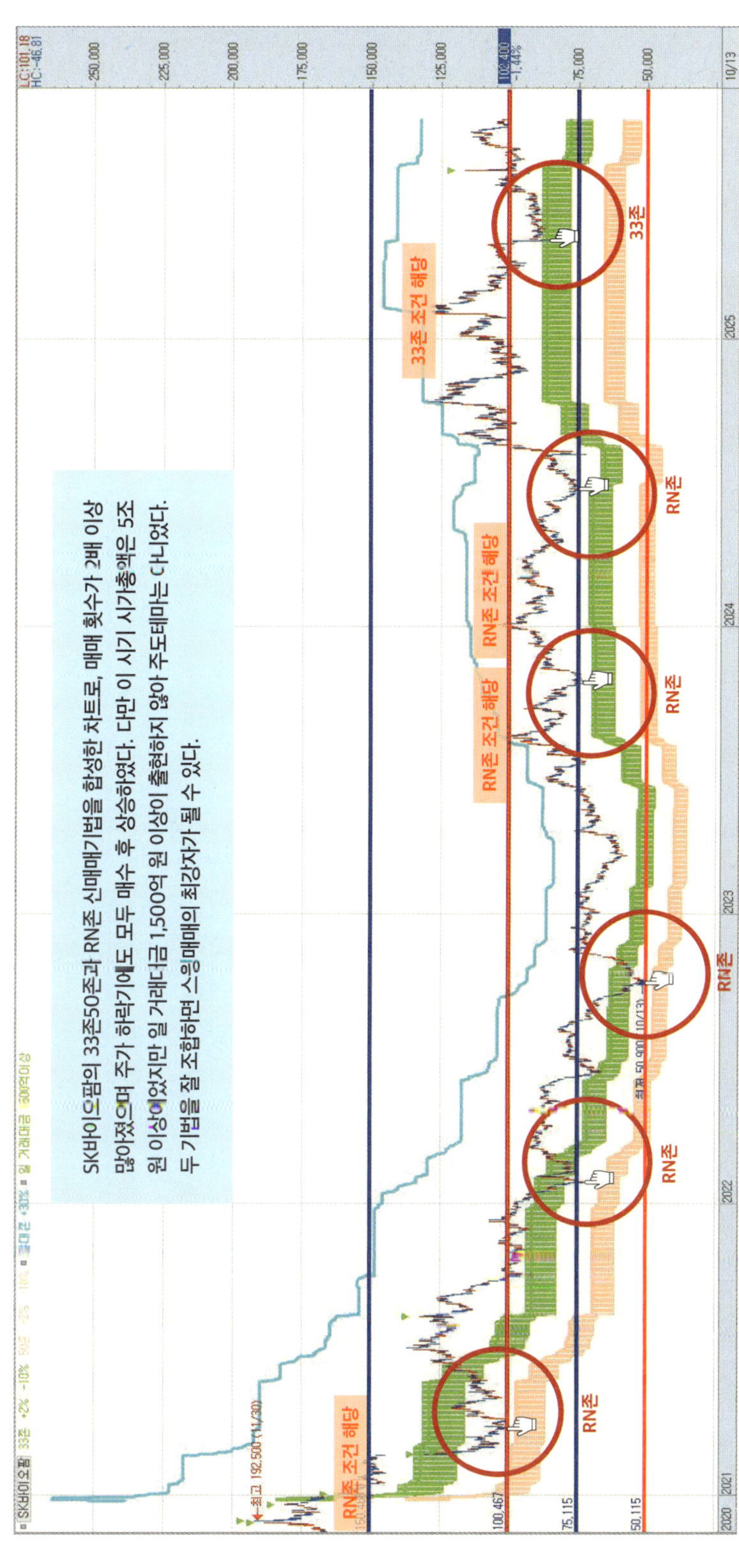

| 실전 차트 6-22 | 2023~2025년 유한양행 일봉 차트

유한양행의 2023년 6월부터 2025년 8월까지 차트로, 33존50존과 RN존 신매매기법을 합성하였다. 차트를 보고 두 기법 중 먼저 적용할 수 있는 기법을 적용하면 된다. 다만 시가총액, 일 거래대금, 주가가 하늘색 선과 RN존 가격선에 도달해야 한다는 조건에 해당되어야 한다.

| 실전 차트 6-23 | 2024~2025년 두산 일봉 차트

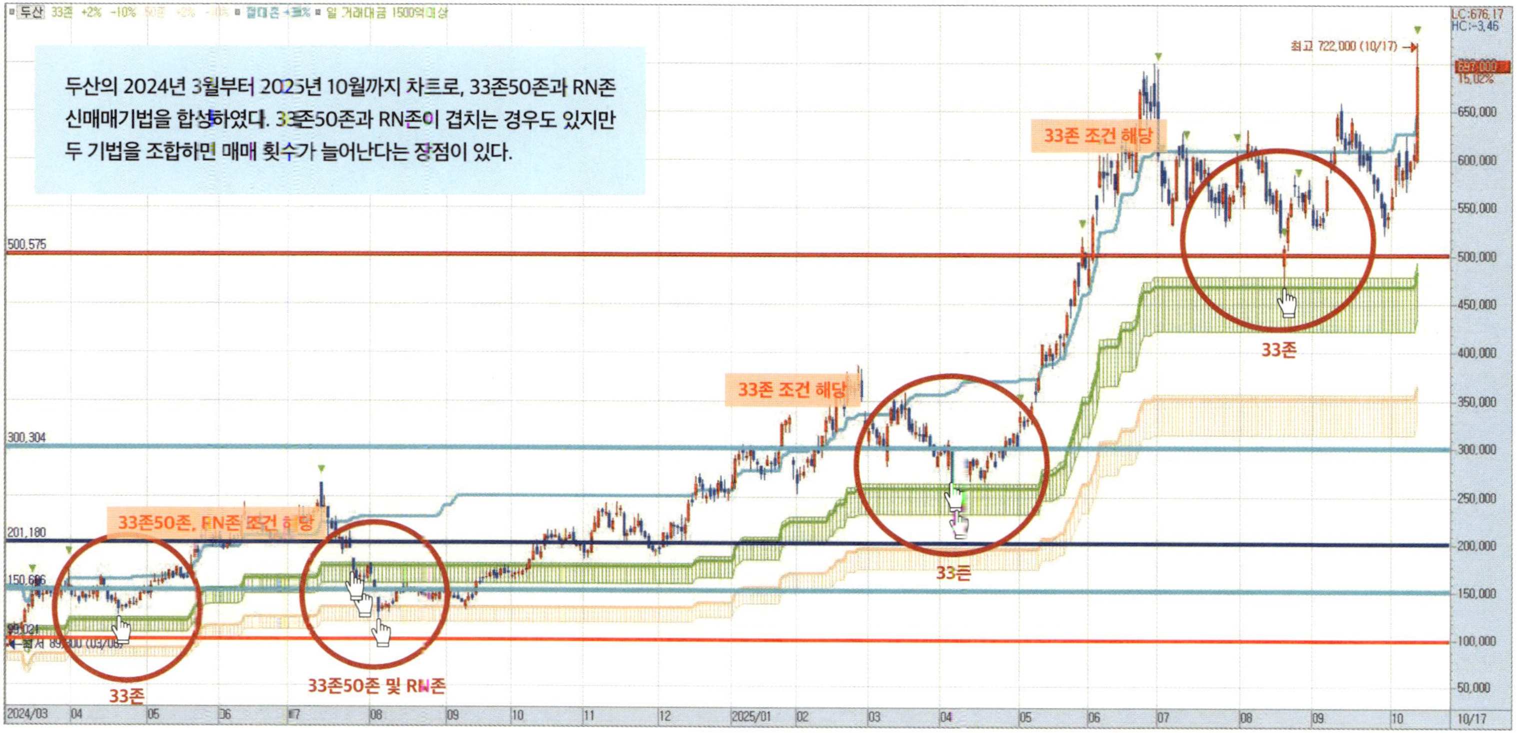

두산의 2024년 3월부터 2025년 10월까지 차트로, 33존50존과 RN존 신매매기법을 합성하였다. 33존50존과 RN존이 겹치는 경우도 있지만 두 기법을 조합하면 매매 횟수가 늘어난다는 장점이 있다.
33존 조건 해당
33존 조건 해당
33존50존, RN존 조건 해당
33존
33존50존 및 RN존
33존
33존
최고 722,000 (10/17)
500,575
300,304
201,180
150,606

| 실전 차트 6-24 | 2020~2025년 아모레퍼시픽 일봉 차트

이 시기 아모레퍼시픽의 시가총액은 7~10조 원 전후였으며, 33존50존과 RN존 신매매기법을 합성한 차트다. 2021년 말경 실적 악화 뉴스가 있었는데(초록색 동그라미), 이때는 기법의 한 단계 아래 자리에서 매수하면 된다. 나머지 경우에는 33존50존과 RN존에서 매수 후 주가가 모두 상승하였다. 기법별 차트를 따로 보는 것이 좋지만 이렇게 33존50존과 RN존은 합성해서 봐도 된다.

| 실전 차트 6-25 | 2023년 LS에코에너지 일봉 차트

| 실전 차트 6-26 | 2024~2025년 LS에코에너지 일봉 차트

| 실전 차트 6-27 | 2024~2025년 브이티 일봉 차트

| 실전 차트 6-28 | 2025년 다날 일봉 차트

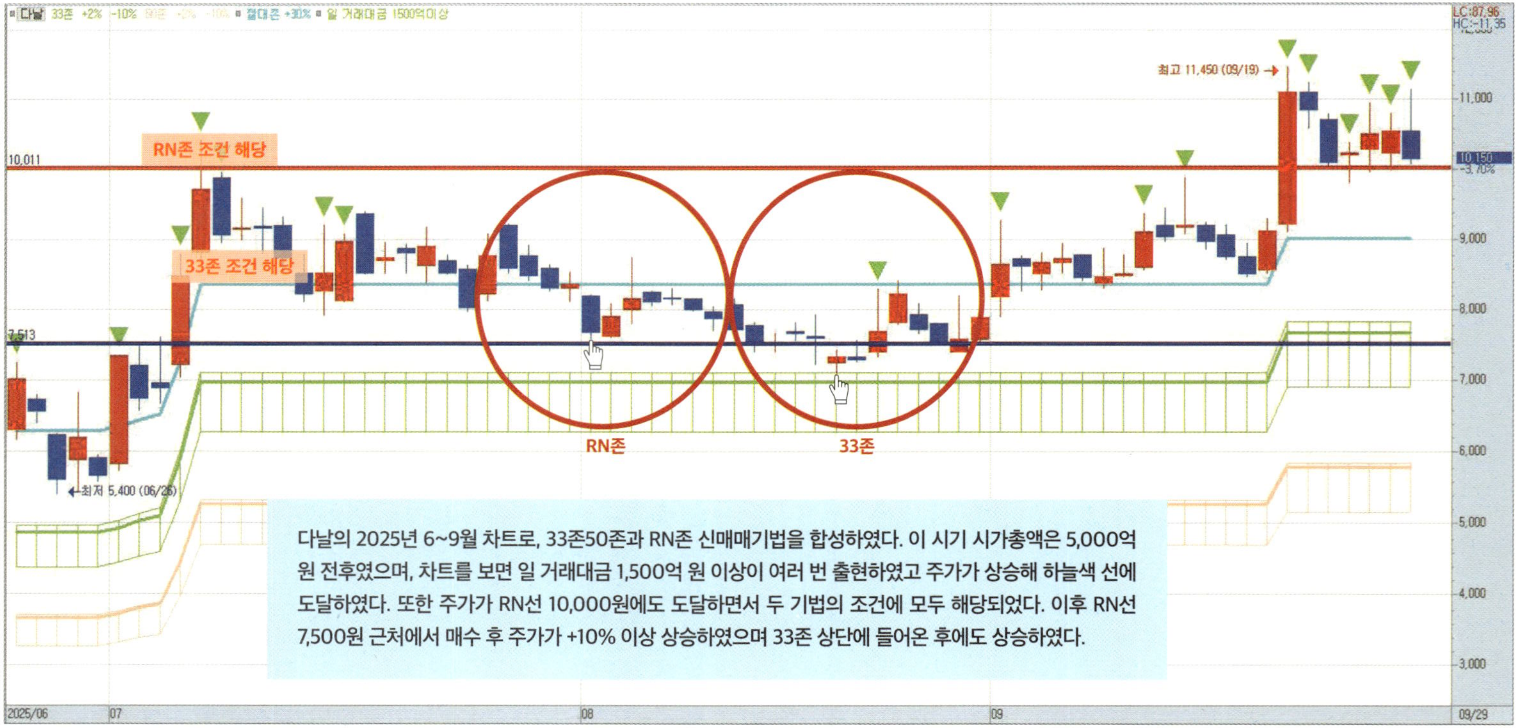

다날의 2025년 6~9월 차트로, 33존50존과 RN존 신매매기법을 합성하였다. 이 시기 시가총액은 5,000억 원 전후였으며, 차트를 보면 일 거래대금 1,500억 원 이상이 여러 번 출현하였고 주가가 상승해 하늘색 선에 도달하였다. 또한 주가가 RN선 10,000원에도 도달하면서 두 기법의 조건에 모두 해당되었다. 이후 RN선 7,500원 근처에서 매수 후 주가가 +10% 이상 상승하였으며 33존 상단에 들어온 후에도 상승하였다.

| 실전 차트 6-29 | 2024~2025년 한화시스템 일봉 차트

2

국내 유의 사례

33존50존 신매매기법은 차트만 보고 기계적으로 거래하기 때문에 특정 종목의 재료 소멸이 있거나, 매수했는데 예측할 수 없는 실적 부진 뉴스가 나오면 익절이나 손절을 해야 할 수 있다. 또한 주식투자 경험이 적은 초보 투자자는 뉴스와 테마 분석에 한계가 있어 어쩔 수 없이 익절이나 손절을 해야 할 수 있다. 이런 경우들을 모두 유의해야 한다.

따라서 같은 조건이라면 시가총액 상위 순의 종목을 매수하는 것을 추천하며, 적절한 투자 비중을 지키는 것이 리스크를 줄이고 안정적인 투자를 할 수 있는 방법이다. 이후 충분한 경험이 쌓이면 종목에 따라 투자 비중을 늘릴 수 있다.

33존50존에서 매수 전 대형 악재가 있는 경우

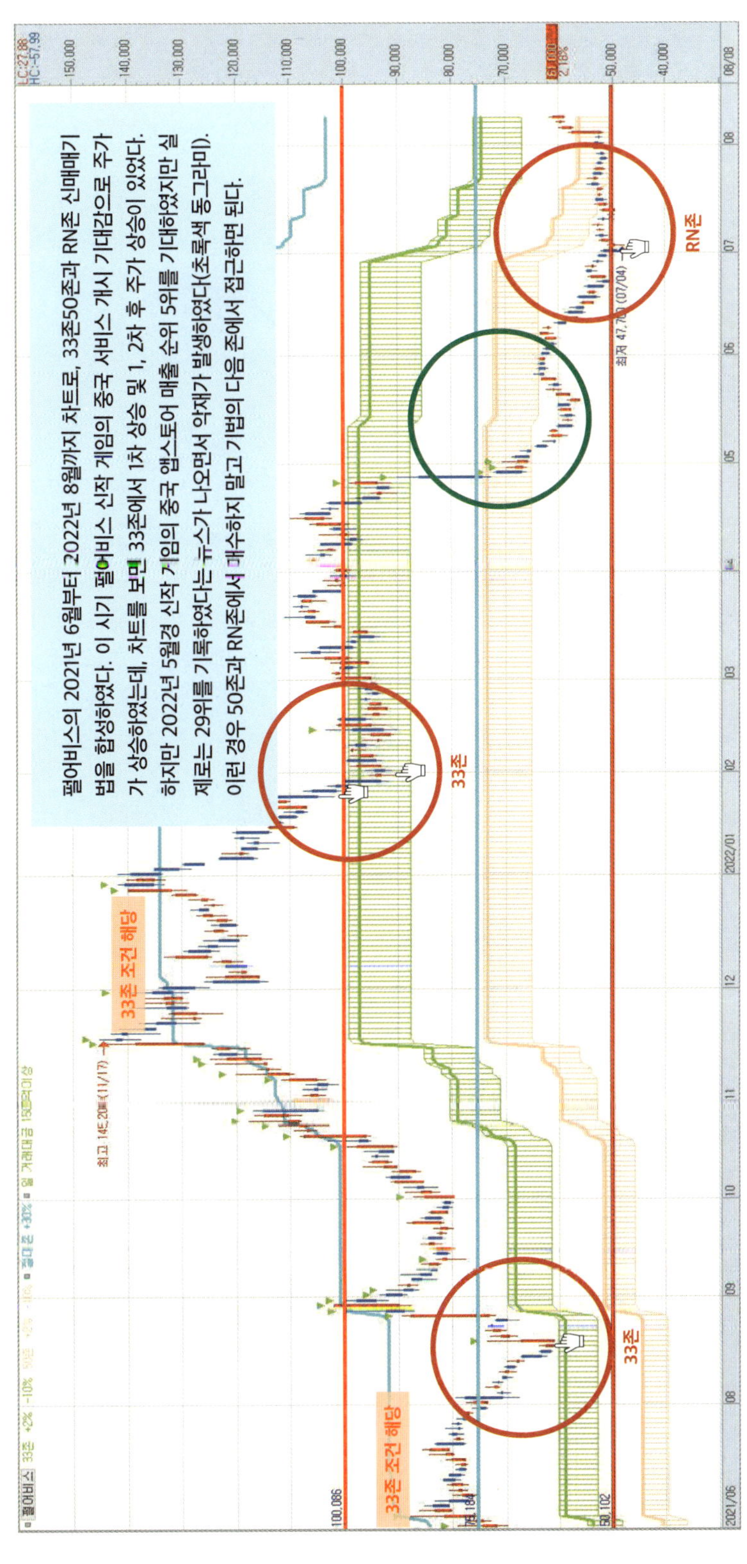

| 실전 차트 6-31 | 2025년 코스맥스 일봉 차트

| 실전 차트 6-32 | 2025년 솔트룩스 일봉 차트

사실로 확인되지 않은 뉴스나 기사가 있는 경우

| 실전 차트 6-33 | 2024년 솔루스첨단소재 일봉 차트

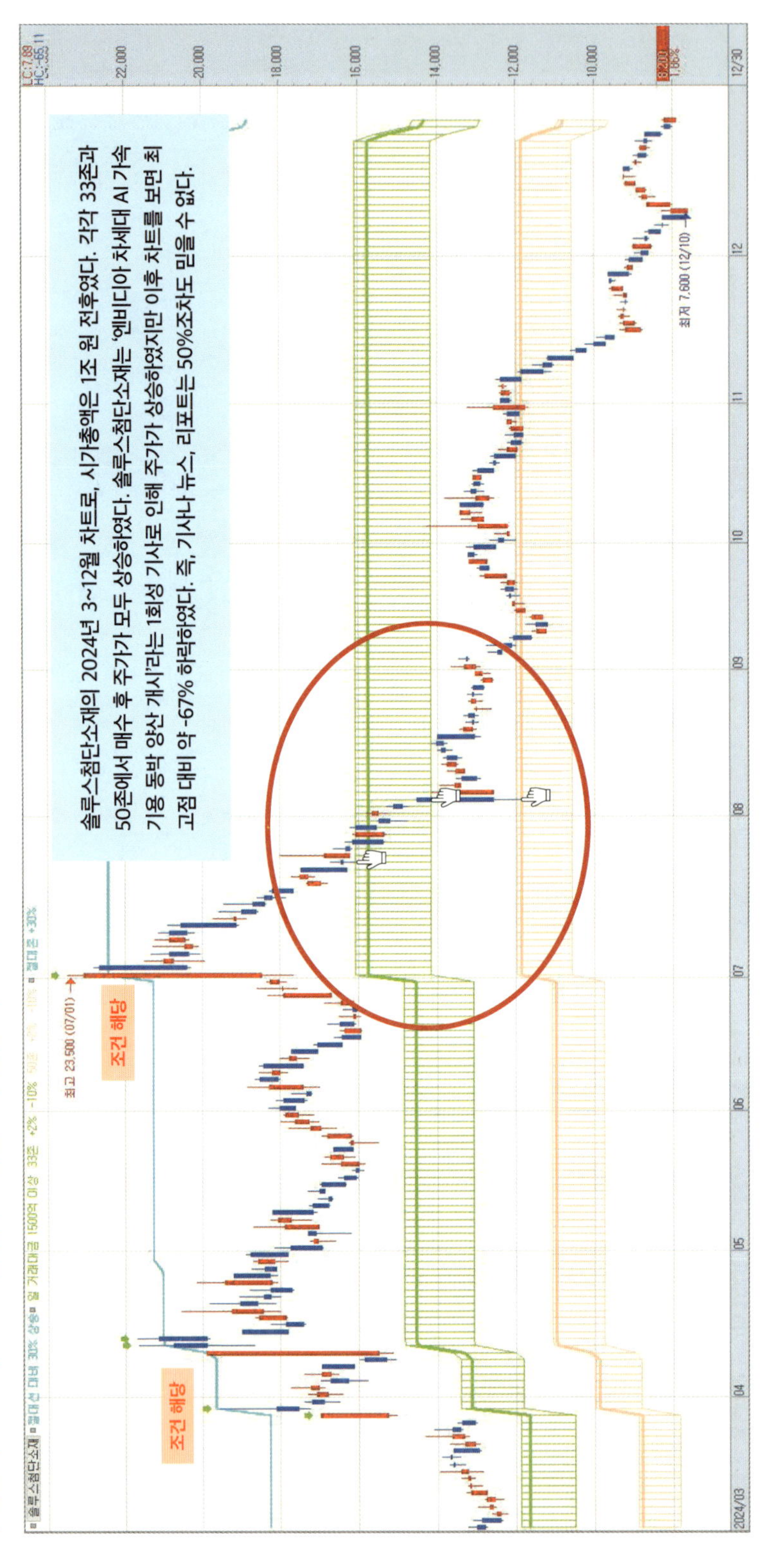

주식시장은 돈이 움직이는 곳이기 때문에 그 어디에서도 개인 투자자에게 유리한 정보를 제공하지 않는다. 과거처럼 확인되지 않은 '카더라' 식의 정보나 기사는 이미 신뢰를 잃었으며 개인 투자자에게 뉴스가 들려올 때는 이미 단기 고점인 경우가 많다.

따라서 믿을 것은 검증된 승률 80~90% 이상의 매매 기법뿐이며 악재가 있는 경우 조급하게 매수하지 말고 다음 존에서 매수하면 된다. 또한 투자 비중 조절만이 험난한 시장에서 살아남을 수 있는 방법이다.

3

미국 실전 사례

미국 33존50존 신매매기법의 종목 선정 원칙은 국내 33존50존 신매매기법과 동일하다. 다른 점이라면 미국 주식의 경우 일 거래대금 1,500억 원 이상 출현이라는 조건을 빼고 미국 라운드넘버존 신매매기법처럼 시가총액 상위 500위(한화 약 50조 원 이상) 이내 종목이 대상이다.

이 책에서 소개하는 신매매기법들의 80% 이상 승률은 조건에 해당되는 원칙 외에 보조지표나 뉴스 등 아무것도 참고하지 않고 순수하게 차트만 보고 나온 확률이다. 여기에 승률을 더 높이고 리스크를 더 줄이기 위해 기법의 매수 시점이 왔을 때 국내든 미국이든 실적 악화나 부진 등의 대형 악재 뉴스가 있는 경우에는 한 템포 늦춰 다음 단계의 기법 자리에서 매수해야 한다. 또는 1~2주 정도 상황을 지켜보고 천천히 매수하는 것이 90% 이상의 승률로 끌어올릴 수 있는 방법이다.

실전 차트 6-34 | 2024~2025년 엔비디아 일봉 차트

　주식투자에 익숙하지 않은 초보 투자자는 미국 33존50존과 라운드넘버존 신매매기법을 합성해 하나의 차트로 보면 수식 설정이 많아지고 헷갈릴 수 있어 각각의 차트로 보는 것을 추천한다. 그 이유는 기법마다 조건과 방법이 모두 다르기 때문이다. [실전 차트 6-34]는 단지 스윙매매 시 미국 33존50존과 라운드넘버존 신매매기법을 함께 적용하면 매매 타이밍이 많아지는 것을 설명하고자 합성한 것이다.

| 실전 차트 6-35 | 2017~2019년 테슬라 일봉 차트

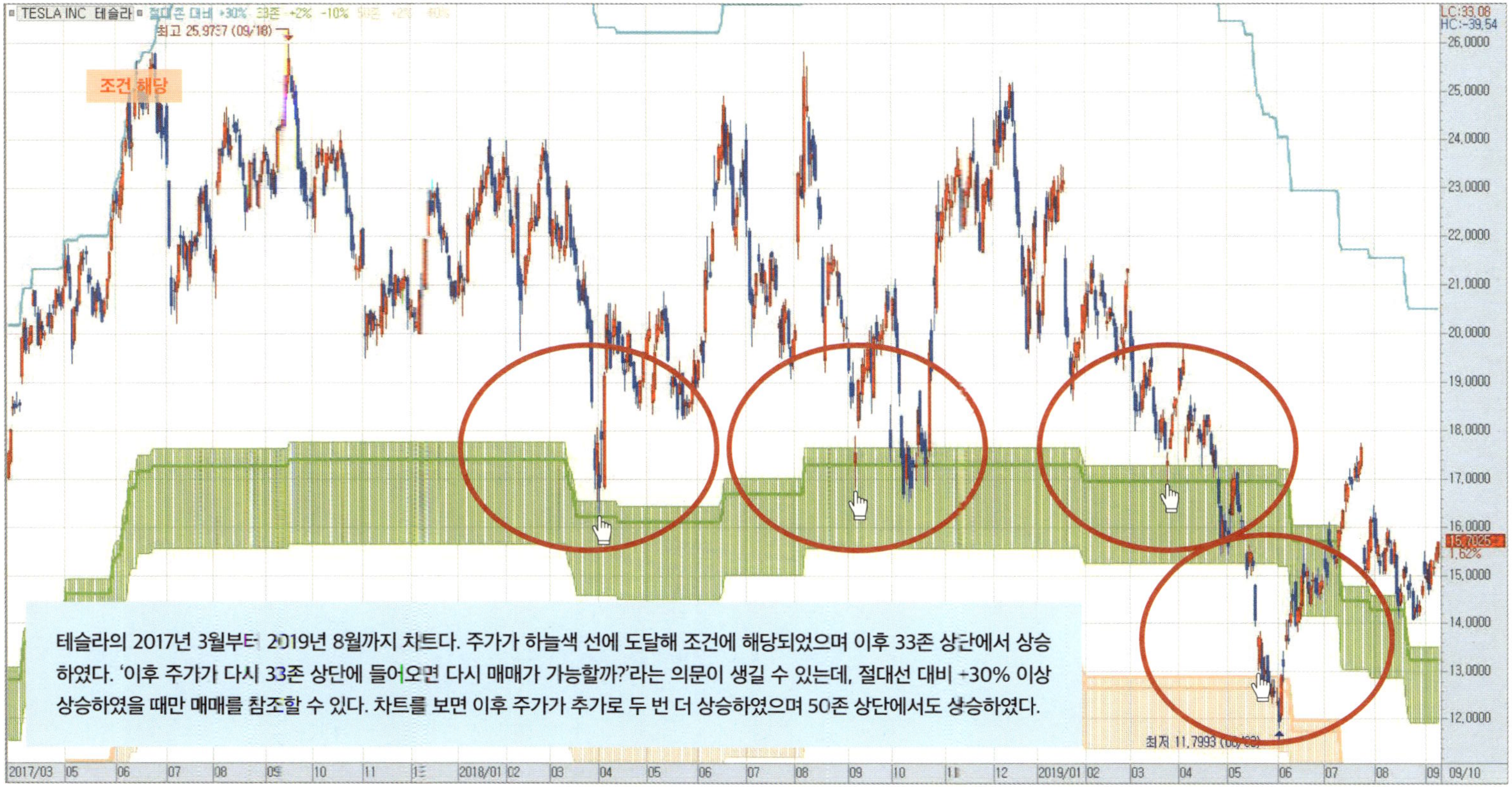

테슬라의 2017년 3월부터 2019년 8월까지 차트다. 주가가 하늘색 선에 도달해 조건에 해당되었으며 이후 33존 상단에서 상승하였다. '이후 주가가 다시 33존 상단에 들어오면 다시 매매가 가능할까?'라는 의문이 생길 수 있는데, 절대선 대비 +30% 이상 상승하였을 때만 매매를 참조할 수 있다. 차트를 보면 이후 주가가 추가로 두 번 더 상승하였으며 50존 상단에서도 상승하였다.

미국 33존50존 신매매기법 역시 미국 라운드넘버존 신매매기법과 함께 적용하면 매매 횟수는 많아진다. 또한 미국 33존50존 기법도 시가총액 500위(ETF를 제외하면 종목 수는 더 줄어들 수 있음) 이내 종목이면서 한화 약 50조 원 이상인 종목이 대상이다. 이 중에서도 움직임과 변동성이 큰 150~200개 전후 종목이 대상이 될 수 있으며, 제조업과 금융주 등 움직임과 변동성이 적은 종목일지라도 조건에 해당되면 거래할 수 있다.

TESLA INC 테슬라 절대존 대비 +30% 33존 +2% -10% 50존 +2% -3%
LC:1220,79
HC:-25,54
최고 414,492E (11/04)
303,6302
0,40%
테슬라의 2020년 1월부터 2022년 7월까지 차트다. 차트를 보면
33존과 50존에서 열 번 이상의 매매 타이밍이 있었고 매수 후 주
가가 모두 상승하였다. 아무리 좋은 종목일지라도 고점에 매수해
스트레스를 받기보다 기법의 원칙에 따라 매매한다면 안정적인 수
익을 낼 수 있다.
최저 23,367 (03/18)
400,0000
350,0000
300,0000
250,0000
200,0000
150,0000
100,0000
50,0000
2020/01 03 04 05 06 07 08 09 10 11 12 2021/01 03 04 05 06 07 08 09 10 11 12 2022/01 02 03 04 05 06 07 08/04

실전 차트 6-37 | 2022~2025년 테슬라 일봉 차트

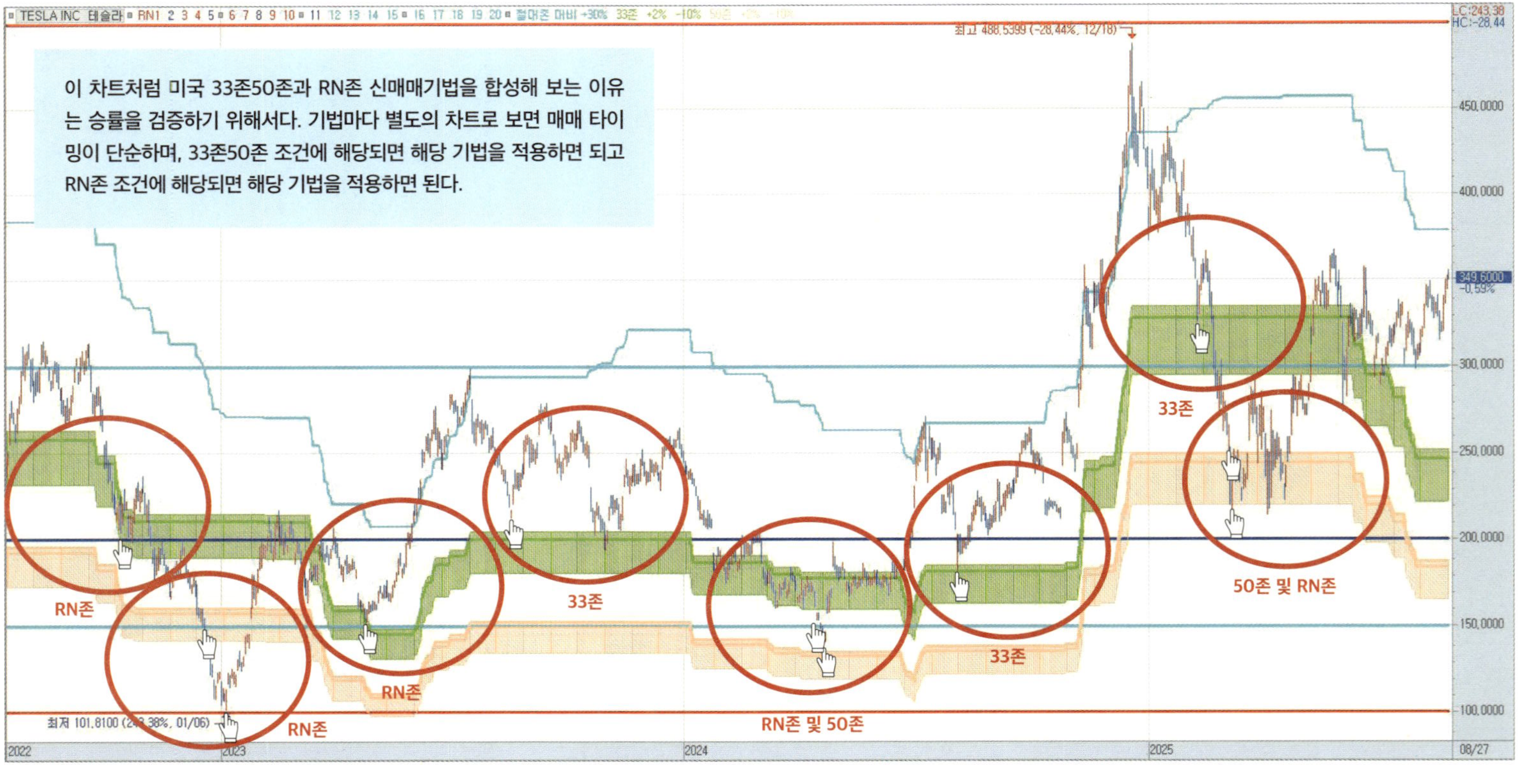

다시 한 번 강조하지만 이 책에서 소개하는 모든 매매 기법은 조건에만 해당된다면 가격 손절은 하지 않는다. 즉, 매수 후 가격이 하락한다고 해서 매도하지 않으며 모든 매매 기법은 확률과 데이터에 근거하기 때문에 기간 손절만 한다.

1, 2차 매수 후 주가가 추가 하락해도 그때가 거의 바닥인 경우가 대부분이므로 두려움 때문에 손절한다면 그 이후로는 심리적으로 매수하기 어렵다. 기법의 원칙에 따라 보유 기간까지 보유하다 수익이나 손절 타이밍을 노리면 된다.

실전 차트 6-38 | 2017~2025년 골드만삭스 일봉 차트

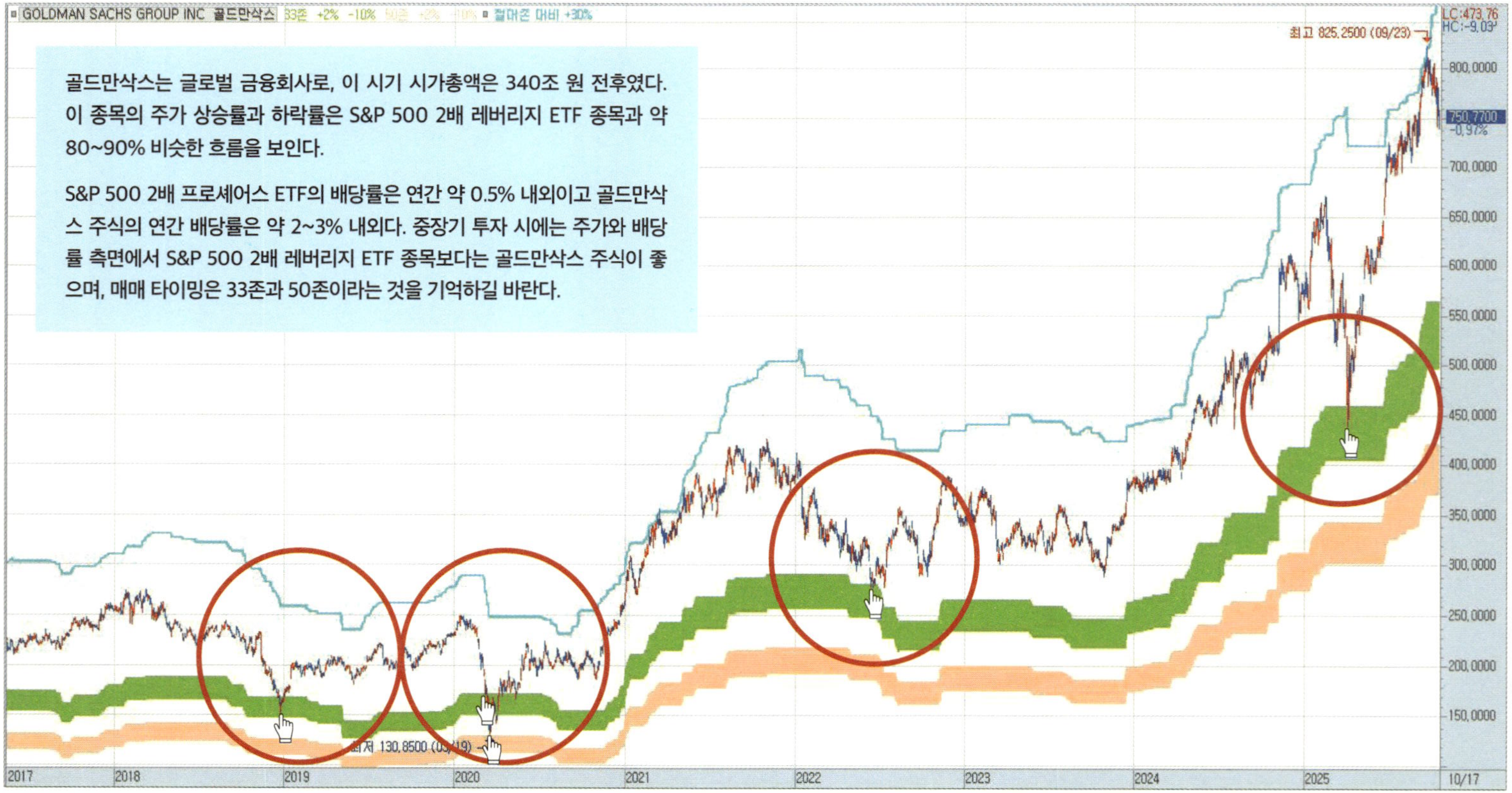

골드만삭스는 글로벌 금융회사로, 이 시기 시가총액은 340조 원 전후였다. 이 종목의 주가 상승률과 하락률은 S&P 500 2배 레버리지 ETF 종목과 약 80~90% 비슷한 흐름을 보인다.

S&P 500 2배 프로셰어스 ETF의 배당률은 연간 약 0.5% 내외이고 골드만삭스 주식의 연간 배당률은 약 2~3% 내외다. 중장기 투자 시에는 주가와 배당률 측면에서 S&P 500 2배 레버리지 ETF 종목보다는 골드만삭스 주식이 좋으며, 매매 타이밍은 33존과 50존이라는 것을 기억하길 바란다.

| 실전 차트 6-39 | 2020~2022년 SEA(ADR) 일봉 차트

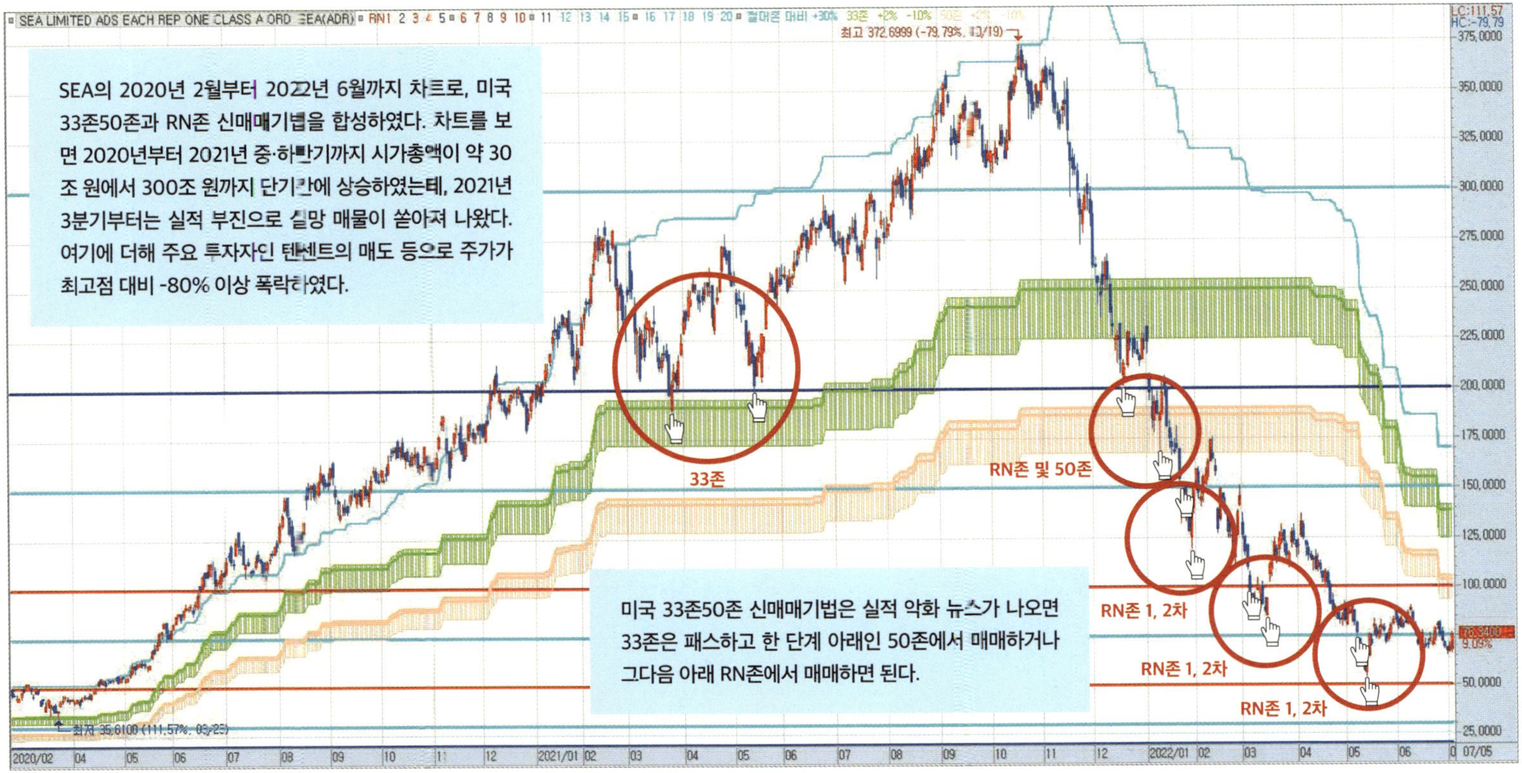
SEA LIMITED ADS EACH REP ONE CLASS A ORD SEA(ADR)
SEA의 2020년 2월부터 2022년 6월까지 차트로, 미국 33존50존과 RN존 신매매기법을 합성하였다. 차트를 보면 2020년부터 2021년 중·하반기까지 시가총액이 약 30조 원에서 300조 원까지 단기간에 상승하였는데, 2021년 3분기부터는 실적 부진으로 실망 매물이 쏟아져 나왔다. 여기에 더해 주요 투자자인 텐센트의 매도 등으로 주가가 최고점 대비 -80% 이상 폭락하였다.
33존
RN존 및 50존
RN존 1, 2차
RN존 1, 2차
RN존 1, 2차
미국 33존50존 신매매기법은 실적 악화 뉴스가 나오면 33존은 패스하고 한 단계 아래인 50존에서 매매하거나 그다음 아래 RN존에서 매매하면 된다.

SEA는 싱가포르에 본사를 둔 동남아 IT 산업의 핵심 기업으로, 동남아 최대 게임 플랫폼, 결재, 금융, 이커머스 등 다양한 디지털 서비스를 제공하는 기업이다. [실전 차트 6-39]에서 보듯이 이 시기 주가 상승의 이유는 코로나19 팬데믹 동안 저금리가 유지되면서 특히 성장성이 강조되는 기술주 혁신 기업에 자금이 몰렸는데, 밸류에이션의 확장과 높은 기대감 그리고 긍정적인 실적 발표로 인해 주가가 폭등했다. 이후 주가 폭락의 원인으로는 단기적으로 너무 급등한 상태에서 실적 부진과 금리 인상, 유동성 축소, 주요 투자자의 매도 등 여러 복합적인 요인이 작용했다.

실전 차트 6-40 | 2023~2025년 SEA(ADR) 일봉 차트

국내·미국 33존50존 신매매기법을 살펴봤다. 국내와 미국 양대 시장에서 적용이 가능한 매매법으로, 스윙매매를 주로 하지만 사례들에서 보았듯이 이 매매법은 단기, 스윙, 중장기 매매를 포함한 안정적인 투자법이라고 할 수 있다.

지금까지 국내 주식과 미국 주식, 미국 ETF까지 총 6개 파트에서 4개의 신매매기법으로 단기, 스윙, 중장기 매매까지 총망라할 수 있는 기법들을 소개했다. 4개 기법이면 상승장과 하락장에서 모두 거래할 수 있을 정도로 충분하다.

국내 주식시장은 불과 8개월 전만 하더라도 침체돼 있었다. 하지만 지금은 미국 주식시장보다 더 좋은 흐름을 보이고 있다. 이 책에서는 중대형주를 비롯해 거래대금이 풍부한 테마주까지 소개했으므로 이 책 한 권이면 초보 투자자와 직장인 투자자가 거래하기에 충분할 것이다. 스캘핑이나 초단타매매는 초보 투자자나 직장인 투자자가 시도하기 어려운 매매일 수 있으며 전업 투자자에게도 어려운 매매다.

비록 느릴 수 있어도 안정적이면서 쉽고 확률 높은 승률 80~90%의 매매 기법 책으로 인생 역전 필살기를 만들어 부의 성을 쌓길 진심으로 바란다.

3

국내·미국 33존50존 신매매기법 설정 방법

1

국내 차트 설정 방법

다음은 국내 33존50존 신매매기법의 모든 지표가 추가된 차트 환경이다. 이어서 나오는 설정법을 그대로 따라 하면 어렵지 않게 구축할 수 있을 것이다.

| 실전 차트 6-41 | 국내 33존50존 신매매기법 차트 환경 설정 예시

33존50존 가격선 설정하기

| 차트 환경 설정법 1 |

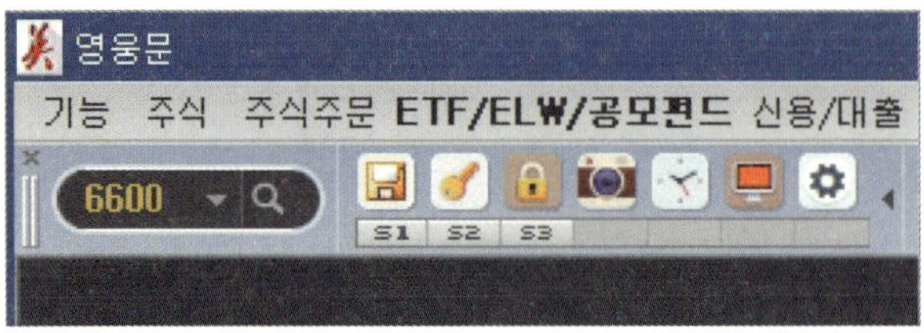

키움증권의 '영웅문' HTS를 실행한 후 좌측 상단의 검색창에 '6600'을 입력해 검색한다.

| 차트 환경 설정법 2 |

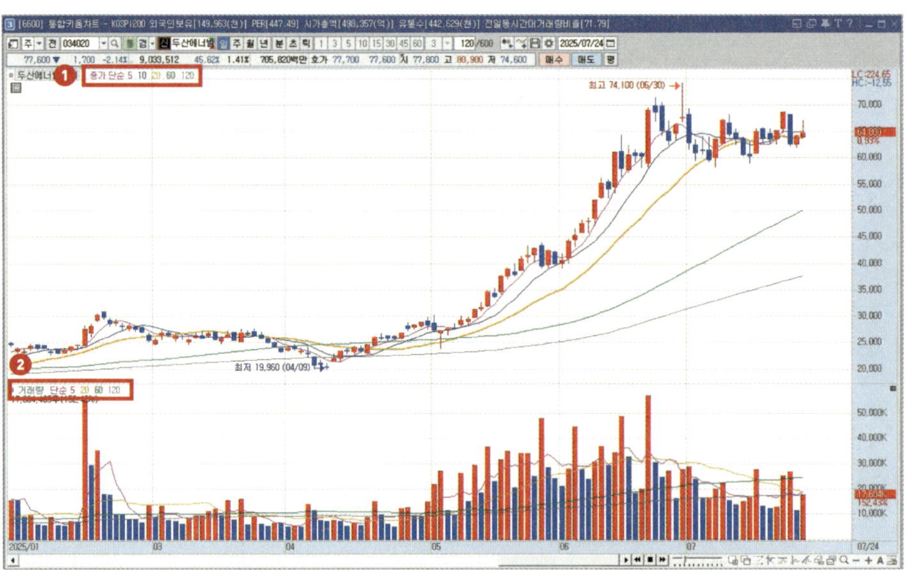

'통합키움차트' 창이 활성화되면 ①의 보조지표 클릭 후 키보드의 Delete 키를 눌러 이동평균선
을 삭제한다. 이어서 ②의 보조지표 클릭 후 키보드의 Delete 키를 눌러 거래량을 삭제한다.

두 보조지표가 삭제된 화면은 위 그림과 같다.

| 차트 환경 설정법 3 |

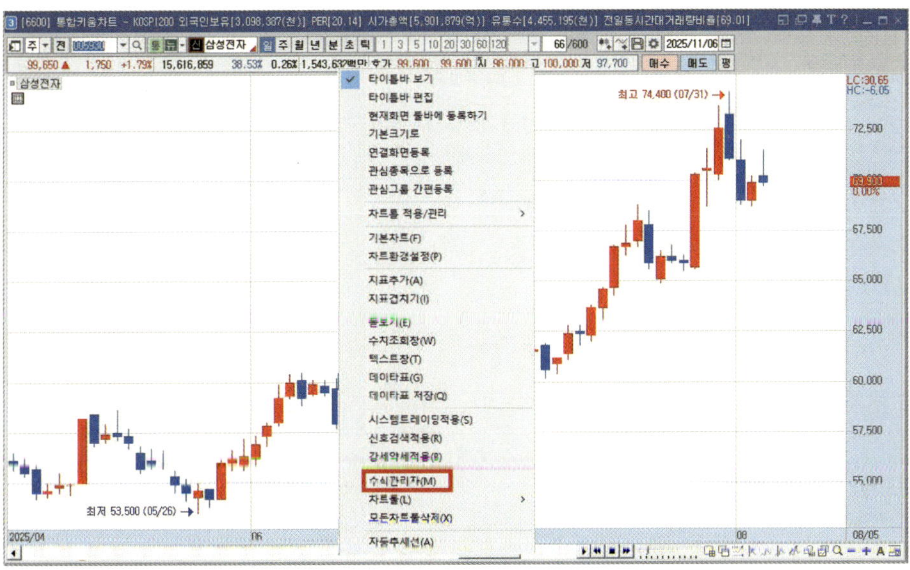

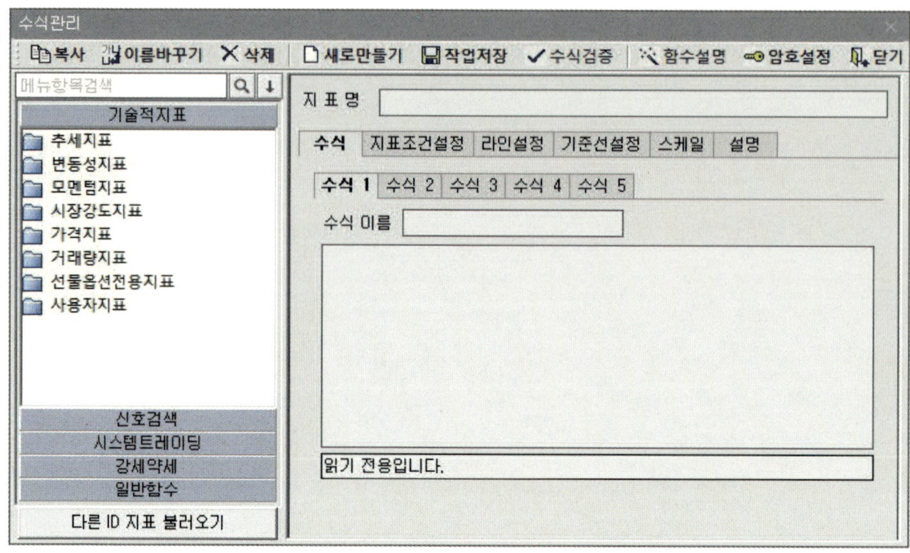

차트 화면에서 마우스 오른쪽 버튼을 눌러 '수식관리자'를 클릭해 '수식관리' 창을 활성화시킨다.

| 차트 환경 설정법 4 | 첫 번째 지표의 수식 설정

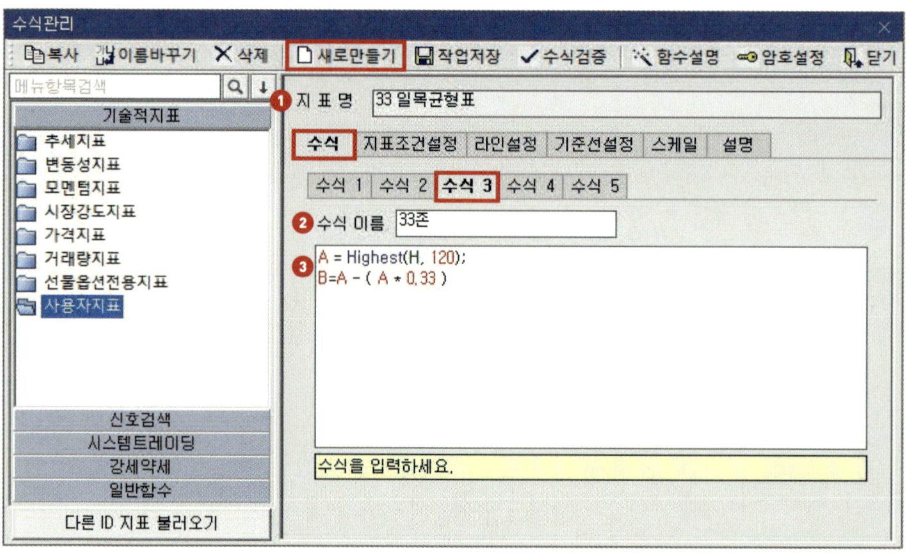

'수식관리' 창이 활성화되면 '새로만들기'를 클릭한 후 순서대로 '① 지표명'에 '33 일목균형표', '수식→수식 3' 탭의 '② 수식 이름'에 '33존', ③ 공란에는 504쪽의 표와 같이 입력한다. 이때 반드시 '수식 3'부터 설정해야 한다.

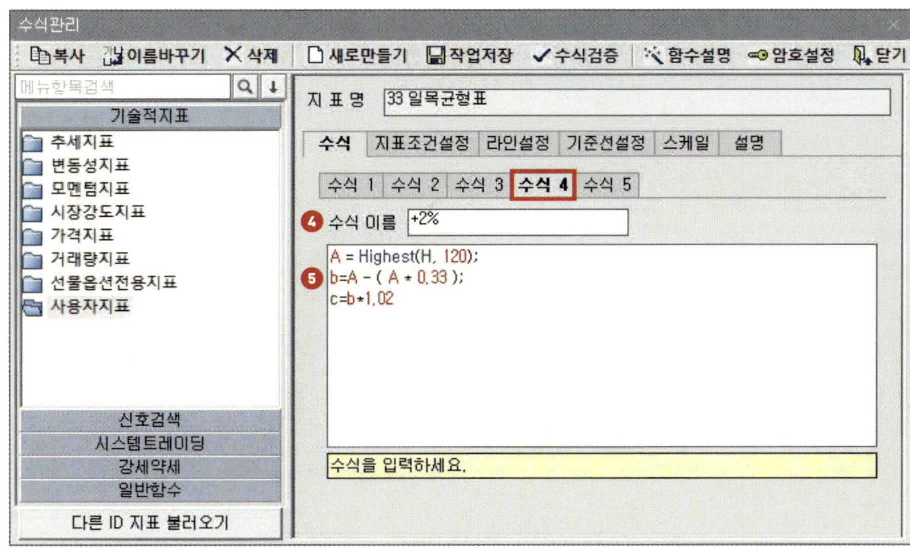

이어서 '수식 4' 탭의 '④ 수식 이름'에 '+2%', ⑤ 공란에는 504쪽의 표와 같이 입력한다.

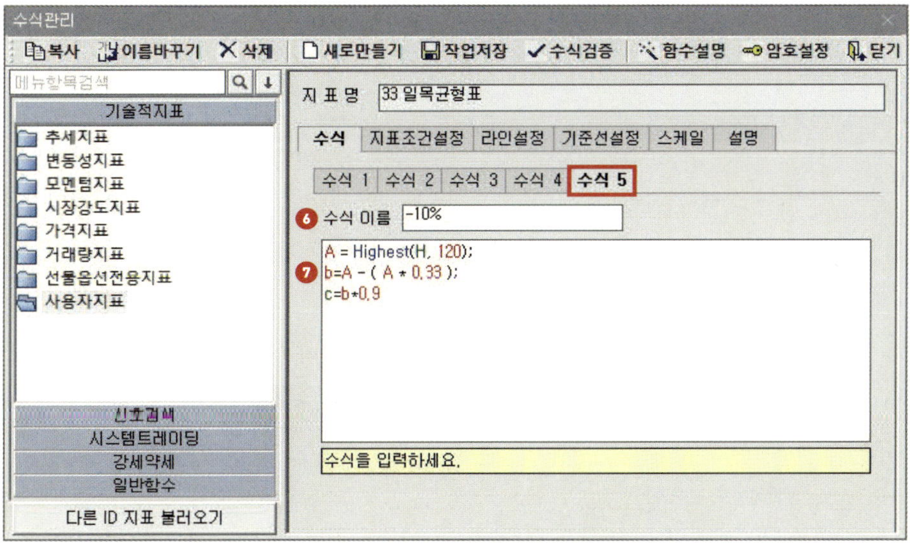

이어서 '수식 5' 탭의 '⑥ 수식 이름'에 '-10%', ⑦ 공란에는 504쪽의 표와 같이 입력한다.

첫 번째 지표의 '수식 3~5' 수식 이름과 공란의 수식 값을 정리하면 다음과 같다.

구분	수식 이름	공란(수식 값)
수식 1	(없음)	(없음)
수식 2	(없음)	(없음)
수식 3	33존	A=Highest(H,120); B=A-(A*0.33)
수식 4	+2%	A=Highest(H,120); b=A-(A*0.33); c=b*1.02
수식 5	-10%	A=Highest(H,120); b=A-(A*0.33); c=b*0.9

| 차트 환경 설정법 5 | 첫 번째 지표의 라인 설정

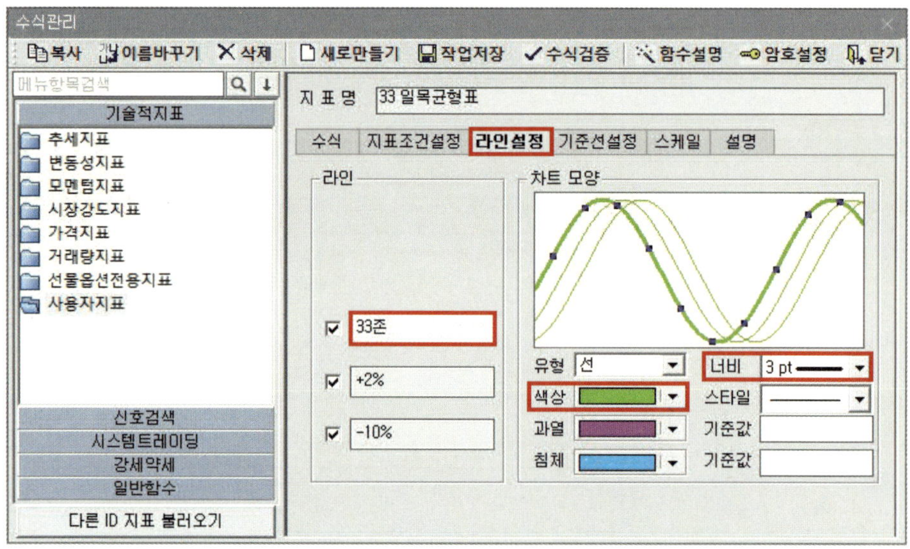

'라인설정' 탭의 '라인' 항목에서 '33존'을 클릭한 후 오른쪽에서 '색상'은 '연한 노랑(연두색)', '너비'는 '3pt'로 설정한다. 참고로 국내 33존50존의 라인 설정은 독자의 이해를 돕기 위한 예시일 뿐이므로 라인의 색상과 너비는 각자의 취향에 맞게 자유롭게 설정해도 된다.

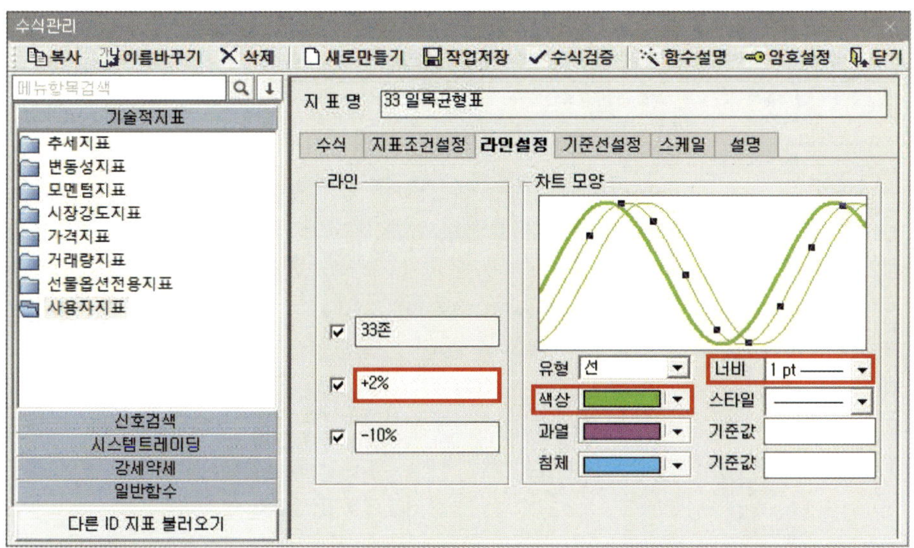

이어서 '라인' 항목에서 '+2%'를 클릭한 후 오른쪽에서 '색상'은 '연한 노랑(연두색)', '너비'는 '1pt'로 설정한다.

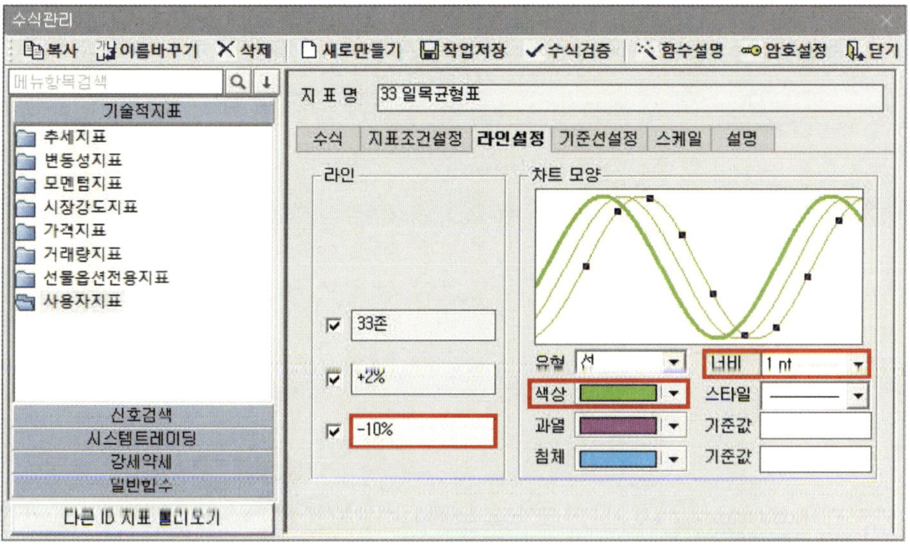

이어서 '라인' 항목에서 ' 10%'를 클릭한 후 오른쪽에서 '색상'은 '연한 노랑(연두색)', '너비'는 '1pt'로 설정한다.

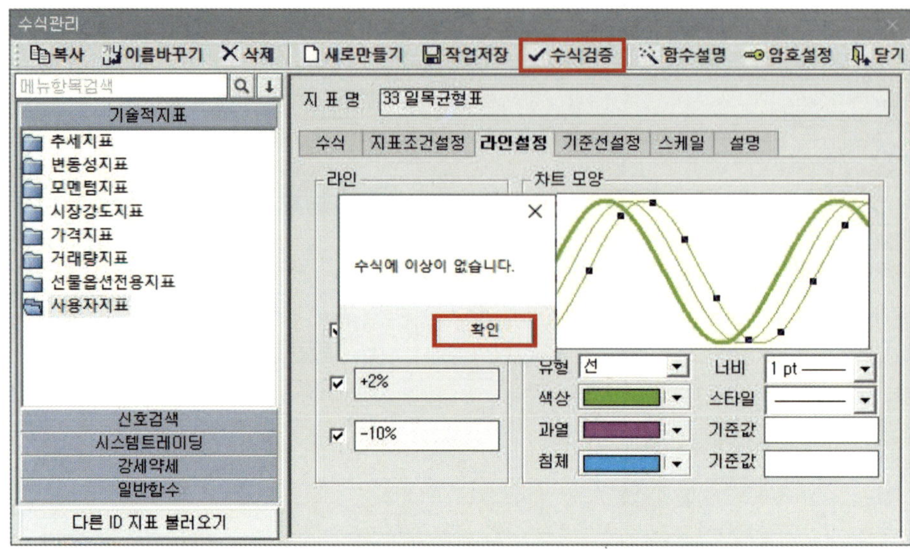

모든 설정이 완료되면 상단의 '수식검증'을 눌러 이상이 없는지 확인한다.

| 차트 환경 설정법 7 |

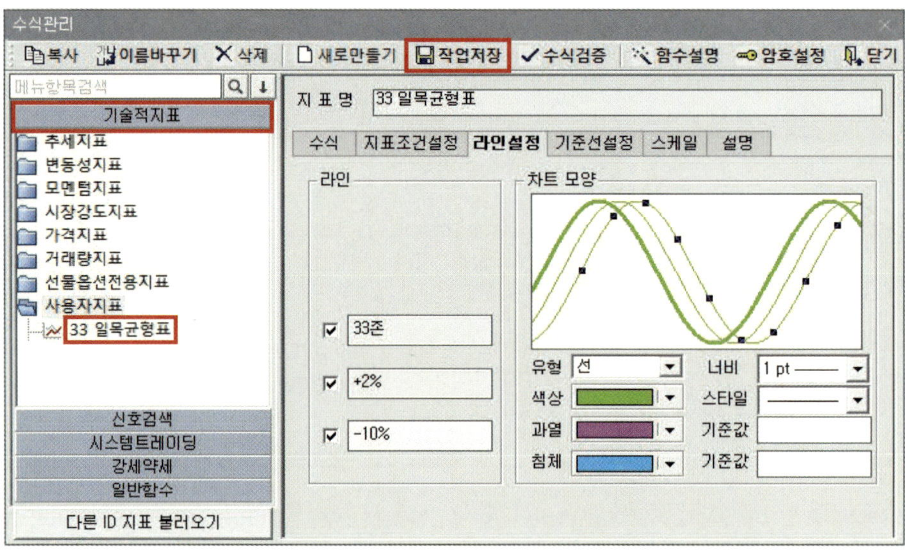

상단의 '작업저장'을 눌러 좌측 '기술적지표' 창에 '33 일목균형표' 지표가 생성됐는지 확인한다.

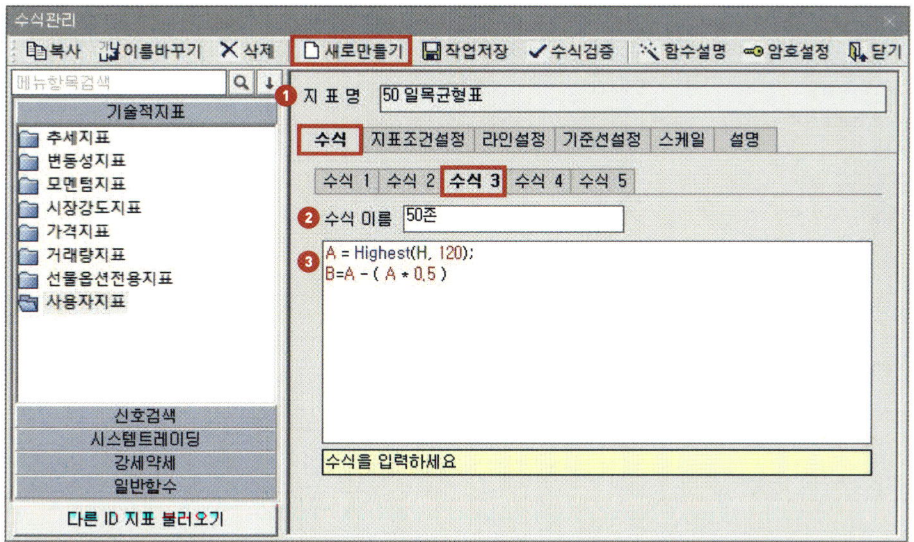

'수식관리' 창에서 '새로만들기'를 클릭한 후 순서대로 '① 지표명'에 '50 일목균형표', '수식→수식 3' 탭의 '② 수식 이름'에 '50존', ③ 공란에는 508쪽의 표와 같이 입력힌다. 이때 반드시 '수식 3'부터 설정해야 한다.

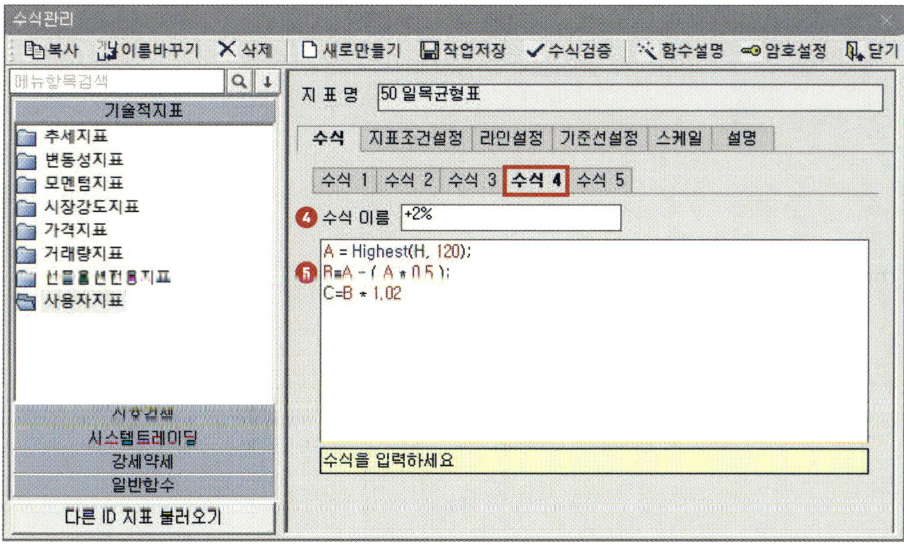

이어서 '수식 4' 탭의 '④ 수식 이름'에 '+2%', ⑤ 공란에는 508쪽의 표와 같이 입력한다.

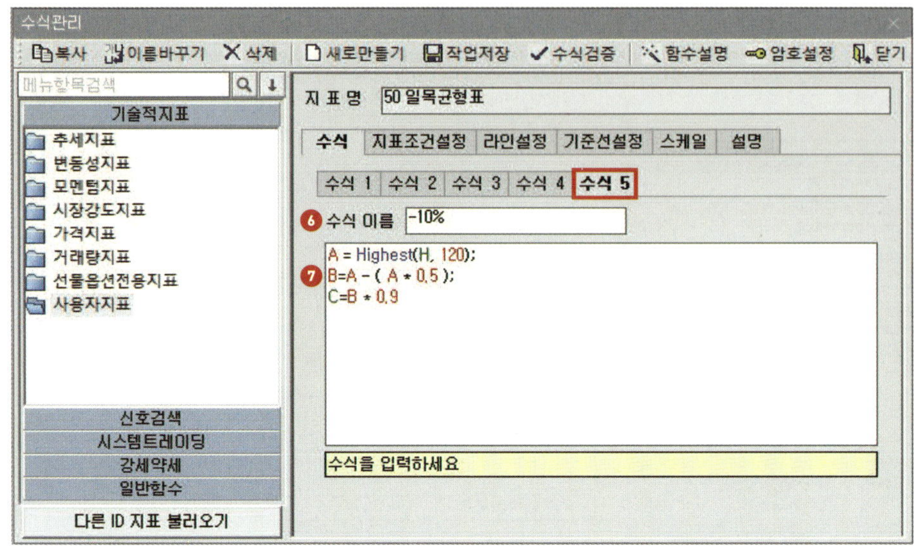

이어서 '수식 5' 탭의 '⑥ 수식 이름'에 '-10%', ⑦ 공란에는 다음의 표와 같이 입력한다.

두 번째 지표의 '수식 3~5' 수식 이름과 공란의 수식 값을 정리하면 다음과 같다.

구분	수식 이름	공란(수식 값)
수식 1	(없음)	(없음)
수식 2	(없음)	(없음)
수식 3	50존	A=Highest(H,120); B=A-(A*0.5)
수식 4	+2%	A=Highest(H,120); B=A-(A*0.5); C=B*1.02
수식 5	-10%	A=Highest(H,120); B=A-(A*0.5); C=B*0.9

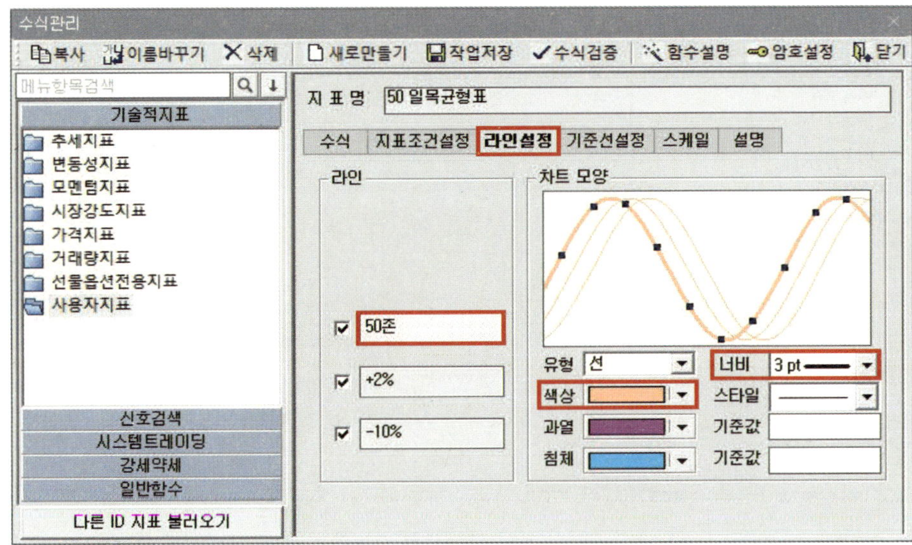

'라인설정' 탭의 '라인' 항목에서 '50존'을 클릭한 후 오른쪽에서 '색상'은 '황갈색(살구색)', '너비'는 '3pt'로 설정한다.

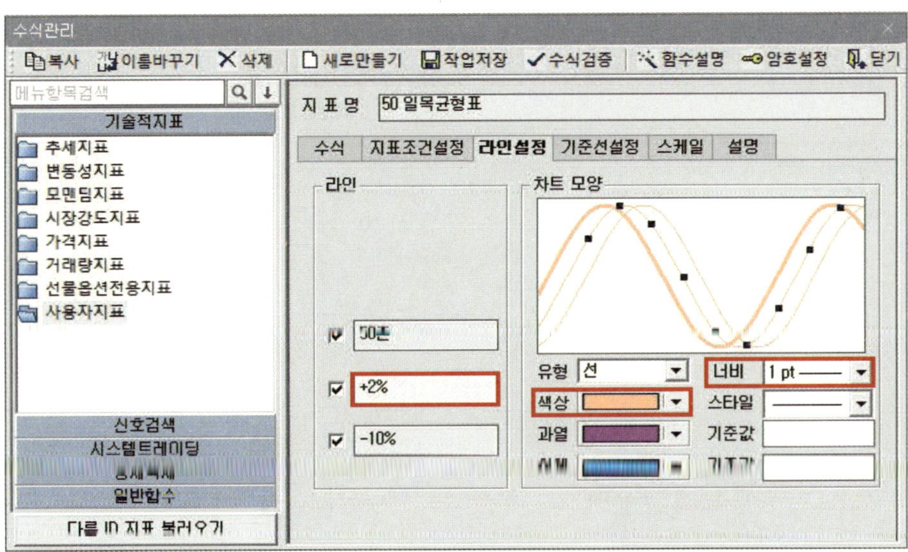

이어서 '라인' 항목에서 '+2%'를 클릭한 후 오른쪽에서 '색상'은 '황갈색(살구색)', '너비'는 '1pt'로 설정한다.

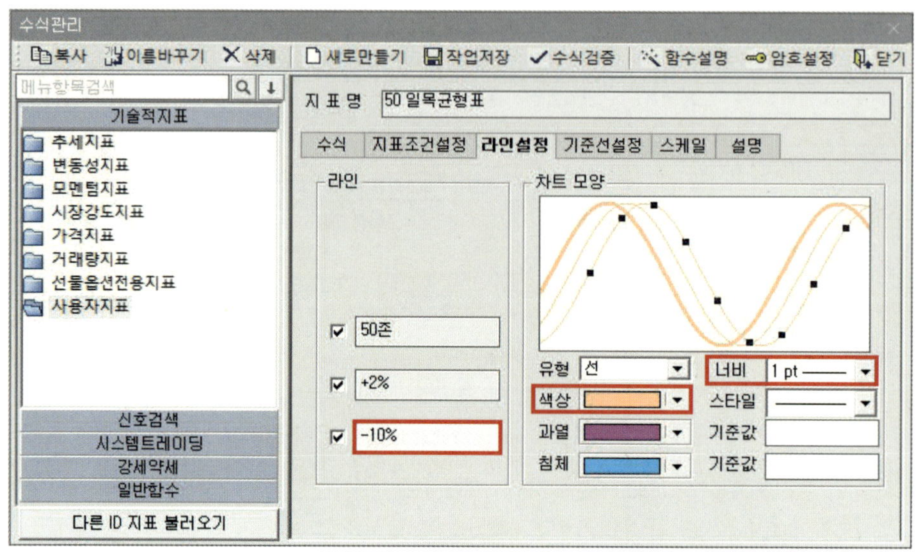

이어서 '라인' 항목에서 '-10%'를 클릭한 후 오른쪽에서 '색상'은 '황갈색(살구색)', '너비'는 '1pt'
로 설정한다.

| 차트 환경 설정법 10 |

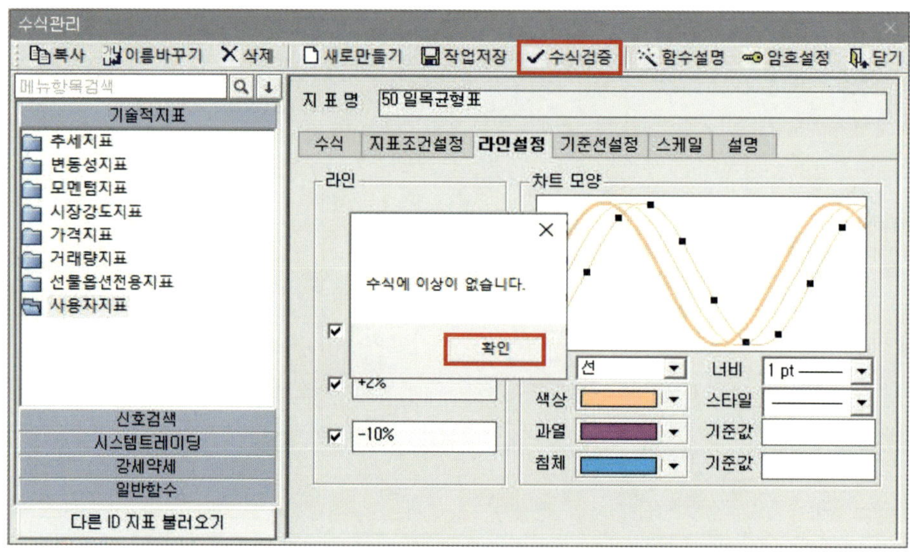

모든 설정이 완료되면 상단의 '수식검증'을 눌러 이상이 없는지 확인한다.

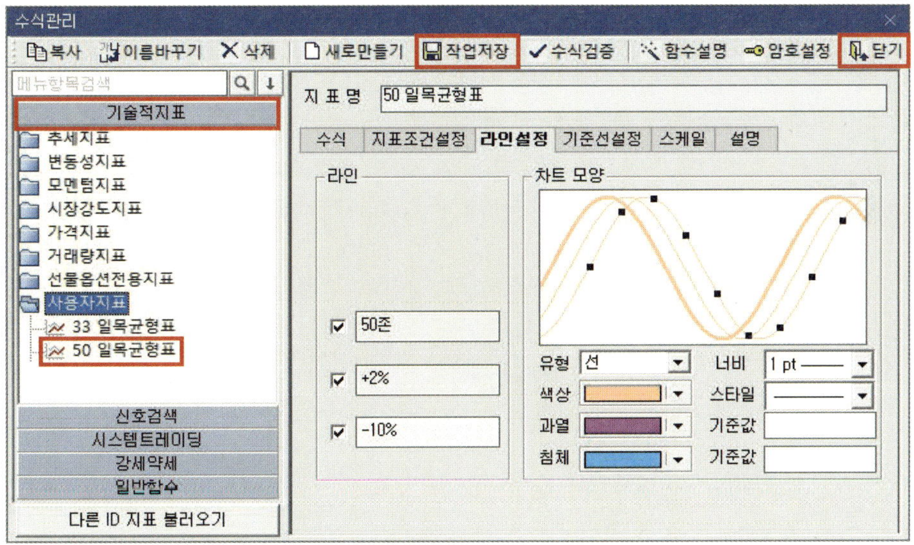

상단의 '작업저장'을 눌러 좌측 '기술적지표' 창에 '50 일목균형표' 지표가 생성됐는지 확인한 후
우측 상단의 '닫기'를 클릭한다.

'통합키움차트' 창 좌측의 리스트 창에서 '기술적지표→사용자지표'를 순서대로 클릭하면 '절대
존 +30%' 지표가 나타나는 것을 확인할 수 있다. '절대존 +30%'는 앞서 파트 5의 챕터 3 [차트
환경 설정법 8~11]에서 설정한 것이다(429쪽 참고). 만약 좌측에 리스트 창이 보이지 않는다면
상단의 '좌측메뉴 보이기/감추기(창 모양 ▥)'를 클릭한다.

33존50존 보조지표 적용하기

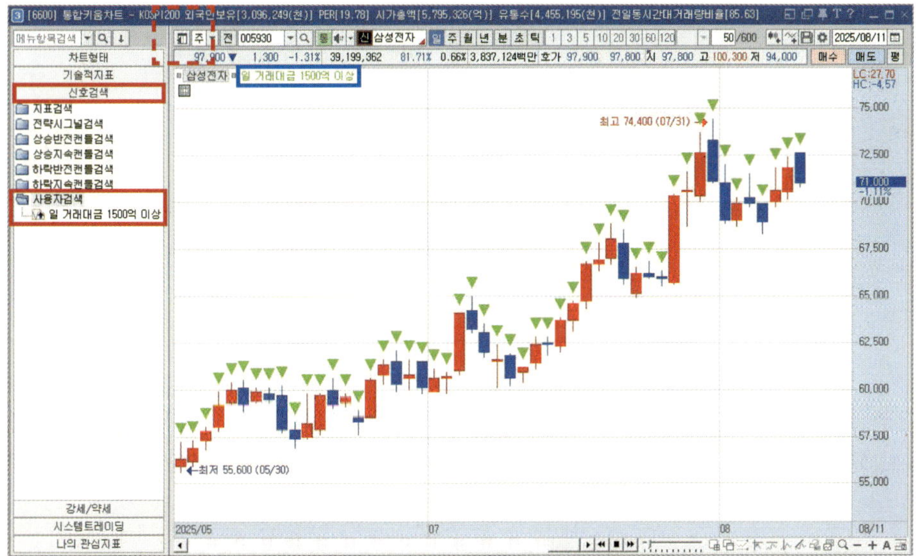

'통합키움차트' 창 좌측의 리스트 창에서 '신호검색→사용자검색→일 거래대금 1500억 이상'을 순서대로 클릭해 차트에 적용한다. '일 거래대금 1500억 이상'은 앞서 파트 1의 챕터 3 [차트 환경 설정법 24~26]에서 설정한 것이다(122쪽 참고). 만약 좌측에 리스트 창이 보이지 않는다면 상단의 '좌측메뉴 보이기/감추기(창 모양 ▣)'를 클릭한다. 지표가 적용되면 차트 좌측 상단에 파란색 상자와 같이 표기된다.

'통합키움차트' 창 좌측의 리스트 창에서 '기술적지표→사용자지표'를 순서대로 클릭하면 앞서 설정한 3개의 33존50존 가격선 지표가 나타난다.

| 차트 환경 설정법 15 |

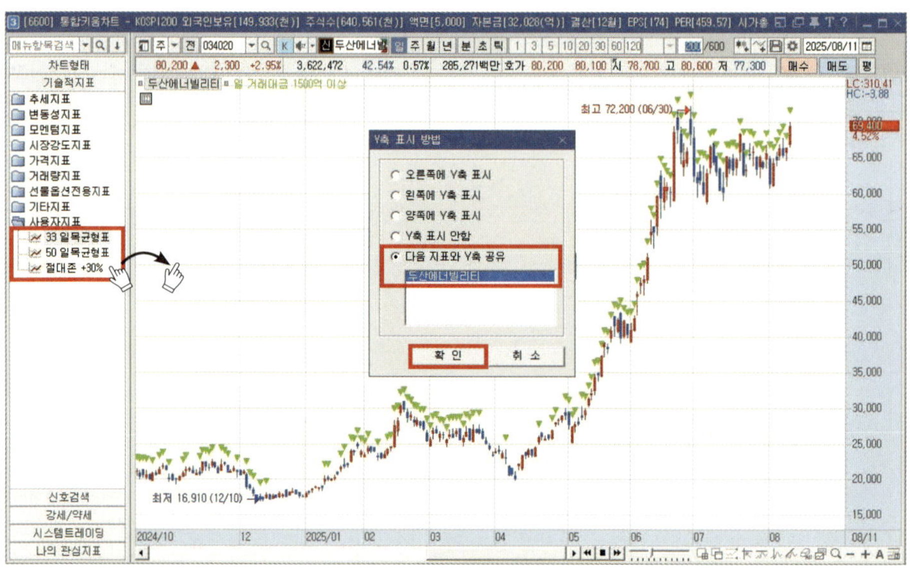

3개의 지표를 하나씩 마우스로 드래그해 우측 차트로 이동시키면 'Y축 표시 방법' 창이 나타난다. 여기에서 '다음 지표와 Y축 공유'와 아래의 종목명을 선택한 후 '확인'을 누르면 해당 지표가 차트에 적용된다.

모든 지표 적용이 성공적으로 완료되면 차트 좌측 상단에 파란색 상자와 같이 표기되며 이 중 '33존 +2% -10%'와 '50존 +2% -10%' 지표를 각각 마우스로 더블 클릭한다.

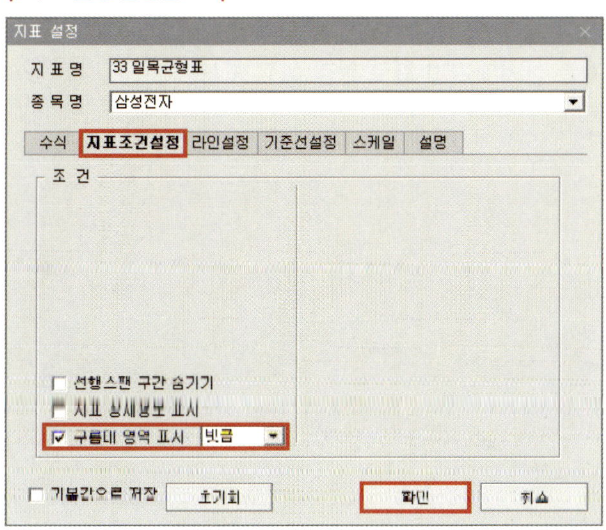

두 지표 각각 '지표 설정' 창이 활성화되면 '지표조건설정' 탭을 클릭해 하단의 '구름대 영역 표시'에서 '빗금'을 선택하고 '확인'을 누르면 이제 국내 33존50존 매매를 위한 설정이 완료됐다. 차트에서 지표를 삭제하는 방법은 [차트 환경 설정법 2]를 참고하면 된다.

2

미국 차트 설정 방법

다음은 미국 33존50존 신매매기법의 모든 지표가 추가된 차트 환경이다. 이어서 나오는 설정법을 그대로 따라 하면 어렵지 않게 구축할 수 있을 것이다.

| 실전 차트 6-42 | 미국 33존50존 신매매기법 차트 환경 설정 예시

33존50존 가격선 설정하기

| 차트 환경 설정법 1 |

키움증권의 '영웅문Global' HTS를 실행한 후 좌측 상단의 검색창에 '0601'을 입력해 검색한다.

| 차트 환경 설정법 2 |

'해외주식 종합차트' 창이 활성화되면 ①의 보조지표 클릭 후 키보드의 Delete 키를 눌러 이동평균선을 삭제한다. 이어서 ②의 보조지표 클릭 후 키보드의 Delete 키를 눌러 거래량을 삭제한다.

두 보조지표가 삭제된 화면은 위 그림과 같다.

| 차트 환경 설정법 3 |

차트 화면에서 마우스 오른쪽 버튼을 눌러 '수식관리자'를 클릭해 '수식관리' 창을 활성화시킨다.

| 차트 환경 설정법 4 | 첫 번째 지표의 수식 설정

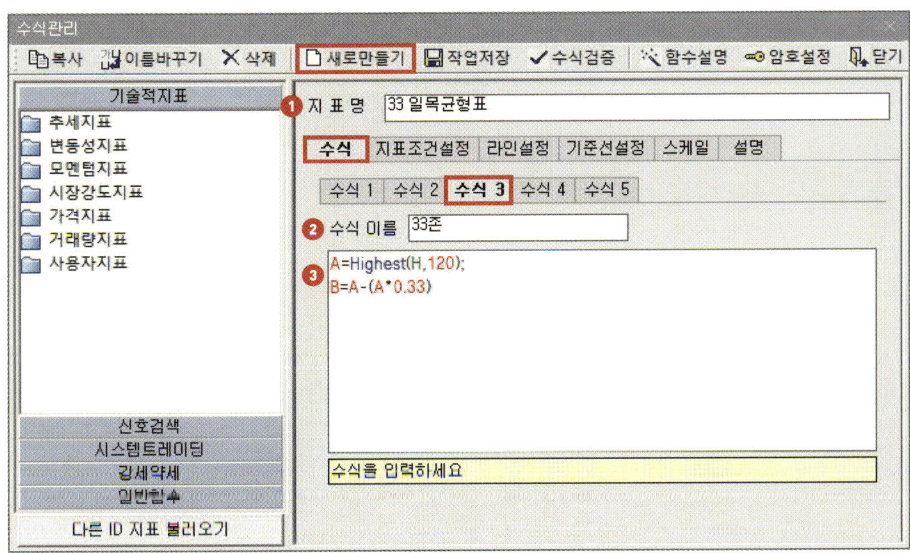

'수식관리' 창이 활성화되면 '새로만들기'를 클릭한 후 순서대로 '① 지표명'에 '33 일목균형표', '수식→수식 3' 탭의 '② 수식 이름'에 '33존', ③ 공란에는 521쪽의 표와 같이 입력한다. 이때 반드시 '수식 3'부터 설정해야 한다.

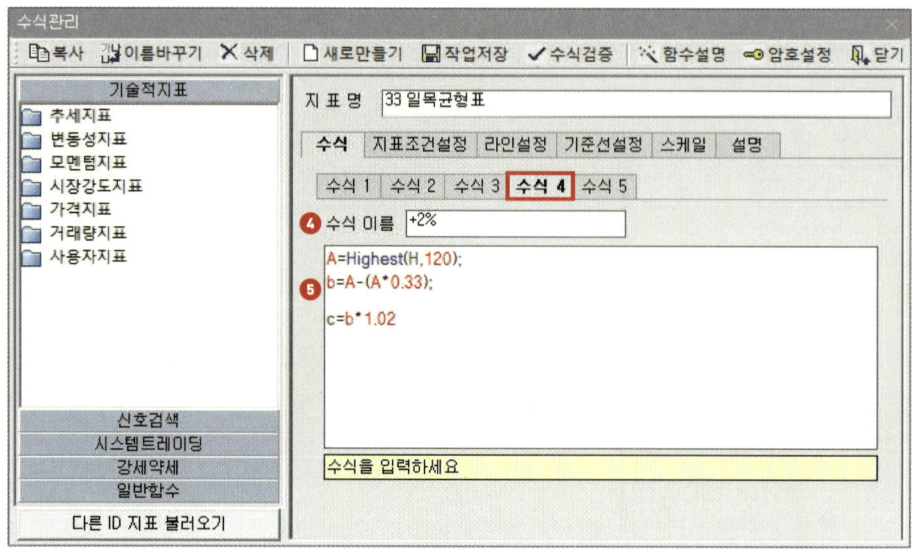

이어서 '수식 4' 탭의 '④ 수식 이름'에 '+2%', ⑤ 공란에는 521쪽의 표와 같이 입력한다.

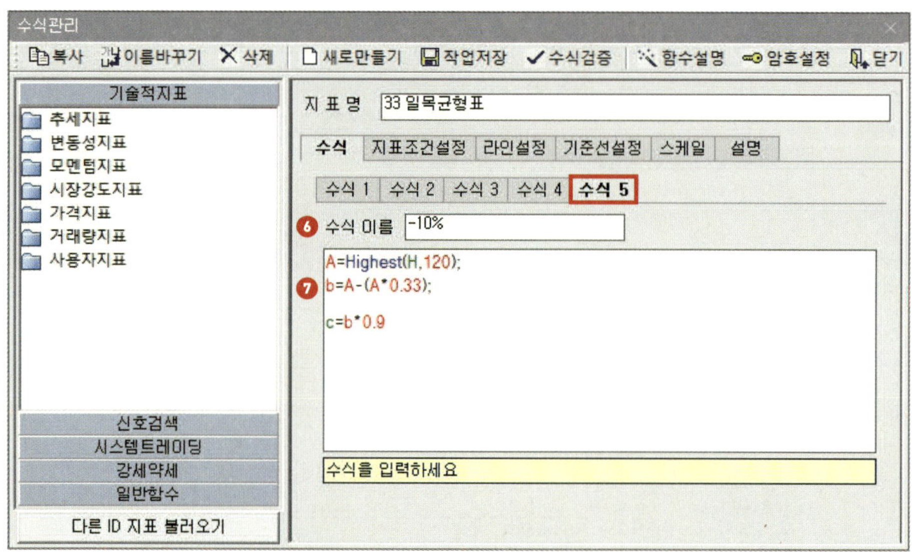

이어서 '수식 5' 탭의 '⑥ 수식 이름'에 '-10%', ⑦ 공란에는 521쪽의 표와 같이 입력한다.

첫 번째 지표의 '수식 3~5' 수식 이름과 공란의 수식 값을 정리하면 다음과 같다.

구분	수식 이름	공란(수식 값)
수식 1	(없음)	(없음)
수식 2	(없음)	(없음)
수식 3	33존	A=Highest(H,120); B=A-(A∗0.33)
수식 4	+2%	A=Highest(H,120); b=A-(A∗0.33); c=b∗1.02
수식 5	-10%	A=Highest(H,120); b=A-(A∗0.33); c=b∗0.9

| 차트 환경 설정법 5 | 첫 번째 지표의 라인 설정

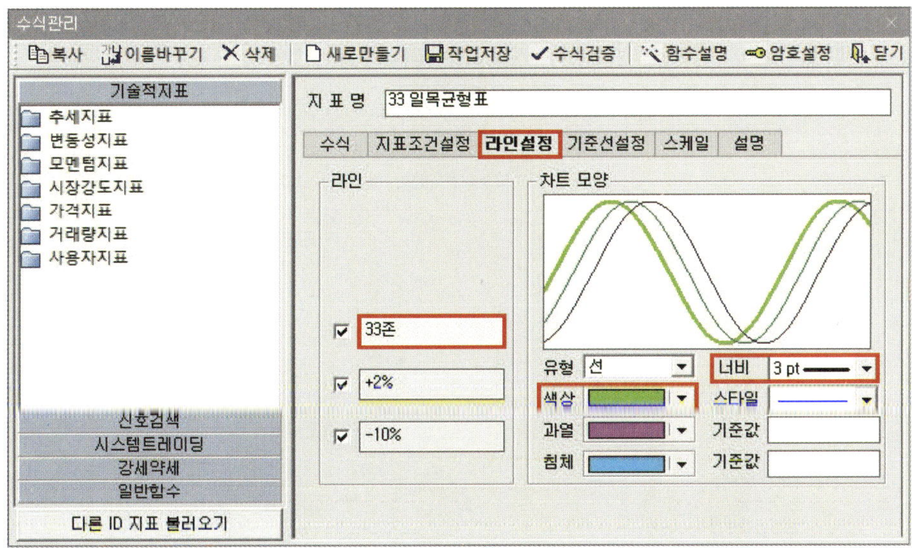

'라인설정' 탭의 '라인' 항목에서 '33존'을 클릭한 후 오른쪽에서 '색상'은 '연한 노랑(연두색)', '너비'는 '3pt'로 설정한다. 침고로 미국 33존50존의 라인 설정은 독자의 이해를 돕기 위한 예시일 뿐이므로 라인의 색상과 너비는 각자의 취향에 맞게 자유롭게 설정해도 된다.

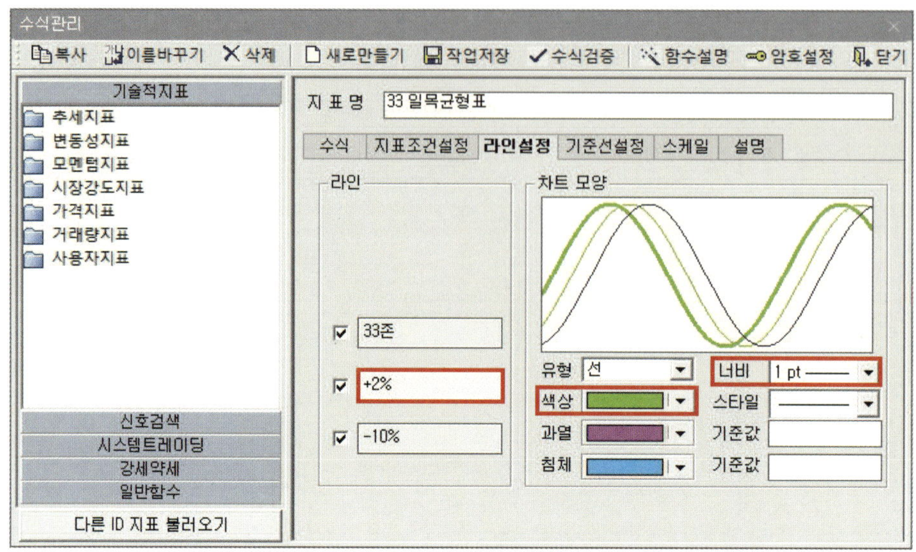

이어서 '라인' 항목에서 '+2%'를 클릭한 후 오른쪽에서 '색상'은 '연한 노랑(연두색)', '너비'는 '1pt'로 설정한다.

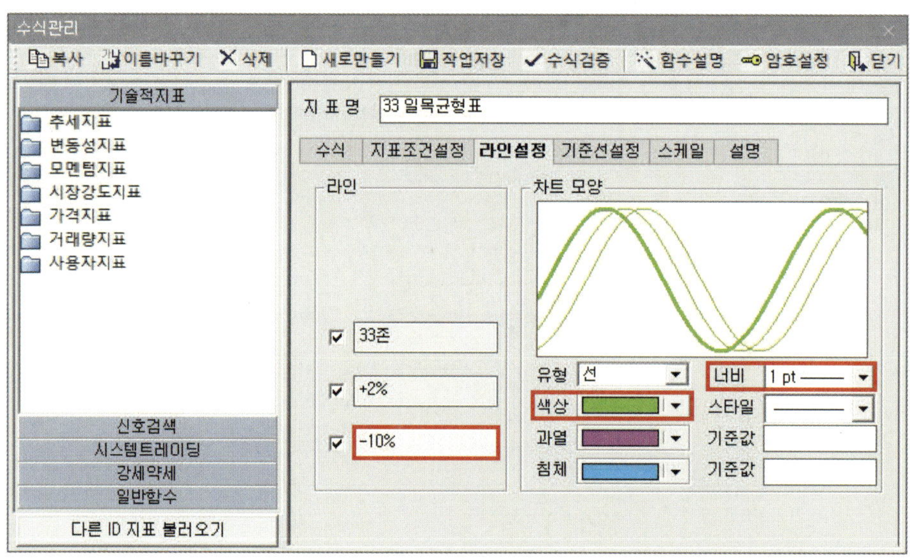

이어서 '라인' 항목에서 '-10%'를 클릭한 후 오른쪽에서 '색상'은 '연한 노랑(연두색)', '너비'는 '1pt'로 설정한다.

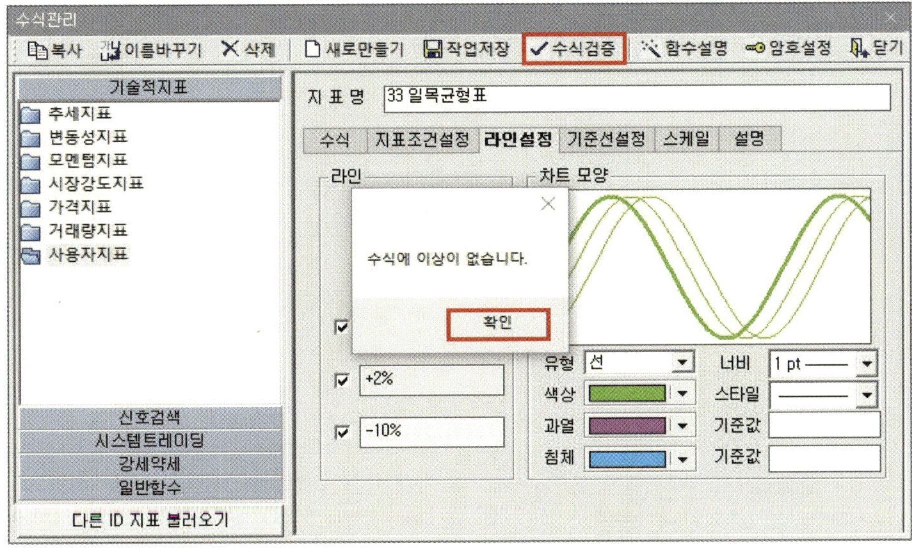

모든 설정이 완료되면 상단의 '수식검증'을 눌러 이상이 없는지 확인한다.

| 차트 환경 설정법 7 |

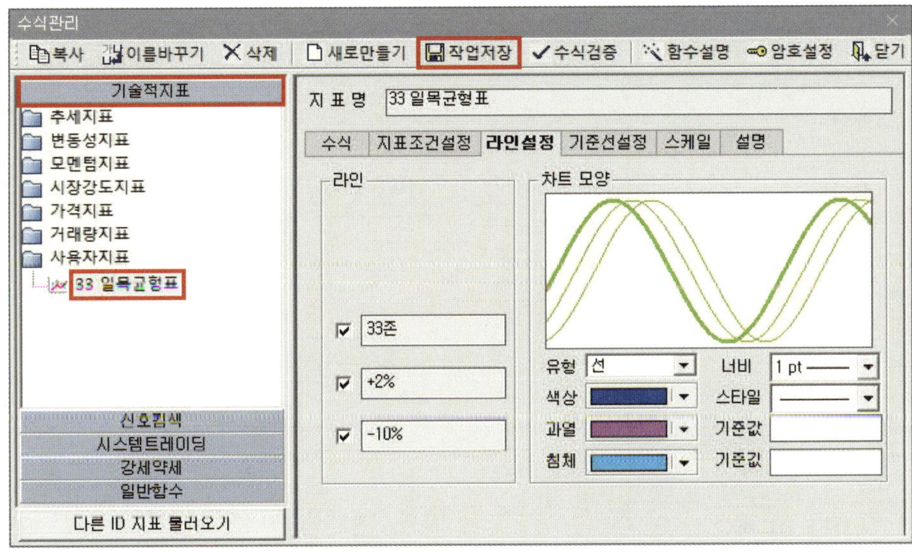

상단의 '작업저장'을 눌러 좌측 '기술적지표' 창에 '33 일목균형표' 지표가 생성됐는지 확인한다.

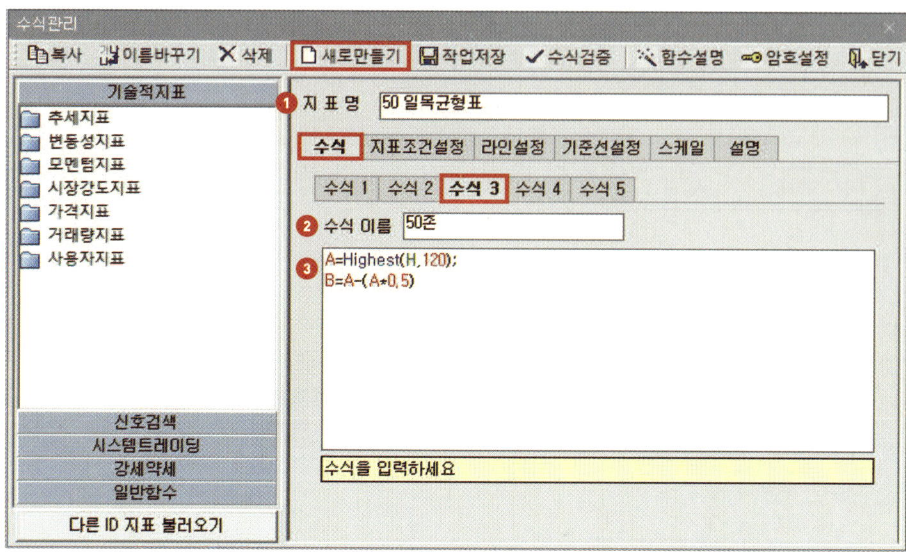

'수식관리' 창에서 '새로만들기'를 클릭한 후 순서대로 '① 지표명'에 '50 일목균형표', '수식→수식 3' 탭의 '② 수식 이름'에 '50존', ③ 공란에는 525쪽의 표와 같이 입력한다. 이때 반드시 '수식 3'부터 설정해야 한다.

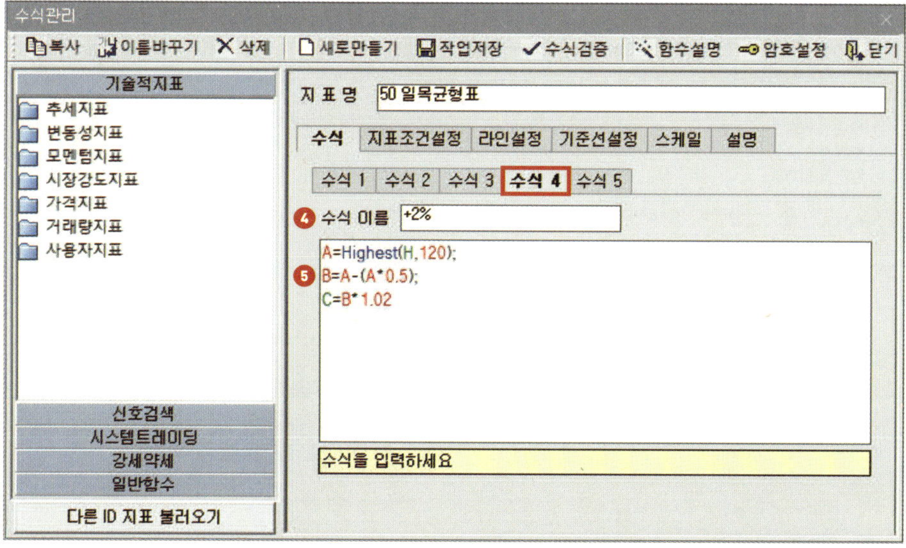

이어서 '수식 4' 탭의 '④ 수식 이름'에 '+2%', ⑤ 공란에는 525쪽의 표와 같이 입력한다.

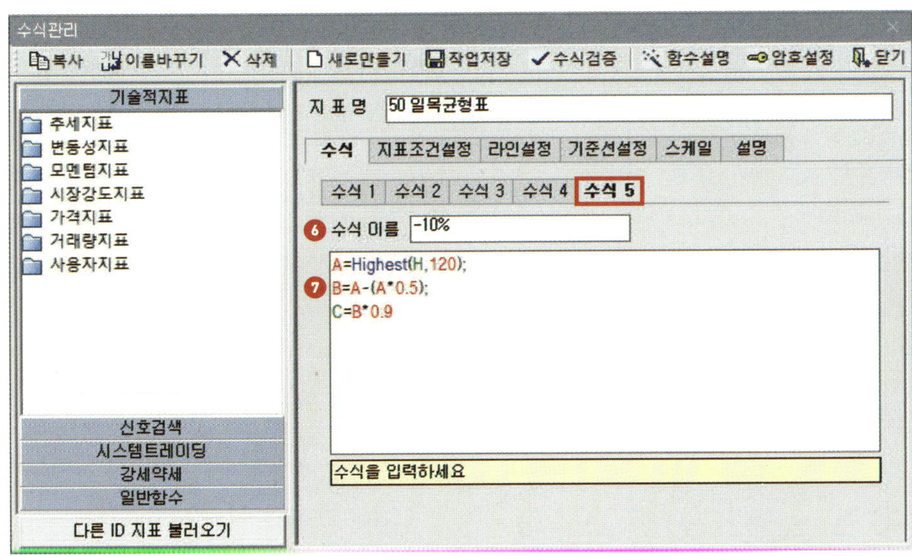

이어서 '수식 5' 탭의 '⑥ 수식 이름'에 '-10%', ⑦ 공란에는 다음의 표와 같이 입력한다.

두 번째 지표의 '수식 3~5' 수식 이름과 공란의 수식 값을 정리하면 다음과 같다.

구분	수식 이름	공란(수식 값)
수식 1	(없음)	(없음)
수식 2	(없음)	(없음)
수식 3	50존	A=Highest(H,120); B=A-(A*0.5)
수식 4	+2%	A=Highest(H,120); B=A-(A*0.5); C=B*1.02
수식 5	-10%	A=Highest(H,120); B=A-(A*0.5); C=B*0.9

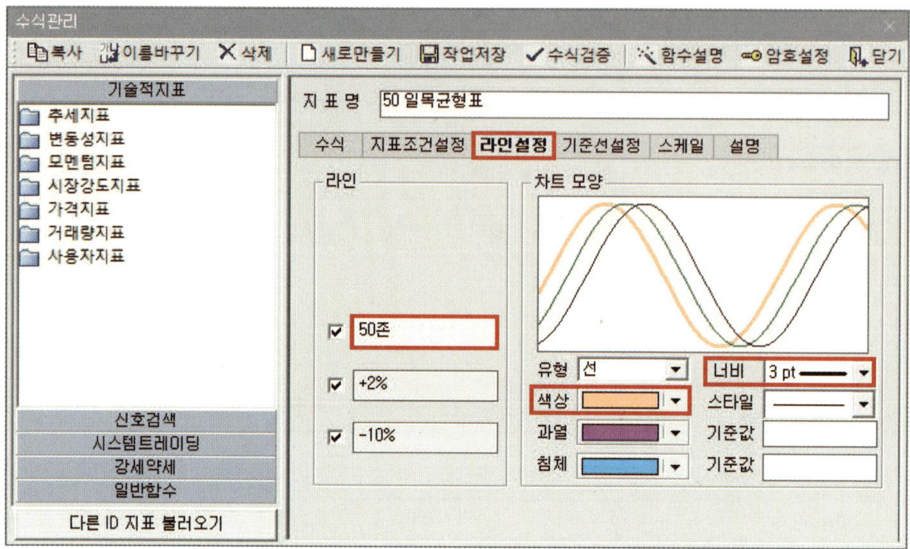

'라인설정' 탭의 '라인' 항목에서 '50존'을 클릭한 후 오른쪽에서 '색상'은 '황갈색(살구색)', '너비'는 '3pt'로 설정한다.

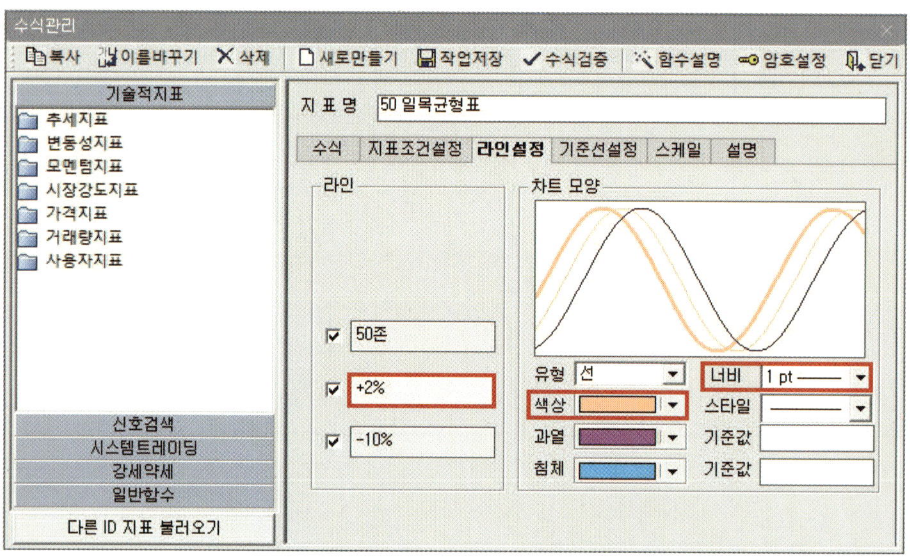

이어서 '라인' 항목에서 '+2%'를 클릭한 후 오른쪽에서 '색상'은 '황갈색(살구색)', '너비'는 '1pt'로 설정한다.

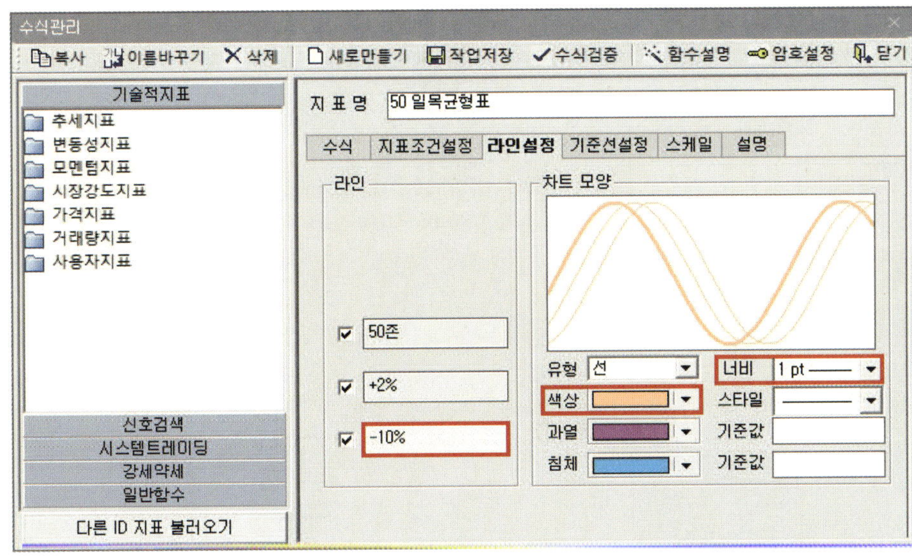

이어서 '라인' 항목에서 '-10%'를 클릭한 후 오른쪽에서 '색상'은 '황갈색(살구색)', '너비'는 '1pt'
로 설정한다.

| 차트 환경 설정법 10 |

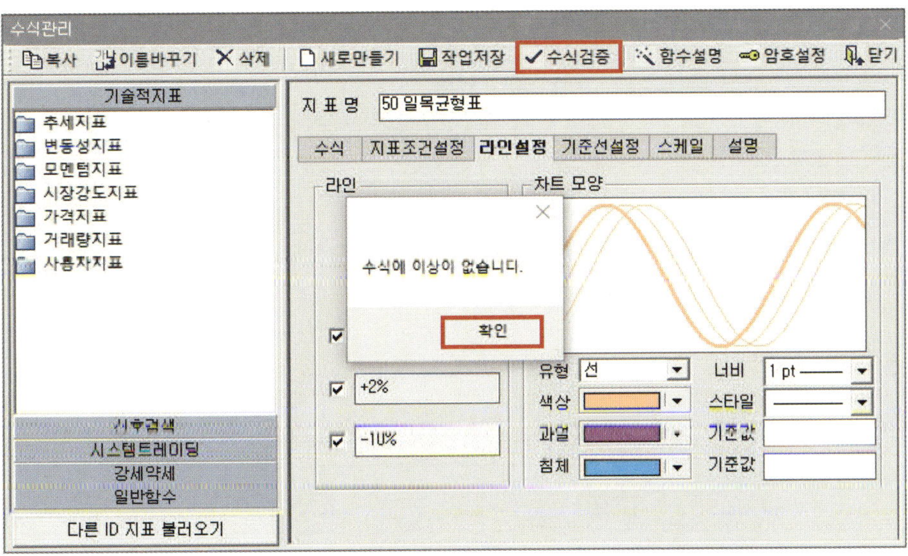

모든 설정이 완료되면 상단의 '수식검증'을 눌러 이상이 없는지 확인한다.

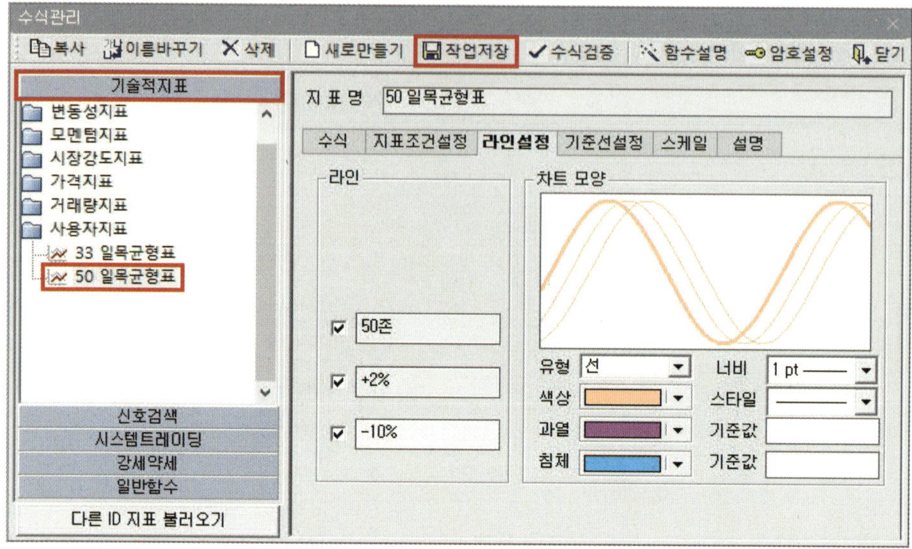

상단의 '작업저장'을 눌러 좌측 '기술적지표' 창에 '50 일목균형표' 지표가 생성됐는지 확인한다.

| 차트 환경 설정법 12 | 세 번째 지표의 수식 설정

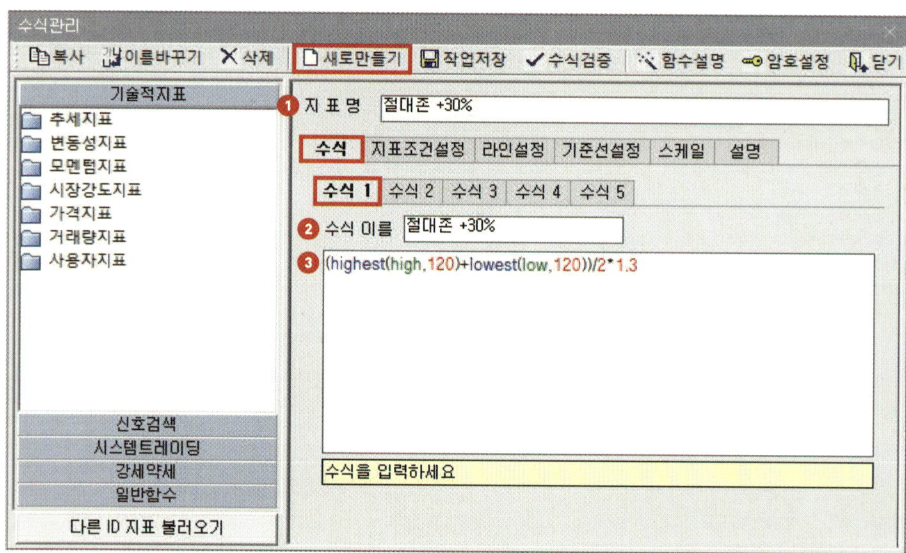

'수식관리' 창에서 '새로만들기'를 클릭한 후 순서대로 '① 지표명'에 '절대존 +30%', '수식→수식
1' 탭의 '② 수식 이름'에 '절대존 +30%', ③ 공란에 '(highest(high,120)+lowest(low,120))/2*1.3'
을 입력한다.

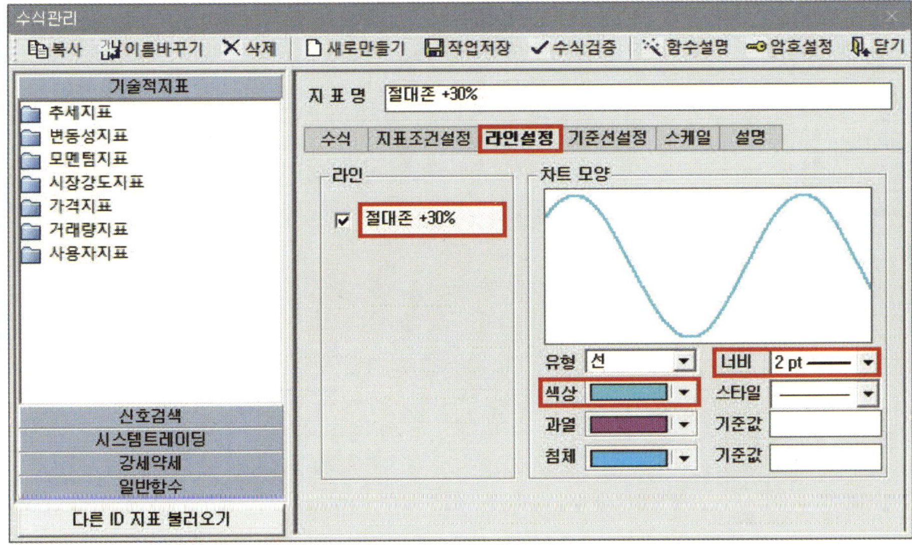

'라인설정' 탭의 '라인' 항목에서 '절대존 +30%'를 클릭한 후 오른쪽에서 '색상'은 '옥색(하늘색)', '너비'는 '2pt'로 설정한다.

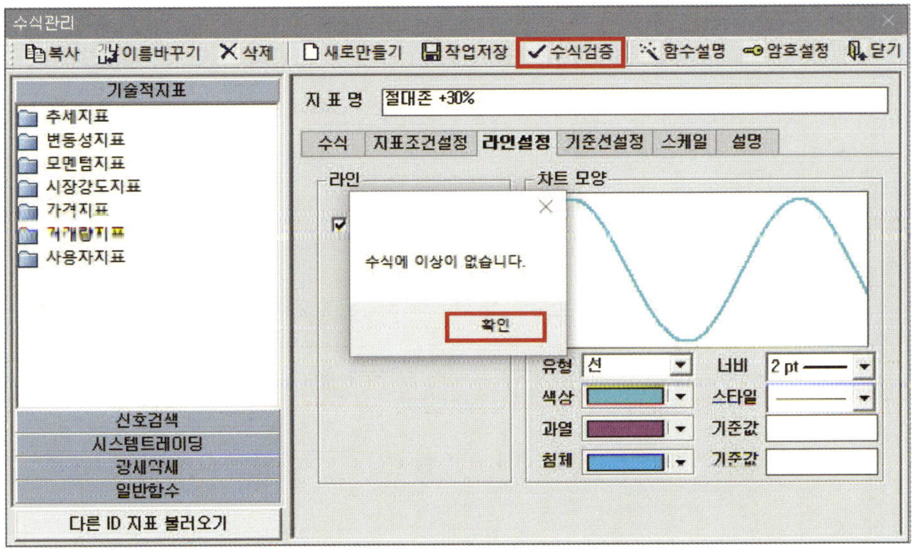

모든 설정이 완료되면 상단의 '수식검증'을 눌러 이상이 없는지 확인한다.

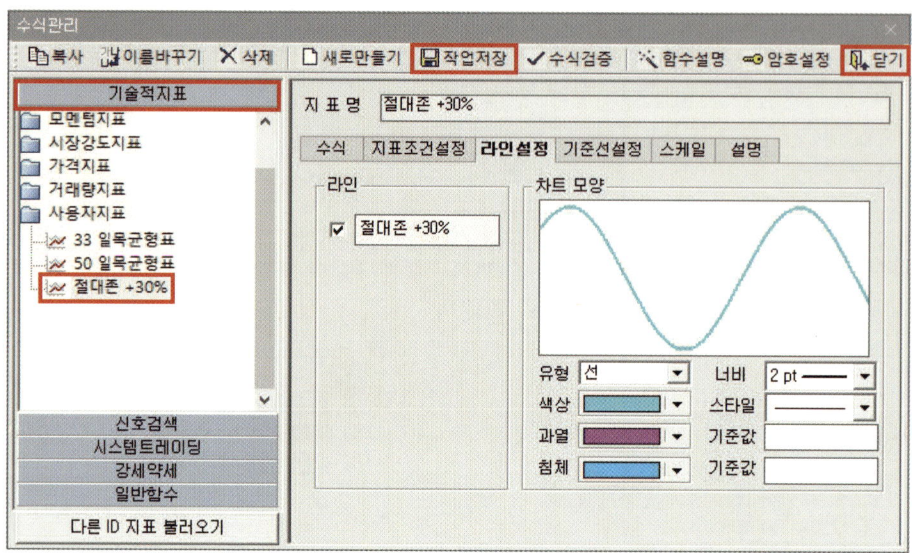

상단의 '작업저장'을 눌러 좌측 '기술적지표' 창에 '절대존 +30%' 지표가 생성됐는지 확인한 후
우측 상단의 '닫기'를 클릭한다.

33존50존 보조지표 적용하기

'통합키움차트' 창 좌측의 리스트 창에서 '기술적지표→사용자지표'를 순서대로 클릭하면 앞서 설정한 3개의 33존50존 가격선 지표가 나타난다. 만약 좌측에 리스트 창이 보이지 않는다면 상단의 '좌측메뉴 보이기/감추기(창 모양 ▥)'를 클릭한다.

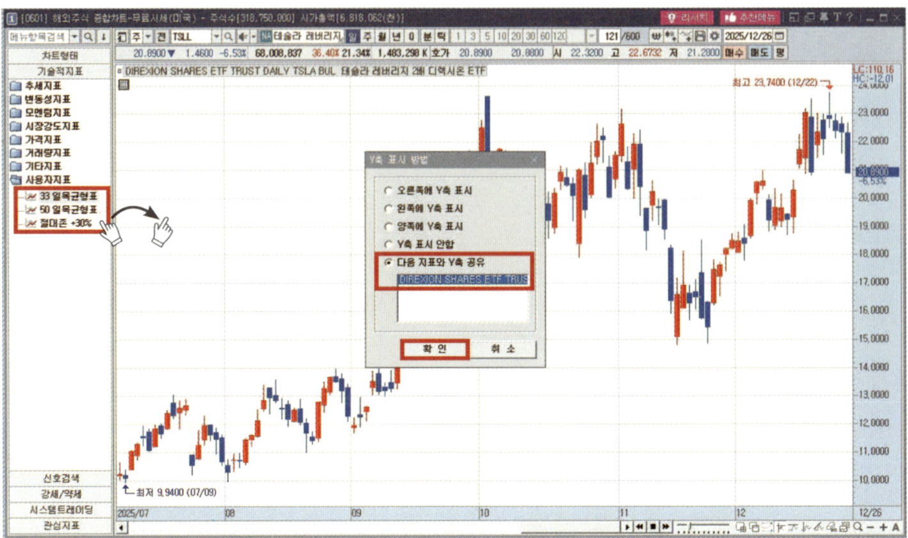

3개의 지표를 하나씩 마우스로 드래그해 우측 차트로 이동시키면 'Y축 표시 방법' 창이 나타난다. 여기에서 '다음 지표와 Y축 공유'와 아래의 종목명을 선택한 후 '확인'을 누르면 해당 지표가 차트에 적용된다.

| 차트 환경 설정법 18 |

모든 지표 적용이 성공적으로 완료되면 차트 좌측 상단에 파란색 상자와 같이 표기되며 이 중 '33존 +2% -10%'와 '50존 +2% -10%' 지표를 각각 마우스로 더블 클릭한다.

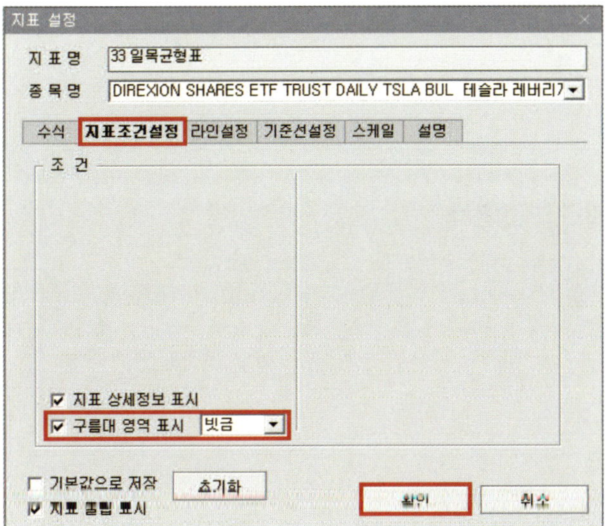

두 지표 각각 '지표 설정' 창이 활성화되면 '지표조건설정' 탭을 클릭해 하단의 '구름대 영역 표시'에서 '빗금'을 선택하고 '확인'을 누르면 이제 미국 33존50존 매매를 위한 설정이 완료됐다. 차트에서 지표를 삭제하는 방법은 [차트 환경 설정법 2]를 참고하면 된다.

이익매도, 손절매도, 공매도, 선물매도 알렉산더 엘더가 알려주는 매도의 모든 것

언제 매도할 것인가

알렉산더 엘더 지음 | 신가을 옮김 | 오인석 감수 | 436쪽 | 27,000원

투자 고수들은 상승장이든, 하락장이든, 횡보장이든, 적절한 매도를 통해 수익을 올린다. 저자 알렉산더 엘더는 이 책을 통해 이익매도, 손절매도, 공매도, 선물매도 등 매도에 관한 다채로운 원칙과 방향성을 명확하게 제시한다.

일본 납세 1위, 평범한 회사원 1조 원을 벌다!

나의 투자술

기요하라 다쓰로 지음 | 김정환 옮김 | 352쪽 | 25,000원

일본 납세 1위에 오른 전설의 월급쟁이 투자자의 노하우를 한 권에 담았다. 겸손하면서도 정직하게, 냉철하면서도 유쾌하게 펼쳐지는 투자 여정이 초보 투자자를 비롯해 시장에서 길을 잃은 투자자에게 명확한 방향을 제시한다.

거래량과 가격의 비밀을 밝힌다!

거래량 투자 기법

애나 쿨링 지음 | 송미리 옮김 | 304쪽 | 23,000원

거래량 가격 분석법으로 번역되는 VPA(Volume Price Analysis) 트레이딩법의 특징은 세력과 기관, 즉 소위 스마트 머니를 이기는 것이 아닌 그들을 따라 매매하는 것이다. 저자는 철저히 스마트 머니, 책에서는 내부자로 언급되는 집단의 시선에서 이야기한다.

차트 분석의 시작과 끝은 이동 평균선이다

이동 평균선 투자법

고지로 강사 지음 | 김정환 옮김 | 208쪽 | 17,000원

이동 평균선으로 '에지가 있는 상태'를 찾아내 수익을 내는 방법을 담은 책이다. 에지가 있는 상태란 가격이 끊임없이 변동하는 가운데, 사는 것이 유리하거나 파는 것이 유리한 국면을 말한다. 투자를 시작할 때 가장 먼저 읽어보면 좋을 책이다.

세계에서 가장 비밀스러운 주식 투자 시스템
초수익 성장주 투자

마크 미너비니 지음 | 김태훈 옮김 | 김대현 감수 | 400쪽 | 25,000원

'투자의 신'이라 불리는 마크 미너비니의 국내 첫 번역본이다. 주식 사이클을 1~4단계까지 차트 예시를 통해 이야기하면서 언제 사고팔아야 하는지 알려준다. 확실하게 초고수익을 얻고자 한다면 들어가는 타이밍과 빠져나오는 시점을 익혀야 한다.

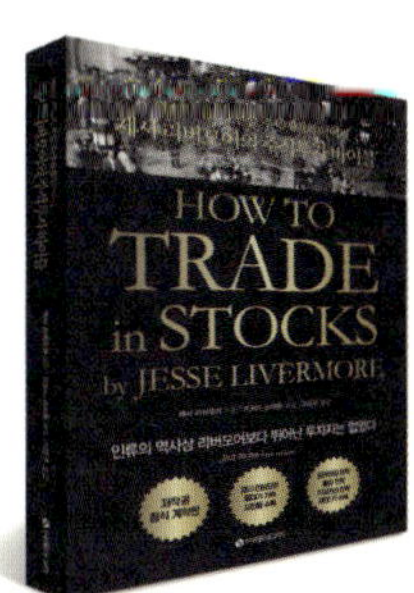

월스트리트의 전설, 추세매매의 아버지
제시 리버모어의 주식투자 바이블

제시 리버모어 지음 | 이은주 옮김 | 340쪽 | 17,500원

리처드 스미튼이 현대에 맞게 제시 리버모어의 투자 철학과 기법을 재해석한 책이다. 리처드 스미튼은 리버모어의 주식 매매기법에 관한 귀중한 자료를 제공함과 동시에 이러한 정보를 이용해 현대의 기술적 투자 기법에 접목하는 방법을 제시한다.

첫걸음부터 꼼꼼히 배워 바로 써먹는
주식투자 처음공부

성상민 지음 | 388쪽 | 22,000원

정보의 취사선택이나 해석이 어려운 초보자를 위한 책이다. 나에게 맞는 증권사 찾기, HTS 세팅 방법, 다양한 주식 매매 전략, 기업의 본질을 파악하는 방법, 차트의 구성 요소, 배당주 투자와 ETF 투자 등 주식투자에 관한 모든 것을 배울 수 있다.

월스트리트를 뒤흔든 14일간의 투자 수업
터틀 트레이딩

마이클 코벨 지음 | 오인석 옮김 | 372쪽 | 19,500원

마이클 코벨은 구전으로만 전해지던 투자 실험을 파헤쳐 이 책에 담았다. 실험의 산증인인 터틀들과의 개별 인터뷰를 포함해 리처드 데니스와 윌리엄 에크하르트가 터틀 수련생들을 훈련한 방식, 투자 철학, 트레이딩 규칙, 투자 기법까지 소개한다.

주식투자 수익은 하나의 패턴이면 충분하다!

절대수익 우량주 매매법

초판 1쇄 발행 2026년 2월 25일

지은이 성경호(차트박사)
펴낸곳 ㈜이레미디어

전 화 031-908-8516(편집부), 031-919-8511(주문 및 관리)
팩 스 0303-0515-8907
주 소 경기도 파주시 문예로 21, 2층
홈페이지 www.iremedia.co.kr
이메일 ireme@iremedia.co.kr
등 록 제396-2004-35호

편집 장아름 | **디자인** 유어텍스트 | **마케팅** 연병선
재무총괄 이종미 | **경영지원** 김지선

저작권자 © 성경호(차트박사), 2026
이 책의 저작권은 저작권자에게 있습니다.
서면에 의한 허락 없이 내용의 전부 혹은 일부를 인용하거나 발췌하는 것을 금합니다.

ISBN 979-11-93394-86-1 (03320)

- 가격은 뒤표지에 있습니다.
- 잘못된 책은 구입하신 서점에서 교환해드립니다.
- 이 책은 투자 참고용이며 투자 손실에 대해서는 법적 책임을 지지 않습니다.

당신의 소중한 원고를 기다립니다. ireme@iremedia.co.kr